COLLECTION D'HISTORIENS CONTEMPORAINS

HISTOIRE

DE

LA GRÈCE

2150. — Paris. — Imp. POUPART-DAVYL et Comp., rue du Bac, 30.

G. GROTE

Vice-Chancelier de l'Université de Londres, Associé étranger de l'Institut de France

HISTOIRE
DE
LA GRÈCE

DEPUIS LES TEMPS LES PLUS RECULÉS
JUSQU'A LA FIN DE LA GÉNÉRATION CONTEMPORAINE D'ALEXANDRE LE GRAND

TRADUIT DE L'ANGLAIS

PAR A.-L. DE SADOUS

Professeur au Lycée Impérial de Versailles, Docteur ès lettres de la Faculté de Paris

TOME PREMIER

SEULE ÉDITION FRANÇAISE AUTORISÉE PAR L'AUTEUR

AVEC CARTES ET PLANS

PARIS

LIBRAIRIE INTERNATIONALE
15, BOULEVARD MONTMARTRE

A. LACROIX, VERBOECKHOVEN ET Cie, ÉDITEURS

A Bruxelles, à Leipzig et à Livourne

1864

TOUS DROITS DE REPRODUCTION RÉSERVÉS

1ʳᵉ PARTIE. — GRÈCE LÉGENDAIRE

Ἀνδρῶν ἡρώων θεῖον γένος, οἳ καλέονται
Ἡμίθεοι προτέρῃ γενεῇ.
HÉSIODE.

2ᵉ PARTIE. — GRÈCE HISTORIQUE

. . . . . . Πόλιες μερόπων ἀνθρώπων
HOMÈRE.

PRÉFACE

Il y a bien des années que j'ai conçu la première idée de cette Histoire. C'était à une époque où les pages de Mitford principalement faisaient connaître au public anglais l'ancienne Hellas, et mon but, en l'écrivant, était non-seulement de rectifier les assertions erronées quant aux faits contenus dans ce livre, mais encore de présenter les phénomènes généraux du monde grec sous un point de vue qui me semblait être plus juste et plus compréhensif. Toutefois, à ce moment, je n'avais pas le loisir nécessaire pour exécuter une vaste entreprise littéraire quelconque, et ce n'est que dans ces trois ou quatre dernières années qu'il m'a été possible de consacrer à cet ouvrage le soin continu et exclusif sans lequel, bien que l'on puisse arriver à éclaircir des points isolés, il n'est pas possible de produire aux yeux du public, d'une manière digne de son attention, un sujet entier ou compliqué.

Dans l'intervalle, l'état du monde littéraire en Angleterre, au sujet de l'ancienne Hellas, a changé considérablement sous plus d'un rapport. Si l'*Histoire de la Grèce* de mon vieil ami le docteur Thirlwall avait paru quelques années plus tôt, je n'aurais probablement jamais conçu le projet d'écrire le présent livre ; je n'aurais certainement pas été poussé à entreprendre cette tâche par des défauts tels que ceux que j'ai remarqués avec regret dans Mitford. La comparaison de ces deux auteurs fournit, en effet, une preuve frappante du progrès que les vues sur le monde ancien ont fait en justesse et en largeur dans la génération actuelle. Ayant naturellement étudié les mêmes documents que le docteur Thirlwall, je suis plus en état que personne de rendre témoignage à la sagacité, à la science et à la sincérité répandues dans son excellent ouvrage ; et je regarde d'autant plus comme un devoir d'exprimer ce sentiment, que, sur les points particuliers qui me donneront l'occasion d'en parler, je me trouverai inévitablement plus rarement d'accord qu'en opposition avec cet écrivain.

Le libre esprit de critique qui distingue à un si haut degré le docteur Thirlwall de Mitford lui appartient en propre : il y a d'autres traits de supériorité qui lui sont communs avec son époque. En effet, pendant la génération qui a suivi la publication de l'ouvrage de Mitford, les études philologiques ont été poursuivies en Allemagne avec un remarquable succès. La somme de faits et de documents, relativement modique, transmise par le monde ancien, a été combinée et commentée de mille manières différentes ; et si le nombre de nos témoins ne peut être augmenté, nous avons du moins une foule d'interprètes pour saisir, répéter, amplifier et expliquer leurs dépositions incomplètes et à peine intelligibles. Quelques-uns des meilleurs écrivains dans cette branche de la science, — Boeckh, Niebuhr, O. Müller, — ont été traduits dans notre langue ; par là le public anglais a pu se former quelque idée des nouvelles lumières jetées sur maints sujets de l'antiquité, grâce à l'inappréciable secours de l'érudition allemande. Poëtes, historiens, orateurs et philosophes de la Grèce ont été ainsi tous rendus à la fois plus intelligibles et plus instructifs qu'ils ne l'étaient pour le savant au siècle dernier ; et le tableau général de la Grèce peut actuellement être imaginé avec un degré de fidélité tel que, vu l'état imparfait de nos matériaux, il y a de l'intérêt à le contempler.

C'est ce tableau général qu'un historien de la Grèce doit nécessairement d'abord concevoir dans son propre esprit, pour le produire ensuite devant ses lecteurs : tableau composé non-seulement pour charmer l'imagination par l'éclat du coloris et la profondeur du sentiment, mais encore pour faire penser et pour servir aux progrès de la raison. Sans omettre les points de ressemblance aussi bien que d'opposition avec les formes mieux connues de la société moderne, il s'appliquera spécialement à exposer le mouvemement spontané de l'intelligence grecque, qui n'est jamais empruntée du dehors, mais qui en reçoit parfois une certaine impulsion, et qui éclaire une petite partie du monde, sans elle plongé dans l'obscurité et restant stationnaire. Il développera l'action de ce système social qui, tout en assurant à la masse des hommes libres un degré de protection inconnu partout ailleurs, servait de stimulant à l'impulsion créatrice du génie, et laissait les esprits supérieurs assez libres d'entraves pour planer au-dessus de la routine religieuse et politique, pour devancer dans cet essor leur propre époque et devenir les maîtres de la prostérité.

Exposer l'histoire d'un peuple qui le premier a éveillé les facultés intellectuelles encore sommeillantes de notre nature, présenter les phénomènes helléniques comme servant à expliquer l'esprit et le caractère helléniques : telle est la tâche que je me propose dans le présent ouvrage ; non sans songer avec peine combien le résultat est au-dessous de l'intention, et non sans avoir la conviction plus pénible encore de l'impossibilité d'obtenir un plein succès, à cause d'un obstacle qu'aucun talent humain ne peut actuellement lever : l'insuffisance de témoignages originaux ; car, malgré les précieux travaux de tant d'habiles commentateurs, la somme des documents que nous avons sur le monde ancien reste encore à un point déplorable au-dessous des exigences d'une curiosité éclairée. Nous possédons seulement les épaves qui ont échappé au naufrage d'un navire échoué ; et, bien qu'il y ait parmi ces débris quelques-uns des plus précieux articles d'une cargaison jadis si riche, si cependant on veut jeter les yeux sur les citations contenues dans Diogène de Laërte, dans Athénée ou dans Plutarque, ou sur la liste des noms que donne Vossius dans son livre *de Historicis Græcis*, on verra avec douleur et surprise combien plus considérable est la partie engloutie sans retour, par suite de l'esclavage des Grecs eux-mêmes, de la décadence de l'empire romain, du changement de religion, et de l'invasion des conquérants barbares. Nous sommes par là réduits à porter un jugement sur l'ensemble du monde hellénique, dans son infinie variété, d'après un petit nombre de compositions, excellentes, il est vrai, en elles-mêmes, mais portant trop exclusivement l'empreinte d'Athènes. On ne peut, en effet, trop exalter Thucydide et Aristote, à la fois comme investigateurs dans l'ordre des faits positifs, et comme esprits libres de sentiment local étroit ; mais, par malheur, on n'a pas conservé l'ouvrage de ce dernier écrivain, *Recueil et comparaison des Constitutions de cent cinquante villes différentes*, qui eût été pour nous la source la plus abondante de documents sur la vie politique des Grecs. D'autre part, Thucydide, dans sa concision, ne nous donne souvent qu'un seul mot là où une phrase n'eût pas été de trop, et des phrases que nous serions heureux de voir développées en paragraphes.

Une telle insuffisance de matériaux originaux et dignes de foi, si on la compare avec les ressources regardées à peine comme suffisantes pour l'historien d'un royaume moderne quelconque, ne doit être ni dissimulée ni atténuée, quelque grands que puissent être nos regrets. Je signale ici ce point pour plus d'une raison. En effet, non-seulement se trouve limitée par là la somme de connaissances qu'un historien de la Grèce peut donner à ses lecteurs, forcé qu'il est de laisser entièrement en blanc une grande partie de son tableau, mais encore l'exécution du reste est gravement compromise. La question de crédibilité s'impose sans cesse et demande une solution qui, favorable ou non, amène toujours plus ou moins de discussion, et donne à ces contours, qui, dans l'intérêt du tableau, devraient être arrêtés et fermes, un caractère de faiblesse et d'indécision. Les termes qui expriment une affirmation adoucie et hésitante sont répétés au point de dégoûter le lecteur ; tandis que l'auteur lui-même, à qui cette contrainte est plus pénible encore, est souvent tenté de se délivrer de ce charme invisible par lequel le paralyse une critique consciencieuse, pour forcer le possible et le probable jusqu'à les transformer en certitude, pour supprimer les considérations servant de contre-poids, et substituer un roman agréable à des réalités à demi connues et embarrassantes. Désirant, dans le présent ouvrage, exposer tout ce qui peut être constaté, en même temps que les conjectures et les inductions que l'on peut raisonnablement en tirer, mais rien de plus, je signale en commençant l'état défectueux des preuves originales, qui rend inévitables les discussions de crédibilité et l'hésitation dans le langage du juge. Bien que le lecteur puisse être assuré que de telles discussions deviendront moins fréquentes à mesure que nous arriverons à des temps mieux connus, elles sont assez fastidieuses, même dans la période relativement moderne que j'adopte comme le commencement de l'histoire ; elles auraient été beaucoup plus insupportables si j'avais cru devoir partir du terme primitif de Deucalion ou d'Inachos, ou des Pélasges et des Léléges, non encore ensevelis dans l'oubli, et soumettre les âges héroïques à un semblable examen. Je ne connais, en effet, rien de si décourageant ni de si mal récompensé que le soin minutieux de peser ce qu'on appelle des preuves, la comparaison de probabilités et d'hypothèses infinitésimales que rien ne prouve, à propos de ces temps et de ces personnages entourés d'ombre.

La loi touchant la suffisance de preuves devrait être la même pour les temps anciens que pour les temps modernes ; et le lecteur trouvera dans cette Histoire, appliqués aux premiers, des critérium analogues à ceux qui ont été depuis longtemps reconnus dans les seconds. Me rapprochant de ce type, sans m'y astreindre avec la dernière rigueur, je fais commencer l'histoire réelle de la Grèce à la première Olympiade dont il soit fait mention, c'est-à-dire en 776 avant J.-C. Les esprits habitués aux usages jadis universels, et qui ne sont pas rares encore aujourd'hui, usages suivis dans les recherches concernant le monde ancien, pourront croire que je retranche un millier d'années des annales de l'histoire ; mais, quant à ceux qui prennent pour règle d'évidence M. Hallam, M. Sismondi, ou tout autre historien d'événements modernes, je suis certain qu'ils me jugeront plutôt facile et crédule qu'exigeant ou sceptique. Car, à vrai dire, les monuments historiques dignes de ce nom, ne commencent que longtemps après cette date ; et, si l'on considère de bonne foi l'extrême pénurie de faits attestés pendant les deux siècles qui ont suivi l'an 776 avant J.-C., personne ne sera étonné d'apprendre que l'état de la Grèce au neuvième, au dixième, au onzième, au douzième, au treizième, au quatorzième siècle avant J.-C., ou à tout autre siècle antérieur qu'il pourra plaire aux chronologistes de comprendre dans leurs généalogies calculées, ne peut être décrit d'après des documents ressemblant à des preuves convenables. J'espère, lorsque j'arriverai aux vies de Socrate et de Platon, démontrer un de leurs principes les plus importants, à savoir, que connaître son ignorance et l'avouer est un meilleur état moral que de s'imaginer savoir, sans savoir en réalité. En attendant, je commence par faire cet aveu, par rapport au monde réel de la Grèce antérieur aux Olympiades ; et, en refusant ce caractère de certitude à tout ce qui ressemble à une histoire générale de cette époque, ma pensée n'est pas de le faire avec la même rigueur pour tout événement particulier.

Les temps que j'écarte par là de la région de l'histoire ne peuvent être distingués qu'à travers une atmosphère différente, celle de la poésie épique et de la légende. Confondre ces objets disparates, c'est, à mon avis, user d'un procédé absolument contraire à l'esprit philosophique. Je décris les temps plus anciens séparément, tels qu'ils ont été conçus par la foi et par le sentiment des premiers Grecs, et tels qu'ils sont connus seulement au moyen de leurs légendes, sans me permettre de mesurer la quantité, grande ou petite, d'éléments historiques que ces légendes peuvent renfermer. Si le lecteur me reproche de ne pas l'aider dans cette appréciation, s'il me demande pourquoi je n'enlève pas le rideau pour découvrir le tableau, je répéterai la réponse du peintre Zeuxis à la même question, qui lui fut faite quand il exposa son chef-d'œuvre d'art imitatif : « Le tableau, *c'est* le rideau. » Ce que nous lisons maintenant comme poésie et légende était jadis de l'histoire généralement acceptée, et la seule véritable histoire de leur passé que les premiers Grecs pussent concevoir ou goûter : rien n'est caché derrière le rideau, qu'aucun art ne pourrait tirer. J'entreprends simplement de le montrer tel qu'il est, non de l'effacer, et encore moins de le repeindre.

Les trois quarts des deux volumes que je présente maintenant au public sont destinés à jeter du jour sur cette époque de foi historique, telle qu'elle se distingue de l'époque postérieure de raison historique ; à faire voir sa base établie dans l'âme humaine, c'est-à-dire une interprétation de la nature, religieuse, personnelle et répandue partout ; à l'éclairer par une comparaison avec les mêmes habitudes intellectuelles dans les premiers temps de l'Europe moderne ; à montrer sa richesse et sa variété infinies en sujets narratifs, sans grand soin des rapports logiques entre les différents récits; enfin, à exposer les causes qui ont dominé et en partie détruit l'antique sentiment épique, et introduit, à la place d'une foi littérale, un grand nombre de compromis et d'interprétations.

L'époque légendaire des Grecs doit sa dignité et son charme particuliers aux poëmes homériques : aussi un chapitre entier leur est-il consacré, ainsi qu'aux autres poëmes compris dans l'ancienne poésie épique, et les noms de l'Iliade et de l'Odyssée devront en justifier la longueur. J'ai cru devoir ne pas négliger la controverse de Wolf dans l'état où elle est actuellement en Allemagne, et j'ai même hasardé quelques conjectures touchant la structure de l'Iliade. La société et les coutumes de l'âge héroïque, considérées comme connues en général, d'après les descriptions et les allusions d'Homère, sont également décrites sous un point de vue critique.

Je passe ensuite à l'époque historique, qui commence en 776 avant J.-C. ; je fais précéder le récit de quelques remarques sur les traits géographiques de la Grèce. Je tâche d'expliquer, au milieu d'indications rares et obscures, ce qu'était l'état de la Grèce dans cette période, et je me permets avec réserve quelques conjectures fondées sur les faits les plus anciens susceptibles de vérification, relativement aux phases immédiatement antérieures qui ont amené cette condition. Dans les présents volumes, il ne m'a été possible de renfermer que l'histoire de Sparte et des Doriens du Péloponèse, jusqu'à l'époque de Pisistrate et de Crésus. J'avais espéré y pouvoir comprendre l'histoire entière de la Grèce jusqu'à l'époque que je viens de mentionner en dernier lieu; mais je trouve l'espace insuffisant.

L'histoire de la Grèce se divise tout naturellement en six parties, dont la première peut être considérée comme une période servant à préparer les cinq suivantes, qui épuisent la vie libre de la Hellas prise dans son ensemble.

I. De 776 à 560 avant J.-C., avénement de Pisistrate à Athènes et de Crésus en Lydie.

II. Depuis l'avénement de Pisistrate et de Crésus jusqu'à la défaite et la fuite de Xerxès.

III. Depuis la défaite de Xerxès jusqu'à la fin de la guerre du Péloponèse et la destruction d'Athènes.

IV. Depuis la fin de la guerre du Péloponèse jusqu'à la bataille de Leuktra.

V. Depuis la bataille de Leuktra jusqu'à celle de Chæroneia.

VI. Depuis la bataille de Chæroneia jusqu'à la fin de la génération d'Alexandre.

Les cinq périodes qui vont de Pisistrate à la mort d'Alexandre et de sa génération présentent les actes d'un drame historique susceptibles d'être racontés dans une suite lumineuse et rattachés entre eux, comme par un fil, dans une sensible unité. J'entremêlerai, à leur véritable place, les aventures importantes, mais accessoires, des Grecs de Sicile et d'Italie, en intercalant à l'occasion, à propos des constitutions politiques, de la philosophie, de la poésie et de l'éloquence des Grecs, les observations qui sont nécessaires pour exposer l'activité multiple de ce peuple pendant sa courte, mais brillante carrière.

Après la génération d'Alexandre, l'action politique de la Grèce se resserre et s'avilit, n'ayant plus d'intérêt pour le lecteur, ni d'influence sur les destinées du monde à venir. Nous pouvons, en effet, citer un ou deux incidents, en particulier les révolutions d'Agis et de Kléoménês, à Sparte, qui sont à la fois instructives et touchantes; mais dans son ensemble, la période qui s'étend entre l'an 300 avant J.-C. et l'absorption de la Grèce par les Romains ne présente en elle-même aucun intérêt, et n'a de prix qu'en ce qu'elle nous aide à comprendre les siècles précédents. Désormais les Grecs n'ont de valeur et de dignité qu'à titre individuel, comme philosophes, maîtres, astronomes et mathématiciens, littérateurs et critiques, médecins praticiens, etc. Dans toutes ces facultés respectives, particulièrement dans les grandes écoles de spéculation philosophique, ils sont encore le flambeau du monde romain. Toutefois, comme communautés, ils ont perdu leur propre orbite, et sont devenus les satellites de voisins plus puissants.

Je me propose d'amener l'histoire des sociétés grecques jusqu'à l'an 300 avant J.-C., c'est-à-dire jusqu'à la fin de la génération qui tire son nom d'Alexandre le Grand, et j'espère accomplir cette tâche entière en huit volumes.

Pour les deux ou trois volumes suivants, j'ai déjà d'abondants matériaux préparés, et je publierai le troisième (peut-être le quatrième) dans le courant de l'hiver prochain.

Il y a de grands inconvénients à publier une partie d'une histoire séparée du reste ; car les phénomènes, à leurs diverses époques, ne peuvent être complétement compris sans la lumière dont ils s'éclairent mutuellement. Mais cet usage est devenu habituel, et n'est en effet que trop justifié par cette vérité bien connue, que la courte durée de la vie humaine ne permet pas « les longues espérances. » Cependant il m'est impossible de ne pas craindre que mes deux premiers volumes ne perdent dans l'estime de plus d'un lecteur pour paraître seuls, et que les esprits qui apprécient les Grecs pour leur philosophie, leur politique et leur éloquence, ne regardent les anciennes légendes comme indignes d'attention. Et il faut avouer que le sentiment, attribut caractéristique de l'esprit grec, sa veine religieuse et poétique, s'y montrent dans un relief disproportionné, si on les compare avec ces facultés plus vigoureuses et plus mâles, avec cette puissance d'action, d'organisation, de jugement et de spéculation, qu'on verra exposée dans les volumes suivants. Toutefois, je me permets d'avertir à l'avance le lecteur qu'il se présentera dans la vie politique ultérieure des Grecs des circonstances nombreuses qu'il ne saisira pas, s'il n'est pas initié à la marche de leurs sociétés légendaires. Il ne comprendra pas la folle terreur du public athénien pendant la guerre du Péloponèse, à propos de la mutilation des statues appelées *Hermæ*, s'il n'entre pas dans l'idée qui lui faisait rattacher sa stabilité et sa sécurité à l'habitation des dieux dans sa patrie; il ne pourra non plus exactement apprécier l'habitude qu'avait le roi de Sparte dans les expéditions militaires, quand il offrait ses sacrifices publics quotidiens en faveur de son armée et de son pays, « de toujours remplir ce devoir du matin immédiatement avant le lever du soleil, à l'effet de pouvoir prendre les devants pour obtenir la faveur des dieux (1), » s'il n'est point familier avec la conception homérique de Zeus allant se reposer le soir, se réveillant pour se lever à l'aurore, et quittant les côtés « d'Hêrê aux bras blancs. » L'occasion, en effet, se présentera souvent de faire remarquer combien ces légendes donnent de jour et de vie aux phénomènes politiques des temps suivants, et maintenant j'ai seulement à insister sur la nécessité de les considérer comme le commencement d'une suite, et non comme un ouvrage entier.

---

(1) Xénophon, Republ. Lacedæmon., ch. XIII, 3. Ἀεὶ δὲ, ὅταν θύηται, ἄρχεται μὲν τούτου τοῦ ἔργου ἔτι κνεφαῖος, προλαμβάνειν βουλόμενος τὴν τοῦ θεοῦ εὔνοιαν.

Londres, 5 mars 1846.

PRÉFACE

A LA SECONDE ÉDITION DES VOLUMES I ET II

En préparant une seconde édition des deux premiers volumes de mon Histoire, j'ai mis à profit les remarques et les corrections de divers critiques, contenues dans des revues tant anglaises qu'étrangères. J'ai supprimé ou rectifié quelques idées qui avaient été signalées comme erronées ou comme avancées sur des preuves insuffisantes. J'ai donné plus de force à mon raisonnement dans quelques cas où il paraissait avoir été imparfaitement compris, ajoutant quelques nouvelles notes, en partie pour mettre le sujet plus en lumière, en partie pour défendre certaines opinions qui avaient été contestées. C'est dans les chapitres XVI et XXI de la première partie (1), et dans le chapitre VI de la deuxième (2), que le plus grand nombre de ces changements ont été faits.

J'espère que ces trois chapitres, plus remplis de considérations, et conséquemment plus exposés à la critique qu'aucun des autres, paraîtront ainsi sous une forme plus complète et plus satisfaisante. Mais je dois en même temps ajouter qu'ils n'ont pas subi dans leur plus grande partie de

---

(1) Ch. III du 2ᵉ vol. et ch. II de la traduction.

(2) Ch. VIII du 3ᵉ vol.

changement essentiel, et que je n'ai pas trouvé de raison suffisante pour modifier mes principales conclusions, même touchant la structure de l'Iliade, quoiqu'elles aient été discutées par quelques-uns de mes critiques les plus estimés.

Quant au caractère et à la nature particulière de la légende grecque, telle que nous l'avons nettement distinguée partout, dans ces trois volumes, d'avec l'histoire grecque, je désire mentionner deux importantes publications que je n'ai connues que depuis l'époque de ma première édition. L'une d'elles est un court *Essay on Primœval History*, par John Kenrick, M. A. (London, 1846, publié précisément en même temps que ces volumes), qui explique avec beaucoup de finesse les traits généraux de la légende, non-seulement en Grèce, mais dans tout le monde ancien. (Voir particulièrement les pages 65, 84, 92 *et sqq.*) L'autre ouvrage est : *Rambles and Recollections of an Indian official*, par le colonel Sleeman, ouvrage que j'ai connu pour la première fois par une excellente mention faite de mon Histoire dans la *Revue d'Edimbourg* d'octobre 1846. La description que fait le colonel Sleeman de l'état de l'esprit dominant de nos jours parmi la population indigène de l'Hindostan présente une vive comparaison, qui aide le lecteur moderne à comprendre et à apprécier l'ère légendaire de la Grèce. J'ai renfermé dans les notes de cette seconde édition deux ou trois passages de l'ouvrage instructif du colonel Sleeman; mais le tout mérite largement une lecture attentive.

G. G.

Londres, 3 avril 1849.

NOMS DES DIEUX, DES DÉESSES ET DES HÉROS

Suivant l'exemple du docteur Thirlwall et d'autres savants distingués, j'appelle les divinités grecques de leurs noms grecs réels, et non des équivalents latins en usage chez les Romains. Pour aider ceux des lecteurs auxquels les noms grecs peuvent être moins familiers, j'annexe ici une table des uns et des autres.

Grec.	*Latin.*	*Grec.*	*Latin.*
Zeus.	Jupiter.	Athéné.	Minerve.
Poseidôn.	Neptune.	Artemis.	Diane.
Arês.	Mars.	Aphrodité.	Vénus.
Dionysos.	Bacchus.	Eós.	L'Aurore.
Hermês.	Mercure.	Hestia.	Vesta.
Hélios.	Le Soleil.	Létô.	Latone.
Héphæstos.	Vulcain.	Démétér.	Cérès.
Hadès.	Pluton.	Héraklès.	Hercule.
Héré.	Junon.	Asklêpios.	Esculape.

Quelques mots sont nécessaires ici touchant l'orthographe des noms grecs adoptée dans la table ci-dessus, et en général dans toute cette Histoire. Je me suis approché aussi près que je l'ai osé des lettres grecques, de préférence aux lettres latines; et à cet égard je tente une innovation que, sans aucun doute, je justifierais facilement aux yeux de tout Anglais lettré sans prévention; car l'usage ordinaire de substituer dans un nom grec le *c* anglais au *k* grec est, en vérité, une incorrection si manifeste, qu'on ne peut le défendre par aucune raison valable. Notre *k* répond exactement et en tout point au *k* grec : nous avons ainsi le moyen de représenter le nom grec pour l'œil aussi bien que pour l'oreille, et cependant nous prenons gratuitement la mauvaise lettre de préférence à la bonne. Et le précédent des Latins est ici plutôt contre nous qu'il n'est en notre faveur, car leur *c* coïncidait réellement pour le son avec le *k* grec, tandis que notre *c* s'en éloigne complétement, et devient une *s* devant *e*, *i*, *œ*, *œ* et *y*. Quoique notre *c* se soit tant écarté pour le son du *c* latin, cependant il y a quelque raison pour que nous continuions à en faire usage en écrivant des noms latins, parce que ainsi nous représentons le nom pour l'œil, sinon pour l'oreille. Mais ce n'est pas le cas lorsque nous employons notre *c* pour désigner le *k* grec, car nous nous éloignons ici de la forme primitive qui frappe la vue autant que de celle qui frappe l'ouïe; tandis que nous défigurons l'incomparable euphonie de la langue grecque par ce sifflement multiplié qui est le trait le moins engageant de la nôtre. Les philologues allemands emploient aujourd'hui universellement le *k* en écrivant les noms grecs, et je l'ai adopté dans une très-large mesure dans cet ouvrage, en faisant exception pour certains noms que le lecteur anglais a été tellement habitué à entendre prononcer avec le *c*, qu'on peut les considérer comme étant presque devenus anglais. De plus, j'ai marqué l'*e* long et l'*o* long (η, ω) d'un accent circonflexe quand ils se rencontrent dans la dernière syllabe ou dans la pénultième d'un nom (1).

---

(1) Approuvant entièrement le système adopté par le savant et illustre auteur de l'histoire de la Grèce pour la manière d'écrire les noms grecs, nous nous sommes appliqué à le suivre autant que possible : toutefois, nous avons cru devoir mettre entre parenthèses la forme convenue des noms que le lecteur français aurait peut-être eu quelque peine à reconnaître. Aux raisons judicieuses que M. Grote présente à l'appui de cette innovation, justifiée d'ailleurs, s'il en était besoin, par l'exemple des savants allemands et par celui de quelques savants français contemporains, il nous semble qu'on pourrait ajouter qu'une transcription littérale devient de plus en plus nécessaire, à mesure que les beaux travaux qui ont créé depuis un demi-siècle la philologie comparée et la mythologie comparée tant en Allemagne et en Angleterre qu'en France, prouvent d'une manière plus sensible les rapports qui existent entre la langue et la mythologie de la Grèce et de Rome et les langues et les mythologies de l'Orient : si ces rapports ne reposent pas seulement sur les idées, mais encore sur les noms et les mots, il nous paraît d'une utilité réelle, dans l'intérêt même de ces études comparatives, de reproduire ces mots et ces noms dans leur état original, au lieu de leur donner une forme conventionnelle. (*Note du trad.*)

HISTOIRE DE LA GRÈCE

PREMIÈRE PARTIE

GRÈCE LÉGENDAIRE

CHAPITRE I

LÉGENDES CONCERNANT LES DIEUX

Commencement du monde mythique. — Comment les mythes doivent être racontés. — Allégorie rarement admissible. — Zeus, le dieu le plus important dans la conception grecque. — Les dieux ; comment ils sont conçus : le type humain agrandi. — Le passé des dieux approprié aux conceptions actuelles. — Gæa et Uranos. — Uranos rendu impuissant. — Kronos et les Titans. — Kronos trompé. — Zeus et ses frères naissent et sont sauvés. — Autres divinités. — Projets ambitieux de Zeus. — Victoire de Zeus et de ses frères sur Kronos et les Titans. — Typhôeus. — Dynastie de Zeus. — Ses descendants. — Distribution générale de la race divine. — Théogonie d'Hésiode. — Son autorité. — Points de différence entre Homère et Hésiode. — Zeus homérique. — Théogonie de Zeus développée. — Mythes hésiodiques dont la trace se retrouve en Krête et à Delphes. — Théogonie orphique. — Zeus et Phanês. — Zagreus. — Comparaison d'Hésiode et d'Orphée. — Influence des religions étrangères sur la Grèce. — Particulièrement par rapport au culte de Dêmêtêr et de Dionysos. — Purification pour homicide inconnue à Homère. — Rites religieux nouveaux et particuliers. — Propagés par des maîtres libres et promettant des bénédictions spéciales. — Epimenidês, la Sibylle, Bakis. — Principaux mystères de la Grèce. — Rites extatiques venus d'Asie (700-500 avant J.-C.). — Influence de la Thrace et de l'Egypte sur la Grèce. — Encouragement donné aux légendes mystiques. — Mélampe, le plus ancien nom connu comme maître des rites dionysiaques. — Secte orphique, variété des adorateurs mystiques de Dionysos. — Contraste entre les mystères et les hymnes homériques. — Changement dans la manière dont les Grecs concevaient primitivement Dionysos. — Délire asiatique greffé sur la joie des Dionysiaques grecques. — Mystères d'Eleusis. — Hymne homérique à Dêmêtêr. — Temple d'Eleusis construit par ordre de Dêmêtêr pour sa résidence. — Dêmêtêr prescrit le rituel mystique d'Eleusis. — L'hymne homérique, souvenir sacré d'Eleusis. — Il sert à expliquer les détails du service divin. — Importance des mystères pour la ville d'Éleusis. — Empire exercé par la légende sur les sentiments à Éleusis. — Légendes différentes concernant Dêmêtêr dans d'autres lieux. — Expansion des légendes. — Importance de Dêmêtêr chez les Hellènes. — Légendes d'Apollon. — Apollon Dêlien. — Apollon Pythien. — Légende concernant la fondation de l'oracle de Delphes. — Elles remplissaient le but d'une explication historique. — Extension du culte d'Apollon. — Multiplicité des légendes locales concernant Apollon. — Fêtes et Agones. — État intellectuel et circonstances d'où naquirent les mythes grecs. — Différences peu remarquées dans les légendes. — Aphrodite. — Athênê. — Artemis. — Poseidôn. — Récits de servitude temporaire imposée à des dieux. — Hêrê. — Hêphæstos. — Hestia. — Hermês. — Hermês inventeur de la lyre. — Marché entre Hermês et Apollon. — Importance de l'hymne au point de vue de l'explication de la légende. — Zeus. — Mythes naissant des cérémonies religieuses. — Une petite portion de l'animal est sacrifiée. — Promêtheus avait joué Zeus. — Dieux, héros et hommes paraissant ensemble dans les mythes.

Le monde mythique des Grecs commence avec les dieux, antérieurs aussi bien que supérieurs à l'homme : il descend graduellement, d'abord jusqu'aux héros, puis jusqu'à la race humaine. A côté des dieux se trouvent différents êtres monstrueux, au-dessus et en dehors de l'humanité, que l'on ne peut convenablement appeler dieux, mais qui partagent avec les dieux et les hommes leurs attributs, la volonté, l'activité consciente, une nature sensible au plaisir et à la peine, tels que les Harpies, les Gorgones, les Græae, les Sirènes, Scylla et Charybdis, Échidna, le Sphinx, la Chimæra, Chrysaor, Pegasos, les Cyclôpes, les Centaures, etc. Les premiers actes de ce qui peut être nommé le grand cycle mythique décrivent la manière d'agir de ces agents gigantesques, le choc tumultueux et la collision de certaines forces débordantes et formidables, qui sont à la fin réduites à l'obéissance, ou enchaînées, ou éteintes, sous le gouvernement plus régulier de Zeus, qui se substitue à ses prédécesseurs moins capables, et acquiert le premier rang et la suprématie sur les dieux et sur les hommes; il est soumis, toutefois, à certains devoirs sociaux que lui imposent les principaux dieux et les principales déesses qui l'entourent, aussi bien qu'à l'usage de convoquer parfois et de consulter la divine agora.

Je raconte ces événements brièvement, mais littéralement; je les traite simplement comme des mythes naissant de la même imagination créatrice, s'adressant aux mêmes goûts et aux mêmes sentiments, et reposant sur la même autorité que les légendes de Thèbes et de Troie. C'est la voix inspirée de la Muse, qui à la fois les révèle et leur donne un caractère d'authenticité ; c'est à elle que et Homère et Hésiode doivent la connaissance qu'ils ont, l'un de l'ancien âge héroïque, l'autre de l'ancien âge divin. En outre, je conserve entièrement à ces divins agents leur caractère de personnes, jour sous lequel ils se présentaient aux auditeurs d'Homère et d'Hésiode. Uranos, Nyx, Hypnos et Oneiros (le Ciel, la Nuit, le Sommeil et le Songe) sont des personnes au même degré que Zeus et Apollon. En faire de pures allégories est un procédé dangereux et peu utile : c'est alors abandonner le point de vue des auditeurs primitifs, sans, en revanche, en retrouver un autre logique ou philosophique (1). Car, bien qu'on puisse souvent expliquer par l'allégorie quelques-uns des attributs ou des actes prêtés à ces personnages, jamais on ne peut le faire pour la suite et le système entiers : le théoricien qui adopte ce genre d'explication, après deux ou trois pas faciles et sans obstacles, trouve la route fermée devant lui et est forcé de se frayer lui-même un chemin au moyen de conjectures et de subtilités gratuites. Les personnages et les attributs allégoriques se trouvent toujours mêlés à d'autres personnages et à d'autres attributs non allégoriques ; mais on ne peut séparer ces deux classes sans briser toute la marche des événements mythiques, et on ne peut non plus considérer comme admissible une explication qui nous réduit à une telle nécessité. Supposer, en effet, que ces légendes pourraient, au moyen de l'allégorie, être toutes ramenées à former un corps cohérent de doctrine physique, serait contraire à toutes les présomptions raisonnables concernant l'époque ou la société où elles naquirent. Si un caractère, un attribut, un événement particuliers portent manifestement l'empreinte de l'allégorie, nous pouvons, dans cette mesure, la reconnaître ; mais il nous est

---

(1) Il suffit ici de poser ce principe brièvement ; dans un chapitre ultérieur il sera parlé plus longuement de l'interprétation par l'allégorie.

rarement permis de deviner au delà, encore moins d'altérer les légendes elles-mêmes sur la foi de telles conjectures. La théogonie des Grecs renferme quelques idées cosmogoniques; mais on ne peut la considérer comme un système de cosmogonie, ni la traduire par une suite de changements survenus dans les éléments, les planètes ou la nature.

Dans l'ordre de la chronologie légendaire, Zeus vient après Kronos et Uranos; mais, dans l'ordre de la conception grecque, Zeus est le personnage principal; Kronos et Uranos lui sont inférieurs; ils sont destinés à le précéder et à l'introduire, puis à être renversés et à attester la vaillance de leur vainqueur. Pour Homère et pour Hésiode, comme pour les Grecs sans exception, Zeus est le dieu grand et prédominant, « le père des dieux et des hommes »; aucun des autres dieux ne peut espérer résister à son autorité, ni même songer, de propos délibéré, à la mettre en question. Tous les autres dieux ont leur pouvoir propre, leur sphère spéciale d'action et de devoir, où d'ordinaire Zeus ne s'ingère pas; mais c'est lui qui conserve les traits d'une surveillance providentielle, aussi bien sur les phénomènes de l'Olympe que sur ceux de la terre. Zeus et ses frères Poseidôn et Hadès se sont partagé la puissance; il s'est réservé pour lui-même l'éther et l'atmosphère, Poseidôn a obtenu la mer, et Hadès le monde souterrain ou régions infernales; la terre et les événements dont sa surface est le théâtre, ainsi qu'un libre accès à l'Olympe, sont communs à tous trois (1).

Ainsi Zeus et ses frères, qui partagent son pouvoir, constituent les dieux actuels, reconnus par Homère et par Hésiode comme possédant la plénitude de la dignité et de la puissance. Les habitants de ce monde divin sont conçus sur le modèle du monde humain, mais non avec les mêmes proportions. Ils sont mus par la variété et le jeu complets des

---

(1) Iliade, VIII, 405, 463; XV, 20, 130, 185. Hésiode, Théog. 885.

Cette suprématie incontestée est le caractère général de la figure de Zeus : en même temps la conspiration formée contre lui par Hêrê, Poseidôn et Athênê, et étouffée par l'apparition inattendue de Briareus en qualité d'allié, est une des exceptions (Iliade, I, 400). Zeus est à un moment vaincu par Titan, mais sauvé par Hermês. (Apollod., I, 6, 3).

appétits, des sympathies, des passions et des affections qui partagent l'âme de l'homme ; ils jouissent d'un pouvoir beaucoup plus étendu et indéterminé, et sont exempts de la mort et (sauf quelques rares exceptions) de la souffrance et de la faiblesse humaine. Ces riches et divers types ainsi conçus, remplis de contraste et d'activité énergiques, chacun dans son propre domaine, et élevés, de l'aveu de tous, au-dessus des limites de notre expérience, étaient de tous les sujets le plus propre aux aventures et aux récits, et exerçaient une influence irrésistible sur l'imagination grecque. On concevait alors toute la nature comme agissant et opérant au moyen d'un certain nombre d'agents personnels, parmi lesquels les dieux de l'Olympe étaient les plus remarquables ; la croyance respectueuse en Zeus et en Apollon n'étant qu'une seule branche de cette foi universelle, disposée à tout personnifier. Les attributs de tous ces agents avaient une tendance à s'épanouir en légendes explicatives, surtout les attributs de ceux d'entre les dieux qui étaient constamment invoqués dans le culte public. De la même source intellectuelle jaillirent et les mythes divins et les mythes héroïques : les premiers présentant souvent des incidents d'autant plus bizarres et plus extravagants, que le type général des dieux était plus vaste et offrait une majesté plus redoutable que celui des héros.

De même que les dieux ont des maisons et des épouses comme les hommes, de même la dynastie actuelle des dieux doit avoir un passé qui lui serve de base (1) ; et le Grec, avec son imagination curieuse, s'il ne trouve pas tout prêt à sa portée un passé raconté, n'est pas satisfait jusqu'à ce qu'il en ait créé un. Ainsi la théogonie d'Hésiode explique, d'une manière systématique et logique, jusqu'à un certain degré, d'abord les circonstances antérieures dans lesquelles Zeus acquit l'empire divin, puis le nombre de ses collègues et de ses descendants.

D'abord, dans l'ordre du temps (nous dit Hésiode), vint

---

(1) Arist. Polit. I, 1. Ὥσπερ δὲ καὶ τὰ εἴδη ἑαυτοῖς ἀφομοιοῦσιν ἄνθρωποι, οὕτως καὶ τοὺς βίους, τῶν θεῶν.

Chaos, puis Gæa ; la Terre vaste, solide et plate, avec le profond et sombre Tartare à sa base. Érôs (Amour), le vainqueur des dieux aussi bien que des hommes, vint immédiatement après (1).

De Chaos sortirent Erebos et Nyx ; de ces derniers, Æthêr et Hêmêra. Gæa aussi enfanta Uranos, qui l'égale elle-même en largeur, afin, à la fois, de lui servir de voûte s'étendant au-dessus d'elle et d'être la résidence des dieux immortels ; elle produisit, en outre, les montagnes, habitations des nymphes divines, et Pontos, la mer stérile et houleuse.

Alors Gæa épousa son fils Uranos, et, de cette union, sortit une nombreuse lignée : douze Titans et Titanides, trois Cyclôpes et trois Hekatoncheires ou êtres centimanes. Les Titans étaient Okeanos, Kœos, Krios, Hyperiôn, Iapetos et Kronos, les Titanides, Theia, Rhea, Themis, Mnêmôsynê, Phœbê et Thêthys. Les Cyclôpes étaient Brontês, Steropês et Argês, êtres formidables, se distinguant également par leur vigueur et leur habileté manuelle, au point qu'ils firent le tonnerre, qui dans la suite composa l'irrésistible artillerie de Zeus (2). Les Hekatoncheires étaient Kottos, Briareus et Gygès, doués d'une force corporelle prodigieuse.

Uranos contempla ces puissants rejetons avec crainte et horreur ; aussitôt que l'un d'eux était né, il le cachait dans les cavités de la terre, en lui interdisant d'en sortir. Gæa ne trouvait pas de place pour eux et gémissait sous le poids : Elle produisit du fer, fit une faucille et supplia ses fils de la venger ainsi qu'eux-mêmes du traitement tyrannique de leur père. Mais aucun d'eux, excepté Kronos, n'eut le courage de se charger de l'entreprise ; lui, le plus jeune et le plus hardi, d'après les conseils de Gæa, s'arma de la faucille et se posta en embuscade dans un endroit favorable. La nuit arrivait à ce moment, et Uranos descendait pour jouir des em-

---

(1) Hésiode, Théog. 116. Apollodore commence par Uranos et Gæa (I, 1) ; il ne reconnaît pas Érôs, Nyx ni Erebos.

(2) Hésiode, Théog. 140, 156. Apollod. ut sup.

brassements de Gæa; alors Kronos s'élança de sa cachette, mutila son père et jeta le membre saignant derrière lui, bien loin dans la mer (1). Une grande quantité de sang fut répandue sur la terre, et, par suite, Gæa enfanta les irrésistibles Erinnys, les immenses et musculeux Gigantes et les nymphes Méliades. Des parties génitales elles-mêmes, pendant qu'elles nageaient et écumaient sur les flots, sortit la déesse Aphroditê, tirant son nom de l'écume d'où elle avait jailli. Elle s'arrêta d'abord à Kythêra, puis vint à Kypros (Cypre); l'île ressentit l'influence bienfaisante de la déesse qui, dans sa marche légère et délicate, faisait naître l'herbe sous ses pas. Erôs la rejoignit immédiatement et partagea avec elle la fonction d'inspirer les transports amoureux également aux dieux et aux hommes et de les diriger (2).

Uranos étant ainsi détrôné et rendu impuissant, Kronos et les Titans acquirent leur liberté et devinrent les maîtres : les Cyclôpes et les Hekatoncheires avaient été jetés par Uranos dans le Tartare, et il leur fut encore permis d'y rester. Chacun des Titans eut une nombreuse lignée : Okeanos (Océan), en particulier, de son mariage avec sa sœur Têthys, eut trois filles, les nymphes océaniques, et autant de fils; les fleuves et les sources passaient pour nés de lui. Les trois enfants d'Hyperiôn et de sa sœur Theia furent Hêlios, Selênê et Eôs; Kœos eut de Phœbê Lêtô et Asteria; les enfants de Krios furent Astræos, Pallas et Persês; d'Astræos et d'Eôs naquirent les vents Zephyros, Boreas et Notos. Iapetos, qui épousa la nymphe océanique Klymênê, eut une illustre descendance : Promêtheus, Epimêtheus, Menœtios et Atlas. Mais la lignée de Kronos fut, de toutes, la plus puissante et la plus éminente. Il épousa sa sœur Rhea et eut d'elle trois filles : Hestia, Dêmêter et Hêrê; et trois fils : Hadès, Posei-

---

(1) Hésiode, Théog. 160, 182. Apollod. 1, I, 4.

(2) Hésiode, Théog. 192. Cette légende concernant la naissance d'Aphroditê semble être tirée en partie de son nom (ἀφρός, écume), en partie du surnom Urania, Ἀφροδίτη Οὐρανία, sous lequel elle était si généralement adorée, surtout à Kypros et à Kythêra, surnom qui dans ces deux îles paraît dû aux Phéniciens. — Hérodote, I, 105. Cf. la partie si instructive de la métrologie de Boeckh, ch. IV, § 4.

dôn et Zeus, le dernier, à la fois le plus jeune et le plus grand.

Mais Kronos pressentait qu'un de ses propres enfants le ferait périr : c'est pourquoi, à mesure qu'ils naissaient, il les avalait immédiatement et les gardait dans son ventre. C'est de cette façon que les cinq premiers avaient été traités, quand Rhea était près d'accoucher de Zeus. Affligée et indignée de la perte de ses enfants, elle demanda conseil à son père et à sa mère, Uranos et Gæa, qui l'aidèrent à cacher la naissance de Zeus. Ils la transportèrent de nuit à Lyktos, en Krète, cachèrent l'enfant nouveau-né dans une caverne entourée de bois, sur le mont Ida, et, à sa place, donnèrent à Kronos une pierre enveloppée de langes, qu'il avala avidement, la prenant pour son enfant. Ainsi Zeus fut mis à l'abri de tout danger (1). A mesure qu'il grandit, ses grandes capacités se développèrent complétement ; à l'instigation de Gæa, il parvint, par une ruse, à faire rendre à Kronos, d'abord la pierre qui lui avait été donnée, puis les cinq enfants qu'il avait dévorés précédemment. Hestia, Dêmêtêr, Hêrê, Poseidôn et Hadès purent donc grandir en même temps que Zeus ; et la pierre à laquelle ce dernier devait sa conservation fut placée près du temple de Delphes, où elle resta toujours dans la suite comme un souvenir apparent, objet de respect pour les Grecs religieux (2).

Nous n'avons pas encore épuisé le catalogue des êtres créés pendant cette période reculée, antérieure à la naissance de Zeus. Nyx, seule et sans époux, donna le jour à une nombreuse progéniture : Thanatos (Mort), Hypnos et Oneiros ; Mômos et Oïzys (Chagrin) ; Klôthô, Lachesis et Atropos, les trois Parques ; Nemesis, qui rémunère et rétablit l'égalité devant la peine ; Apatê et Philotês (Fourberie et Penchant amoureux), Gêras (Vieillesse) et Eris (Dispute). D'Eris na-

---

(1) Hésiode, Théog. 452, 487 Apollod. 1, I, 6.

(2) Hésiode, Théog. 498.
Τὸν μὲν Ζεὺς στήριξε κατὰ χθονὸς εὐ-
[ρυοδείης

Πυθοῖ ἐν ἠγαθέῃ, γυάλοις ὑπὸ Παρνή-
[σοιο,
Σῆμ' ἔμεν ἐξοπίσω, θαῦμα θνητοῖσι βρο-
[τοῖσι.

quirent de nombreux enfants, tous méchants et malfaisants : Ponos (Souffrance), Lêthê, Limos (Faim), Phonos et Machê (Meurtre et Combat), Dysnomia et Atê (Illégalité et Mouvement irréfléchi), et Horkos (Serment), qui veille sans cesse sur les serments qu'il sanctionne, comme il punit sans pitié le parjure volontaire (1).

Gæa encore, par un mariage avec son fils Pontos, donna naissance à Nereus, le vieillard de la mer, plein de justice et d'équité ; à Thaumas, à Phorkys et à Kêtô. De Nereus et de Doris, fille d'Okeanos, naquirent les cinquante Néréides ou Nymphes de la mer. Thaumas aussi épousa Elektra, fille d'Okeanos, et eut d'elle Iris et les deux Harpies, Aellô et Okypêtê, ailées et rapides comme les vents. Phorkys et Kêtô engendrèrent le Dragon des Hespérides, ainsi que les monstrueuses Græææ et les Gorgones : le sang de Mêdousa, l'une des Gorgones, quand elle fut tuée par Perseus, produisit Chrysaor et le cheval Pegasos ; Chrysaor et Kallirhoê donnèrent naissance à Geryôn aussi bien qu'à Echidna, être moitié nymphe, moitié serpent, différant également des dieux et des hommes. D'autres monstres résultèrent de l'union d'Echidna avec Typhaôn : Orthros, le chien bicéphale de Geryôn ; Kerberos, le chien de Hadès, à cinquante têtes, et la Hydra de Lerne. De cette dernière naquirent Chimæra (la Chimère), le Sphinx (ἡ Σφίγξ) de Thêbes et le lion de Némée (2).

Une famille puissante et importante aussi fut celle de Styx, fille d'Okeanos, unie à Pallas ; elle eut pour enfants Zêlos et Nikê (Caractère hautain et Victoire), Kratos et Bia (Force et Violence). Le concours dévoué que prêtèrent de bonne heure à Zeus Styx et ses quatre fils, fut une des principales causes qui le mirent en état de consommer sa victoire sur les Titans.

Zeus, en grandissant, s'était distingué, non moins par ses capacités intellectuelles que par sa force physique. A ce moment, lui et ses frères se décidèrent à arracher le pouvoir à

---

(1) Hésiode, Théog. 212-232.   (2) Hésiode, Théog. 240-320. Apollod. I. 2. 6, 7.

Kronos et aux Titans, et alors commença une lutte longue et désespérée, à laquelle prirent part tous les dieux et toutes les déesses. Zeus les convoqua dans l'Olympe et promit à tous ceux qui l'aideraient contre Kronos de leur conserver entiers leurs priviléges et leurs fonctions. La première divinité qui répondit à l'appel, vint avec ses quatre fils et embrassa sa cause, fut Styx. Zeus les prit tous quatre pour en faire sa fidèle escorte et conféra à Styx l'auguste distinction d'être le Horkos des dieux, c'est-à-dire de sanctionner leurs serments; ce que Horkos était pour les hommes, Styx le fut pour les dieux (1).

Pour augmenter encore ses forces, Zeus élargit les autres Uranides qui avaient été emprisonnés dans le Tartare par leur père, les Cyclôpes et les Centimanes, et les détermina à épouser sa cause contre les Titans. Les premiers lui fournirent le tonnerre et l'éclair, et les seconds apportèrent dans la lutte leur force musculaire sans bornes (2). Le combat continua dix années entières; Zeus et les Kronides occupant l'Olympe, et les Titans étant postés sur la chaîne de montagnes plus méridionale de l'Othrys. Toute la nature fut ébranlée, et Okeanos éloigné, bien qu'il ne prît point part à la bataille, se ressentit de la bouillante ardeur, du bruit et du choc des combattants, non moins que Gæa et Pontos. Le tonnerre de Zeus, combiné avec les rochers et les montagnes arrachés et lancés par les Centimanes, l'emportèrent à la fin, et les Titans défaits furent précipités dans le Tartare. Iapetos, Kronos et les autres Titans (excepté Okeanos) furent emprisonnés à perpétuité et irrévocablement dans ce cachot souterrain, que Poseidôn entoura d'un mur d'airain, et dont la garde fut donnée aux trois Centimanes.

Des deux fils de Iapetos, Menœtios fut contraint de partager cet emprisonnement, tandis qu'Atlas fut condamné pour toujours à rester à l'extrême ouest et à porter sur ses épaules la voûte solide du ciel (3).

---

(1) Hésiode, Théog. 385-403.
(2) Hésiode, Théog. 140, 624, 657; Apollod. I, 2, 4.

(3) Combat avec les Titans, Hésiode, Théog. 627-735. Hésiode ne parle pas des Gigantes (géants) ni de la Gigan-

C'est ainsi que les Titans furent soumis et que les Kronides, avec Zeus à leur tête, furent mis en possession du pouvoir. Toutefois, ils n'étaient pas encore complétement à l'abri du danger; car Gæa, en épousant le Tartare, donna naissance à un nouveau monstre encore plus formidable, appelé Typhôeus, doué de qualités si terribles, et donnant de si effrayantes espérances, que, s'il lui avait été permis d'atteindre son complet développement, rien n'aurait pu l'empêcher de vaincre tous ses rivaux et d'acquérir la suprématie. Mais Zeus prévit le danger, le renversa de l'Olympe d'un seul coup de foudre et le brûla entièrement; il fut précipité à côté des autres dans le Tartare, et il ne resta plus d'ennemis pour mettre en question la souveraineté des Kronides (1).

Avec Zeus commence une dynastie nouvelle et un autre ordre d'êtres. Zeus, Poseidôn et Hadês s'accordent pour maintenir le partage des fonctions et des localités, tel qu'il a été mentionné plus haut: Zeus conserve l'Æthêr et l'atmosphère, en même temps qu'il préside à tout; à Poseidôn revient la mer, et il administre les forces souterraines en général; et Hadês gouverne le monde inférieur ou région dans laquelle résident les ombres à demi animées des morts.

Il a déjà été dit que dans Zeus, ses frères et ses sœurs, dans sa lignée divine et dans la leur, nous trouvons les dieux *actuels*, c'est-à-dire ceux que, pour la plupart, les Grecs du temps d'Homère et d'Hésiode reconnaissaient et adoraient. Les épouses de Zeus furent nombreuses autant que sa progéniture. Il épousa d'abord Mètis (Sagesse), la plus sage et la plus sagace des déesses; mais Gæa et Uranos l'avertirent que s'il se permettait d'avoir des enfants d'elle, ils seraient plus forts que lui et le détrôneraient. Conséquemment,

---

tomachie : d'un autre côté, Apollodore rapporte ce dernier événement avec quelques détails, mais il en a fini avec les Titans en peu de mots (I, 2, 4; I, 6, 1). Les Gigantes semblent n'être qu'une seconde édition des Titans, — espèce de répétition à laquelle les poëtes légendaires sont souvent portés.

(1) Hésiode, Théog. 820-869. Apollod., I, 6, 3. Il représente Typhôn comme presque vainqueur de Zeus. Typhôeus est, selon Hésiode, le père des vents irréguliers, violents et malfaisants : Notos, Boreas, Argestês et Zephyros sont d'origine divine (870).

lorsque Mètis fut sur le point d'accoucher d'Athènê, il l'avala, et sa sagesse et sa sagacité s'identifièrent ainsi d'une manière permanente avec Zeus lui-même (1). Il eut plus tard la tête coupée, pour que la déesse Athènê pût sortir et naître (2). De Themis Zeus eut les Horæ ; d'Eurynomê, les trois Charites ou Grâces; de Mnemosynê, les Muses; de Lêto, Apollon et Artemis ; et de Dêmêtêr, Persephonê. En dernier lieu il prit pour épouse Hèrê, qui conserva toujours la dignité de reine des Dieux : elle lui donna Hêbê, Arês et Eileithyia. Il eut aussi Hermès de Maia, fille d'Atlas ; Hèrê donna le jour à Héphæstos, que, selon les uns, elle eut de Zeus, et que, selon d'autres, elle enfanta par sa seule force générative (3). Il naquit boiteux, et Hèrê eut honte de lui; elle désirait le cacher; mais il s'évada, se réfugia dans la mer et trouva une protection dans les soins maternels des Néréides Thetis et Eurynomê (4).

L'énumération que nous avons faite de la race divine, sous la suprématie de Zeus, nous donnera donc (5) :

1. Les douze grands dieux et grandes déesses de l'Olympe —Zeus, Poseidôn, Apollon, Arês, Hêphæstos, Hermès, Hèrê, Athènê, Artemis, Aphroditê, Hestia, Dêmêtêr.

2. Un nombre illimité d'autres divinités non comprises parmi les dieux olympiques, sans doute parce que le nombre *douze* était complet sans elles, mais dont quelques-unes ne le cédaient pas en pouvoir et en dignité à un grand nombre des douze : — Hadès, Hêlios, Hekatê, Dionysos, Lêtô, Diônê (la mère de Vénus), Persephonê, Selênê (la Lune), Themis, Eôs, Harmonia, les Charites, les Muses, les Eileithyiæ, les Mœræ, (Parques), les Océanides et les Néréides, Proteus, Eidothea, les Nymphes, Leukothea, Phorkys, Æolos, Némésis, etc.

3. Les divinités chargées de fonctions spéciales auprès des plus grands dieux : — Iris, Hêbê, les Horæ, etc.

4. Les divinités dont la personnalité est conçue d'une manière moins arrêtée et plus indécise :—Atê, les Litæ (Prières),

---

(1) Hésiode, Théog. 885-900.
(2) Apollod. I, 3, 6.
(3) Hésiode, Théog. 900-911.
(4) Homère, Iliade. XVIII, 397.
(5) V. Burckhardt, Homer. und Hesiod. Mythol. sect. 102. (Leipz. 1844.)

Eris, Thanatos, Hypnos, Kratos, Bia, Ossa (Renommée), etc. (1). Le même nom est ici employé parfois pour désigner la personne, parfois l'attribut ou l'événement non personnifié, — transition inconsciente d'idées, qui, opérée d'une façon consciente, s'appelle Allégorie.

5. Les monstres, issus des dieux : — les Harpies, les Gorgones, les Grææ, Pegasos, Chrysaor, Echidna, Chimæra, le dragon des Hespérides, Kerberos, Orthros, Geryôn, l'hydre de Lerne, le lion de Némée, Scylla et Charybdis, les Centaures, le Sphinx, Xanthos et Balios, les chevaux immortels, etc.

Des dieux nous passons insensiblement, d'abord aux héros, et ensuite aux hommes ; mais, avant d'en venir à ce nouveau mélange, il est nécessaire de dire quelques mots de la théogonie en général. Je l'ai présentée brièvement comme elle se trouve dans la théogonie d'Hésiode, parce que ce poëme, — malgré une grande incohérence et une grande confusion, qui semblent résulter aussi bien de la différence d'auteur que de la différence d'époque, — offre un sincère et antique essai fait pour donner à l'ancien âge divin une suite systématique. Homère et Hésiode étaient les grandes autorités dans le monde païen au sujet de la théogonie. Mais dans l'Iliade et dans l'Odyssée il ne se trouve rien, excepté des inductions et des allusions passagères ; et même dans les hymnes (que l'opinion commune, dans l'antiquité, attribuait à l'auteur de l'Iliade et de l'Odyssée) il n'y a que des récits isolés, sans lien entre eux. En conséquence, les Grecs apprenaient ordinairement à connaître les antiquités théogoniques dans le poëme d'Hésiode, où ils trouvaient leurs renseignements préparés ; et les légendes consacrées dans cet ouvrage acquéraient un degré de circulation et avaient prise sur la foi nationale, au point que des légendes indépendantes ne pouvaient que rarement ou jamais rivaliser avec elles. De plus, les païens scrupuleux et sceptiques, aussi bien que les adversaires déclarés du paganisme dans des temps plus récents, tiraient leurs sujets d'attaques de la même source ; de sorte qu'il a été abso-

---

(1) Λιμὸς, faim, est une personne dans Hésiode, Op. et Di. 299.

lument nécessaire de raconter dans leur simplicité toute nue les histoires hésiodiques, pour connaître ce que repoussait Platon et ce que dénonçait Xénophane. On a beaucoup plus souvent fait allusion, pour la ridiculiser ou la condamner, à l'étrange conduite attribuée à Uranos, à Kronos et à Zeus qu'à toute autre partie du monde mythique.

Mais, bien que la théogonie hésiodique passât pour orthodoxe parmi les païens plus modernes (1), parce qu'elle était à leurs yeux comme le seul système exposé anciennement et facilement accessible, ce n'était évidemment pas le seul système admis à l'époque de ce poëme lui-même. Homère ne sait rien d'Uranos, dans le sens d'un Dieu suprême antérieur à Kronos. Uranos et Gæa, ainsi que Okeanos, Têthys et Nyx, sont chez lui des dieux grands et vénérables, mais ni l'un ni l'autre n'offrent le caractère de prédécesseurs de Kronos et de Zeus (2). Les Cyclôpes, qu'Hésiode élève au rang de fils d'Uranos et de fabricateurs du tonnerre, ne sont dans Homère ni l'un ni l'autre ; il n'est nullement question d'eux dans l'Iliade, et dans l'Odyssée ce sont de grossiers bergers, d'une taille gigantesque, se nourrissant de chair humaine, n'ayant de commun avec les Cyclôpes hésiodiques que l'œil unique circulaire au milieu du front (3). Des trois Centimanes énumérés par Hésiode, Briareus seul est mentionné dans Homère, et, selon toute apparence, non comme fils d'Uranos, mais comme fils de Poseidôn ; non comme aidant Zeus dans son combat contre les Titans, mais comme le sauvant à un moment critique et le délivrant d'une conspiration formée contre lui par Hèrè, Poseidôn et Athênê (4). Non-seulement l'Uranos d'Hésiode (avec les Uranides) est omis dans Homère, mais les rapports entre Zeus et Kronos sont aussi présentés sous un jour tout différent. Il n'est point fait mention de Kronos avalant ses jeunes enfants ; au contraire, Zeus n'est

---

(1) V. Goettling, præfat. ad Hesiod. p. 23.

(2) Iliade, XIV, 219; XIX, 259. Odyssée, V. 184. Okeanos et Têthys semblent être présentés dans l'Iliade comme les premiers parents des dieux :

Ὠκεανόν τε θεῶν γένεσιν, καὶ μητέρα [Τηθύν.

(XIV, 201.)

(3) Odyss. IX, 87.
(4) Iliade, I, 401.

pas le plus jeune, mais l'aîné des trois frères, et les enfants de Kronos vivent avec lui et Rhea: c'est là pour la première fois que prennent place les relations furtives entre Zeus et Hèrè à l'insu de leurs parents (1). Quand Zeus précipite Kronos dans le Tartare, Rhea confie sa fille Hèrè aux soins d'Okeanos : nous ne trouvons nulle mention d'une effrayante bataille avec les Titans comme accompagnant cet événement. Kronos, Iapetos et les autres Titans sont au fond du Tartare, dans les parties les plus basses sous la terre, à une grande distance des doux rayons de Hèlios; mais ils sont encore puissants et vénérables, et Hypnos fait faire à Hèrè un serment en leur nom, comme le plus inviolable qu'il peut trouver (2).

Ainsi, dans Homère, nous ne voyons rien au delà de ce simple fait, que Zeus précipite son père Kronos, en même temps que le reste des Titans, dans le Tartare; événement pour lequel il nous fournit un pendant assez satisfaisant dans certains incidents qui ont lieu même durant la suprématie de Zeus. En effet, les autres dieux essaient plus d'une fois de se révolter contre Zeus, tentatives réprimées seulement en partie par sa force incomparable, en partie par la présence de son allié le Centimane Briareus. Kronos, comme Laërtes ou Pêleus, est devenu vieux et a été renversé par une force de beaucoup supérieure à la sienne. Le poëme épique d'Homère traite Zeus comme un dieu actuel, et comme à tous les caractères héroïques intéressants, il faut lui assigner un père; ce père a été jadis le chef des Titans, mais il a été remplacé et précipité dans le Tartare ainsi que ces derniers, aussitôt que Zeus et la race supérieure des dieux olympiques ont acquis leur complet développement.

Cette opposition entre Zeus et Kronos, — entre les dieux olympiques et les Titans, — qu'Homère a ainsi présentée brièvement, Hésiode l'a développée dans une théogonie, renfermant beaucoup de choses nouvelles, mais en contradiction

---

(1) Iliade, XIV, 203-295; XV, 204.
(2) Iliade, VII, 482; XIV, 274-279. Dans Opp. et Di. d'Hésiode, Kronos est représenté comme régnant sur les îles des Bienheureux dans le voisinage d'Okeanos (v. 168).

sur quelques points avec ce qu'avance son prédécesseur; tandis qu'Eumèle ou Arktinus, dans le poëme appelé Titanomachia (aujourd'hui perdu), l'adoptaient aussi comme leur sujet spécial (1). De même que Stasinus, Arktinus, Leschês et d'autres étendirent la légende de Troie en composant des poëmes se rapportant à un temps supposé antérieur au commencement ou postérieur à la fin de l'Iliade, — de même que d'autres poëmes racontaient les aventures d'Odysseus (Ulysse) après son retour à Ithakè, — de même Hésiode agrandit et systématisa, en même temps qu'il l'altérait, la théogonie, dont nous trouvons la charpente brièvement indiquée dans Homère. Les dieux homériques sont violents et grossiers, mais le grand génie de la poésie épique grecque n'est nullement responsable des histoires d'Uranos et de Kronos, constant reproche adressé aux récits légendaires païens.

Jusqu'à quel point ces histoires sont-elles l'invention d'Hésiode lui-même? C'est ce qu'il est impossible de déterminer (2). Elles nous amènent à un produit d'imagination

---

(1) V. les rares fragments de la Titanomachia, dans Düntzer, Epic. Græc. Fragm. p. 2; et Heyne, ad Apollod. I, 2. Peut-être y avait-il plus d'un poëme sur ce sujet, bien qu'il semble qu'Athénée n'en ait lu qu'un seul. (VIII, p. 277.)

La Titanomachia étend encore davantage les générations antérieures à Zeus en faisant d'Uranos le fils d'Æther. (Fr. 4. Düntzer.) Egæon était aussi représenté comme fils de Pontos et de Gæa et comme ayant combattu dans les rangs des Titans: dans l'Iliade (où c'est le même personnage appelé Briareus), il est le fidèle allié de Zeus.

Une Titanographie était attribuée à Musée. (Schol. Apollon. Rhod. III, 1178; Cf. Lactance, de Fals. Rel. I, 21.)

(2) C'est une opinion qui paraît maintenant généralement admise, que la Théogonie hésiodique doit être rapportée à une époque très-postérieure aux poëmes homériques, et les raisons qui le font croire sont, à mon avis, satisfaisantes. La Théogonie est-elle du même auteur que les Travaux et les Jours, c'est là un point en litige. Les savants de Bœôtia du temps de Pausanias contestaient l'identité sans hésiter, et n'attribuaient à leur Hésiode que les Travaux et les Jours: Pausanias lui-même partage leur sentiment (IX, 31, 4; IX, 35, 1), et Voelcker (Mythologie des Iapetisch. Geschlechts, p. 14) soutient la même opinion, aussi bien que Goettling (Præf. ad Hesiod. XXI): K. O. Müller (History of Grecian literature, ch. 8, § 4, trad. ang.) pense qu'il n'y a pas de preuve suffisante pour se former une opinion décisive.

Sous le nom d'Hésiode (pour employer ce vague langage usité dans l'antiquité quand il est question de l'auteur d'un ouvrage, langage que les critiques modernes n'ont pas beaucoup corrigé en parlant de l'école, de la secte ou de la famille hésiodiques), on faisait passer beaucoup de poëmes divers appartenant à trois classes tout à fait distinctes les

plus grossier et moins délicat que les histoires homériques, et ressemblant de beaucoup plus près à quelques-uns des chapitres sacrés (ἱεροὶ λόγοι) des mystères plus récents, tels que (par exemple) le conte de Dionysos Zagreus. Il y a dans la Théogonie elle-même une preuve que l'auteur connaissait les

unes des autres, mais tous différents de l'épopée homérique : — I. Les poëmes légendaires arrangés en suites historiques et généalogiques, telles que les Eoiai (Eées), le Catalogue des Femmes, etc. — II. Les poëmes d'une tendance didactique ou morale, tels que les Travaux et les Jours, les Préceptes de Chirôn, l'Art de la Prophétie augurale, etc. — III. De courtes compositions mythiques séparées, telles que le Bouclier d'Hêraklês, le Mariage de Keyx (dont cependant l'authenticité était contestée; Athenæ, II, p. 49), l'Epithalame de Pêleus et de Thêtis, etc. (Marktscheffel, Præfat. ad Fragment. Hesiod. p. 89.)

La Théogonie appartient principalement à la première de ces classes, mais elle a aussi une teinte de la seconde dans la légende de Promêtheus, etc.; en outre, dans la partie qui concerne Hekatê, elle présente à la fois un caractère mystique et un rapport évident avec la vie et les coutumes du temps, que nous pouvons aussi reconnaître dans les allusions à Krête et à Delphes. Il semble qu'il y a une raison pour la placer à la même époque que les Travaux et les Jours, peut-être dans le demi-siècle précédant l'an 700 avant J.-C. (et de peu ou point antérieure à Archiloque, si même elle l'est). Le poëme est évidemment conçu sur un seul plan; toutefois, il y a dans les parties tant de désordre et d'incohérence, qu'il est difficile de dire combien il y a d'interpolations. Hermann a bien analysé le début : voir la préface de l'Hésiode de Gaisford (Poetæ minor. p. 63).

K.-O. Müller nous dit (*ut sup.* p. 90) : « Les Titans, suivant les idées d'Hésiode, représentent un système de choses dans lequel les êtres élémentaires, les pouvoirs naturels, et les notions d'ordre et de régularité sont unis pour former un tout. Les Cyclôpes indiquent les perturbations passagères causées par les orages dans cet ordre de la nature, et les Hekatoncheires, ou géants centimanes, signifient l'effrayante puissance des grandes révolutions de la nature. » Le poëme laisse peu présumer que de telles idées fussent présentes à l'esprit de l'auteur, ainsi qu'on le verra, je pense, si on lit 140-155, 630-745.

On ne peut pas plus prendre pour des phénomènes physiques les Titans, les Cyclôpes et les Hekatoncheires que Chrysaor, Pegasos, Echidna, les Grææ ou les Gorgones. Zeus, comme Hêraklês, ou Jason, ou Perseus, s'il s'agit de décrire ses aventures, doit avoir des ennemis dignes de lui-même et de son type grandiose, et qu'il ait quelque gloire à renverser. Ceux qui luttent contre lui ou qui l'aident doivent être conçus avec des proportions susceptibles de figurer sur le même tableau imposant : la taille de l'homme, ce pygmée, ne satisfera pas le sentiment du poëte ou de ses auditeurs au sujet de la grandeur et de la gloire des dieux. Pour obtenir des créations d'un grandiose égal à un tel objet, le poëte peut, à l'occasion, emprunter des analogies aux accidents frappants de la nature physique, et quand une telle allusion se montre clairement, le critique fait bien de la signaler. Mais c'est, à mon avis, commettre une erreur que de prendre ces rapprochements avec les phénomènes physiques pour *l'objet principal* du poëte, de les chercher partout et de les supposer là où il n'y a que peu ou point d'indications.

légendes locales généralement admises, tant en Krète qu'à Delphes; car il mentionne à la fois et la caverne en Krète où Zeus fut caché à sa naissance, et la pierre près du temple de Delphes — ou la même pierre que celle que Kronos avait avalée, — « placée par Zeus lui-même comme un signe et un objet d'admiration pour les mortels. »

Ces deux monuments dont le poëte parle expressément, et qu'il avait probablement vus, supposent une suite entière de légendes locales et explicatives, ayant probablement cours parmi les prêtres de Krète et de Delphes, lieux unis, dans les anciens temps, par une intime liaison religieuse. Et nous pouvons de plus suivre dans le poëme, — ce qui d'ordinaire était le sentiment naturel des adorateurs de Zeus en Krète — la trace d'un effort pour trouver une justification de l'attaque dirigée par Zeus contre Kronos, dans la conduite de Kronos lui-même et envers son père et envers ses enfants: le traitetement infligé par Zeus à Kronos paraît dans Hésiode comme le châtiment dont Uranos, après sa mutilation, a menacé le fils qui l'a outragé, et qu'il lui a prédit. En effet, les relations d'Uranos et de Gæa ne sont, dans presque tous leurs détails, qu'une copie et une répétition de celles qui existent entre Kronos et Rhea; elles ne diffèrent que par la manière dont la catastrophe finale est amenée. Or la castration était un usage entièrement contraire aux sentiments et aux coutumes des Grecs (1); mais on en voyait la pratique répétée et affligeante dans la vie domestique, aussi bien que dans le culte religieux de Phrygia et d'autres parties de l'Asie; et cela devint même la qualification particulière d'un prêtre de la

---

(1) Les preuves les plus fortes de ce sentiment sont présentées dans Hérodote, III, 48; VIII, 105. Voir un exemple de cette mutilation infligée à un jeune homme nommé Adamas par le roi de Thrace Kotys, dans Aristote, Polit. V, 8, 12, et le conte concernant le Corinthien Périandre, Hérod. III, 48.

On voit une preuve de cette habitude, usitée chez les tragiques attiques, d'attribuer aux Troyens des coutumes asiatiques ou phrygiennes, dans la pièce de Sophocle actuellement perdue appelée Troïlus (ap. Jul. Poll. X, 165), où le poëte fait paraître un des personnages de son drame comme ayant été châtré par ordre d'Hecabê (Hécube), Σκαλμῇ γὰρ ὄρχεις βασιλὶς ἐκτέμνουσ' ἐμούς, probablement le παιδαγωγὸς ou gouverneur et compagnon du jeune Troïlus. V. Welcker, Griechisch. Tragoed., vol. I, p. 125.

Grande Mère Kybelè (Magna Mater) (1), aussi bien que de Diane d'Ephèse. L'emploi de la faucille attribué à Kronos, semble être le produit d'une imagination familière au culte et aux légendes asiatiques, qui se rattachaient au culte et aux légendes de Krète et leur ressemblaient en partie (2). Et cette conséquence acquiert une plus grande probabilité, quand nous la rattachons à la première origine du fer, qu'Hésiode mentionne avoir été produit exprès pour fabriquer la fatale faucille; car la métallurgie trouve une place dans les anciennes légendes et de l'Ida Troyen et de l'Ida Krètois, et les trois Dactyles Idéens, les inventeurs légendaires de cette science, sont placés tantôt sur l'une de ces montagnes, tantôt sur l'autre (3).

De même qu'Hésiode avait étendu la série des dieux donnée par Homère en faisant précéder la dynastie de Kronos par celle d'Uranos, de même la Théogonie orphique lui donna une plus grande extension encore (4). D'abord vint Chronos, ou le Temps, sous la forme d'une personne; après lui Æthèr et Chaos, d'où Chronos tira l'œuf immense du monde. C'est de là que sortit, avec la suite des temps, le

---

(1) Hérodote, VII, 105, εὐνοῦχοι. Lucien, de Deâ Syriâ, c. 50. Strabon, XIV, p. 640-641.

(2) Diodore, V, 64. Strabon, X, p. 469. Hoeckh, dans son savant ouvrage Krêta (vol. 1, liv. I et 2), a réuni tous les documents qu'on peut recueillir au sujet des anciennes influences de la Phrygia et de l'Asie Mineure sur la Krêta; rien ne semble pouvoir être précisé, excepté le fait général; toutes les preuves particulières présentent un vague déplorable.

Le culte de Zeus Dictæen semble avoir appartenu dans l'origine aux Eteokrètes, qui n'étaient pas Hellênes, et se rattachaient plutôt à la population asiatique qu'au peuple hellénique. Strabon, X, p. 478. Hoeckh, Krêta, vol. I, p. 139.

(3) Hésiode, Théog. 161.

Αἶψα δὲ ποιήσασα γένος πολιοῦ ἀδάμαντος
Τεῦξε μέγα δρέπανον, etc.

V. l'extrait du vieux poëme *Phorónis* ap. Schol. Apoll. Rhod. 1129; et Strabon, X, p. 472.

(4) V. les fragments peu abondants de la Théogonie orphique dans l'édition des Orphica d'Hermann, p. 448, 504, qu'il est difficile de comprendre et de rattacher ensemble, même avec le secours de l'étude approfondie de Lobeck. (Aglaophamus, p. 470, etc.) Les passages ont été surtout conservés par Proclus et par les Platoniciens plus récents, qui semblent les mêler d'une manière inextricable avec leurs propres idées philosophiques.

Dans le petit nombre de vers qui composent le début des Argonautiques orphiques se trouve un court sommaire des principaux points de la Théogonie.

dieu né le premier, Phanès, ou Mêtis, ou Hêrikapæos, être à double sexe, qui d'abord engendra Kosmos, où le système du monde, et porta en lui la semence des dieux. Il donna naissance à Nyx, de qui il eut Uranos et Gæa, ainsi qu'à Hêlios et à Selênê (1).

D'Uranos et de Gæa naquirent les trois Mæræ ou Parques, les trois Centimanes et les trois Cyclôpes; ces derniers furent précipités dans le Tartare par Uranos, qui pressentait qu'ils lui raviraient le pouvoir. Pour se venger de ce mauvais traitement infligé à ses fils, Gæa produisit, par sa propre force générative, quatorze Titans : sept mâles et sept femelles; les premiers étaient Kœos, Krios, Phorkys, Kronos, Okeanos, Hyperiôn et Iapetos; les autres étaient Themis, Têthys, Mnêmosynê, Theia, Diônê, Phœbê et Rhea (2). Ils reçurent le nom de Titans, parce qu'ils vengèrent sur Uranos l'expulsion de leurs frères aînés. Six des Titans, ayant à leur tête Kronos, le plus puissant d'entre eux tous, conspirèrent contre Uranos, et le détrônèrent après l'avoir châtré. Okeanos seul resta à l'écart et ne prit aucune part à l'agression. Kronos s'empara du gouvernement et fixa sa résidence sur l'Olympe, pendant qu'Okeanos resta à part maître du courant divin qui lui appartenait (3). Le règne de Kronos fut une période de tranquillité et de bonheur, aussi bien que d'une force et d'une longévité extraordinaires.

De Kronos et de Rhea naquirent Zeus, ses frères et ses sœurs. La Théogonie orphique présente dans ses traits essentiels, de la même manière qu'Hésiode, l'histoire de Zeus

---

(1) V. Lobeck, Aglaoph. p. 472-476, 490-500. Μῆτιν σπέρμα φέροντα θεῶν κλυτὸν Ἠρικεπαῖος; et, Θῆλυς καὶ γενέτωρ κρατερὸς θεός Ἠρικέπατος. Cf. Lactance, IV, 8, 4 ; Suidas, v. Φάνης; Athénagoras, XX, 296 ; Diodore, I, 27.

Cet œuf figure, comme on pouvait s'y attendre, dans la Cosmogonie exposée dans les Oiseaux. Aristoph. Av. 695. Nyx donne naissance à un œuf, d'où sort l'Erôs d'or ; d'Erôs et de Chaos naît la race des oiseaux.

(2) Lobeck, Ag. p. 504. Athénag. XV, p. 64.

(3) Lobeck, Ag. p. 507. Platon, Timée, p. 41. Dans les Διονύσου τροφοί d'Eschyle, on disait que Médée avait coupé en morceaux les vieux compagnons du dieu Dionysos, et qu'après les avoir fait bouillir dans une chaudière, elles les avait rajeunis. Phérécyde et Simonide disent que Jason lui-même avait été traité de la même manière. Schol. Aristoph. Equit. 1321.

enfant sauvé et caché, ainsi que celle de la pierre avalée par Kronos ; seulement le style est moins simple et a un caractère plus mystique. Zeus est caché dans la caverne de Nyx, résidence de Phanês lui-même, avec Eidê et Adrasteia, qui le nourrissent et le gardent, tandis que les Kurêtes, dansant en armes et frappant sur des instruments sonores, empêchent que ses vagissements ne parviennent jusqu'aux oreilles de Kronos. Quand il est devenu grand, il tend un piége à son père, l'enivre avec du miel, et, l'ayant surpris plongé dans un sommeil profond, il l'enchaîne et le châtre (1). Ainsi élevé au pouvoir suprême, il avala et absorba en lui-même Mètis ou Phanês, avec tous les éléments préexistants des choses, et alors engendra tout à nouveau de sa propre essence et conformément à ses propres idées divines (2). Ce qui reste de ce système est si peu de chose, que nous sommes embarrassé de reconnaître individuellement les dieux et les déesses issus de Jupiter en dehors d'Apollon, de Dionysos et de Persephonê, la dernière étant confondue avec Artemis et Hekatê.

Mais il y a un nouveau personnage engendré par Zeus, auquel la Théogonie orphique a donné un rang supérieur aux autres, et dont les aventures constituent un de ses traits particuliers. Zagreus « l'enfant cornu » est fils de Zeus, qui l'a eu de sa propre fille, Persephonê ; il est le favori de son père ;

---

(1) Lobeck, p. 514. Porphyre, de Antro Nympharum, ch. XVI, φησὶ γὰρ παρ'Ορφεῖ ἡ Νὺξ, τῷ Διὶ ὑποτιθεμένη τὸν διὰ τοῦ μέλιτος δόλον,

Εὖτ'ἂν δή μιν ἴδηαι ὑπὸ δρυσὶν ὑψικό-
[μοισι
Ἔργοισιν μεθύοντα μελισσάων ἐρι-
Αὔτικά μιν δῆσον.   [βόμβων,
Ὃ καὶ πάσχει ὁ Κρόνος καὶ δεθεὶς ἐκ-
[τέμνεται, ὡς Οὐρανός.
Cf. Timée ap. Schol. Apoll. Rhod. IV, 983.

(2) La Kataposis de Phanês par Zeus est un des points les plus mémorables de la Théogonie orphique. Lobeck, p. 519 ; et Fragm. VI, p. 456 des Orphica d'Hermann.

C'est cette absorption par Zeus et la reproduction de toutes choses qui en résulta, qui donna lieu à la magnifique suite des épithètes orphiques à son sujet.

Ζεὺς ἀρχή, Ζεὺς μέσσα, Διὸς δ'ἐκ πάν-
[τα τέτυκται.

On peut trouver une allusion à ces épithètes, même dans Platon, de Leg. IV, p. 715. Plutarque, de Defectu Oracul. t. 11, ch. XLVIII, p. 379. Diodore (I, 11) est le plus ancien écrivain qui nous reste mentionnant le nom de Phanês, dans un vers cité comme venant d'Orphée, où toutefois Phanês est identifié avec Dionysos. Cf. Macrobe, Saturnal. I, 18.

c'est un enfant qui donne les plus belles espérances et est prédestiné, s'il grandit, à hériter l'autorité suprême, aussi bien que le droit de lancer le tonnerre. Il siége, encore enfant, sur le trône à côté de Zeus, et est gardé par Apollon et par les Kurêtes. Mais la jalouse Hèrê arrête sa carrière et excite contre lui les Titans, qui, après s'être d'abord barbouillé le visage de plâtre, s'approchent de Zagreus assis sur le trône, séduisent par des jouets son imagination enfantine, et le tuent avec une épée pendant qu'il est occupé à contempler ses traits dans un miroir. Alors ils dépècent son corps et le font cuire dans une chaudière, ne laissant que le cœur, qui est recueilli par Athênê et porté à Zeus; celui-ci dans sa fureur précipite, à l'aide de son tonnerre, les Titans dans le Tartare; Apollon est chargé de rassembler les restes de Zagreus et de les brûler au pied du mont Parnassos. Le cœur est donné à Sémélê, et Zagreus est engendré de nouveau par elle sous la forme de Dionysos (1).

---

(1) Au sujet du conte de Zagreus, v. Lobeck, p. 552 *sqq*. Nonnus dans ses Dionysiaques a donné sur ce conte beaucoup de détails :
Ζαγρέα γεινομένη κέροεν βρέφος, etc.
(VI, 264.)
Clemens Alexandrin. Admonit. ad Gent. p. 11, 12, Sylb. L'histoire a été traitée et par Callimaque et par Euphorion, Etymolog. Magn. v. Ζαγρεύς, Schol. Lycophr. 208. Dans le vieux poëme d'Alcmæon ou Epigoni, Zagreus est un surnom de Hadês. V. Fragm. IV, p. 7, ed. Düntzer. A propos de la Théogonie orphique en général, on peut consulter avec beaucoup de profit Brandis (Handbuch der Geschichte der Griechisch-Roemisch. Philosophie, ch. XVII, XVIII), K. O. Müller (Proleg Mythol. p. 379-396), et Zoega (Abhandlungen. V. p. 211-263). Brandis regarde cette Théogonie comme *beaucoup plus ancienne* que la première philosophie ionienne; mais il ne paraît pas probable qu'on puisse lui donner une antiquité aussi reculée : quelques-unes des idées qu'elle renferme, comme, par exemple, celle de l'œuf orphique, indiquent qu'elle dévie de la ligne de générations purement personnelles rapportées et par Homère et par Hésiode d'une façon exclusive, et qu'elle se rapproche de quelque chose qui ressemble à des analogies physiques. A tout prendre, nous ne pouvons raisonnablement réclamer pour elle plus d'un demi-siècle au delà de l'époque d'Onomacrite. La Théogonie de Phérécyde de Syros semble avoir eu quelque analogie avec la Théogonie orphique. V. Diogen. Laërt. I, 119. Sturz. Fragm. Phérécyd., § 5-6, Brandis, Handbuch, *ut sup*. ch. XXII. Phérécyde s'éloigna en partie de la voie mythique ou successions personnelles présentées par Hésiode. Ἐπεὶ οἵ γε μεμιγμένοι αὐτῶν καὶ τῷ μὴ μυθικῶς ἅπαντα λέγειν, οἷον Φερεκύδης καὶ ἕτεροί τινες, etc. (Aristot. Metaphys. N, p. 301, ed. Brandis.) Porphyre, de Antro Nymphar. ch. XXXI, καὶ τοῦ Συρίου Φερεκύδου μυχοὺς καὶ βόθρους καὶ ἄντρα καὶ θύρας καὶ πύλας λέγοντος,

Tel est le tissu des créations fantastiques et violentes comprises sous le titre de Théogonie orphique, et lues comme telles, à ce qu'il paraît, par Platon, Isocrate et Aristote. On verra qu'elle repose sur la Théogonie hésiodique; mais, suivant la tendance générale qu'a la légende grecque à se développer, il y a beaucoup de choses nouvelles ajoutées : Dans Homère, Zeus a un prédécesseur; dans Hésiode, il en a deux, et trois dans Orphée.

La Théogonie hésiodique, quoique postérieure par la date à l'Iliade et à l'Odyssée, était contemporaine de la période la plus reculée de ce que l'on peut appeler l'histoire grecque, et certainement d'une époque antérieure à l'an 700 avant Jésus-Christ. Elle semble avoir été répandue au loin en Grèce; et, comme elle était à la fois ancienne et courte, le public, en général, la consultait comme étant la principale source de connaissance qu'il eût concernant l'antiquité divine. La Théogonie orphique est d'une date plus récente et renferme les idées et les personnages hésiodiques agrandis et déguisés sous une forme mystique. Sa veine d'invention, moins populaire, s'appropriait plus aux contemplations d'une secte spécialement préparée à cette étude qu'au goût d'auditeurs accidentels. Et il semble qu'en conséquence elle eut cours surtout parmi les esprits purement spéculatifs (1).

καὶ διὰ τούτων αἰνιττομένου τὰς τῶν ψυχῶν γενέσεις καὶ ἀπογενέσεις, etc. Eudème le péripatéticien, disciple d'Aristote, avait tracé un exposé de la Théogonie orphique aussi bien que des doctrines de Phérécyde, d'Acusilas et d'autres, exposé qui était encore entre les mains des platoniciens du quatrième siècle, bien qu'il soit perdu aujourd'hui. Les extraits que nous en trouvons semblent tous favoriser l'opinion que la Théogonie d'Hésiode faisait la base de leurs travaux. V. au sujet d'Acusilas, Platon, Sympos. p. 178 ; Clem. Alex. Strom., p. 629.

(1) La Théogonie orphique n'est jamais citée dans les abondantes scholies d'Homère, bien qu'il y soit fait souvent allusion à Hésiode.(V. Lobeck, Aglaoph. p. 540). Elle ne peut pas non plus avoir été présente à l'esprit de Xénophane et d'Héraclite, comme représentant quelque croyance grecque répandue au loin : le premier, qui condamnait si sévèrement Homère et Hésiode, aurait trouvé Orphée beaucoup plus digne de son blâme ; et le second aurait difficilement omis Orphée dans sa mémorable déclaration : Πολυμαθίη νόον οὐ διδάσκει· Ἡσίοδον γὰρ ἂν ἐδίδαξε καὶ Πυθαγόρην, αὖτις δὲ Ξενοφάνεά τε καὶ Ἑκαταῖον. Diog. Laër. IX, 1. Isocrate traite Orphée comme le plus répréhensible de tous les poëtes. V. Busiris, p. 229 ; II, p. 309, Bekk. La Théogonie d'Orphée, telle qu'elle est conçue par Apollonius

Parmi la majorité de ces derniers cependant, elle jouissait d'une plus grande vénération, et surtout elle était supposée plus ancienne que la Théogonie hésiodique. L'opinion qui lui attribuait une plus haute antiquité (rejetée par Hérodote, et vraisemblablement aussi par Aristote) (1), aussi bien que le respect pour son contenu, grandirent pendant la période alexandrine et durant les siècles de décadence du paganisme, atteignant leur maximum parmi les néo-platoniciens du troisième et du quatrième siècle après Jésus-Christ. Les adversaires chrétiens du paganisme, aussi bien que ses défenseurs, la traitaient également comme le résumé le plus ancien et le plus vénérable de la foi grecque. Orphée est célébré par Pindare comme le joueur de lyre et le compagnon des Argonautes dans leur expédition maritime; Orphée et Musée, aussi bien que Pamphos et Olèn, les grands auteurs supposés de vers et d'hymnes renfermant des idées théogoniques et mystiques, des oracles et des prophéties, étaient généralement regardés par des Grecs lettrés comme antérieurs, soit à Hésiode, soit à Homère (2). Telle fut aussi l'o-

---

de Rhodes (I, 504) au troisième siècle avant J.-C., et par Nigidius au premier siècle avant J.-C. (Servius ad Virgil., Eclog. IV, 10), semble avoir eu des proportions moins grandes que celle qui est donnée dans le texte. Mais ni l'une ni l'autre ne mentionnent le conte de Zagreus, que nous savons être aussi ancien qu'Onomacrite.

(1) Cette opinion d'Hérodote se trouve implicitement dans le remarquable passage au sujet d'Homère et d'Hésiode, II, 53, bien qu'il ne nomme pas même une fois Orphée et ne fasse allusion qu'une seule fois aux «Cérémonies orphiques,» II, 81. Il parle à plusieurs reprises des prophéties de Musée. Aristote rejetait l'existence passée et la réalité d'Orphée. V. Cicéron, de Nat. Deor. I, 38.

(2) Pindare, Pyth. IV, 177. Platon semble considérer Orphée comme plus ancien qu'Homère. Cf. Théœtêt. p. 179;

Cratylus, p. 402; de Republ. II, p. 364. L'ordre dans lequel Aristophane (et Hippias d'Elis, ap. Clem. Alex. Str. VI, p. 624) les mentionne indique la même manière de voir. Ranæ, 1030. Il est inutile de citer les chronologistes postérieurs, qui croyaient tous à l'ancienneté d'Orphée; il était communément représenté comme fils de la muse Calliopê. Androtiôn semble avoir contesté qu'il fût de Thrace, regardant les Thraces comme d'une stupidité et d'une ignorance incurables. Androtiôn, Frag. 36, éd. Didot. Ephore parlait de lui comme ayant été le disciple des Dactyles Idæens de Phrygie (v. Diodôr. V, 64), et comme ayant appris d'eux ses τελετὰς et ses μυστήρια, qu'il introduisit le premier en Grèce. La plus ancienne mention d'Orphée que nous trouvions est celle du poëte Ibycus (vers 530 avant J.-C.), ὀνομάκλυτον Ὀρφῆν. Ibyci Frag. IX, p. 341, éd. Schneidewin.

pinion commune à quelques savants modernes jusqu'à une période comparativement récente. Mais il est maintenant démontré, à l'aide de raisons suffisantes, que les compositions qui passaient sous ces noms, émanent, pour la plus grande partie, de poëtes de l'époque alexandrine, venant après l'ère chrétienne, et que même les plus anciennes de ces compositions, qui servirent comme de souche sur laquelle furent greffées les additions postérieures, appartiennent à une période beaucoup plus récente que celle d'Hésiode, probablement au siècle qui précède Onomacrite (610-510 avant J.-C.). Il semble certain cependant qu'Orphée et Musée étaient tous les deux des noms dont la réputation était consacrée au temps où florissait Onomacrite; et il est clairement établi par Pausanias que ce dernier était lui-même l'auteur du mythe le plus remarquable et le plus caractéristique de la Théogonie orphique, Zagreus déchiré par les Titans et ressuscité sous la forme de Dionysos (1).

Les noms d'Orphée et de Musée (aussi bien que celui de Pythagore (2), pour ne considérer qu'un côté de son caractère), représentent des faits importants dans l'histoire de l'esprit grec, l'affluence graduelle des rites et des sentiments religieux thraces, phrygiens et égyptiens, et la diffusion croissante de mystères spéciaux (3), de plans de purification

---

(1) Pausan. VIII, 37,3. Τιτᾶνας δὲ πρῶτον ἐς ποίησιν ἐσήγαγεν Ὅμηρος, θεοὺς εἶναι σφᾶς ὑπὸ τῷ καλουμένῳ Ταρτάρῳ· καί ἐστιν ἐν Ἥρας ὅρκῳ τὰ ἔπη· παρὰ δὲ Ὁμήρου Ὀνομάκριτος, παραλαβὼν τῶν Τιτάνων τὸ ὄνομα, Διονύσῳ τε συνέθηκεν ὄργια, καὶ εἶναι τοὺς Τιτᾶνας τῷ Διονύσῳ τῶν παθημάτων ἐποίησεν αὐτουργούς. La date, le caractère, ainsi que les fonctions d'Onomacrite sont clairement signalés par Hérodote, VII, 6.

(2) Hérodote croyait que les règlements orphiques et pythagoriciens venaient d'Egypte : ὁμολογέουσι δὲ ταῦτα τοῖσι Ὀρφικοῖσι καλεομένοισι καὶ Βακχικοῖσι, ἐοῦσι δὲ Αἰγυπτίοισι (II, 81). Il connait les noms de ceux des Grecs qui ont emprunté à l'Egypte la doctrine de la métempsychose, mais il ne veut pas les mentionner (II, 123) : il est difficile de croire qu'il fasse allusion à d'autres qu'aux pythagoriciens, dont il connut probablement plus d'un en Italie. V. le curieux extrait de Xénophane touchant la doctrine de Pythagore, Diogen. Laërt. VIII, 37 ; et la citation tirée des Silles de Timon, Πυθαγόραν δὲ γόητος ἀποκλίναντ' ἐπὶ δόξαν, etc. Cf. Porphyr. in Vit. Pythag. ch. XLI.

(3) Aristophan., Ran. 1030.
Ὀρφεὺς μὲν γὰρ τελετάς θ'ἡμῖν κατέ-
 [δειξε, φόνων τ'ἀπέχεσθαι·
Μουσαῖος τ', ἐξακέσεις τε νόσων καὶ
 [χρησμούς· Ἡσίοδος δὲ
Τῆς ἐργασίας, καρπῶν ὥρας, ἀρότους·
 [ὁ δὲ θεῖος Ὅμηρος

religieuse et d'orgies (je me hasarde à faire passer en anglais le mot grec, dont le sens primitif n'implique nullement l'idée d'excès qu'on lui a donnée plus tard, en le détournant de sa première acception), en l'honneur de quelque dieu particulier, distincts et des solennités publiques et des solennités païennes de la Grèce primitive, célébrés à l'écart loin des citoyens en général, et accessibles seulement au moyen d'une certaine succession de préparations et d'initiations, et dont quelquefois même il était interdit de parler devant les non-initiés, sous les menaces les plus sévères du châtiment divin. Dans l'occasion, de telles associations volontaires prenaient la forme de confréries permanentes, liées ensemble par des solennités périodiques aussi bien que par des vœux d'un caractère ascétique. Ainsi la vie orphique (comme on l'appelait) ou règlement de la confrérie orphique, entre autres injonctions, dont quelques-unes étaient arbitraires et dont quelques autres commandaient de s'abstenir de certaines choses, interdisait universellement la nourriture animale, et, dans des occasions données, l'usage de vêtements de laine (1). La grande confrérie religieuse et politique des pythagoriciens, qui agit si puissamment sur la condition des cités italiennes, fut une des nombreuses manifestations de cette tendance générale, qui est en opposition frappante avec le culte simple, franc et démonstratif des Grecs homériques.

Des fêtes aux semailles et à la moisson, aux vendanges et au moment où l'on buvait le nouveau vin, furent sans aucun doute contemporaines des plus anciennes coutumes des Grecs; la dernière était une époque de gaîté extraordinaire. Toutefois, dans les poëmes homériques, Dionysos et Dêmê-

---

Ἀπὸ τοῦ τίμην καὶ κλέος ἔσχεν, πλὴν
[τοῦθ'ὅτι χρήστ'ἐδίδασκεν
Ἀρετὰς, τάξεις, ὁπλίσεις ἀνδρῶν, etc.

On trouvera le même contraste général dans Platon, Protagoras, p. 316; l'opinion de Pausanias, IX, 30, 4. Les poëmes de Musée semblent avoir eu une analogie considérable avec la Melampodia attribuée à Hésiode (v. Clemen.

Alex. Str. VI, p. 628); et l'on croyait qu'Orphée, aussi bien que Musée, possédait des charmes propres à guérir. V. Eurip. Alcestis, 986.

(1) Hérod. II, 81; Euripid. Hippol. 957, et le curieux fragment de la pièce d'Euripide, aujourd'hui perdue, Κρῆτες· Ὀρφικοὶ βίοι, Platon, Leg. VII, 782.

tèr, les protecteurs de la vigne et du champ de blé, sont rarement mentionnés, et certainement tiennent peu de place dans l'imagination du poëte, si on les compare avec les autres dieux ; ils n'ont pas non plus une importance marquante, même dans la Théogonie hésiodique. Mais, dans l'intervalle entre Hésiode et Onomacrite, la révolution qui s'opéra dans l'esprit religieux de la Grèce fut telle qu'il plaça ces deux divinités au premier rang. D'après la doctrine orphique, Zagreus, fils de Persephonê, est destiné à être le successeur de Zeus ; et bien que la violence des Titans arrête ce sort, cependant, même après avoir été déchiré, il reparaît sous le nom de Dionysos ; il est le collègue et l'égal de son divin père.

Ce changement remarquable, tel qu'il s'opéra pendant le sixième siècle et une partie du septième avant l'ère chrétienne, peut être rapporté à l'influence des rapports avec l'Égypte (qui ne fut complétement ouverte aux Grecs que vers 660 avant J.-C.), aussi bien qu'avec la Thrace, la Phrygia et la Lydia. De là pénétrèrent de nouvelles idées et de nouveaux sentiments religieux, qui s'attachèrent surtout aux personnages de Dionysos et de Dêmêtèr. Les Grecs identifièrent ces deux divinités avec les grandes divinités égyptiennes Osiris et Isis, de sorte que ce qui fut emprunté au culte rendu à ces dernières par les Égyptiens échut naturellement à celles qui les représentaient dans le système grec (1). De plus, ce culte de Dionysos (on ne peut pas savoir avec certitude sous quel nom) était indigène en Thrace (2), comme celui de la Grande Mère l'était en Phrygia et en Lydia, ainsi que ces manifestations de délire temporaire et ces extases violentes, et cet usage de choquer des instruments bruyants que nous trouvons plus tard être son caractère en Grèce. Les grands maîtres du pipeau — aussi bien que le

---

(1) Hérodote, II, 42, 59, 144.
(2) Hérod. V, 7 ; VII, 3 ; Euripid. Hécub. 1249, et Rhêsus, 969, et le prologue des Bacchæ ; Strabon, X, p. 470 ; Schol. ad. Aristoph. Aves, 874 ; Eustath. ad Dionys. Perieg. 1069 ; Harpokrat. v. Σάβοι ; Photius, Εὐοῖ Σαβοῖ. L'ouvrage « Lydiaca » de Th. Menke (Berlin, 1843) retrace l'antique connexion qui existait entre la religion de Dionysos et celle de Kybelê, ch. VI, 7. Le livre « Krêta » de Hoeckh (vol. I, p. 128-134) est instructif pour ce qui concerne la religion phrygienne.

dithyrambe (1), et de fait tout le système musical approprié au culte de Dionysos, qui contrastait d'une manière si tranchée avec la paisible solennité du Pæan adressé à Apollon — étaient tous d'origine phrygienne.

De toutes ces différentes contrées, des nouveautés inconnues aux Grecs homériques pénétrèrent dans le culte grec ; et il en est une qui mérite d'être particulièrement signalée, parce qu'elle marque la naissance de la nouvelle classe d'idées dans leur théologie. Homère mentionne bien des personnes coupables d'homicide commis en secret ou involontairement, et forcées, soit d'aller en exil, soit d'accorder une satisfaction pécuniaire ; mais il ne montre jamais une seule fois une d'entre elles comme ayant ou reçu la purification pour son crime (2) ou en ayant eu besoin. Or, dans les temps postérieurs à Homère, on arriva à considérer la purification pour homicide comme indispensable : la personne coupable est regardée comme impropre au commerce avec les hommes ou au culte des dieux, jusqu'à ce qu'elle l'ait reçue, et des cérémonies spéciales sont prescrites pour l'accomplissement de cette opération. Hérodote nous dit que la cérémonie de purification était la même chez les Lydiens

---

(1) Aristote, Polit. VIII, 7, 9. Πᾶσα γὰρ Βάκχεια καὶ πᾶσα ἡ τοιαύτη κίνησις μάλιστα τῶν ὀργάνων ἐστὶν ἐν τοῖς αὐλοῖς· τῶν δ'ἁρμονιῶν ἐν τοῖς Φρυγιστὶ μέλεσι λαμβάνει ταῦτα τὸ πρέπον, οἷον ὁ διθύραμβος δοκεῖ ὁμολογουμένως εἶναι Φρύγιον. Eurip. Bacch. 58.

Αἴρεσθε τἀπιχώρι'ἐν πόλει Φρυγῶν
Τύμπανα, 'Ρέας τε μητρὸς ἐμὰ θ'εὑρή-
[ματα, etc.

Plutarque, Eἰ in Delph. c. IX; Philocor. Fr. 21, ed. Didot, p. 389. La manière complète et intime dont Euripide identifie les rites bachiques de Dionysos avec les cérémonies phrygiennes en l'honneur de la Grande Mère est très-remarquable. La belle description du culte phrygien donnée par Lucrèce (II, 600-640) est très-affaiblie par sa façon d'allégoriser si peu satisfaisante.

(2) Schol. ad. Iliad. XI, 690. — Οὐ διὰ τὰ καθάρσια Ἰφίτου πορθεῖται ἡ Πύλος, ἐπεί τοι Ὀδυσσεὺς μείζων Νέστορος, καὶ παρ' Ὁμήρῳ οὐκ οἴδαμεν φονέα καθαιρόμενον, ἀλλ'ἀντιτίνοντα ἢ φυγαδευόμενον. Les exemples sont nombreux, et se trouvent à la fois dans l'Iliade et l'Odyssée. Iliade, II, 665 (*Tlépolemos*); XIII, 697 (*Medón*); XIII, 574 (*Epeigeus*); XXIII, 89 (*Patroklos*); Odyss., XV, 224 (*Theoklymenos*); XIV, 380 (un *Ætolien*); le mythe intéressant au sujet des fonctions d'Atè et des Litæ ne s'accorde pas non plus avec la doctrine postérieure de la nécessité de la purification. (Iliad. IX, 498.)

et chez les Grecs (1) : nous savons qu'elle ne faisait point partie de l'ancienne religion de ceux-ci, et nous pouvons soupçonner peut-être avec raison qu'ils l'empruntèrent des premiers. Le plus ancien exemple que nous ayons d'une expiation pour homicide se trouvait dans l'épopée du Milésien Arktinus (2), où Achille est purifié par Odysseus pour le meurtre de Thersitès : quelques autres exemples se rencontraient dans l'épopée récente ou hésiodique — Hêraklès, Pêleus, Bellerophôn, Alkmæôn, Amphiktyôn, Pœmander, Triopas — d'où ils passèrent probablement par les mains des logographes à Apollodore, à Diodore et à d'autres (3). La purification du meurtrier était primitivement opérée, non par les mains d'un prêtre ou d'un homme ayant un caractère particulier de sainteté, mais par celles du chef ou du roi, qui accomplit les cérémonies appropriées au crime de la manière racontée par Hérodote dans son récit pathétique concernant Crésus et Adrastos.

L'idée d'une souillure spéciale, provenant du crime et de la nécessité aussi bien que de la propriété de cérémonies religieuses prescrites comme moyen suffisant de l'effacer, paraît ainsi avoir pris pied dans les coutumes grecques postérieurement à l'époque d'Homère. Les orgies ou les rites particuliers, composés ou réunis par Onomacrite, Méthapos (4), et d'autres hommes d'une piété plus qu'ordinaire,

---

(1) Hérodote, I, 35. — Ἔστι δὲ παραπλησίη ἡ κάθαρσις τοῖσι Λυδοῖσι καὶ τοῖσι Ἕλλησι. Entre beaucoup de preuves, ce qui nous montre surtout combien cette idée s'empara profondément des plus grands esprits de la Grèce, à savoir qu'un malheur sérieux tomberait sur la communauté si une querelle de famille ou un homicide restait sans expiation religieuse, ce sont les objections qu'Aristote oppose à la communauté des femmes proposée dans la République de Platon. On ne pourrait savoir dans quel rapport seraient les individus comme pères, comme fils ou comme frères : en conséquence, si un méfait ou un meurtre était commis contre la personne d'un parent, il serait impossible d'appliquer l'expiation religieuse convenable (αἱ νομιζόμεναι λύσεις), et le crime resterait non expié. (Arist. Polit. II, 1, 14. Cf. Thucyd. I, 125-128.)

(2) V. les Fragm. de l'Æthiopis d'Arktinus dans la collection de Düntzer, p. 16.

(3) Les preuves touchant ce point sont réunies dans l'Aglaophamos de Lobeck. Epimetr. II, ad Orphica, p. 968.

(4) Pausanias (IV. 1, 5). — Μετεκόσμησε γὰρ καὶ Μέθαπος τῆς τελετῆς (les Orgies d'Eleusis, apportées par Kaukon

étaient fondés sur une manière de penser semblable et adaptés aux mêmes exigences intellectuelles. C'étaient des manifestations religieuses volontaires, ajoutées aux anciens sacrifices publics du roi ou des chefs en faveur de la société entière, et à ceux du père offerts sur son propre foyer domestique. Ils indiquaient les détails du service divin propres à apaiser ou à satisfaire le dieu auquel ils étaient adressés, et à procurer aux croyants qui s'y conformaient ses bénédictions et sa protection ici-bas ou dans la vie à venir; l'exact accomplissement du service divin dans toutes ses particularités était tenu pour nécessaire, et c'est ainsi que les prêtres ou hiérophantes, auxquels seuls le rituel était familier, acquirent une position dominante (1). Généralement parlant, ces orgies particulières furent admises et obtinrent leur influence aux époques de détresse, de maladie, de calamité et de danger publics, ou de terreur et de désespoir religieux, qui semblent ne s'être montrées que trop fréquemment.

Les esprits des hommes étaient enclins à croire que leurs souffrances avaient leur source dans le mécontentement de quelques-uns des dieux, et, comme ils trouvaient que les sacrifices étaient insuffisants pour les protéger, ils saisissaient avec ardeur les nouvelles idées qui leur étaient proposées, en vue de regagner la faveur divine (2). Ces idées étaient plus ordinairement copiées, soit totalement, soit en partie, sur les rites religieux de quelque localité étrangère,

---

d'Eleusis en Messênia), ἔστιν ἅ. Ὁ δὲ Μέθαπος γένος μὲν ἦν Ἀθηναῖος, τελετῆς τε καὶ ὀργίων παντοίων συνθέτης. De plus VIII, 37, 3; Onomacrite, Διονύσῳ συνέθηκον ὄργια, etc. C'est là une autre expression désignant la même idée que le Rhêsus d'Euripide, 944.

Μυστηρίων τε τῶν ἀπορρήτων φάνας
Ἔδειξεν Ὀρφεύς.

(1) Télinês, un des ancêtres de Gelôn, le tyran de Syracuse, acquit un grand pouvoir politique comme possédant τὰ ἱρὰ τῶν χθονίων θεῶν (Hérod. VII, 153) ; lui et sa famille devinrent hiérophantes héréditaires de ces cérémonies. Comment Télinês acquit-il les ἱρά, c'est ce qu'Hérodote ne peut pas dire — ὅθεν δὲ αὐτὰ ἔλαβε, ἢ αὐτὸς ἐκτήσατο, τοῦτο οὐκ ἔχω εἶπαι. C'était probablement une légende traditionnelle, ne le cédant pas en sainteté à celle d'Eleusis, qui faisait remonter ces cérémonies à un don de Dêmêtêr elle-même.

(2) V. Josèphe cont. Apiôn. II, ch. XXXV; Hesych., Θεοὶ ἔνιοι, Strabon, X, p. 471 ; Plutarque, Περὶ Δεισιδαίμον, ch. III, p. 166 ; ch. VII, p. 167.

ou sur ceux de quelque autre portion du monde hellénique ; et, de cette manière, bien des sectes nouvelles ou des confréries religieuses libres, promettant de calmer le trouble de la conscience et de réconcilier l'homme malade ou souffrant avec les dieux offensés, purent s'établir d'une manière permanente et acquérir une influence considérable. Elles étaient généralement sous la surveillance de familles où la prêtrise était héréditaire, et qui faisaient participer au bienfait des rites de confirmation et de purification les croyants en général qui étaient présents, aucun n'étant excepté, s'il accomplissait entièrement les cérémonies prescrites. Dans bien des cas, ces cérémonies tombaient entre les mains de jongleurs, qui offraient leurs services aux hommes riches et dégradaient leur profession aussi bien par une vénalité importune que par d'extravagantes promesses (1). Parfois, le prix était abaissé pour les mettre à la portée des pauvres, et même des esclaves. La grande propagation de ces solennités et le nombre de ceux qui y participaient volontairement prouvent combien elles rentraient dans le sentiment de l'époque et de quel respect elles jouissaient, — respect qui s'est conservé plusieurs siècles pour les plus fameux de ces établissements, tels qu'Eleusis et Samothrace. Et la visite du Krètois Épimenidès à Athènes, au temps de Solôn, à un moment où régnaient l'inquiétude et la crainte les plus sérieuses d'avoir offensé les dieux, fait comprendre l'effet rassurant de nouvelles orgies (2) et de nouveaux rites

---

(1) Platon, Repub. II, p. 364 ; Demosth. de Coronâ, ch. LXXIX, p. 313. Le δεισιδαίμων de Théophraste ne se sent tranquille que s'il reçoit mensuellement la communion orphique des Orpheotelestæ (Theoph. Char. XVI). Cf. Plutarque, Περὶ τοῦ μὴ χρᾶν ἔμμετρα, etc. ch. XXV, p. 400. L'écrivain comique Phrynichus indique l'existence de ces rites d'agitation religieuse, à Athènes, durant la guerre du Péloponèse. V. le court fragment de son Κρόνος, ap. Schol. Aristoph., Aves, 989 :

Ἀνὴρ χορεύει, καὶ τὰ τοῦ θεοῦ καλῶς·

Βούλει Διοπείθη μεταδράμω καὶ τύμ-
[πανα ;

Diopeithès était un χρησμόλογος, qui recueillait et émettait des prophéties, qu'il chantait (ou plutôt, peut-être, qu'il récitait) en public, d'un ton solennel et emphatique.

Ὥστε ποιοῦντες χρησμοὺς αὐτοὶ δι-
[δόασ'ᾄδειν
Διοπείθει τῷ παραμαινομένῳ.

(Ameipsias ap. Schol. Aristoph. ut sup. ce qui explique Thucyd., II, 21.)

(2) Plutarque, Solôn, ch. XII ; Diogen. Laërt. I, 110.

d'absolution, quand ils sont prescrits par un homme placé haut dans la faveur des dieux et passant pour être fils d'une nymphe. La sibylle supposée d'Érythrée, et la plus ancienne collection d'oracles sibyllins (1), qui a subi plus tard tant d'additions et d'interpolations, et qu'on rapportait (d'après l'habitude des Grecs) à une époque même antérieure à Homère, semblent être d'une date de peu postérieure à Épimenidês. D'autres vers prophétiques, tels que ceux de Bakis, étaient gardés précieusement à Athènes et dans d'autres cités : le sixième siècle avant l'ère chrétienne fut fertile en ces sortes de manifestations religieuses.

Parmi les orgies et les rites spéciaux ayant le caractère que nous venons de décrire, ceux qui jouissaient de la plus grande réputation dans toute la Grèce se rattachaient à Zeus Idéen en Krète, à Dêmêtêr à Éleusis, aux Kabires à Samothrace, et à Dionysos à Delphes et à Thèbes (2). Ce qui prouve qu'il existait entre eux tous un grand degré d'analogie, c'est la manière dont ils se mêlent involontairement et se confondent dans l'esprit de divers auteurs. Ceux des anciens eux-mêmes qui en firent l'objet de leurs recherches ne purent les distinguer les uns des autres, et nous devons nous contenter de rester dans la même ignorance. Mais nous en voyons assez pour nous satisfaire sur ce fait général que,

---

(1) V. Klausen, « Æneas und die Penaten. » Son chapitre sur la connexion qui existe entre les recueils sibyllins grecs et les recueils romains est un des plus ingénieux de son savant livre. Livre II, p. 210-240. V. Steph. Byz. v. Γέργις.

A la même époque appartiennent les χρησμοί et καθαρμοί d'Abaris et son merveilleux voyage dans les airs sur une flèche. (Hérod. IV, 36).

Epimenidês aussi composa des καθαρμοί en vers épiques; sa γένεσις des Κουρήτων et des Κορυβάντων, et ses quatre mille vers sur Minos et Rhadamanthe, s'ils avaient été conservés, nous auraient entièrement fait pénétrer dans les idées du mysticisme religieux régnant à cette époque et se rapportant aux antiquités de la Grèce. (Strabon, X, p. 474; Diogen. Laërt. I, 10.)

Parmi les poëmes attribués à Hésiode on comprenait non-seulement la Melampodia, mais encore des ἔπη μαντικά et des ἐξηγήσεις ἐπὶ τέρασιν. Pausan. IX, 31, 4.

(2) Entre autres preuves de cette ressemblance générale, on peut citer une épitaphe de Callimaque pour une prêtresse âgée, qui passa du service de Dêmêtêr à celui des Kabyres, puis à celui de Kybêlê, et qui avait la surveillance sur beaucoup de jeunes femmes. Callim. Epigr. XLII, p. 308, éd. Ernest.

pendant le siècle et demi qui s'écoula entre le moment où l'Égypte fut ouverte aux Grecs et le commencement de leur lutte avec les rois de Perse, l'ancienne religion fut considérablement altérée par des importations venues d'Égypte, d'Asie Mineure (1) et de Thrace.

Les rites devinrent plus furieux et plus extatiques, produisant des transports extrêmes, corporels aussi bien qu'intellectuels; les légendes furent en même temps plus grossières, plus tragiques et moins pathétiques. Les plus fortes manifestations de ce délire se montraient chez les femmes, dont la sensibilité religieuse était souvent trouvée extrêmement rebelle (2), et qui partout avaient dans l'occasion des cérémonies qui leur étaient particulières, et où elles s'assemblaient séparées des hommes; — à vrai dire, dans le cas des colons, surtout des colons asiatiques, les femmes avaient été primitivement des femmes du pays, et comme telles conservaient à un haut degré leurs manières et leurs sentiments non-helléniques (3).

---

(1) Plutarque (Defect. Oracul., ch. X, p. 415) parle de ces contrées comme du siége primitif du culte des démons (complétement ou en partie méchants, et intermédiaires entre les dieux et les hommes), et de leurs cérémonies religieuses, comme ayant un caractère correspondant : selon lui, les Grecs empruntèrent d'elles et la doctrine et les cérémonies.

(2) Strabon, VII, p. 297. Ἅπαντες γὰρ τῆς δεισιδαιμονίας ἀρχηγοὺς οἴονται τὰς γυναῖκας· αὐταὶ δὲ καὶ τοὺς ἄνδρας προκαλοῦνται ἐς τὰς ἐπὶ πλέον θεραπείας τῶν θεῶν, καὶ ἑορτάς, καὶ ποτνιασμούς. Platon (De Legg. X, pp. 909, 910) prend beaucoup de peine pour restreindre cette tendance qu'avaient les personnes malades ou souffrantes, particulièrement les femmes, à introduire de nouveaux rites sacrés dans sa cité.

(3) Hérodote, I, 146. Les épouses des premiers colons ioniens à Miletos étaient des femmes kariennes, dont ils massacrèrent les maris.

Les violences du culte karien sont attestées par ce que dit Hérodote des Kariens établis en Égypte, lors de la fête d'Isis à Busiris. Les Égyptiens, à cette fête, manifestaient leurs sentiments en se battant eux-mêmes, les Kariens en se coupant le visage avec des couteaux (II,61). La Καρικὴ μοῦσα devint proverbiale pour les lamentations funèbres (Platon, Legg. VIII, p. 800). Les effusions et les démonstrations exagérées de douleur au sujet des morts, accompagnées parfois de lacération et de mutilation, que s'infligeait celui qui les pleurait, étaient un trait caractéristique des Asiatiques et des Égyptiens, si on les compare avec les Grecs. (Plutarque, Consolat. ad Apollon. c. 22, p. 123.) Les sentiments de tristesse étaient, en effet, une espèce de profanation de la fête qui appartenait primitivement et réellement à la Grèce, et qui était une époque de joyeux accord et de commune allégresse, que l'on croyait partagés par le dieu (εὐφρο-

Le dieu Dionysos (1), que les légendes décrivaient comme vêtu d'un costume de femme et conduisant une troupe de femmes en délire, inspirait une extase momentanée. Celles qui résistaient à l'inspiration, disposées à désobéir à sa volonté, étaient punies de châtiments particuliers ou de terreurs mentales; tandis que celles qui, à l'époque convenable et avec les solennités admises, donnaient libre cours au sentiment inspiré, satisfaisaient ses exigences et croyaient s'être mises à l'abri de telles inquiétudes pour l'avenir (2). Des troupes de femmes, couvertes de peaux de faon et portant le thyrse sanctifié, affluaient dans les solitudes du Parnassos, du Kithærôn ou du Taygète, pendant la période triennale consacrée, y passaient la nuit avec des torches et s'abandonnaient à des démonstrations de transport frénétique, en dansant et en invoquant le dieu avec des cris. On disait qu'elles déchiraient des animaux membre par membre, qu'elles dévoraient la chair crue et qu'elles se coupaient elles-mêmes sans sentir la blessure (3.

σύνη). V. Xénophane ap. Aristot. Rhétor. II, 25; Xenophan. Fragm. 1, ed. Schneidewin; Théognis, 776; Plutar. de Superstit. p. 169. Les commentaires défavorables de Denys d'Halicarnasse, en tant qu'ils se rapportent aux fêtes de la Grèce, ont trait aux altérations étrangères, non au caractère primitif du culte grec.

(1) Le Lydien Hêraklês était imaginé et adoré comme un homme vêtu d'habits de femme : cette conception se rencontre souvent dans les religions asiatiques. Mencke, Lydiaca, c. 8, p. 22. Διόνυσος ἄρρην καὶ θῆλυς. Aristid., Or. IV, 28; Æschyl. Fragm. Edoni ap. Aristoph. Thesmoph. 135. Ποδαπὸς ὁ γύννις; τίς πάτρα; τίς ἡ στολή;

(2) Mélampe guérit les femmes (frappées de folie par Dionysos, pour résistance à ses rites), παραλαβὼν τοὺς δυνατωτάτους τῶν νεανίων μετ'ἀλαλαγμοῦ καί τινος ἐνθέου χορείας. Apollod. II, 2,7. Cf. Eurip. Bacch. 861.

Platon (Legg. VII, p. 790) donne une théorie semblable de l'effet curatif des rites des Korybantes, qui guérissaient les terreurs vagues et inexplicables de l'âme au moyen de la danse et de la musique unies à des cérémonies religieuses—αἱ τὰ τῶν Κορυβάντων ἰάματα τελοῦσαι (celles qui les pratiquaient étaient des femmes), αἱ τῶν ἐκφρόνων Βακχείων ἰάσεις—ἡ τῶν ἔξωθεν κρατεῖ κίνησις προσφερομένη τὴν ἐντὸς φοβερὰν οὖσαν καὶ μανικὴν κίνησιν—ὀρχουμένους δὲ καὶ αὐλουμένους μετὰ θεῶν, οἷς ἂν καλλιερήσαντες ἕκαστοι θύωσιν, κατειργάσατο ἀντὶ μανικῶν ἡμῖν διαθέσεων ἕξεις ἔμφρονας ἔχειν.

(3) On en trouve la description dans les Bacchæ d'Euripide (140, 735, 1135, etc.). Ovide, Trist. IV, 1. 41. « Utque suum Bacchis non sentit saucia vulnus, cum furit Edonis exululata jugis. » Dans un fragment du poète Alkman, Lydien de naissance, les Bacchantes sont représentées comme trayant la lionne, et de son lait faisant du fromage, pendant leurs excursions et

Les hommes cédaient à une impulsion semblable en se livrant à des réjouissances tumultueuses dans les rues, où ils faisaient retentir des cymbales et des tambours de basque, et transportaient en procession l'image du dieu (1). C'est une remarque à faire que les femmes athéniennes ne pratiquaient jamais ces excursions périodiques dans les montagnes, si communes parmi les autres Grecs; elles avaient leurs solennités particulières aux femmes, les Thesmophoria (2), d'un caractère triste, accompagnées de jeûne, et leurs congrégations séparées dans les temples d'Aphroditê, mais sans aucune démonstration exagérée ni inconvenante. La fête officielle des Dionysiaques, dans la ville d'Athènes, était célébrée au moyen de représentations scéniques, et c'est sous leurs auspices que s'éleva la moisson jadis si riche de la tragédie et de la comédie athéniennes. Les cérémonies des Kurètes en Krête, des danses en armes, primitivement en l'honneur de Zeus Idæen, semblent aussi avoir emprunté de l'Asie tant de furie, de mysticisme et de ces mauvais traitements qu'on s'inflige soi-même, qu'elles se confondirent à la fin avec celles des Korybantes phrygiens ou adorateurs de la Grande Mère, au point de ne pouvoir en être distinguées, bien qu'il semble que la réserve grecque ne soit jamais allée jusqu'à la mutilation irréparable que s'infligea Atys.

L'influence de la religion thrace sur celle des Grecs ne peut être retracée en détail, mais les cérémonies qu'elle renfermait avaient un caractère de violence et de férocité semblable à celui de la religion phrygienne, et agirent sur la Hellas dans le même sens général que celle-ci.

Et l'on peut dire la même chose de la religion égyptienne.

---

leurs fêtes sur la montagne. (Alkman, Fragm. 14, Schn. Cf. Aristide, Orat. IV, p. 29.) Clemens Alexand. Admonit. ad Gent. p. 9, Sylb.; Lucien, Dionysos, c. 3, t. III, p. 77, Hemsterh.

(1) V. le conte de Skylês, dans Hérodote, IV, 79, et Athénée, X, p. 445. Hérodote rapporte que les Scythes abhorraient les cérémonies bachiques, parce que le délire qui les accompagnait leur paraissait honteux et horrible.

(2) Plutarque, de Isid. et Osir. c. 69, p. 378; Schol. ad Aristoph. Thesmoph. Il y avait cependant des cérémonies bachiques pratiquées dans une certaine mesure par les femmes athéniennes (Aristoph. Lysist. 388).

dont l'action dans ce cas fut plus efficace d'autant que tous les Grecs, d'un esprit cultivé, étaient naturellement poussés à aller visiter les merveilles qui se trouvaient sur les rives du Nil; l'effet puissant produit sur eux est attesté par de nombreux témoignages, mais surtout par l'intéressant récit d'Hérodote. Or, on voyait dans les cérémonies égyptiennes à la fois plus de licence et une effusion plus abondante de joie et de douleur que dans celles des Grecs (1). Mais une différence plus grande encore résulte du pouvoir extraordinaire, du genre de vie séparée, des observances minutieuses et de l'organisation compliquée de la caste des prêtres. Les cérémonies égyptiennes étaient très-nombreuses, et les légendes qui les concernaient étaient composées par le prêtre, et, en règle générale, à ce qu'il semble, les prêtres seuls les connaissaient : du moins on ne voulait pas que personne en parlât en public, pas même les hommes pieux. C'étaient de « saintes histoires » qu'on ne devait pas mentionner publiquement sous peine de faire un sacrilége, et qui, par suite de cette défense elle-même, ne s'emparèrent que plus fortement de l'esprit des voyageurs grecs qui les entendirent. Et c'est ainsi que l'élément du secret et du silence mystique, — étranger à Homère, et auquel Hésiode ne fait qu'une légère allusion, — s'il n'est pas originairement venu d'Égypte, a du moins reçu de cette contrée son plus grand stimulant et sa propagation la plus étendue. Le caractère des légendes elles-mêmes, de publiques devenant secrètes, fut naturellement modifié par ce changement. Si les légendes secrètes étaient révélées, elles justifiaient naturellement par leur propre contenu la défense faite de les divulguer; tandis qu'étant adaptées, comme les mythes homériques, aux sympathies universelles et à l'intérêt sincère d'une foule d'auditeurs, elles tiraient leur pouvoir d'agir sur les âmes du caractère tragique, lamentable, extravagant ou terrible des incidents (2).

---

(1) « Ægyptiaca numina fere plangoribus gaudent, græca plerumque choreis, barbara autem strepitu cymbalistarum et tympanistarum et choraularum. » (Apulée, de Genio Socratis, v. II, p. 149, Oudend.)

(2) La légende de Dionysos et de Prosymnos, telle qu'on la lit dans

Une telle tendance, qui paraît vraisemblable et explicable, même par des causes générales, le goût grossier des prêtres égyptiens la rendait dans ce cas particulier plus certaine encore. Une doctrine secrète quelconque, religieuse ou philosophique, se rattachait-elle aux mystères ou était-elle renfermée dans les saintes histoires? C'est ce qui n'a jamais été démontré, et ce n'est guère probable, bien que des savants l'aient affirmé.

Hérodote semble avoir cru que le culte et les cérémonies de Dionysos en général furent tirés d'Égypte par les Grecs, apportés par Kadmos, et enseignés par celui-ci à Melampe. Et ce dernier paraît dans le Catalogue hésiodique comme ayant guéri les filles de Prœtos, atteintes de folie, mal dont elles avaient été frappées par Dionysos pour avoir rejeté son rituel. Il les guérit en introduisant la danse bachique et les transports frénétiques. cet incident mythique est la plus ancienne mention des solennités dionysiaques présentées avec le même caractère que celui qu'elles ont dans Euripide. C'est la tendance générale d'Hérodote d'appliquer, d'une manière beaucoup trop étendue, aux institutions grecques la théorie qui les fait dériver de l'Égypte; ce n'est pas de ce pays que les orgies de Dionysos furent primitivement empruntées, bien qu'elles puissent avoir été fort modifiées par les rapports avec l'Égypte aussi bien qu'avec l'Asie. Le remarquable mythe composé par Onomacrite, relativement à Zagreus mis en morceaux, reposait sur un conte égyptien tout à fait semblable concernant le corps d'Osiris, que l'on supposait être le même que Dionysos (1). Il ne s'accordait pas mal non plus

---

Clément, n'aurait jamais trouvé place dans un poëme épique. (Admonit. ad Gent. p. 22, Sylb.) Cf. p. 11 du même ouvrage, où, cependant, il confond tellement ensemble les mystères phrygiens, bachiques, et ceux d'Eleusis, qu'on ne peut les distinguer les uns des autres.

L'auteur appelé Démétrius de Phalère dit, à propos des légendes appartenant à ces cérémonies : — Διὸ καὶ τὰ μυστήρια λέγεται ἐν ἀλληγορίαις πρὸς ἔκπληξεν καὶ φρίκην, ὥσπερ ιν σκότῳ καὶ νυκτί. (De Interpretatione, c. 101.)

(1) V. le curieux traité de Plutarque, De Isid. et Osirid. c. 11-14, p. 355, et la tentative qu'il fait pour allégoriser la légende dans tous ses détails. Il semble s'être imaginé que le Thrace Orphée avait d'abord introduit en

avec l'insouciante fureur des bacchantes pendant leur état de transport momentané, fureur qui trouva une expression encore plus terrible dans le mythe de Pentheus, déchiré pendant la cérémonie par sa propre mère Agavè, à la tête de ses compagnes, pour s'être introduit au milieu des rites réservés aux femmes, aussi bien que pour s'être moqué du dieu (1). Un passage de l'Iliade (dont l'authenticité a été contestée, mais qui même comme interpolation doit être ancien) (2), raconte aussi comment Lykurgos a été frappé de cécité par Zeus, pour avoir chassé avec un fouet « les nourrices de Dionysos en délire, » et forcé le dieu lui-même effrayé à se jeter dans la mer et à chercher un refuge dans les bras de Thetis : tandis que ce fait, que Dionysos est si souvent représenté dans ses mythes comme rencontrant de l'opposition et punissant les esprits rebelles, pourrait faire croire que son culte, sous sa forme extatique, fut un phénomène postérieur et qui ne fut pas introduit sans difficulté. Le nom mythique d'Orphée le Thrace est attaché comme Éponyme à une nouvelle secte, qui semble avoir célébré les cérémonies de Dionysos avec une ferveur, une minutie et un soin particuliers, observant en outre des règles différentes par rapport à la nourriture et aux vêtements. Hérodote pensait que ces règles, aussi bien que celles des pythagoriciens, étaient empruntées de l'Égypte. Mais, qu'il en soit ainsi ou non, la confrérie orphique est elle-même à la fois une preuve et une cause de l'importance que le culte de Dionysos acquit, fait attesté en effet par les grands poëtes dramatiques d'Athènes.

Toutefois les hymnes homériques nous présentent les idées

Grèce les mystères de Dèmètèr et ceux de Dionysos, en les copiant sur ceux d'Isis et d'Osiris en Égypte, V. Fragm. 84 de l'un de ses ouvrages perdus, tome V, p. 891, ed. Wyttenb.

(1) Eschyle a mis sur la scène l'histoire de Pentheus aussi bien que celle de Lykurgos : une de ses tétralogies était la Lycurgeia. (Dindorf, Æsch. Fragm. 115). On trouve dans Eumenid. 25, une courte allusion à l'histoire de Pentheus. Cf. Sophocle, Antigone, 935, et les scholies.

(2) Iliade VI, 130. V. les remarques de M. Payne Knight *ad loc.*

et les légendes religieuses des Grecs à une époque plus reculée, où les tendances enthousiastes et mystiques n'avaient pas encore atteint leur complet développement. Bien qu'on ne puisse les rapporter au même temps ni au même auteur que l'*Iliade* ou que l'*Odyssée*, ils suivent assurément dans une certaine mesure le même courant de sentiment, et conservent le même tôn, la même couleur mythiques que ces poëmes, en n'offrant que peu de preuves d'altérations venues d'Égypte, d'Asie ou de Thrace. La différence est frappante entre le dieu Dionysos de l'hymne homérique et celui des Bacchæ d'Euripide.

L'hymnographe le dépeint comme se tenant sur le rivage de la mer, sous les dehors d'un beau jeune homme, richement vêtu, lorsque soudain abordent des pirates tyrrhéniens : ils le saisissent, le lient et le traînent de force à bord de leur vaisseau. Mais les liens qu'ils emploient éclatent d'eux-mêmes et laissent le dieu en liberté. Le timonier, s'en apercevant avec effroi, montre à ses compagnons qu'ils ont, sans le savoir, mis la main sur un dieu, — peut-être est-ce Zeus lui-même, ou Apollon, ou Poseidôn. Il les conjure de renoncer à leur projet et de replacer avec respect Dionysos sur le rivage, de peur que dans sa colère il ne déchaîne contre le navire le vent et l'ouragan; mais l'équipage se rit de ses scrupules, et Dionysos est amené captif en pleine mer sur le vaisseau qui vogue à pleine voile. Des circonstances miraculeuses attestent bientôt et sa présence et son pouvoir. On voit du vin odorant couler spontanément sur le navire; la voile et le mât apparaissent ornés de feuilles de vigne et de lierre, et les chevilles des rames de guirlandes. L'équipage, maintenant terrifié, supplie trop tard le timonier de diriger sa course vers le rivage, et se presse autour de lui sur la poupe pour avoir sa protection. Mais leur perte approche : Dionysos prend la forme d'un lion, — un ours est vu debout à ses côtés ; — cet ours se précipite avec un grondement terrible sur le capitaine, tandis que les matelots, dans les angoisses de la terreur, s'élancent par-dessus le bord et sont changés en dauphins. Il ne reste plus que le prudent et pieux timonier, auquel Dionysos adresse des paroles d'affection et d'encouragement, et révèle son nom, sa naissance et son rang (1).

Cet hymne, produit peut-être à la fête de Dionysos à Naxos, et antérieur à l'époque où le chœur dithyrambique devint le mode usité pour chanter les louanges et la gloire de ce dieu, est conçu dans un esprit complétement différent de celui des Teletæ bachiques, ou rites spéciaux que les Bacchæ d'Euripide exaltent avec une verve si abondante; ces rites avaient été apportés d'Asie par Dionysos lui-même, à la tête d'un thiase ou troupe de femmes agitées d'une fureur divine; ils enflammaient d'un délire momentané l'esprit des femmes de Thèbes, ne pouvaient être communiqués qu'à ceux qui s'en approchaient en pieux adorateurs, et amenaient les résultats les plus tragiques pour tous ceux qui luttaient contre le dieu (2). Les Teletæ bachiques et le délire bachique éprouvé par les femmes étaient des importations du dehors, comme Euripide les représente, greffées sur la joie des Dionysiaques grecques primitives. Selon toute probabilité, elles provenaient de plus d'une source, et avaient été introduites par plus d'une voie, entre autres par la vie ou confrérie orphique. Strabon attribue à cette dernière une origine thrace, considérant Orphée, Musée et Eumolpe comme ayant été tous Thraces (3). Il est curieux d'observer comment, dans

---

(1) V. Homère, hymne v, Διόνυσος ἢ Λῆσται. — Le drame satirique d'Euripide, le Cyclôpe, développe et étend cette vieille légende. Dionysos est emmené par les pirates tyrrhéniens, et Silènos, à la tête des Bacchantes, va partout à sa recherche (Eur. Cyc. 112). Les pirates sont excités contre lui par la haine de Hêrê, que l'on trouve souvent comme une cause de malheur pour Dionysos (Bacchæ, 286). Hêrê, dans sa colère, avait rendu fou le dieu encore enfant, et il avait erré en cet état dans toute l'Égypte et dans toute la Syrie; à la fin il vint à Cybelê en Phrygia, fut purifié (καθαρθείς) par Rhéa, et reçut d'elle des vêtements de femme (Apollod., III.5,1, et une note de Heyne).

Telle semble avoir été la légende adoptée pour expliquer l'antique vers de l'Iliade, aussi bien que les attributs du dieu en général, attributs qui menaient à la folie.

Il existait une antipathie constante entre les prêtresses et les établissements religieux de Hêrê et de Dionysos. (Plutarque, περὶ τῶν ἐν Πλαταίαις Δαιδάλων, c. 2, tome V, p. 755, ed. Wytt.) Plutarque tourne en ridicule la raison légendaire communément donnée de ce fait, et il fournit une explication symbolique qu'il croit très-satisfaisante.

(2) Eurip. Bacch. 325, 464, etc.
(3) Strabon, X, p. 471. Cf. Aristid. Or. IV, p. 28.

les Bacchæ d'Euripide, les deux idées distinctes et même opposées de Dionysos se présentent alternativement ; parfois l'antique idée grecque du dieu du vin, gai et inspirant la joie, — mais plus souvent l'idée moderne et étrangère du dieu redoutable et irrésistible qui dérange la raison, et dont l'*œstros* ne peut être calmé que par une obéissance volontaire, bien que momentanée. Dans le transport fanatique qui animait les adorateurs de la Rhea ou Kybelê asiatique, ou de Kotys de Thrace, il n'y avait aucune trace de joie spontanée ; c'était un délire sacré, pendant lequel l'âme paraissait livrée à un stimulant extérieur et accompagnée d'une force surnaturelle et d'un sentiment momentané de puissance (1), — sentiment tout à fait différent de la gaieté sans contrainte des Dionysiaques primitives, telles que nous les voyons dans les dèmes ruraux de l'Attique, ou dans la joyeuse cité de Tarentum. Il y avait à la vérité un côté par lequel ces deux sentiments offraient quelque analogie, en ce que, conformément au point de vue religieux des Grecs, même la joie spontanée de la fête des vendanges était due à la faveur et animée

---

(1) Dans la pièce d'Eschyle, *Xantriæ*, aujourd'hui perdue, qui semble avoir compris le conte de Pentheus, paraissait la déesse Λύσσα, stimulant les Bacchantes, et produisant en elles des mouvements convulsifs de la tête aux pieds : Ἐκ ποδῶν δ'ἄνω Ὑπέρχεται σπαραγμός εἰς ἄκρον κάρα, etc. (Fragm. 155, Dindorf). Sa tragédie appelée *Edoni* offrait aussi une représentation effrayante des Bacchanales et de la fureur qui y dominait, poussée à l'extrême par une musique donnant le délire : πίμπλησι μέλος, Μανίας ἐπαγωγὸν ὁμοκλάν. (Fragm. 54.)

Tel est aussi le sentiment qui règne dans une grande partie des Bacchæ d'Euripide : il ressort d'une manière encore plus frappante dans le lugubre poëme de Catulle, Atys : —

« Dea magna, Dea Cybele, Dindymi
[Dea, Domina,
Procul a meâ tuus sit furor omnis,
[hera, domo ;
Alios age incitatos ; alios age rabi-
[dos ! »

Nous n'avons qu'à comparer cette redoutable influence avec la description de Dikæopolis, et de sa joie excessive dans la fête des Dionysiaques rurales (Aristoph. Acharn. 1051 *seq.* V. aussi Platon, Legg. I, p. 637), pour voir comme les innovations étrangères ont rendu son ancienne couleur au vieux Dionysos grec, — Διόνυσος πολυγηθής, qui paraît ainsi dans la scène de Dionysos et d'Ariadnê, dans le Symposion de Xénophon, c. 9. Plutarque insiste sur la simplicité des anciennes processions Dionysiaques, de Cupidine Divitiarum, p. 527 ; et le dithyrambe primitif adressé par Archiloque à Dionysos est l'effusion d'une gaieté causée par l'ivresse. (Archil. Fragm. 69, ed. Schneid.)

par la société de Dionysos. C'est cette analogie que suivirent les auteurs des orgies bachiques ; mais ils n'en défigurèrent pas moins le caractère véritable des vieilles fêtes grecques en l'honneur de Dionysos.

Dans la conception de Pindare Dionysos est le Paredros ou l'associé au culte de Dêmêtêr (1). Le culte et la considération religieuse de la dernière ont subi, à cette époque, un aussi grand changement que celui qu'avait éprouvé Dionysos sous les mêmes rapports, si nous prenons notre comparaison dans la courte description d'Homère et d'Hésiode: elle a acquis (2) beaucoup des attributs de la Phrygienne Kybelê, attributs redoutables et portant le trouble dans l'âme. Dans Homère, Dêmêtêr est la déesse du champ de blé, elle devient éprise du mortel Jasiôn ; union funeste, puisque Zeus, jaloux des relations entre hommes et déesses, le met à mort. Dans la Théogonie hésiodique, Dêmêtêr a Persephonê de Zeus, qui permet à Hadês d'enlever cette dernière comme épouse ; de plus Dêmêtêr a en outre de Jasiôn un fils appelé Plutos, né en Krète. Même d'Homère à Hésiode, la légende de Dêmêtêr a été étendue et sa dignité agrandie ; selon la tendance habituelle de la légende grecque, l'épanouissement va encore plus loin. Par Jasiôn, Dêmêtêr est rattachée aux mystères de Samothrace ; par Persephonê, à ceux d'Eleusis. Il est difficile de suivre en détail le premier rapport, mais le second est ex-

---

(1) Pindare, Isthm. VI, 3, χαλκοκρότου πάρεδρον Δημήτερος,—nous voyons Dêmêtêr rapprochée de la Mère des Dieux par l'épithète ᾗ κροτάλων τυπάνων τ'ἰαχὴ, σύν τε βρόμος αὐλῶν Εὔαδεν (Homère, Hymn. XII); — la Mère des Dieux était adorée par Pindare lui-même, en même temps que Pan ; de son temps elle avait son temple, ses cérémonies à Thèbes (Pyth. III, 78 ; Fragm. Dithyr. 5 et les schol. ad. loc.), aussi bien, vraisemblablement, qu'à Athènes. (Pausan. I, 3, 3.)

Dionysos et Dêmêtêr sont aussi rapprochés dans le chœur de l'Antigone de Sophocle, 1072, μέδεις δὲ παγκοίνοι Ἐλευσινίας Δηοῦς ἐν κόλποις ; et dans Callimaque, Hymn. Cerer. 70. Bacchus ou Dionysos est, dans les tragiques attiques, constamment confondu avec Iacchos de la fête de Dêmêtêr, si différent dans l'origine, — personnification du mot mystique que criaient les initiés d'Eleusis. V. Strabon, X, p. 468.

(2) Euripide, dans son chœur d'Hélène (1320 sq.), donne à Dêmêtêr tous les attributs de Rhéa, et les réunit complètement toutes deux en une seule personne.

pliqué et suivi jusqu'à son origine dans l'hymne homérique à Dêmêtêr.

Bien que la date aussi bien que l'origine des mystères d'Eleusis aient été présentées diversement, cependant la croyance populaire des Athéniens et l'histoire, qui trouva faveur à Eleusis, les attribuaient à la présence de la déesse Dêmêtêr elle-même qui les aurait dictés ; exactement de même que les rites bachiques ont, d'après les Bacchæ d'Euripide, été communiqués pour la première fois et imposés aux Grecs par la visite personnelle de Dionysos à Thêbes, la métropole des cérémonies bachiques (1). Dans la légende d'Eleusis, conservée par l'auteur de l'hymne homérique, elle vient volontairement et s'identifie avec Eleusis, son ancien séjour en Krête étant brièvement indiqué (2). Sa visite à Eleusis se rattache au profond chagrin que lui cause la perte de sa fille Persephonê, qu'a saisie Hadês, pendant qu'elle cueillait des fleurs dans une prairie avec les nymphes océaniques, et qu'il a enlevée pour en faire son épouse dans les enfers. En vain Persephonê résiste en poussant des cris et invoque l'aide de son père Zeus : il avait consenti à la donner à Hadês, et ses cris n'étaient entendus que d'Hekatê et de Hêlios. Dêmêtêr était inconsolable de la disparition de sa fille, mais elle ne savait où la chercher : elle erra pendant neuf jours et neuf nuits, avec des torches, à la recherche de sa fille, mais sans succès. Enfin Hêlios, « l'espion des dieux et des hommes, » pour répondre à son instante prière, lui révéla le rapt de Persephonê, et la permission donnée à Hadês par Zeus. Dêmêtêr fut remplie de colère et de désespoir : elle renonça à Zeus et à la société de l'Olympe, s'abstint de nectar et d'ambroisie, et erra sur la terre accablée de douleur et jeûnant jusqu'à ce que sa personne ne fût plus reconnaissable. Dans cet état elle vint à Eleusis, gouvernée alors par le prince Keleos. Assise près d'un puits le long de la route, sous l'extérieur d'une vieille femme, elle fut trouvée

---

(1) Sophocle, Antigone. Βαχχᾶν μητρόπολιν Θήβαν.

(2) Homère, Hymn. Cerer. 123.

L'hymne à Dêmêtêr a été traduit et enrichi de précieuses notes explicatives par J. H. Voss (Heidelb. 1826).

par les filles de Keleos, qui s'y rendaient avec leurs seaux de cuivre pour puiser de l'eau. Répondant à leurs questions, elle leur dit qu'elle avait été emmenée par des pirates de Krète à Thorikos, et qu'elle s'était échappée ; alors elle les supplia de la secourir et de l'employer à soigner la maison ou des enfants. Les jeunes filles persuadèrent leur mère Metaneira de la recevoir, et de confier à ses soins le jeune Dêmophoôn, leur frère, le dernier né, le fils unique de Keleos. Dêmêtêr fut reçue dans la maison de Metaneira, son noble corps courbé encore par la douleur ; elle resta longtemps assise en silence, et ne put être amenée, soit à sourire, soit à prendre de la nourriture, jusqu'au moment ou Iambê, la servante, par ses facéties et sa gaieté, parvint à l'amuser et à l'égayer. Elle ne voulut pas goûter de vin, mais elle demanda un mélange particulier de farine d'orge avec de l'eau et de la menthe (1).

L'enfant Dêmophoôn, soigné par Dêmêtêr, se développa et grandit comme un dieu, à la joie et à la surprise de ses parents : elle ne lui donnait pas de nourriture, mais elle le frottait d'ambroisie pendant le jour, et le soir elle le plongeait comme une torche dans le feu, où il restait sans être brûlé. Elle l'aurait rendu immortel, si elle n'en avait été empêchée par la curiosité et la crainte indiscrètes de Metaneira, qui regarda en secret le soir, et cria d'horreur à la vue de son fils au milieu du feu (2). La déesse indignée, déposant l'enfant à terre, révéla alors son vrai caractère à Metaneira ; son teint pâle et son air âgé disparurent, et elle montra la pure majesté de sa figure divine, répandant une lumière éclatante qui illumina toute la maison. « Mère insensée, dit-elle, ton manque de foi a enlevé à ton fils la vie immortelle. Je suis la déesse glorifiée Dêmêtêr, à la fois le charme et la consolation des dieux et des hommes ; je préparais un moyen d'exempter ton fils de la mort et de la vieillesse ; mais rien ne peut empêcher qu'il ne goûte de l'une et de l'autre. Cependant il sera toujours honoré, puisqu'il s'est assis sur mes genoux, et a dormi

---

(1) Homère, Hymn. Cerer. 202-210.
(2) On a aussi raconté cette histoire en la rapportant à la déesse égyptienne Isis dans ses voyages. V. Plutarque de Isid. et Osirid. ch. 16, p. 357.

dans mes bras. Que le peuple d'Eleusis élève en mon honneur un temple et un autel sur la colline que voilà au-dessus de la fontaine ; je leur prescrirai moi-même les orgies qu'il doivent religieusement accomplir pour obtenir ma faveur (1).

Metaneira terrifiée fut incapable même de relever son enfant de terre ; ses filles entrèrent à ses cris, et se mirent à embrasser et à soigner leur jeune frère, mais il avait du chagrin de la perte de sa divine nourrice et ne pouvait être calmé. Toute la nuit elles s'efforcèrent d'apaiser la déesse (2).

Exécutant strictement les injonctions de Dêmêtêr, Keleos convoqua le peuple d'Eleusis, et éleva le temple sur l'emplacement qu'elle avait indiqué. Il fut promptement terminé, et Dêmêtêr y établit son séjour, loin des autres dieux, encore consumée de douleur à cause de la perte de sa fille, et refusant son aide bienfaisante aux mortels. Elle resta ainsi une année entière, — année de désespoir et de terreur (3) : en vain les bœufs tirèrent la charrue, — en vain la semence de l'orge fut jetée dans le sillon, — Dêmêtêr ne permit pas qu'il sortît de terre. La race humaine serait morte de faim, et les dieux auraient été privés et de leurs honneurs et de leurs sacrifices, si Zeus n'avait trouvé moyen de la calmer. Mais ce fut chose difficile, car Dêmêtêr résista aux prières d'Iris et de toutes les autres déesses et des dieux que Zeus lui députa successivement. Elle ne voulait qu'une chose, recouvrer sa fille. A la fin Zeus envoya Hermès à Hadès pour ramener Persephonê. Celle-ci obéit avec joie, mais Hadès la persuada avant son départ d'avaler un grain de grenade, qui devait lui rendre impossible de rester l'année entière loin de lui (4).

---

(1) Homère, Hymn. Cerer. 274.
Ὄργια δ'αὐτὴ ἐγὼν ὑποθήσομαι, ὡς
[ἂν ἔπειτα
Εὐαγέως ἔρδοντες ἐμὸν νόον ἱλάσ-
[κησθε.
La même histoire est racontée au sujet d'Achille enfant. Sa mère Thétis prenait les mêmes mesures pour le rendre immortel, quand son père Peleus intervint et l'empêcha d'achever. Immédiatement Thetis le quitta, transportée d'une grande colère. (Apollon. Rhod. IV, 866.)

(2) Homère, Hymn. 290.
Τοῦ δ'οὐ μειλίσσετο θυμὸς,
Χειρότεραι γὰρ δή μιν ἔχον τρόφοι
[ἠδὲ τιθῆναι.

(3) Homère, H. Cer. 305.
Αἰνότατον δ'ἐνιαυτὸν ἐπὶ χθόνα πουλυ-
[βότειραν
Ποίησ' ἀνθρώποις, ἰδὲ κύντατον.

(4) Hymn. 375.

C'est avec transport que Dêmêtêr accueillit la fille qu'elle avait perdue, et la fidèle Hèkatè partagea la joie que toutes deux éprouvèrent de la réunion (1). La réconcilier avec les dieux était maintenant une entreprise plus facile. Sa mère Rhea, envoyée exprès par Zeus, descendit de l'Olympe dans la fertile plaine Rharia, alors frappée de stérilité comme le reste de la terre; elle parvint à apaiser l'indignation de Dêmêtêr, qui consentit de nouveau à étendre sa main secourable. Les semences confiées à la terre vinrent en abondance, et le sol fut couvert de fleurs et de fruits. Elle aurait voulu conserver toujours Persephonê auprès d'elle, mais cela était impossible, et elle fut obligée de consentir à ce que sa fille descendit un tiers de chaque année dans la demeure de Hadês, et la quittât chaque printemps au moment des semailles. Alors elle retourna dans l'Olympe, pour séjourner de nouveau avec les dieux ; mais avant son départ elle fit connaître aux filles de Keleos, et à Keleos lui-même, en même temps qu'à Triptolemos, à Dioklês et à Eumolpos, le service divin et les solennités qu'elle voulait voir observer en son honneur (2). Et ainsi commencèrent les vénérables mystères d'Eleusis, sur son ordre spécial: les petits mystères, célébrés en février, en l'honneur de Persephonè ; les grands, en août, en l'honneur de Dêmêtêr elle-même. Toutes deux, elles sont conjointement les protectrices de la cité sainte et du temple.

Telle est la brève esquisse de la légende du temple d'Eleusis, présentée tout au long dans l'hymne homérique à Dêmêtêr. Elle est intéressante comme peinture de la Mater Dolorosa (dans la bouche d'un Athénien, Dêmêtêr et Persephonê étaient toujours la Mère et la Fille, par excellence); la mère souffre d'abord les angoisses de la douleur, puis finalement est glorifiée ; de son sentiment de bonté dépendent le bonheur et le malheur de l'homme. Cette esquisse intéresse encore comme

---

(1) Hymn. 443.
(2) Hymn. 475.
Ἡ δὲ κίουσα θεμιστοπόλοις βασιλεῦσι
Δεῖξεν, Τριπτολέμῳ τε, Διοκλεῖ τε πλη-
[ξίππῳ

Εὐμόλπου τε βίῃ, Κελέῳ θ'ἡγήτορι
[λαῶν,
Δρησμοσύνην ἱερῶν · καὶ ἐπέφραδεν
[ὄργια παισὶν
Πρεσβυτέρης Κελέοιο, etc.

servant à faire comprendre la nature et le développement de la légende grecque en général. Bien que nous lisions actuellement cet hymne comme une agréable poésie, les habitants d'Eleusis, pour qui elle fut composée, la regardaient comme de l'histoire véritable et sacrée. Ils croyaient à la visite de Dêmêtêr à Eleusis, et aux mystères qu'ils considéraient comme une révélation faite par elle, aussi aveuglément qu'ils croyaient à son existence et à son pouvoir comme déesse. Le chantre d'Eleusis partage cette croyance avec ses compatriotes, et il l'enferme dans une narration continue, où figurent les grandes déesses du lieu, aussi bien que les grandes familles héroïques, inséparablement unies. Keleos est le fils d'Eleusis, le héros Eponyme; et ses filles, avec l'antique simplicité épique, portent leurs seaux au puits, pour avoir de l'eau. Eumolpos, Triptolemos, Dioklês, ancêtres héroïques des familles privilégiées qui continuèrent, durant les temps historiques d'Athènes, de remplir leurs fonctions héréditaires spéciales dans les solennités d'Eleusis, sont de ceux qui reçoivent immédiatement l'inspiration de la déesse; mais elle favorise surtout Metaneira et son fils Dêmophoôn, encore tout enfant, auquel elle réserve son plus grand bienfait, arrêté seulement par la faible foi de sa mère.

De plus, chaque incident dans l'hymne a une couleur locale et se rapporte spécialement à quelque fait. Le puits ombragé par un olivier auprès duquel s'était reposée Dêmêtêr, le ruisseau Kallichoros et la colline où s'élevait le temple, étaient des endroits familiers et intéressants aux yeux de tout habitant d'Eleusis; le breuvage particulier fait de farine d'orge et de menthe était toujours goûté par les Mystes (ou initiés) après un jeûne prescrit, comme faisant partie de la cérémonie; — tandis que c'était aussi l'usage, à un endroit particulier de la marche processionnelle de permettre l'échange mutuel et libre de railleries et de plaisanteries personnelles sur les individus pour l'amusement général, et ces deux usages se rattachent aux incidents racontés dans l'hymne, à savoir que Dêmêtêr elle-même avait choisi le breuvage la première fois qu'elle rompit son long et pénible jeûne, et qu'elle avait été en partie distraite de ses tristes pensées par la jovialité grossière de la servante Iambê. Dans la représentation agrandie des cérémonies d'Eleusis, qui s'établit après l'incorporation d'Eleusis à Athènes, le rôle de Iambê elle-même fut rempli par une femme, ou par un homme en vêtements de femme, ayant l'esprit et l'imagination nécessaires; postée sur le pont du Képhissos, elle adressait aux passants faisant partie de la procession (1), spécialement aux grands hommes d'Athènes, d'impertinentes railleries non moins mordantes, probablement, que celles d'Aristophane sur le théâtre. Hècatè, qui porte la torche, avait une part du culte dans les cérémonies nocturnes des Eleusinia : ce fait est aussi indiqué dans l'hymne, qui l'attribue à ses sentiments bienveillants et sympathiques à l'égard des grandes déesses.

Bien que les habitants d'Eleusis ajoutassent une foi sincère à tous ces incidents comme à l'histoire véritable du passé et à la cause réelle de l'institution de leurs propres solennités, il est néanmoins certain que ce sont simplement des mythes ou des légendes, et qu'il ne faut pas les traiter comme de l'histoire, soit réelle, soit exagérée. Ils ne naissent pas des réalités du passé, mais des réalités du présent, combinées avec l'imagination et le sentiment rétrospectifs, qui remplissent les lacunes du passé d'une manière à la fois plausible et frappante. Dans quelle proportion la légende peut-elle renfermer des faits, ou même en renferme-t-elle, c'est ce qu'il est impossible d'affirmer et inutile de chercher; car l'histoire n'a pas trouvé créance parce qu'elle se rapprochait d'un fait réel, mais à cause de son accord parfait avec la foi et le sentiment des habitants d'Eleusis, et de l'absence de tout type de crédibilité historique. La petite cité d'Eleusis tient toute son importance de la solennité des fêtes de Dêmêtêr, et l'hymne que nous avons examiné (qui remonte probablement au moins à l'an 600 avant J.-C.) représente la ville telle qu'elle était

---

(1) Aristophane, Vesp. 1363. Hesych. v. Γεφυρίς. Suidas, v. Γεφυρίζων. Cf. sur les détails de la cérémonie Clemens Alex. Admon. ad Gent. p. 13. Une licence semblable d'humeur plaisante et sans frein paraît dans les rites de Dêmêtêr en Sicile (Diodor. V, 4; V. aussi Pausan. VII, 27, 4) et dans le culte de Damia et d'Auxesia à Ægina (Hérod. V, 83).

avant son absorption dans l'unité plus vaste d'Athènes, d'où il semble qu'il résulta une altération dans ses légendes, et un accroissement de dignité dans sa grande fête. Pour un fidèle à Eleusis, les antiquités religieuses aussi bien que patriotiques de sa ville natale se rattachaient à cette solennité capitale. La légende divine des souffrances de Dêmêtêr et sa visite à Eleusis étaient pour lui ce que l'héroïque légende d'Adrastos et le siége de Thèbes étaient pour un Sikyonien, ou celle d'Erechtheus et d'Athênê pour un Athénien, — elle groupait dans la même scène et dans la même histoire la déesse et les ancêtres héroïques de la ville. Si nous avions des renseignements plus complets, nous trouverions probablement une foule d'autres légendes concernant les fêtes de Dêmêtêr : les Gephyræi d'Athènes, auxquels appartenaient les personnages fameux d'Harmodios et d'Aristogeitôn, et qui avaient des orgies spéciales de Dêmêtêr l'Affligée, auxquelles n'était jamais admis un homme étranger à cette famille, auraient raconté sans doute des histoires non-seulement différentes, mais contradictoires (1); et même dans d'autres mythes d'Eleusis nous voyons Eumolpos en qualité de roi d'Eleusis, fils de Poseidôn, et Thrace, différant complétement du caractère qu'il a dans l'hymne que nous avons sous les yeux (2). Ni différences, ni manque de témoignages, par rapport à des antiquités affirmées, ne choquaient la foi d'un public peu versé dans l'histoire. Ce qu'ils demandaient, c'était une peinture du passé capable d'émouvoir leurs sentiments et plausible pour leur imagination; et il est important pour le lecteur de se souvenir, pendant qu'il lit, soit les légendes divines que nous expliquons maintenant, soit les légendes héroïques auxquelles nous arriverons bientôt, qu'il a à faire à un passé qui ne fut jamais présent, — domaine essentiellement mythique, qui ne

---

(1) Hérodote, V, 61.
(2) Pausan. I, 38, 3; Apollod. III, 15, 4. Heyne, dans sa note, admet plusieurs personnages du nom d'Eumolpos. Cf. Isocrate, Panegyr. p. 55. Philocore, l'antiquaire athénien, n'avait pas pu recevoir la légende de l'hymne d'Eleusis, d'après le récit différent qu'il donna du rapt de Persephon (Philoch. Fragm. 46, éd. Didot), aussi concernant Keleos (Fragm. 28 ibid.).

peut être abordé par le critique ni mesuré par le chronologiste.

Le conte concernant la visite de Dêmêtêr, qui fut répété par l'ancienne famille, appelée les Phytalides (1), au sujet d'un autre temple de Dêmêtêr, entre Athènes et Eleusis, et aussi par les Mégariens à propos d'un temple de Dêmêtêr voisin de leur ville, acquit sous les auspices d'Athènes une plus grande extension encore. On dit que la déesse avait communiqué pour la première fois à Triptolemos, à Eleusis. l'art de semer le blé, qui, grâce à son intervention, fut répandu sur toute la terre. Et ainsi les Athéniens se firent honneur d'avoir servi aux dieux d'intermédiaires pour faire part à l'homme de tous les inestimables bienfaits de l'agriculture qu'ils assuraient avoir paru pour la première fois dans la fertile plaine Rharia près d'Eleusis. De telles prétentions ne se trouvent pas dans le vieil hymne homérique. La fête des Thesmophoria, célébrée en l'honneur de Dêmêtêr Thesmophoros à Athènes, était tout à fait différente des Eleusinia, sous ce rapport essentiel aussi bien qu'à d'autres égards, que tous les hommes en étaient exclus et que les femmes seules étaient admises à y participer : le surnom de Thesmophoros donna lieu à de nouvelles légendes où la déesse était exaltée pour avoir doté la première l'humanité de lois et de sanctions légales (2). Cette fête, réservée exclusivement pour les femmes seules, était célébrée aussi à Thèbes, à Paros, à Ephesos et dans beaucoup d'autres endroits de la Grèce (3).

Dêmêtêr et Dionysos, comme faisant en Grèce le pendant des divinités égyptiennes Isis et Osiris, semblent, généralement parlant, avoir réuni tous les nouveaux rites sacrés empruntés de l'Egypte, avant que le culte d'Isis sous son

---

(1) Phytalos, l'Eponyme ou parrain de cette famille, avait donné l'hospitalité à Dêmêtêr, dans sa maison, quand pour la première fois elle dota l'humanité du fruit du figuier (Pausan. I, 37, 2).

(2) Callimach. Hymn. Cerer. 19; Sophocle, Triptolemos, Fragm. 1; Cicéron, Legg. II, 14, et la note de Servius ad Virgil. Æn. IV, 58.

(3) Xénoph. Hellen. V, 2, 29; Hérod. VI, 16, 134. Ἕρκος Θεσμοφόρου Δήμητρος—τὰ ἐς ἔρσενα γόνον ἄρρητα ἱερά.

propre nom fût introduit en Grèce : leurs solennités devinrent plus souvent retirées et mystérieuses que celles des autres divinités. On peut juger de l'importance qu'avait Dèmêtêr aux yeux de la nationalité collective de la Grèce d'après le fait que son temple s'élevait aux Thermopylæ, lieu où se tenaient les assemblées amphiktyoniques. près du temple du héros Eponyme Amphiktyon lui-même et sous le surnom de Dèmêtêr Amphiktyonique (1).

Nous passons maintenant à un autre personnage céleste non moins important, — Apollon.

Les légendes de Dèlos et de Delphes, comprises dans l'hymne homérique à Apollon, indiquent que ce dieu avait, non pas une plus grande dignité, mais du moins un culte répandu plus au loin même que Dêmêtêr. L'hymne est, effectivement, la réunion de deux compositions séparées, l'une émanant d'un barde ionien à Dèlos, l'autre de Delphes. La première détaille la naissance d'Apollon, la seconde sa puissance divine complète; mais toutes deux présentent également le charme naïf aussi bien que les particularités caractéristiques du récit mythique grec. L'hymnographe chante, et ses auditeurs acceptent avec une bonne foi parfaite une histoire du passé; mais c'est un passé, imaginé en partie comme une explication servant à les amener au temps présent, en partie comme le moyen de glorifier le dieu. L'île de Dèlos était le lieu de naissance reconnu d'Apollon, et c'est aussi le lieu où il se plaît surtout, où la grande et brillante fête ionienne se célèbre périodiquement en son honneur. Cependant c'est un rocher étroit, stérile et peu attrayant : d'où vient qu'un si glorieux privilége lui a été accordé? C'est ce que le poëte se charge d'expliquer. Lêtô, enceinte d'Apollon et persécutée par la jalouse Hèrè, ne pouvait trouver d'endroit où elle donnât naissance à son enfant. En vain elle s'adressa à une foule de localités en Grèce, sur la côte d'Asie et dans les îles intermédiaires; toutes furent terrifiées de la colère de Hèrè et refusèrent de lui

---

(1) Hérod. VII, 200.

donner asile. En dernier ressort, elle s'approcha de Dèlos, cette île dédaignée et repoussante, et promit que, si un abri lui était accordé dans sa situation désespérée, l'île deviendrait le séjour choisi d'Apollon aussi bien que l'emplacement où s'élèverait son temple avec les riches solennités accompagnant son culte (1). Dèlos consentit avec joie, mais non sans beaucoup d'appréhensions qu'Apollon, devenu puissant, ne méprisât son indignité, et non sans exiger un serment formel de Lètô, qui obtint enfin la protection si désirée et accomplit convenablement son long et pénible travail. Bien que Diônê, Rhea, Themis et Amphitritê vinssent pour la calmer et la secourir, toutefois Hèrè retint la déesse qui préside aux accouchements, Eileithyia, et prolongea ainsi cruellement les angoisses de Lètô. A la fin, Eileithya arriva, et Apollon naquit. A peine avait-il goûté, des mains de Themis, la nourriture immortelle, le nectar et l'ambroisie, qu'il brisa aussitôt ses langes et se montra sous une forme et avec une force divines et complètes, revendiquant ses attributs caractéristiques, l'arc et la lyre, et sa fonction privilégiée d'annoncer à l'avance à l'humanité les desseins de Zeus. La promesse faite par Lètô à Dèlos fut fidèlement remplie : parmi les innombrables autres temples et bois sacrés que les hommes disposèrent pour lui, toujours il préféra cette île comme résidence constante, et c'est là que les Ioniens avec leurs femmes et leurs enfants, dans tous leurs «beaux atours», se réunissaient périodiquement, venant de leurs villes pour le célébrer. La danse, le chant et des combats d'athlètes embellissaient la solennité, tandis que les vaisseaux sans nombre, l'opulence, la grâce de la multitude des Ioniens donnaient à cette assemblée l'air d'une réunion de dieux. Les vierges de Dèlos, servantes d'Apollon, chantaient des hymnes à la gloire du dieu, ainsi que d'Artemis et de Lètô, entre-

---

(1) D'après une autre légende, on disait que Lètô avait été transportée du pays des Hyperboréens à Dèlos en douze jours, sous la forme d'une louve, pour échapper à l'œil jaloux de Hèrè. En rapport avec cette légende, on affirmait que toujours les louves ne mettaient au monde leurs petits que pendant ces douze jours de l'année (Arist. Hist. animal. VII, 35).

mêlés des aventures des hommes et des femmes des temps antérieurs, aux transports de la foule attentive. Le barde de Chios aveugle et errant (auteur de cet hymne appelé Homérique, et confondu dans l'antiquité avec l'auteur de l'Iliade), ayant trouvé considération et accueil à cette fête, se recommande lui-même, dans un adieu touchant, au souvenir et à la sympathie des vierges de Dèlos (1).

Mais Dèlos n'était pas un lieu où l'on rendit des oracles : Apollon ne s'y manifestait pas comme révélateur des desseins futurs de Zeus. Il fallait trouver un endroit où cette bienfaisante fonction, sans laquelle l'humanité périrait dans les doutes et les perplexités innombrables de la vie, pût être exercée et rendue praticable. Apollon lui-même descend de l'Olympe pour faire choix d'un endroit convenable : l'hymnographe connaît mille autres aventures du dieu qu'il pourrait chanter, mais il préfère ce mémorable incident, la charte et le privilége de consécration accordés au temple de Delphes. Apollon visita bien des lieux différents : il examina le pays des Magnètes et des Perrhæbiens, vint à Iôlkos, et se rendit de là en Eubœa et dans la plaine de Lelanton. Mais même cet endroit fertile ne lui plut pas : il franchit l'Euripe pour se rendre en Bœôtia, passa par Teumèssos et Mykalèssos, et par la forêt alors inaccessible et non occupée où s'éleva plus tard la cité de Thèbes. Ensuite il se rendit à Onchêstos, mais le bois sacré de Poseidôn y était déjà établi ; puis traversant le Kêphissos, il arriva à Okalea, à Haliartos, à l'agréable plaine et à la fontaine si fréquentée de Delphusa ou Tilphusa. Ravi de ce lieu, Apollon se disposa à y établir son oracle, mais Tilphusa était fière de la beauté de son propre site, et il ne lui convenait pas que sa gloire fût éclipsée par celle du dieu (2). Elle l'alarma en lui faisant craindre que la solennité de son oracle ne fût troublée par les chars qui luttaient dans sa plaine, et par les chevaux et les mulets qui venaient s'abreuver à sa fontaine ; et ainsi elle le décida à avancer plus loin vers le côté méridional du Parnas-

---

(1) Hom. Hymn. Apoll. I. 179.   (2) Hom. Hymn. Apoll. 262.

sos, dominant le port de Krissa. Il y établit son oracle dans ce lieu montagneux que ne fréquentaient ni les chars ni les chevaux, près d'une fontaine, gardée toutefois par un immense et terrible serpent, qui jadis avait nourri le monstre Typhaôn. Apollon tua ce serpent d'une flèche, et laissa son corps pourrir au soleil : de là le nom de l'endroit, Pythô (1), et le surnom d'Apollon Pythien. Le plan étant tracé, le temple fut construit par Trophônios et Agamêdès, qu'aidait une foule d'auxiliaires empressés venus du voisinage. Cependant il découvrit alors avec indignation que Tilphusa l'avait trompé, et revint rapidement pour se venger. «Ta fraude ne te réussira pas ainsi, dit-il, et tu ne conserveras pas ta belle eau : la gloire du lieu appartiendra à moi, et non à toi seule. » Disant cela, il fit tomber un rocher sur la fontaine, et obstrua son limpide courant ; il établit un autel pour lui-même dans un bosquet tout près d'une autre source, où on l'adore encore comme Apollon Tilphusios, à cause de la vengeance sévère qu'il tira de Tilphusa jadis si belle (2).

Apollon eut ensuite besoin de ministres choisis pour prendre soin de son temple et du sacrifice, et pour prononcer ses réponses à Pythô. Découvrant un vaisseau «contenant beaucoup d'hommes bons» qui était destiné à faire le négoce de Knossos (Gnose) la ville de Minôs en Krète, à Pylos dans le Péloponèse, il résolut de se servir pour son projet du vaisseau et de son équipage. Prenant la forme d'un immense dauphin, il fit jaillir l'eau et secoua le navire de manière à frapper les matelots de terreur, pendant qu'il envoyait un vent violent, qui poussa le vaisseau le long de la côte du Péloponèse jusqu'au golfe de Corinthe, et enfin jusqu'au port de Krissa, où il s'échoua.

L'équipage effrayé n'osa pas débarquer ; mais on vit Apollon se tenant sur le rivage sous l'extérieur d'un vigoureux jeune homme, et il leur demanda qui ils étaient et ce qui les amenait. Le chef des Krètois, pour réponse, racontait son voyage miraculeux et forcé, quand Apollon lui-même s'en

---

(1) Hom. Hymn. 363. πύθεσθαι, *pourrir*.   (2) Hom. Hym. Apoll. 381.

déclara l'auteur, disant qu'il avait tout combiné, et leur annonçant l'honorable fonction et le poste élevé auxquels il les destinait (1). Sur son ordre ils le suivirent jusqu'aux rochers de Pythô sur le Parnassos, chantant le solennel Io-Pæan tel qu'il est chanté en Krête, tandis que le dieu lui-même marchait à leur tête avec sa taille élégante et d'un pas léger, en jouant de la lyre. Il leur montra le temple et la place de l'oracle, et leur enjoignit de l'adorer comme Apollon Delphinios, parce qu'ils l'avaient vu pour la première fois sous la forme d'un dauphin. «Mais comment, demandèrent-ils, pourrons-nous vivre dans un lieu où il n'y a ni blé, ni vin, ni pâturages?» O vous, mortels simples! répondit le dieu, vous qui n'attendez que des peines et des privations, sachez qu'un sort plus doux vous est réservé. Vous vivrez du bétail que la foule des pieux visiteurs amènera au temple. Vous n'aurez besoin que du couteau, afin d'être constamment prêts pour le sacrifice (2). Votre devoir sera de garder mon temple, et d'officier comme ministres à mes fêtes : mais si vous vous rendez coupables de mal ou d'insolence, soit en parole, soit en action, vous deviendrez les esclaves d'autres hommes, et vous resterez à jamais dans cet état. Prenez garde à ces conseils et à cet avertissement.»

Telles sont les légendes de Dèlos et de Delphes, suivant l'hymne homérique à Apollon. Les fonctions spéciales du dieu et les principales localités de son culte, en même temps que les surnoms qui y étaient attachés, se trouvent ainsi expliqués historiquement, étant liés à ses actions et à ses aventures passées. Bien que ces légendes ne soient pour nous qu'une poésie pleine d'intérêt, cependant aux yeux de ceux qui les entendaient chanter, elles possédaient toutes les conditions voulues de l'histoire, et elles étaient crues complétement comme telles; non parce qu'elles étaient fondées en partie sur la réalité, mais parce qu'elles se trouvaient

---

(1) Hom. Hym. Apoll. 475. sqq.
(2) Hom. Hymn. Apoll. 535.
Δεξιτέρῃ μάλ'ἕκαστος ἔχων ἐν χειρὶ μά-
[χαιραν,
Σφάζειν αἰεὶ μῆλα· τὰ δ'ἄφθονα πάντα
[πάρεσται,
Ὅσσα ἐμοίγ' ἀγάγωσι περίκλυτα φῦλ'
[ἀνθρώπων.

en parfait accord avec les sentiments ; et tant que cette condition était remplie, ce n'était pas la mode à cette époque d'en discuter la vérité ou le mensonge. Le récit est purement personnel, sans aucune doctrine ou allégorie symbolisée quelconque, que l'on puisse reconnaître en vue de servir comme but ultérieur supposé : les actions particulières attribuées à Apollon proviennent des préconceptions générales quant à ses attributs, combinées avec les réalités actuelles de son culte. Ce n'est ni de l'histoire ni de l'allégorie, ce sont de simples mythes ou de simples légendes.

Le culte d'Apollon est un des faits les plus anciens, les plus importants et les plus fortement marqués du monde grec, et il s'est répandu au loin dans toutes les branches de la race. Il est antérieur à l'Iliade et à l'Odyssée ; dans ce dernier poëme, on trouve citées Pythô et Dèlos, bien que Dèlos ne soit pas nommée dans le premier. Mais l'Apollon ancien est, sous plus d'un rapport, différent de l'Apollon des temps plus modernes. Il est tout particulièrement le dieu des Troyens, hostile aux Grecs et spécialement à Achille : en outre, il n'a que deux attributs primitifs, son arc et sa vertu prophétique, sans un lien distinct quelconque, soit avec la lyre, soit avec la médecine ou avec le soleil, attributs qu'à des époques postérieures il réunit tous. Il devient non-seulement, comme Apollon Karneios, le principal dieu de la race dôrienne, mais encore (sous le surnom de Patrôos) la grande divinité protectrice du lien de famille entre les Ioniens (1) ; il est, de plus, un guide et un stimulant pour la colonisation grecque, jamais peut-être une seule colonie n'étant envoyée sans un encouragement et une direction venus de l'oracle de Delphes. Apollon Archègetès est un de ses grands surnoms (2). Son temple donne un caractère sacré aux réunions de l'assemblée amphiktyonique ; il montre toujours une soumission filiale à son père Zeus, avec

---

(1) Harpocration. V. Ἀπόλλων πατρῷος et Ἑρκεῖος Ζεύς. Apollon Delphinios aussi appartient aux Grecs de l'Ionie en général. Strabon, IV, 179.

(2) Thucydid. VI, 3 ; Callimach. Hymn. Apoll. 56.

Φοῖβος γὰρ ἀεὶ πολίεσσι φιληδεῖ
Κτιζομέναις, αὐτὸς δὲ θεμείλια Φοῖβος
ὑφαίνει.

lequel il est dans un parfait accord : jamais on ne voit un conflit entre Delphes et Olympia. Dans l'Iliade, les chauds et ardents protecteurs des Grecs sont Hèrè, Athênê et Poseidôn : ici aussi Zeus et Apollon s'accordent; car Zeus penche d'une manière décidée en faveur des Troyens, et ce n'est qu'en résistant qu'il les sacrifie à l'importunité des deux grandes déesses (1). Le culte d'Apollon Sminthien, dans diverses parties de la Troade et du territoire voisin, est antérieur aux époques les plus anciennes de la colonisation æolienne (2); de là le zélé patronage de Troie, qui lui est attribué dans l'Iliade. Toutefois, la manière dont les dieux sont distribués et leurs prédilections telles que les présente ce poëme diffèrent tout à fait de ce qu'elles devinrent dans des temps postérieurs, différence que nos moyens de connaître ne nous permettent pas d'expliquer d'une façon satisfaisante. Outre le temple de Delphes, Apollon avait de nombreux temples d'un bout à l'autre de la Grèce, et des oracles à Abæ, en Phôkis, sur le mont Ptôon, et à Tegyra, en Bæôtia, où l'on disait qu'il était né (3), à Branchidæ, près de Milêtos, à Klaros en Asie Mineure, et à Patara en Lykia. Il n'était pas le seul dieu qui prononçât des oracles. Zeus, à Dôdônè et à Olympia, donnait aussi des réponses : les dieux ou héros Trophônios, Amphiaraos, Amphilochos, Mopsos, etc., rendaient le même service, chacun dans son propre sanctuaire et de la manière particulière qui lui était prescrite.

Les deux légendes de Delphes et de Dèlos, mentionnées plus haut, ne sont naturellement qu'une fraction très-insignifiante des récits qui existaient jadis au sujet du grand et vénéré Apollon. Elles servent seulement de spécimens, et de

---

(1) Iliad. IV, 30-46.
(2) Iliad. I, 38, 451; Stephan. Byz. Ἴλιον, Τένεδος. V. aussi Klausen, Æneas und die Penaten, b. I, p. 69. Le culte d'Apollon Sminthien et la fête appelée Sminthia à Alexandria Troas durèrent jusqu'au temps du rhéteur Ménandre, à la fin du troisième siècle après J.-C.

(3) Plutarque, Defect. Oracul. c. 5, p. 412; c. 8, p. 414; Steph. Byz. V. Τεγύρα. Le temple d'Apollon Ptôen avait acquis de la célébrité avant l'époque du poëte Asius. Pausan. IX, 23, 3.

spécimens très-anciens (1), pour faire comprendre la nature de ces mythes divins, et le tour de la foi et de l'imagination grecques. Le retour constant des fêtes des dieux provoquait sans cesse de nouveaux mythes concernant ces mêmes dieux, ou du moins des variétés et des reproductions des vieux mythes. Même pendant le troisième siècle de l'ère chrétienne, à l'époque du rhéteur Ménandre, lorsque les vieilles formes du paganisme allaient déclinant et que le fonds des mythes existants était extrêmement riche, nous voyons ce besoin se faire sentir avec une grande force; mais il était incomparablement plus actif dans ces temps reculés où la veine créatrice de l'esprit grec conservait encore son ancienne et brillante richesse. Chaque dieu avait bien des surnoms divers, bien des solennités, bien des bois sacrés, bien des temples différents; à chacun d'eux se rattachaient plus ou moins de récits mythiques, primitivement éclos dans l'imagination féconde et spontanée de voisins pleins de foi, pour être ensuite étendus, embellis et répandus par le chant du poëte.

Le plus ancien sujet donné aux concurrents (2) à la grande fête d'Apollon Pythien consista en un hymne à chanter en l'honneur de ce dieu : d'autres *agones* furent ajoutés par

---

(1) La légende que suivit Ephore au sujet de l'établissement du temple de Delphes était quelque chose de radicalement différent de l'Hymne Homérique (Ephori Fragm. 70, ed. Didot); son récit fit beaucoup pour donner à cette histoire un caractère politique et lui enlever son caractère fabuleux. La progéniture d'Apollon fut très-nombreuse, et avait les attributs les plus divers; il était père des Korybantes (Phérécyde, Fragm. 6, ed. Didot), comme d'Asklêpios (Esculape) et d'Aristœos (Schol. Apoll. Rhod. II, 500; Apollod. III, 10, 3).

(2) Strabon IX, p. 421. Ménandre le Rhéteur (Walz. Coll. Rhet., t. IX, p. 136) donne une classification complète et détaillée d'hymnes en l'honneur des dieux, qu'il divise en neuf classes : — κλητικοί, ἀποπεμπτικοί, φυσικοί, μυθικοί, γενεαλογικοί, πεπλασμένοι, εὐκτικοί, ἀπευκτικοί, μικτοί : — La seconde classe se rapportait à l'absence temporaire ou au départ d'un dieu pour quelque endroit éloigné, ce qui était souvent admis dans l'ancienne religion. Sappho et Alkman dans leurs hymnes *Klétiques* invoquaient les dieux de bien des lieux différents. — Τὴν μὲν γὰρ Ἄρτεμιν ἐκ μυρίων μὲν ὀρέων, μυρίων δὲ πόλεων, ἔτι δὲ ποταμῶν, ἀνακαλεῖ, — de même Aphrodite et Apollon, etc. Tous ces chants étaient remplis d'aventures et de détails concernant les dieux, — en d'autres termes, de matière d'éléments légendaires.

la suite; mais l'ode ou l'hymne constitua l'attribut fondamental de la solennité : les Pythia (jeux pythiens) à Sikyôn et ailleurs furent probablement établis sur une base semblable. De même dans les antiques et célèbres Charitêsia, ou fêtes des Charites, à Orchomenos, la lutte des poëtes rivalisant dans leurs divers genres de composition commença et continua d'être le trait prédominant (1), et les inestimables trésors qui nous restent encore de la tragédie et la comédie athéniennes sont ce qui a été glané des drames si nombreux représentés jadis à la solennité des Dionysiaques. Les Ephésiens donnaient des récompenses considérables pour les meilleurs hymnes en l'honneur d'Artemis, qui devaient être chantés dans son temple (2). Et les premiers poëtes lyriques de la Grèce, bien que leurs écrits ne nous soient pas parvenus, consacraient leur génie dans une large mesure à de semblables productions, comme on peut le voir par les titres et les fragments conservés encore aujourd'hui.

Le christianisme et le mahométisme ont tous deux commencé pendant une époque historique, se sont propagés en partant d'un seul centre commun, et ont été élevés sur les ruines d'une foi préexistante différente. Aucune de ces particularités ne se rencontra dans le paganisme grec. Il prit tout simplement naissance à une époque d'imagination et de sentiment sans les entraves, comme aussi sans le secours d'écrits ou d'annales, de l'histoire ou de la philosophie. C'était, en règle générale, le produit spontané de beaucoup de tribus et de localités séparées, l'imitation et la propagation n'agissant que comme causes secondaires; c'était de plus une foi primitive, autant que nos moyens de connaître nous permettent de le voir.

Ces considérations nous expliquent deux faits dans l'histoire de l'antique esprit païen. D'abord, les mythes divins, matière de leur religion, formaient aussi la matière de leur

---

(1) Pindare, Olymp. XIV; Boeckh, Staatshaushaltung der Athener, Appendix, § xx, p. 357.

(2) Alexander Ætolus, ap. Macrob. Saturn. V. 22.

plus ancienne histoire; ensuite, ces mythes ne s'accordaient entre eux que dans leurs types généraux, mais ils différaient d'une manière irrémédiable sous le rapport des incidents particuliers. Le poëte qui chantait une aventure nouvelle d'Apollon, dont il pouvait avoir entendu le souvenir dans quelque localité écartée, prenait d'ordinaire soin qu'elle concordât avec les idées générales que ses auditeurs avaient au sujet du dieu. Il n'attribuait pas le ceste ni les influences amoureuses à Athênê; il ne disait pas qu'Aphroditê portait l'égide ou se mêlait en armes aux combats des hommes; mais pourvu qu'il conservât cette harmonie générale, il pouvait donner libre carrière à son imagination dans les événements particuliers de l'histoire (1). Les sentiments et la foi de ses auditeurs l'accompagnaient, et il n'y avait pas de scrupules critiques pour les retenir : scruter la conduite affirmée des dieux était révoltant, et ne pas y ajouter foi était impie. Et c'est ainsi que ces mythes divins, bien qu'ayant leur racine simplement dans les sentiments religieux, et présentant de grandes différences dans les faits, servaient néanmoins de matière historique primitive à un Grec des anciens temps : c'étaient les seuls récits, jadis publiquement accrédités et intéressants, qu'il possédât. A ces mythes divins se rattachaient les mythes héroïques (auxquels nous passerons tout à l'heure), et en vérité ces deux sortes de mythes sont inséparablement unis; dieux, héros et hommes s'y montrant presque toujours dans le même tableau; ils sont analogues, d'ailleurs, par leur structure et par leur origine, et diffèrent

---

(1) La naissance d'Apollon et d'Artemis comme enfants de Zeus et de Lêtô est un des faits les plus généralement admis dans les légendes divines grecques. Cependant Eschyle ne se fit pas scrupule de représenter publiquement Artemis comme fille de Dêmêtêr (Hérodote II, 156; Pausan. VIII, 37, 3). Hérodote pense qu'il copia cette innovation sur les Égyptiens, qui affirmaient qu'Apollon et Artemis étaient les enfants de Dionysos et d'Isis.

Le nombre et la différence des mythes concernant chaque dieu sont attestés par les efforts infructueux qu'ont faits des Grecs savants pour échapper à la nécessité d'en rejeter quelques-uns en multipliant les personnages homonymes : — trois personnages nommés Zeus; cinq, Athênê; six, Apollon, etc. (Cicer. de Natur. Deor. III, 21; Clem. Alexand. Admon. ad Gent. p. 17.)

surtout par cette circonstance que les uns naissent du type d'un héros et les autres de celui d'un dieu.

Nous ne devons pas nous étonner si nous trouvons Aphroditè, dans l'Iliade, fille de Zeus et de Dionê, et si, dans la Théogonie d'Hésiode, elle est née de l'écume tombée sur la mer après la mutilation d'Uranos; ni si, dans l'Odysée, elle paraît comme l'épouse d'Hèphæstos, tandis que dans la Théogonie celui-ci est l'époux d'Aglaia, et Aphroditè est représentée comme ayant eu trois enfants d'Arès (1). L'hymne homérique à Aphroditè expose en détail la légende d'Aphroditè et d'Anchisès, qui est présupposé le père d'Æneas; mais l'auteur de l'hymne, que l'on chantait probablement à l'une des fêtes d'Aphroditè à Cypre, représente la déesse comme honteuse de sa passion pour un mortel, et comme enjoignant à Anchisès avec des menaces sévères de ne pas révéler qui était la mère d'Æneas (2); tandis que dans l'Iliade elle n'a pas de scrupules à l'avouer publiquement, et qu'il passe partout comme son fils reconnu. Aphroditè est représentée dans l'hymne comme étant elle-même froide et insensible, mais occupée toujours à inspirer d'une façon irrésistible les sentiments amoureux aux dieux, aux hommes et aux animaux. Trois déesses sont mentionnées comme faisant une exception mémorable et échappant à son empire universel : Athènè, Artemis et Hestia ou Vesta. Aphroditè était une des plus importantes entre toutes les déesses du monde mythique; car le nombre d'aventures pathétiques, intéressantes et tragiques que l'on peut tirer de la passion mal placée ou malheureuse est naturellement très-grand; et dans la plupart de ces cas l'intervention d'Aphroditè était habituellement mise en tête du récit, avec quelque légende pour expliquer pourquoi elle se manifestait. Sa sphère d'action s'étend dans les poëtes épiques, lyriques et tragiques postérieurs plus loin que dans Homère (3).

---

(1) Hésiod. Théogon. 188, 934, 945; Homère, Iliad. V. 371; Odyss. VIII, 268.

(2) Hom. Hymn. Vener. 248, 286; Hom. Iliad. V. 320, 386.

(3) Une grande partie de l'épopée

Athênê, la déesse-homme (1), née de la tête de Zeus, n'ayant pas de mère et ne connaissant pas les sympathies féminines, contraste en partie avec Aphroditê, en partie avec l'efféminé Dionysos ou le dieu-femme. Celui-ci est une importation de l'Asie, mais Athênê est une conception grecque — le type de la force calme, majestueuse et inflexible. Toutefois, cette déesse semble avoir été conçue d'une manière différente dans différentes parties de la Grèce. Car nous trouvons dans quelques légendes qu'on lui donne pour attributs le travail et la vie sédentaire; elle est représentée comme la compagne d'Hêphæstos, la protectrice des travaux manuels, habile à tisser et à manier le fuseau : les potiers athéniens l'adoraient en même temps que Promêtheus. De tels traits de caractère ne cadrent pas avec la formidable égide ni avec la lance massive et écrasante qu'Homère et la plupart des mythes lui attribuent. Il y avait sans doute primitivement au moins deux types différents d'Athênê, et dans leur fusion le moins marqué des deux a été effacé en partie (2). Athênê

---

hésiodique avait trait aux exploits et aux aventures des femmes héroïques, — le Catalogue des Femmes et les Éoiai renfermaient une suite de tels récits. Hésiode et Stésichore donnaient pour cause de la conduite d'Helenê et de Clytæmnestra la colère d'Aphroditê, causée par la négligence de leur père Tyndareus à sacrifier à cette déesse (Hésiod. Fragm. 59, ed. Düntzer; Stesich. Fragm. 9, ed. Schneidewin); l'irrésistible ascendant d'Aphroditê est montré dans l'Hippolyte d'Euripide non moins fortement que celui de Dionysos dans les Bacchæ. Le caractère de Daphnis le berger, bien connu par la première Idylle de Théocrite, et servant à démontrer la force destructive d'Aphroditê, semble avoir été introduit pour la première fois dans la poésie grecque par Stésichore (V. Klausen, Æneas und die Penaten, vol. I, p. 526-529. Cf. Welcker, Kleine Schriften, part. I, p. 189). Cf. un morceau frappant parmi les Fragmenta incerta de Sophocle (Fragm. 63, Brunck) et Euripid. Troad. 946, 995, 1048. Même dans les Opp. et Di. d'Hésiode, Aphroditê est conçue plutôt comme une influence nuisible et troublant l'homme (v. 65).

Adonis doit sa renommée aux poètes alexandrins et aux rois leurs contemporains (V. l'Idylle de Bion et les Adoniazusæ de Théocrite). Les favoris d'Aphroditê, même tels qu'ils sont énumérés par le soin de Clément d'Alexandrie, sont toutefois en très-petit nombre (Admon. ad Gent. p. 12, Sylb.).

(1) Ἀνδροθέᾳ δῶρον... Ἀθάνᾳ. Simmias Rhodius; Πέλεκυς ap. Hephæstion. c. 9, p. 54, Gaisford.

(2) Apollod. ap. Schol. ad Sophocl. Œdip. Col. 57; Pausan. I, 24, 3; IX, 26, 3; Diodor. V. 73; Platon, Legg. IX, p. 920. Dans les Opp. et Di. d'Hésiode, le charpentier est le serviteur d'Athênê (429). V. aussi Phereklos le τέκτων dans l'Iliade, V. 61. Cf. VIII,

est la constante et attentive protectrice d'Hêraklès : elle est aussi, dans certains endroits, identifiée avec le sol et le peuple d'Athènes, même dans l'Iliade. Erechtheus, l'Athénien, est né de la terre, mais Athênê l'élève, le nourrit et le loge dans son propre temple, où les Athéniens l'adorent annuellement au moyen de sacrifices et de solennités (1). Il était absolument impossible de faire d'Erechtheus le fils d'Athênê, le type de la déesse s'y opposait : ceux qui créaient des mythes parmi les Athéniens, bien que trouvant l'obstacle infranchissable, s'efforcèrent d'en approcher aussi près que possible, et la description qu'ils donnent de la naissance d'Erichthonios, description aussi peu homérique qu'invraisemblable, présente quelque chose qui ressemble au fantôme de la maternité (2).

La chasseresse Artemis, en Arcadia et dans la Grèce propre, présente en général un type bien défini avec lequel s'accordent assez bien les légendes qui la concernent. Mais l'Artemis d'Ephesos, comme l'Artemis de Tauride, a plus du caractère asiatique, et a emprunté les attributs de la Grande Mère Lydienne aussi bien que ceux d'une Vierge Taurique indigène (3) : cette Artemise d'Ephesos passa aux colonies de Phokæa (Phocée) et de Miletos (4).

L'Artemis homérique partage avec son frère Apollon l'adresse à se servir de l'arc qui frappe au loin, et la mort sou-

---

385 ; Odyss. VIII, 493 ; et l'Hymne Homérique à Aphroditê, v. 12. Le savant article de O. Müller (dans l'Encyclopédie de Ersch et Gruber, et publié de nouveau depuis dans ses Kleine Deutsche Schiften, p. 134 sqq.) *Pallas Athênê* présente réuni tout ce qu'on peut savoir sur cette déesse.

(1) Iliad. II, 546 ; VIII, 362.
(2) Apollod. III, 4, 6. Cf. le vague langage de Platon, Kritias, c. 4, et Ovide, Métamorph. II, 757.
(3) Hérod. IV, 103 ; Strabon, XII, p. 534 ; XIII, p. 650. Au sujet de l'Artemis d'Ephesos, V. Guhl, Ephesiaca (Berlin, 1843), p. 79, sqq.; Aristoph.

Nub. 590 ; Autokratês in Tympanistis apud Ælian. Hist. animal. XII, 9 ; et Spanheim ad Callim. Hymn. Dian. 36. Les danses en l'honneur d'Artemis paraissent parfois s'être rapprochées du genre frénétique de la danse bachique. V. les mots de Timothée dans Plutarq. de Audiend. Poet. p. 22, c. 4, et περὶ Δεισιδ. c. 10, p. 170, de plus Aristoph. Lysist, 1314. Elles semblent avoir été souvent célébrées dans les solitudes des montagnes, séjour favori d'Artemis (Callim. Hymn. Dian. 19), et ces ὀρειβάσιαι prédisposaient toujours à une agitation fanatique.

(4) Strabon, IV, p. 179.

daine est dépeinte par le poëte comme infligée par sa douce flèche. La jalousie des dieux, causée par le refus des honneurs et des sacrifices qui leur sont dûs, ou par la présomption de mortels osant entrer en lutte avec eux, — trait de caractère se reproduisant si fréquemment dans les types des dieux grecs — se manifeste dans les légendes d'Artemis. Le mémorable sanglier de Kalydôn est envoyé par elle comme châtiment infligé à Œneus, pour avoir omis de lui offrir un sacrifice, tandis qu'il honorait d'autres dieux (1). L'héroïne arcadienne Atalantè est toutefois une reproduction d'Artemis, avec peu ou point de différence, et la déesse est quelquefois confondue même avec les nymphes ses compagnes.

Le puissant Poseidôn, qui ébranle la terre et gouverne la mer, n'est inférieur en pouvoir qu'à Zeus seul, mais il ne partage pas ces propriétés supérieures et royales que présente le Père des Dieux et des hommes. Il compte une progéniture héroïque nombreuse, habituellement des hommes d'une grande force corporelle, dont beaucoup appartiennent à la race Æolienne. La grande famille des Nélides de Pylos fait remonter jusqu'à lui son origine ; et il est aussi le père de Polyphèmos le Cyclôpe, dont il venge cruellement sur Odysseus la souffrance si bien méritée. Sa Dêlos est l'île de Kalaureia (2), où était tenue une ancienne assemblée amphiktyonique locale, dans le but de lui offrir à la fois des hommages et des sacrifices. L'isthme de Corinthe, Helikê en Achaïa et Onchêstos en Bœôtia sont aussi des résidences qu'il aime beaucoup, et où il est solennellement adoré. Mais le séjour qu'il choisit dans l'origine et spécialement pour lui-même était l'Acropole d'Athènes, où d'un coup de son trident il produisit un puits d'eau dans le rocher : Athênê vint après et réclama la place pour elle-même, plantant comme signe de prise de possession l'olivier qui s'éleva

---

(1) Iliad. IX, 529.

(1) Strabon, VIII, p. 374. Selon le vieux poëme appelé Eumolpia, et attribué à Musée, l'oracle de Delphes appartenait dans l'origine conjointement à Poseidôn et à Gæa ; de Gæa il passa à Themis, et de Themis à Apollon, auquel Poseidôn aussi céda sa part comme compensation de l'abandon qui lui fut fait de Kalaureia (Pausan. X, 5, 3).

dans le bois sacré de Pandrosos ; et la décision soit de l'autochthone Cécrops, soit d'Erechtheus, lui donna la préférence, au grand déplaisir de Poseidôn. Pour cette raison, ou à cause de la mort de son fils Eumolpos, tué en soutenant les habitants d'Eleusis contre Erechtheus, les mythes attiques attribuaient à Poseidôn une grande inimitié contre la famille des Erechthides, qu'il finit, assure-t-on, par renverser. On dit que Theseus, dont le règne et les exploits glorieux succédèrent à cette famille, a été réellement son fils (1). Dans plusieurs autres endroits, — à Ægina, à Argos et à Naxos, — Poseidôn avait disputé les priviléges de dieu protecteur à Zeus, à Hèrè et à Dionysos : il fut battu partout, mais supporta patiemment son échec (2). Poseidôn subit un long esclavage, en compagnie d'Apollon, tout dieux qu'ils étaient (3), sous Laomedôn, roi de Troie, d'après l'ordre et la condamnation de Zeus : les deux dieux rebâtirent les murailles de la ville, qu'Hèraclès avait détruites. Quand leur temps fut expiré, l'insolent Laomedôn leur refusa la récompense convenue, et accompagna même son refus d'épouvantables menaces ; et l'impression que fit sur le dieu cette injustice fut une puissante cause de son animosité ultérieure contre Troie (4).

De telles périodes de servitude, infligées à des dieux individuels, sont au nombre des plus remarquables parmi tous les incidents que contiennent les légendes divines. Dans une autre occasion nous trouvons Apollon condamné à servir Admètos, roi de Pheræ, comme punition du meurtre des Cyclôpes, et Hèraklès aussi est vendu comme esclave à Omphalè. Même le fier Arès, vaincu et emprisonné pour un long temps par les deux Aloïdes (5), n'est à la fin délivré que par un secours étranger. De tels récits attestent l'essor vagabond que prenait l'imagination grecque en ce qui concernait les dieux, et le mélange complet qu'ils faisaient des choses

---

(1) Apollod. III, 14, 1 ; III, 15, 3, 5.
(2) Plutarq. Sympos. VIII, 6, p. 741.
(3) Iliad. II, 716, 766 ; Euripide, Alceste, 2. V. Panyasis, Fragm. 12, p. 24, ed. Düntzer.
(4) Iliad. VII, 452 ; XXI, 459.
(5) Iliad. V, 386.

et des personnes, tant divines qu'humaines, dans leurs conceptions du passé. Le dieu qui sert est dégradé pendant le temps de sa servitude ; mais le Dieu suprême qui l'ordonne est rehaussé dans la même proportion, en même temps que l'idée d'une certaine sorte d'ordre et de gouvernement parmi ces êtres surhumains n'était jamais perdue de vue. Néanmoins les mythes ayant trait à la servitude des dieux furent plus tard, avec beaucoup d'autres, exposés à une critique sévère de la part des philosophes.

L'orgueilleuse, la jalouse, l'aigre Hêrê, — la déesse de Mykênæ (Mycènes) jadis puissante, le Fax et Focus de la guerre de Troie, et la protectrice toujours présente de Jasôn dans l'expédition des Argonautes (1), — tient une place absolument nécessaire dans le monde mythique. En qualité de fille de Kronos et d'épouse de Zeus, elle occupe un trône d'où il ne peut la déplacer, et qui lui donne le droit de le gronder et de le contrarier sans cesse (2). Sa jalousie sans bornes contre les favorites de Zeus, et son antipathie contre ses fils, particulièrement contre Hêraklês, a inspiré des mythes innombrables ; le type général de son caractère y est clairement marqué, comme procurant à la fois un stimulant et un guide à l'imagination qui crée les mythes. Les « Noces sacrées », ou mariage de Zeus et de Hêrê, étaient familières aux auteurs d'épithalames longtemps avant de devenir un sujet pour l'habileté de critiques disposés à le spiritualiser.

Hêphæstos est fils de Hêrê, il n'a pas de père, et il est vis-à-vis d'elle dans le même rapport qu'Athênê vis-à-vis de Zeus ; son orgueil et son peu de sympathie, elle les a prouvés en le jetant jadis dehors à cause de sa difformité (3). Il est le dieu du feu — particulièrement du feu dans ses applications pratiques aux travaux manuels — et comme bras droit et instrument des dieux, ils ne peuvent se passer de lui. Son habileté et sa difformité paraissent tour à tour comme

---

(1) Iliad. IV, 51 ; Odyss. XII, 72. (3) Iliad. XVIII, 306.
(2) Iliad. I, 544 ; IV, 29-38 ; VIII, 408.

la source d'histoires mythiques : partout où l'on veut désigner une fabrication parfaite et achevée, Hêphæstos est annoncé comme en étant l'auteur, bien que sous ce rapport le type de son caractère soit reproduit dans Dædalos. Dans les légendes athéniennes, il paraît uni intimement et à Prométheus et à Athênê; et il était adoré conjointement avec eux à Kolônos (Colone) près d'Athènes. Lemnos était la résidence favorite d'Hêphæstos : et si nous avions plus de connaissances sur cette île et sur la ville Hêphæstias, nous trouverions sans doute d'abondantes légendes exposant en détail ses aventures et la manière dont il intervient dans les affaires des hommes.

La chaste, la tranquille et sédentaire Hestia, déesse du foyer domestique, a fourni bien moins de récits mythiques, malgré sa dignité bien supérieure, que Hermès le dieu fourbe, au doux langage, fin et avide de gain. Sa fonction de messager des dieux l'amène continuellement sur la scène, et donne ample occasion de dessiner les traits de son caractère. L'hymne homérique à Hermès décrit la scène et les circonstances de sa naissance, et la manifestation presque instantanée, même dans son enfance, de ses attributs particuliers. Il explique le bon pied sur lequel il était avec Apollon, l'échange mutuel entre eux de présents et de fonctions, et enfin la sécurité complète assurée aux richesses et aux offrandes dans le temple de Delphes, exposées comme elles l'étaient aux voleurs sans aucune protection apparente. Tels étaient l'adresse et le talent innés dans Hermès, que le jour où il naquit il inventa la lyre, en tendant les sept cordes sur l'écaille d'une tortue (1), et de plus il déroba le bétail d'Apollon en Piéria, en tirant les animaux à reculons jusqu'à sa caverne en Arcadia, de telle sorte qu'on ne put découvrir leurs traces. Lorsque sa mère Maïa lui fait des remontrances et lui signale le danger qu'il court en offensant Apollon,

---

(1) Homère, Hymn. Mercur. 18.
Ἠῷος γεγονὼς, μέσῳ ἤματι ἐγκιθάριζεν,
Ἑσπέριος βοῦς κλέψεν ἐκηβόλου
[Ἀπόλλωνος, etc.

Hermès répond qu'il aspire à être l'égal d'Apollon en dignité et en fonctions parmi les immortels, et que si son père Zeus refuse de les lui accorder, il emploiera son talent de voleur à forcer le sanctuaire de Delphes, et à en tirer l'or et les vêtements, les trépieds et les vases précieux (1). Bientôt Apollon découvre la perte de son bétail, et avec quelque difficulté il trouve le chemin de la caverne du mont Cyllène, où il voit Hermès endormi dans son berceau. L'enfant nie le larcin avec effronterie, et même déclare le soupçon aussi impossible que ridicule : il persiste dans ces dénégations même devant Zeus, qui cependant découvre aussitôt la ruse et le force à révéler l'endroit où il a caché le bétail. Mais la lyre était encore inconnue à Apollon, qui n'avait entendu que la voix des Muses et les sons du pipeau. Il est si fortement séduit en entendant les accents de la lyre produits par Hermès et si désireux de la posséder, qu'il est tout disposé aussitôt à pardonner le larcin et même à se concilier en outre l'amitié d'Hermès (2). En conséquence, un marché est conclu entre les deux dieux et sanctionné par Zeus. Hermès abandonne la lyre à Apollon, il invente pour son propre usage la syrinx ou flûte de Pan, et reçoit d'Apollon en échange la verge d'or de la richesse, avec l'empire sur les troupeaux de petit et de grand bétail aussi bien que sur les chevaux, les bœufs et les animaux sauvages des bois. Il insiste pour obtenir le don de prophétie, mais Apollon est contraint par un vœu spécial à n'accorder ce privilége à aucun dieu quel qu'il soit. Toutefois il apprend à Hermès le moyen de tirer des renseignements, dans une certaine mesure, des Mœræ ou Parques elles-mêmes, et il lui assigne, en outre, la fonction de messager des dieux vers Hadès.

Bien qu'Apollon ait acquis la lyre, l'objet particulier de ses désirs, il craint toujours qu'Hermès ne la lui dérobe encore, ainsi que son arc, et il exige un serment solennel par

---

(1) Hom. Hymn. Merc. 177.
Εἰμὶ γὰρ ἐς Πύθωνα, μέγαν δόμον ἀν-
[τιτορήσων,
Ἔνθεν ἅλις τρίποδας περικαλλέας,
[ἠδὲ λέβητας
Πορθήσω καὶ χρυσόν, etc.
(2) Hom. Hymn. Merc. 442-454.

le Styx comme garantie. Hermês promet solennellement de ne soustraire aucune des choses que le dieu a acquises, ni d'envahir jamais le sanctuaire d'Apollon ; tandis que celui-ci s'engage de son côté à reconnaître Hermês comme l'ami et le compagnon de son choix, parmi tous les autres fils de Zeus, humains ou divins (1).

Telle fut, sous la sanction de Zeus, l'origine de la faveur marquée qu'Apollon montra à Hermês. Mais Hermês (dit en terminant l'hymnographe, avec une franchise inaccoutumée en parlant d'un dieu), Hermês « fait très-peu de bien : il profite de l'obscurité de la nuit pour frauder sans mesure les familles des mortels (2). »

Ici les types généraux d'Hermês et d'Apollon, joints à la circonstance suivante, à savoir qu'aucun voleur n'approchait jamais des riches trésors de Delphes en apparence accessibles, donnent naissance à une série d'incidents propres à les faire connaître ; incidents mis sous une forme pour ainsi dire historique et exposant en détail comment il arriva qu'Hermês s'était engagé par une convention spéciale à respecter le temple de Delphes. Les types d'Apollon semblent avoir différé à différentes époques et dans des lieux différents en Grèce : dans quelques endroits on l'adorait comme Apollon Nomios (3), ou protecteur des pâturages et du bétail ; et cet attribut, qui ailleurs passa à son fils Aristæos, est par nôtre hymnographe volontairement abandonné à Hermês, conjointement avec la verge d'or de la fertilité. D'autre part, la lyre

---

(1) Homère, Hymn. Merc. 504-520.
Καὶ τὸ μὲν Ἑρμῆς
Λητοΐδην ἐφίλησε διαμπερὲς, ὡς ἔτι
καὶ νῦν, etc.
. . . .
Καὶ τότε Μαίαδος υἱὸς ὑποσχόμενος
[κατένευσε
Μή ποτ' ἀποκλέψειν, ὅς' Ἐκήβολος
[ἐκτεάτισται,
Μηδέ ποτ' ἐμπελάσειν πυκινῷ δόμῳ·
[αὐτὰρ Ἀπόλλων

Λητοΐδης κατένευσεν ἐπ' ἀρθμῷ καὶ
[φιλότητι
Μήτινα φίλτερον ἄλλον ἐν ἀθανάτοισιν
[ἔσεσθαι
Μήτε θεὸν, μήτ' ἄνδρα Διὸς γονον,
[etc.

(2) Homère, Hymn. Merc. 574.
Παῦρα μὲν ὀνίνησι, τὸ δ' ἄκριτον ἠπε-
[ροπεύει
Νύκτα δι' ὀρφναίην φῦλα θνητῶν ἀν-
[θρώπων.

(3) Callim. Hymn. Apoll. 47.

n'appartint pas dans l'origine au roi qui frappe au loin, et ce n'est nullement un inventeur : l'hymne explique et comment la lyre fut d'abord inventée, et comment elle vint en sa possession. Et l'importance des incidents sert ainsi en partie à exposer les choses, en partie à les expliquer, comme présentant en détail le caractère général préconçu du dieu de Cyllène.

On attribuait à Zeus plus d'amours qu'à aucun des autres dieux, — sans doute parce que les rois et les chefs grecs étaient particulièrement désireux de faire remonter leur lignage au plus élevé et au plus glorieux de tous, — chacun de ces amours ayant sur la terre sa progéniture qui le représentait (1). De tels sujets étaient de ceux qui promettaient le plus d'agrément et d'intérêt pour les récits mythiques, et Zeus comme amant devint ainsi le père d'une foule de légendes, se ramifiant à l'infini et amenant un grand nombre d'interventions dont l'occasion était fournie par ses fils, tous personnages distingués, parmi lesquels beaucoup furent persécutés par Hêrê. Mais outre cela, les fonctions dominantes de Dieu suprême, judiciaires et administratives, s'étendant à la fois sur les dieux et les hommes, étaient un stimulant puissant pour l'activité de l'esprit créateur des mythes. Zeus a à veiller sur sa propre dignité, la première de toutes les considérations pour un dieu : de plus, comme Horkios, Xenios, Ktêsios, Meilichios (faible partie de ses mille surnoms), il garantissait les serments et punissait les parjures, il imposait le respect pour les lois de l'hospitalité, il gardait le trésor de la famille et la récolte faite pour l'année, et il accordait l'expiation au criminel repentant (2). Toutes ces différentes fonctions créaient le besoin de mythes, comme moyen de traduire un pressentiment indistinct, mais sérieux, en une forme distincte, pouvant à la fois s'expliquer elle-même et se communiquer aux autres. Pour fortifier la sainteté du serment

---

(1) Callym. Hymn. Jov. 79. Ἐκ δὲ Διὸς βασιλῆες, etc.
(2) Hérodote, I, 44. Xénoph. Anabas. VII, 8, 4. Plutarque, Theseus., c. 12.

ou du lien de l'hospitalité, le plus puissant de tous les arguments était d'ordinaire une collection de légendes concernant les jugements de Zeus, Horkios ou Xenios : plus de telles légendes faisaient d'impression et inspiraient de terreur, plus leur intérêt était grand et moins qui que ce soit osait leur refuser créance. Elles étaient l'effusion naturelle d'un sentiment fort et commun, vraisemblablement sans aucune intention morale calculée : les préconceptions de l'action divine, développées dans la légende, formaient un produit analogue à l'idée de la symétrie et des traits divins, prenant corps dans la statue de bronze ou de marbre.

Mais ce n'était pas seulement le type général et les attributs des dieux qui contribuaient à exciter cette disposition des esprits à créer des mythes. Les rites et les solennités formant le culte de chaque dieu, aussi bien que les particularités de son temple et de la localité où ce temple se trouvait, furent une source féconde de mythes concernant ses exploits et ses malheurs, et qui pour le peuple qui les entendait faisaient l'office d'histoire du passé. Les exégètes, ou guides et interprètes locaux, appartenant à chaque temple, conservaient et racontaient aux étrangers curieux ces récits traditionnels, qui prêtaient une certaine dignité même aux pratiques minutieuses du service divin. D'un fonds de matériaux aussi riche, les poëtes tiraient des collections individuelles, telles que les «Causes» (Αἴτια) de Callimaque, aujourd'hui perdues, et telles que sont les Fastes d'Ovide pour les antiquités religieuses des Romains (1).

C'était l'usage de n'offrir aux dieux en sacrifice que les os de la victime, enveloppés dans de la graisse. Comment s'est établi cet usage ? L'auteur de la Théogonie hésiodique a une

---

(1) Ovide, Fasti, IV, 211, à propos des fêtes d'Apollon : —
« Priscique imitamina facti,
Æra Deæ comites raucaque terga movent. »
Et Lactance, V, 19, 15 : « Ipsos ritus ex rebus gestis (deorum) vel ex casibus vel etiam ex mortibus, natos. » Pour le même but, Augustin, de Civit. D. VII, 18 ; Diod. III, 56. Les Quæstiones Græcæ et Romaicæ de Plutarque sont remplies de contes semblables, prétendant expliquer des coutumes existantes dont beaucoup sont religieuses et liturgiques. V. Lobeck, Orphica, p. 675.

histoire qui l'explique : Promêtheus dupa Zeus en l'engageant à un choix imprudent, à l'époque où les dieux et les mortels en vinrent pour la première fois à un arrangement au sujet de leurs priviléges et de leurs devoirs (à Mekônê). Promêtheus, le représentant et le protecteur de l'homme, partagea un grand taureau en deux parties : d'un côté il plaça la chair et les intestins, repliés dans l'épiploon et recouverts de la peau ; de l'autre il mit les os enveloppés dans de la graisse. Il invita alors Zeus à décider laquelle des deux portions les dieux préféreraient recevoir des hommes. Zeus « à deux mains » choisit et prit la graisse blanche ; mais il fut vivement irrité en trouvant qu'il n'avait au fond que des os (1). Néanmoins le choix des dieux était dès lors fait d'une manière irrévocable : ils n'eurent droit à aucune partie quelconque de l'animal sacrifié, si ce n'est aux os et à la graisse blanche ; et l'usage existant est expliqué ainsi d'une façon plausible (2).

Je choisis cet exemple entre mille pour montrer comment la légende est née des pratiques religieuses. Dans la croyance du peuple, l'événement raconté dans la légende était la cause réelle d'où naissait la coutume ; mais quand nous venons à appliquer une saine critique, nous sommes forcé de traiter l'événement comme existant seulement dans la légende qui le

---

(1) Hésiode, Théog. 550. —
Φῆ ῥα δολοφρονέων · Ζεὺς δ'ἄφθιτα
[μήδεα εἰδὼς
Γνῶ ῥ'οὐδ' ἠγνοίησε δόλον · κακὰ
[δ'ὄσσετο θυμῷ
Θνητοῖς ἀνθρώποισι, τὰ καὶ τελέεσθαι
[ἔμελλεν.
Χερσὶ δ'ὅγ' ἀμφοτέρῃσιν ἀνείλετο
[λευκὸν ἄλειφαρ·
Χώσατο δὲ φρένας, ἀμφὶ χόλος δέ μιν
[ἵκετο θυμόν,
Ὡς ἴδεν ὀστέα λευκὰ βοὸς δολίῃ ἐπὶ
[τέχνῃ.
Au second vers de cette citation, le poëte nous dit que Zeus découvrit la fourberie, et fut trompé de son propre consentement, prévoyant qu'après tout les conséquences funestes de cette conduite retomberaient sur l'homme. Mais les derniers vers, et de fait la tendance entière de la légende, impliquent le contraire : Zeus fut réellement dupé, et par suite très-fâché. Il est curieux d'observer comment les sentiments religieux du poëte le poussent à sauver en paroles la prescience de Zeus, bien qu'en agissant ainsi il contredise et rende nul le trait saillant de l'histoire.

(2) Hésiod. Théog. 557. —
Ἐκ τοῦ δ'ἀθανάτοισιν ἐπὶ χθονὶ φῦλ'
[ἀνθρώπων
Καίουσ' ὀστέα λευκὰ θυηέντων ἐπὶ
[βωμῶν.

raconte, et la légende elle-même comme ayant été, dans le plus grand nombre de cas, engendrée par la coutume, en renversant ainsi l'ordre supposé de production.

Quand on s'occupe des mythes grecs en général, il convient de les distribuer en mythes appartenant aux dieux et en mythes appartenant aux héros, selon que les uns ou les autres sont les personnages en relief. La première classe manifeste, d'une manière plus palpable que la seconde, l'origine réelle des mythes issus de la foi et des sentiments, sans aucune base nécessaire quelconque, soit de fait pratique, soit d'allégorie : de plus, ils jettent un jour plus direct sur la religion des Grecs, qui joue un rôle si important dans leur caractère à les considérer comme peuple. Mais effectivement la plupart des mythes nous présentent les Dieux, les Héros et les Hommes placés à côté les uns des autres. Et la richesse de la littérature mythique grecque résulte de l'infinie diversité de combinaisons ainsi révélées ; d'abord par les trois types formant classes, le Dieu, le Héros et l'Homme ; ensuite par la fidélité stricte avec laquelle sont traités chaque classe et chaque caractère séparés. Nous descendrons maintenant le cours de l'époque mythique, qui commence avec les Dieux, jusqu'aux légendes héroïques, c'est-à-dire jusqu'à celles qui concernent principalement les Héros et les Héroïnes ; car ces dernières tenaient une place tout aussi importante dans la légende que les premiers.

CHAPITRE II

LÉGENDES CONCERNANT LES HÉROS ET LES HOMMES

Races des hommes telles qu'elles paraissent dans le poëme d'Hésiode « les Travaux et les Jours. » — La race d'or. — La race d'argent. — La race d'airain. — La race héroïque. — La race de fer. — Elles diffèrent également de la Théogonie et d'Homère. — Explication de cette différence. — Veine morale de sentiment. — Entrecoupée de la veine mythique. — « Les Travaux et les Jours » le plus ancien poëme didactique. — Les démons introduits pour la première fois. — Changements dans l'idée de démons. — Employés comme arguments dans les attaques dirigées contre la foi païenne. — Fonctions des démons hésiodiques. — Sentiment personnel répandu dans « les Travaux et les Jours. » — Age probable du poëme.

La Théogonie hésiodique ne raconte rien qui ressemble à une création de l'homme, et il ne semble pas non plus que l'imagination grecque, dans sa veine légendaire, s'occupât beaucoup d'une telle idée, vu qu'ordinairement elle faisait remonter les hommes actuels par une série de générations à quelque premier père, issu lui-même du sol, ou d'un fleuve voisin, ou d'une montagne, ou d'un dieu, d'une nymphe, etc. Mais l'auteur du poëme hésiodique «les Travaux et les Jours» nous a donné, concernant l'origine de la race humaine, un récit conçu dans un esprit tout différent, plus en harmonie avec le ton moral, grave et mélancolique qui règne dans ce poëme (1).

---

(1) Hésiode, tel qu'il est cité dans l'Etymologicon Magnum (probablement le Catalogue Hésiodique des Femmes, comme le considère Marktscheffel, le plaçant Fragm. 133), donne la parenté d'un certain *Brotos*, qui doit vraisemblablement être compris comme le premier homme : Βρότος, ὡς μὲν Εὐήμερος ὁ Μεσσήνιος, ἀπὸ Βρότου τινος αὐτόχθονος · ὁ δὲ Ἡσίοδος, ἀπὸ Βρότου τοῦ Αἰθέρος καὶ Ἡμέρας.

D'abord (nous dit-il) les dieux olympiques firent la race d'or, — hommes bons, parfaits et heureux, vivant des productions abondantes et spontanées de la terre, jouissant du repos et de la tranquillité comme les dieux eux-mêmes. Ils n'étaient sujets ni à la maladie ni à la vieillesse, et leur mort ressemblait à un doux sommeil. Après leur mortils devinrent, par la décision de Zeus, les démons gardiens terrestres, qui veillent invisibles sur la conduite de l'humanité, et sont doués du royal privilége de lui dispenser la richesse, et de tenir compte des bonnes et des mauvaises actions (1).

Ensuite, les dieux firent la race d'argent, qui différait de la race d'or et lui était fort inférieure, tant au moral qu'au physique. Les hommes de cette race étaient sans foi ni loi, méchants les uns pour les autres, pleins de dédain pour les dieux immortels, auxquels ils refusaient de rendre un culte ou d'offrir un sacrifice. Zeus dans sa colère les ensevelit dans la terre. Mais là, ils jouissent encore d'un honneur secondaire, comme étant les Bienheureux des Enfers (2).

En troisième lieu, Zeus fit la race d'airain, entièrement différente de la race d'argent. Ils étaient faits de frêne dur, leur humeur était querelleuse et leur nature terrible ; ils avaient une force immense et une âme dure comme le diamant, ils ne semaient pas ni ne touchaient à du pain. Leurs armes, leurs maisons, leurs instruments étaient tous d'airain : il n'y avait pas alors de fer. Cette race, combattant éternellement, dont les membres succombèrent sous les coups les uns des autres, s'éteignit et descendit au royaume d'Hadès sans nom ni privilége (3).

---

(1) Opp. Di. 120. —
Αὐτρὰ ἐπειδὴ τοῦτο γένος κατὰ γαῖα
[κάλυψε
Τοὶ μὲν δαίμονές εἰσι Διὸς μεγάλου διὰ
[βουλὰς
Ἐσθλοί, ἐπιχθόνιοι, φύλακες θνητῶν
[ἀνθρώπων·
Οἵ ῥα φυλάσσουσίν τε δίκας καὶ σχέτλια
[ἔργα,
Ἠέρα ἑσσάμενοι, πάντη φοιτῶντες ἐπ'
[αἶαν

Πλουτόδοται· καὶ τοῦτο γέρας βασι-
[λήιον ἔσχον.
(2) Opp. Di. 140. —
Αὐτὰρ ἐπεὶ καὶ τοῦτο γένος κατὰ γαῖα
[κάλυψε,
Τοὶ μὲν ὑποχθόνιοι μάκαρες θνητοὶ
[καλέονται
Δεύτεροι, ἀλλ' ἔμπης τιμὴ καὶ τοῖσιν
[ὀπηδεῖ.
(3) Le frêne était le bois dont on faisait les hampes de lance (Iliade, XVI.

Ensuite, Zeus fit une quatrième race, de beaucoup plus juste et meilleure que la précédente. Ce furent les héros ou demi-dieux, qui combattaient au siége de Troie et à celui de Thêbes. Mais cette brillante génération s'éteignit aussi : quelques-uns périrent à la guerre, d'autres passèrent, grâce à Zeus, à un état meilleur dans les îles des Bienheureux. C'est là qu'ils habitent au sein de la paix et du bien-être, sous le gouvernement de Kronos, récoltant trois fois par an les productions spontanées de la terre (1).

La cinquième race, qui succède aux héros, est de fer : c'est la race à laquelle le poëte lui-même appartient, et il en exprime son amer regret. Il trouve ses contemporains méchants, malhonnêtes, injustes, ingrats, adonnés au parjure, ne se souciant ni des liens de la parenté ni des ordres des dieux : Nemesis et Ædòs (reproche moral que l'on se fait à soi-même) ont quitté la terre et sont retournées vers l'Olympe. Combien il souhaite ardemment que son existence eût été placée ou plus tôt ou plus tard (2)! Cette race de fer est condamnée à des crimes, à des soucis, à des maux continuels; elle n'a du bien qu'en faible proportion; mais le temps viendra où Zeus y mettra fin. Le poëte n'ose pas prédire quelle sorte de race lui succédera.

Telle est la série des races d'hommes distinctes qu'Hésiode ou l'auteur du poëme « les Travaux et les Jours » énumère comme ayant existé jusqu'à son propre temps. Je la donne telle qu'elle est, sans ajouter beaucoup de confiance aux diverses explications que les critiques ont proposées. Elle s'éloigne sous plus d'un rapport du ton et du sentiment qui dominent en général dans la légende grecque; de plus,

---

142) : les Νύμφαι Μέλιαι sont nées en même temps que les Gigantes et les Erynnies (Theog. 187), — « Gensque virûm truncis et duro robore nata. » (Virgile, Æneid. VIII, 315), — *cœurs de chêne.*

(1) Opp. Di. 157. —
Ἀνδρῶν Ἡρώων θεῖον γένος, οἳ κα-
[λέονται
Ἡμίθεοι προτέρῃ γενεῇ κατ' ἀπείρονα
[γαῖαν.

(2) Opp. Di. 173. —
Μήκετ' ἔπειτ' ὤφειλον ἐγὼ πέμπτοισι
[μετεῖναι
Ἀνδράσιν, ἀλλ' ἢ πρόσθε θανεῖν, ἢ
[ἔπειτα γενέσθαι.
Νῦν γὰρ δὴ γένος εστι σιδήρεον...

la succession des races n'est ni naturelle ni homogène; la race héroïque, en effet, n'a pas de dénomination empruntée à un métal, et n'occupe pas une place légitime en succédant immédiatement à la race d'airain. La conception des démons n'est pas non plus en harmonie, soit avec Homère, soit avec la Théogonie hésiodique. Dans Homère, c'est à peine s'il y a une distinction quelconque entre les dieux et les démons : en outre, il dit que les dieux vont çà et là et visitent les cités des hommes sous divers déguisements dans le but de surveiller les bonnes et les mauvaises actions (1). Mais dans le poëme que nous étudions maintenant, la distinction entre les dieux et les démons est générique. Les derniers sont les invisibles habitants de la terre, les restes de la race d'or jadis heureuse que les dieux olympiques ont faite la première; les restes de la seconde race ou race d'argent ne sont pas des démons, ils ne sont pas non plus des habitants de la terre, mais ils jouissent encore d'une honorable existence après leur mort en qualité de Bienheureux dans les Enfers. Néanmoins, les démons hésiodiques ne sont en aucune sorte ni auteurs ni fauteurs du mal; au contraire, ils composent la police invisible des dieux, dans le but de réprimer la mauvaise conduite dans le monde.

Nous pouvons retrouver, je pense, dans cette quintuple succession de races terrestres, exposée par l'auteur du poëme « les Travaux et les Jours », la rencontre de deux veines de sentiment qui, sans s'accorder l'une avec l'autre, sont toutes deux coexistantes dans l'esprit de l'auteur. La tendance de son poëme est entièrement didactique et morale. Bien que profondément pénétré de l'injustice et de la souffrance qui assombrissent la face de la vie humaine, il s'efforce cependant de conserver, et en lui et dans les autres, la conviction qu'au total, l'homme juste et laborieux s'en tirera bien (2),

---

(1) Odyssée, XVII, 486.

(2) Il y a quelques vers dans lesquels il semble croire que, sous les maîtres actuels, méchants et perfides comme ils le sont, il n'est de l'intérêt d'aucun homme d'être juste (Opp. Di. 270) : —

Νῦν δὴ ἐγὼ μήτ' αὐτὸς ἐν ἀνθρώποισι
[δίκαιος
Εἴην, μήτ'ἐμὸς υἱός· ἐπεὶ κακόν ἐστι
[δίκαιον

et il insiste en grand détail sur les leçons de prudence et de vertu pratiques. Ce sentiment moral, qui dicte son appréciation du présent, guide aussi son imagination quant au passé. Il aime à jeter un pont sur l'abîme qui sépare les dieux et les hommes dégénérés en supposant des races antérieures, la première complétement pure, la seconde moins bonne que la première, et la troisième pire encore que la seconde; à montrer, de plus, comment la première race passait par un doux sommeil de la mort à une glorieuse immortalité; comment la seconde race était assez mauvaise pour contraindre Zeus à l'ensevelir dans les enfers, tout en lui laissant encore un certain degré d'honneur; tandis que la troisième se porta à de tels excès de violence, qu'elle périt victime de ses propres fureurs, sans nom ni honneur d'aucune sorte. La conception de la race d'or devenant après la mort les démons bons gardiens, que quelques critiques supposent être tirés d'une comparaison avec les anges orientaux, se présente elle-même au poëte, en partie comme rapprochant cette race des dieux, en partie comme un moyen de constituer une triple gradation dans l'existence qui suit la mort, proportionnée au caractère qui distinguait chaque race pendant la vie. Les dénominations d'or et d'argent données aux deux premières races se justifient comme celles que Simonide d'Amorgos et Phocylide donnent aux différents caractères de femmes, et qu'ils tirent du chien, de l'abeille, de la jument, de l'âne et d'autres animaux; et l'épithète d'airain s'explique particulièrement par le rapport avec le métal dont cette troisième race d'humeur querelleuse faisait un si grand emploi pour ses armes et ses autres instruments.

C'est jusque-là que nous pouvons suivre d'une façon

Ἔμμεναι, εἰ μείζω γε δίκην ἀδικώτε-
 [ρος ἕξει·
Ἀλλὰ τόδ' οὔπω ἔολπα τελεῖν Δία τερ-
 [πικέραυνον.
En somme, cependant, il est convaincu du contraire.

Plutarque rejette les quatre vers ci-dessus mentionnés, sans autre raison, à ce qu'il semble, que parce qu'il les croyait immoraux et indignes d'Hésiode (V. Proclus *ad loc.*). Mais ils s'accordent parfaitement avec le caractère du poëme; et la règle de Plutarque est inadmissible, quand il s'agit de déterminer la question critique de savoir ce qui est authentique ou non.

assez intelligible la veine de préceptes moraux : nous trouvons les révolutions du passé arrangées de manière à servir en partie comme leçon morale, en partie comme préface appropriée au présent (1). Mais à la quatrième place dans la liste vient « la race divine des Héros », et ici le poëte ouvre une nouvelle veine de pensée. Il rompt la symétrie de son passé moral, pour faire place à ces êtres chéris de la foi nationale. En effet, bien que la pensée de l'auteur lui-même du poëme « les Travaux et les Jours » eût un caractère didactique, comme celle de Phocylide, de Solôn ou de Théognis, cependant il avait présente à l'esprit, sentiment qu'il partageait avec ses compatriotes, la peinture des anciens temps de la Grèce, telle qu'elle était exposée dans les mythes qui avaient cours, et plus encore dans Homère et dans ces autres productions épiques, seule littérature, seule histoire existant alors. Il lui était impossible d'exclure de son esquisse du passé, soit les grands personnages, soit les glorieux exploits que ces poëmes ennoblissaient. Bien plus, s'il avait consenti lui-même à une telle exclusion, l'esquisse serait devenue un objet repoussant pour ses auditeurs. Mais les chefs qui figuraient devant Thèbes ou devant Troie ne pouvaient pas être bien identifiés soit avec la race d'or et la race d'argent, soit avec la race d'airain ; de plus, il était essentiel qu'ils fussent placés immédiatement en contact avec la race actuelle, parce que leurs descendants réels ou supposés étaient les principaux et les plus remarquables des hommes existants. C'est ce qui obligeait le poëte à leur assigner la quatrième

---

(1) Aratus (Phænomen. 107) ne donne que trois races successives : — la race d'or, la race d'argent et celle d'airain ; Ovide y ajoute la race de fer (Métamorph. I. 89-144) ; ni l'un ni l'autre ne mentionnent la race héroïque.

Les observations de Buttmann (Mythos der aeltesten Menschengeschlechter, t. II, p. 12 du Mythologus) et de Voelcker (Mythologie des Iapetischen Geschlechts, § 6, pp. 250-279), sur cette série de races distinctes, sont ingénieuses et peuvent être lues avec profit. Ils reconnaissent tous les deux le caractère disparate du quatrième anneau dans la série, et chacun d'eux l'explique d'une façon différente. Ma manière de voir se rapproche davantage de celle de Voelcker, avec quelques différences considérables ; une de ces différences, c'est qu'il rejette les vers concernant les démons, tandis que je les regarde comme étant une des parties essentielles de tout le système.

place dans la série, et à interrompre le cours du mouvement moral, pour les intercaler entre la race d'airain et la race de fer, bien qu'ils n'offrent aucune analogie quelconque ni avec l'une ni avec l'autre. La race de fer, à laquelle appartient malheureusement le poëte lui-même, succède légitimement, non à la race héroïque, mais à la race d'airain. A la place de cette fière humeur querelleuse, caractère des hommes de cette dernière race, et qui les poussait à se détruire eux-mêmes, la race de fer montre une réunion de méchanceté et de vices plus petits et plus bas. Ce n'est pas par suicide qu'elle périra, mais elle devient de plus en plus mauvaise, et elle perd graduellement sa vigueur, de sorte que Zeus ne consentira pas à conserver plus longtemps une telle race sur la terre.

Je conçois la série des races imaginée par l'auteur du poëme « les Travaux et les Jours », comme le produit de deux veines d'imagination distinctes et sans rapport entre elles, la veine didactique ou morale se confondant avec la veine mythique ou épique primitive. Son œuvre est remarquable comme étant la plus ancienne production didactique des Grecs, et l'un des premiers symptômes d'un ton nouveau de sentiment pénétrant dans leur littérature, pour ne jamais s'éteindre dans la suite. La tendance du poëme « les Travaux et les Jours » est antihéroïque. Loin de chercher à inspirer de l'admiration pour une entreprise aventureuse, l'auteur inculque la justice la plus stricte, la frugalité et le labeur les plus constants, et une appréciation froide, pour ne pas dire inquiète, de tous les plus petits détails de l'avenir. Prudence et probité sont ses moyens; bien-être et bonheur pratiques, son but. Mais il sent profondément, et il expose avec amertume les divers genres de méchanceté de ses contemporains, et combien ils sont au-dessous de ce type capital. Il se détourne avec déplaisir des hommes actuels, non parce qu'ils sont trop faibles pour jeter soit la lance d'Achille, soit une énorme borne, mais parce qu'ils sont rapaces, fourbes et dénués de principes.

Les démons introduits pour la première fois dans l'atmosphère religieuse du monde grec par l'auteur du poëme « les

Travaux et les Jours », comme différant des dieux par le caractère générique, mais étant essentiellement bons et composant les agents et la police intermédiaires entre les dieux et les hommes, sont dignes d'attention. Ils sont le germe d'une doctrine qui, dans la suite, éprouva plus d'un changement et acquit une grande importance, d'abord comme l'un des éléments constitutifs de la foi païenne, puis comme l'un des moyens qui contribuèrent à sa ruine. On se rappellera que le reste des êtres demi-méchants constituant la race d'argent, qui furent ensevelis dans la terre, bien qu'ils ne soient pas reconnus comme démons, sont encore considérés comme ayant une existence réelle, un nom et de la dignité dans les enfers. De là il n'y avait pas bien loin à les traiter aussi comme des démons, mais des démons d'un caractère vicieux et méchant : ce pas fut fait par Empédocle et Xénocrate, et, dans une certaine mesure, encouragé par Platon (1). C'est ainsi que les philosophes païens en vinrent à admettre des démons à la fois bons et méchants, à tous les degrés ; et on trouva ces démons utiles comme un moyen d'expliquer bien des phénomènes pour lesquels l'on ne pouvait convenablement admettre l'action des dieux. Ils servaient à délivrer les divinités de l'odieux attaché aux maux physiques et moraux, aussi bien que de la nécessité de se mêler constamment d'affaires peu importantes. On défendit les cérémonies répréhensibles de la religion païenne, par cette raison qu'il n'y avait pas d'autre moyen d'apaiser les exigences de ces êtres méchants. Les démons étaient le plus souvent cités comme causes de mal, et c'est ainsi que le nom en vint insensiblement à entraîner avec lui un mauvais sens, l'idée d'un être méchant formant contraste avec la bonté d'un dieu. C'est ainsi qu'il fut trouvé par les écrivains chrétiens quand ils commencèrent leur polémique avec le paganisme. Une partie de leur argumentation les amena à identifier les dieux païens avec les démons dans le mauvais sens, et le changement insensible opéré dans l'acception admise du mot

---

(1) V. le sujet mentionné dans le chap. III du 2ᵉ volume.

leur prêta un appui spécieux. En effet, ils pouvaient aisément montrer que non-seulement dans Homère, mais dans le langage général des anciens païens, il était parlé de presque tous les dieux comme de démons. Ainsi donc, à la lettre, Clément et Tatien ne semblaient rien affirmer de plus contre Zeus et Apollon que ce que renfermait le langage du paganisme lui-même. Cependant les auditeurs d'Homère et de Sophocle auraient fortement repoussé la proposition si elle eût été avancée dans le sens que le mot *démon* eut à l'époque et dans le cercle de ces écrivains chrétiens.

Dans l'imagination de l'auteur du poëme « les Travaux et les Jours », les démons occupent une place importante et sont regardés comme exerçant une sérieuse influence pratique. Quand il fait des remontrances aux maîtres qui l'entourent sur leur injustice et leur corruption si manifestes, il leur rappelle le nombre immense de ces immortels serviteurs de Zeus qui veillent perpétuellement au milieu de l'humanité, et par l'entremise desquels les châtiments des dieux descendront même sur les méchants les plus puissants (1). Sa supposition que les démons n'étaient pas des dieux, mais des hommes décédés ayant appartenu à la race d'or, lui permettait de multiplier leur nombre indéfiniment sans trop diminuer la dignité divine.

Comme ce poëte, enchaîné par les légendes courantes, a introduit la race héroïque dans une série à laquelle elle n'appartient pas légitimement, ainsi il a, sous la même influence, fait entrer dans une autre partie de son poëme le mythe de Pandôra et celui de Promêtheus (2) comme un moyen d'expliquer la diffusion primitive et l'abondance actuelle du mal au milieu de l'humanité. Toutefois ce mythe ne peut en aucune manière concorder avec sa quintuple échelle de races distinctes ; c'est, de fait, une théorie complétement différente imaginée pour expliquer le même problème, à savoir l'humanité ayant passé d'un état supposé de bonheur anté-

---

(1) Opp. Di. 252. Τρὶς γὰρ μύριοί εισιν ἐπὶ χθονὶ πουλυβοτείρῃ, etc.

(2) Opp. Di. 50-105.

rieur à un état de douleur et de souffrance actuelles. Une telle inconséquence n'est pas une raison suffisante pour mettre en question l'authenticité de l'un ou de l'autre passage ; car les deux histoires, bien que l'une contredise l'autre, s'harmonisent toutes deux avec l'idée dominante qui dirige l'âme de l'auteur, à savoir une appréciation du présent qui est à la fois une plainte et un enseignement. Ce qui prouve que tel était son dessein, c'est non-seulement l'esprit entier de son poëme, mais encore ce fait remarquable que sa propre personnalité, ses aventures et sa parenté propres et ses propres souffrances y figurent d'une manière saillante. Et cette introduction d'éléments personnels communique à l'œuvre un intérêt particulier. Le père d'Hésiode vint de Kymê (Cymes) en Æolia, en vue d'améliorer sa condition, et s'établit à Askra en Bœôtia, au pied du mont Hélicon. Après sa mort, ses deux fils partagèrent le patrimoine ; mais Hésiode se plaint amèrement de ce que son frère Persês usa de fourberie, l'attaqua en justice et obtint une décision injuste de juges corrompus. De plus, il reproche à son frère sa préférence pour les procès et l'agitation stérile de l'agora, dans un moment où il devrait travailler dans le champ pour gagner sa subsistance. Askra, en effet, était un endroit misérable, repoussant et en été et en hiver. Hésiode n'avait jamais traversé la mer, une seule fois exceptée, en allant d'Aulis en Eubœa, où il se rendit pour assister aux jeux funèbres d'Amphidamas, chef de Chalkis : il chanta un hymne et gagna comme prix un trépied qu'il consacra aux Muses sur l'Hélicon (1).

Ces détails, quelque peu nombreux qu'ils soient, ont un prix particulier, en ce qu'ils sont le plus ancien document authentique au sujet de la conduite ou des souffrances d'une personne grecque réelle quelconque. Il n'existe aucun témoignage extrinsèque digne de foi concernant l'âge du poëme « les Travaux et les Jours». Hérodcte regarde Homère et Hésiode comme appartenant à la même époque, quatre cents ans

---

(1) Opp. Di. 630-650, 27-45.

avant son propre temps ; et il y a encore d'autres mentions dont les unes placent Hésiode avant Homère, et les autres après. En considérant les preuves intrinsèques, nous pouvons remarquer que le poëme, par le sentiment et le ton qui y sont répandus, ainsi que par son dessein, diffère beaucoup de l'Iliade et de l'Odyssée, et est analogue à ce que nous lisons au sujet des compositions d'Archiloque et de Simonide d'Amorgos. L'auteur du poëme «les Travaux et les Jours» prêche, en effet, en moraliste, mais ce n'est pas un satirique ; mais, à cette différence près, nous trouvons en lui la même prédominance du sentiment de l'actuel et du positif, la même disposition à faire de la muse l'interprète de ses propres griefs personnels, le même emploi de la fable Æsopique en manière de démonstration, et la même opinion défavorable sur le sexe féminin (1), traits qui peuvent tous être retrouvés dans les deux poëtes mentionnés ci-dessus, en les plaçant tous deux en contraste avec l'épopée homérique. Une telle analogie intérieure dans l'absence de témoignage valable est le meilleur guide que nous puissions suivre pour déterminer la date du poëme, que nous placerions conséquemment peu après l'an 700 avant J.-C. Le style pourrait, il est vrai, fournir une preuve que l'antique et uniforme hexamètre, quoique bien adapté aux récits légendaires continus ou aux hymnes solennels, avait quelque chose de monotone quand on l'employait soit pour servir à un but polémique, soit pour graver dans l'esprit une leçon morale frappante. Quand les poëtes, les seuls auteurs existant alors, commencèrent pour la première fois à appliquer leurs pensées aux dangers et aux luttes de la vie réelle, on vit que le vers, soit pour attaquer, soit pour instruire, réclamait un mètre nouveau,

---

(1) Cf. la fable (αἶνος) dans « les Travaux et les Jours, » v. 200, avec celles qui se trouvent dans Archiloque, Fragm. 38 et 39 ; Gaisford, touchant le Renard et le Singe ; et la légende de Pandôra (v. 95 et v. 705) avec le fragment de Simonide d'Amorgos concernant les femmes (Fragm. 8, éd. Welcker, v. 95-115), et Phocylide ap. Stobæum florileg. LXXI.

Isocrate assimile le caractère du poëme « les Travaux et les Jours » à celui de Théognis et de Phocylide (ad Nikokl. Or. II, p. 23).

plus vif et plus mordant; et ce besoin produisit le vers élégiaque et le vers iambique, tous deux vraisemblablement contemporains, et tous deux destinés à remplacer l'hexamètre primitif pour les courtes effusions de pensées qui alors commençaient à être en vogue.

CHAPITRE III

LÉGENDE DES IAPÉTIDES

Iapétides dans Hésiode. — Promêtheus et Epimêtheus. — Manœuvres de Promêtheus et de Zeus. — Pandôra. — Pandôra dans la Théogonie. — Sentiment général du poëte. — L'homme malheureux, mais Zeus ne méritant pas de blâme. — Malheurs causés par les femmes. — Punition de Promêtheus. — Le Promêtheus d'Eschyle. — Lieu où Promêtheus fut relégué.

Les fils de Iapetos le dieu Titan, tels que les dépeint la théogonie hésiodique, sont Atlas, Menœtios, Promêtheus et Epimêtheus (1). Atlas est le seul d'entre eux qui soit mentionné par Homère dans l'Odyssée, et même lui ne l'est pas comme le fils de Iapetos : ce dernier lui-même est cité dans l'Iliade comme existant dans le Tartare à côté de Kronos. L'Atlas homérique « connaît les profondeurs de toute la mer, et garde seul ces hautes colonnes qui tiennent le ciel séparé de la terre (2). »

Comme la théogonie homérique se montre en général plus développée dans Hésiode, il en est de même pour la famille de Iapetos, avec ses aventures variées. Ici Atlas est décrit, non comme le gardien des colonnes s'élevant entre le ciel et la terre, mais comme condamné lui-même par Zeus à

---

(1) Hésiode, Théog. 510.
(2) Hom., Odyss. I, 120 : —
Ἄτλαντος θυγατὴρ ὀλοόφρονος, ὅστε
[θαλάσσης

Πάσης βένθεα οἶδε, ἔχει δέ τε κίονας
[αὐτὸς
Μακρὰς, αἳ γαῖάν τε καὶ οὐρανὸν ἀμφὶς
[ἔχουσιν

supporter le ciel sur sa tête et sur ses mains (1); tandis que le farouche Menœtios est précipité dans l'Erèbe, punition de son insolence indomptable. Mais les deux frères qui restent, Promêtheus et Epimêtheus sont au nombre des créations les plus intéressantes de la légende grecque, et se distinguent sous plus d'un rapport de toutes les autres.

D'abord la principale bataille entre Zeus et les dieux Titans est purement et simplement une lutte de force; — des montagnes sont jetées, le tonnerre est lancé, et la victoire reste au plus fort. Mais la rivalité entre Zeus et Promêtheus est une lutte d'artifice et de stratagèmes: la victoire demeure en réalité au premier, mais les honneurs du combat appartiennent au dernier. En second lieu, Promêtheus et Epimêtheus (celui qui pense avant et celui qui pense après) (2) sont des caractères frappés au même coin et par le même effort, formant entre eux une opposition et un contraste marqués. En troisième lieu, les hommes sont présentés ici expressément, non pas, à vrai dire, comme prenant une part active dans la lutte, mais comme les sujets principaux intéressés au résultat, qui sera pour eux un avantage ou un malheur. Promêtheus paraît avec le noble caractère de champion de la race humaine, même contre la formidable supériorité de Zeus.

Dans la légende primitive ou hésiodique, Promêtheus n'est pas le créateur de l'homme, il ne le pétrit pas; ce ne sont que les additions postérieures qui lui donnent ce caractère (3). On suppose que la race existe, et Promêtheus,

---

(1) Hésiode, Théog. 516 : —
Ἄτλας δ' οὐρανὸν εὐρὺν ἔχει κρατερῆς
[ὑπ' ἀνάγκης
Ἑστηὼς, κεφαλῇ τε καὶ ἀκαμάτοισσι
[χέρεσσι.
Hésiode s'étend bien au delà de la simplicité de la conception homérique.

(2) Pindare étend la famille d'Epimêtheus et lui donne une fille Πρόφασις (Pyth. v. 25), Excuse, rejeton de Réflexion tardive.

(3) Apollod. I, 7, 1. Il ne l'est pas non plus dans Eschyle ni dans la fable platonicienne (Protag. c. 30), bien que cette version soit devenue à la fin la plus populaire. Quelques morceaux d'argile durcis, restes de ce qui avait été employé par Promêtheus pour pétrir l'homme, furent montrés à Pausanias à Panopeus en Phokis (Paus. X, 4, 3).

La première épigramme d'Erinna (Anthol. I, p. 58, éd. Brunck) semble faire allusion à Promêtheus comme s'il

membre du corps des dieux Titans dépossédés, s'avance comme son représentant et son défenseur. Le marché avantageux qu'il fit avec Zeus dans son intérêt, au sujet du partage des animaux du sacrifice, a été raconté dans un des chapitres précédents. Zeus s'aperçut qu'il avait été dupé, et fut extrêmement irrité. Dans son déplaisir il refusa à l'humanité l'inestimable bienfait du feu, de sorte que la race aurait péri, si Promêtheus ne l'avait dérobé, en dépit du maître suprême, pour l'apporter aux hommes, dans la tige creuse de la plante appelée férule (1).

Zeus, alors doublement indigné, se décida à employer un stratagème encore plus funeste. Sur son ordre, Hèphæstos moula la forme d'une belle vierge ; Athênê l'habilla, Aphrodité et les Charites répandirent sur elle la beauté et la grâce fascinante, tandis que Hermès plaça en elle l'esprit d'un chien, une disposition à tromper et un langage perfide (2). Le messager des dieux amena ce « fléau séduisant » à l'humanité, dans un moment où Promêtheus n'était pas là. Or, Epimêtheus avait reçu de son frère l'ordre péremptoire de n'accepter des mains de Zeus aucun présent quel qu'il fût ; mais il était impossible de résister à la beauté de Pandôra (tel était le nom de la femme nouvellement formée). Elle fut reçue et admise parmi les hommes, et à partir de ce moment leur bien-être et leur tranquillité furent changés en souffrances de toute sorte (3). Les maux auxquels les hommes sont sujets avaient été auparavant enfermés dans un tonneau sous leur propre garde : Pandôra, dans sa malignité, ôta le couvercle du tonneau, et il en sortit ces mille maux et ces mille calamités, devant exercer à jamais leur force destructive. L'espérance seule resta emprisonnée, et dès lors sans avoir de pouvoir, comme auparavant, le couvercle inviolable ayant été replacé avant qu'elle pût s'échapper. Avant cet incident (dit la légende), les hommes avaient vécu sans maladie ni souffrances ; mais alors la terre

---

avait pétri l'homme. L'expression d'Aristophane (Aves, 689), — πλάσματα πηλοῦ, — n'a pas nécessairement trait à Promêtheus.

(1) Hésiode, Théog. 566; Opp. Di. 52.
(2) Théog. 580 ; Opp. Di. 50-85.
(3) Opp. Di. 81-90.

et la mer furent remplies de maux. Des maladies de toute sorte se répandent partout, le jour aussi bien que la nuit (1), sans aucun espoir pour l'homme de soulagement à venir.

La théogonie donne la légende racontée ici avec quelques changements ; elle omet complétement le rôle d'Epimétheus, aussi bien que le tonneau rempli de maux. Pandôra est la perte de l'homme simplement comme mère du sexe féminin qu'elle représente (2). Et ainsi les changements dans le récit ont leur utilité, en ce qu'ils nous permettent de distinguer les circonstances essentielles des circonstances accessoires de l'histoire.

« Ainsi (dit le poëte, à la fin de son récit), il n'est pas possible d'échapper aux desseins de Zeus (3). » Son mythe, rattachant la condition malheureuse de l'homme à la malveillance du dieu suprême, montre d'abord la cause d'où naquit un tel sentiment d'inimitié, puis le moyen qui servit à en amener les mortelles conséquences. La race humaine n'a pas en effet été créée par Promêtheus, elle n'est que son trou-

---

(1) Opp. Di. 93. Pandôra *n'apporte pas avec elle* le tonneau, comme la version communément donnée de cette histoire voudrait nous le faire supposer : le tonneau est hermétiquement fermé, sous la garde d'Epimêtheus, ou de l'homme lui-même, et Pandôra commet la fatale perfidie d'ôter le couvercle. Le cas est analogue à celui de l'outre fermée, remplie de vents contraires, qu'Éole remet entre les mains d'Odysseus, et que les criminels compagnons de ce dernier ouvrent par force, ruinant ainsi entièrement ses espérances (Odyss. X, 19-50). L'idée des deux tonneaux sur le seuil de Zeus, pleins, l'un de maux, l'autre de biens, tout prêts à être distribués, est homérique : —

Δοιοὶ γάρ τε πίθοι κατακείαται ἐν Διὸς
[οὔδει, etc.

Plutarque assimile à ceci le πίθος ouvert par Pandôra (Consolat. ad Apollon. c. 7, p. 105). L'explication donnée ici du passage hésiodique, relativement à l'espérance, est tirée d'un excellent article du Wiener Jahrbücher, vol. CIX (1845), p. 220, par Ritter : Examen de la traduction du Promêtheus d'Eschyle par Schoemann. Les maladies et les maux sont sans action tant qu'ils restent enfermés dans le tonneau : la même influence malfaisante qui, en les en faisant sortir, leur permet de se livrer à leur œuvre funeste, a soin de maintenir l'Espérance prisonnière et sans pouvoir dans l'intérieur.

(2) Théog. 590 : —
Ἐκ τῆς γὰρ γένος ἐστὶ γυναικῶν θηλυ-
[τεράων
Τῆς γὰρ ὀλώϊόν ἐστι γένος · καὶ φῦλα
[γυναικῶν
Πῆμα μέγα θνητοῖσι μετ' ἀνδράσι ναιε-
[τάουσι, etc.

(3) Opp. Di. 105 : —
Οὕτως οὔτι πῃ ἐστὶ Διὸς νόον ἐξαλέασ-
[θαι.

peau qu'il protége, lui, un des plus anciens Titans ou dieux dépossédés. Quand Zeus acquiert la suprématie, les hommes ainsi que le reste deviennent ses sujets, et il leur reste à faire le meilleur marché qu'ils peuvent, au sujet du culte et du service qu'ils lui doivent. Par le stratagème de Promêtheus leur avocat, Zeus est amené par ruse à accepter un partage des victimes éminemment contraire à ses intérêts, et la colère qu'il en ressent est si grande, qu'il tente de soustraire à l'homme l'usage du feu. Ici toutefois son dessein échoue, grâce au larcin de Promêtheus; mais la seconde tentative est plus heureuse, et à son tour il trompe l'inconsidéré Epimêtheus, en lui faisant accepter (malgré la défense expresse de Promêtheus) un présent qui ruine tout le bonheur de l'homme. Cette légende a sa source dans deux sentiments: elle a trait en partie aux relations des dieux avec l'homme, en partie aux rapports du sexe féminin avec le sexe masculin. Les dieux actuels sont mal disposés envers l'homme, mais les anciens dieux, auxquels le sort de l'homme se rattachait dans l'origine, étaient beaucoup plus bienveillants, et le plus capable d'entre eux se présente comme le protecteur infatigable du genre humain. Néanmoins, l'excès seul de son habileté prouve la ruine définitive de la cause qu'il épouse. Par une fourberie, il prive Zeus d'une belle part de la victime du sacrifice, et provoque ainsi à la fois et justifie une représaille qu'il ne peut pas toujours être à même de détourner : la chose fut consommée en son absence, au moyen d'un piége tendu à Epimêtheus et accepté volontairement par lui. Et ainsi, quoique Hésiode attribue la condition malheureuse de l'homme à la malveillance de Zeus, sa piété lui inspire deux excuses propres à disculper ce dernier: c'est l'humanité qui a été la première à priver Zeus de sa portion légitime du sacrifice, et de plus, elle a été partie consentante dans sa propre ruine. Ces sentiments, quant aux relations entre les dieux et l'homme, ont été un des éléments qui ont contribué à la naissance de cette légende. L'autre élément, c'est la conviction des grands malheurs causés à l'homme par les femmes, dont cependant il ne peut se passer, et cette idée est souvent et énergiquement exprimée par plusieurs poëtes grecs — par Simonide d'Amorgos et Phocylide, non moins que par Euripide.

Mais les maux résultant de la femme, quelque grands qu'ils pussent être, n'atteignirent pas Promêtheus lui-même. Pour lui, le téméraire champion qui avait osé «rivaliser de sagacité» (1) avec Zeus, un châtiment différent lui était réservé. Attaché par de lourdes chaînes à une colonne, il resta étroitement emprisonné pendant plusieurs générations : chaque jour un aigle venait lui ronger le foie, et chaque nuit le foie renaissait pour le supplice du lendemain. Enfin Zeus, jaloux d'augmenter la gloire de son fils favori, Hêraklês, lui permit de tuer l'aigle et de délivrer le captif (2).

Tel est le mythe de Promêtheus tel qu'il se trouve dans les poëmes hésiodiques; c'est sa forme la plus ancienne, aussi loin que nous pouvons en suivre la trace. Il servit de fondement à la sublime tragédie d'Eschyle, «Promêtheus enchaîné,» en même temps au moins qu'à une autre tragédie, aujourd'hui perdue, du même auteur (3). Eschyle a fait plusieurs altérations importantes; il dépeint la race humaine, non pas comme ayant jadis goûté un état de tranquillité et de jouissance et l'ayant postérieurement perdu, mais comme étant dans l'origine faible et misérable. Il supprime à la fois le premier tour joué par Promêtheus à Zeus au sujet du partage de la victime, et la formation ainsi que l'envoi en dernier lieu de Pandôra, faits qui sont les deux parties les plus saillantes du récit hésiodique; tandis que d'autre part il met en relief le vol du feu (4) et insiste sur cette circonstance, qui n'est que légèrement touchée dans Hésiode. S'il a ainsi abandonné l'antique simplicité de l'histoire, il a plus que

---

(1) Théog. 534 : Οὕνεκ' ἐρίζετο βουλὰς ὑπερμενέϊ Κρονίωνι.

(2) Théog. 521-532.

(3) De la tragédie appelée Προμηθεὺς Λυόμενος il reste cependant quelques fragments en petit nombre : Προμηθεὺς Πύρφορος était un drame satyrique, selon Dindorf; Welcker reconnaît une troisième tragédie, Προμηθεὺς Πύρφορος, et un drame satyrique, Προμηθεὺς Πυρκαεύς (Die Griechisch. Tragoedien, vol. I, p. 30). L'histoire de Promêtheus avait aussi été traitée par Sappho, dans un de ses chants perdus (Servius ad Virgil. Eclog. VI, 42).

(4) Apollodore aussi ne mentionne que le vol du feu (I, 7, 1).

compensé ce qu'il lui ôte, en lui donnant une grandeur d'*idéal*, une vaste portée de pensée combinée avec des appels à notre sympathie et à notre admiration les plus sérieuses, et une fécondité d'inspiration au sujet des relations entre les dieux et l'homme, qui planent bien au-dessus du niveau hésiodique, et font de sa tragédie la plus touchante, bien qu'elle ne soit pas la plus artistement composée, de toutes les productions dramatiques grecques. Promêtheus paraît non-seulement comme l'héroïque champion de la race humaine dont il défend la cause, conduite dont il est victime, mais encore comme l'habile maître enseignant tous les arts, toutes les ressources, tous les embellissements de la vie, et le feu n'en est qu'une partie (1). Tout cela se fait contre la volonté et en dépit du dessein de Zeus qui, en acquérant l'empire, désirait détruire la race humaine et produire quelque nouvelle espèce (2). De plus, Eschyle ajoute de nouvelles relations entre Promêtheus et Zeus. Au début de la lutte entre Zeus et les dieux Titans, Promêtheus a tenté en vain de les persuader de la conduire avec prudence ; mais quand il s'aperçut qu'ils refusaient obstinément tout sage conseil, et que leur ruine était inévitable, il abandonna leur cause pour se joindre à Zeus. C'est à lui et à ses conseils que Zeus dut la victoire ; toutefois ce qui dès lors prouve l'ingratitude et la tyrannie horribles de ce dernier, c'est qu'il le cloua sur un rocher, pour le seul crime d'avoir déjoué son projet de détruire la race humaine, et d'avoir fourni aux hommes le moyen de vivre avec un bien-être assez grand (3). Le nouveau maître Zeus, insolent dans sa victoire sur les anciens dieux, foule aux pieds tout droit, oublie toute sympathie, toute obligation, aussi bien à l'égard des dieux qu'à l'égard de l'homme. Cependant, Promêtheus à l'esprit prophétique, au milieu de ses cruelles souffrances, est consolé parce qu'il

---

(1) Esch. Prom. 442-506.
Πᾶσαι τέχναι βροτοῖσιν ἐκ Προμη-
[θέως.
(2) Esch. Prom. 231.
Βροτῶν δὲ τῶν ταλαιπώρων λόγον
Οὐκ ἔσχεν οὐδέν', ἀλλ' ἀϊστώσας γένος
Τὸ πᾶν, ἔχρῃζεν ἄλλο φιτῦσαι νέον.
(3) Esch. Prom. 198-222, 123.
Διὰ τὴν λίαν φιλότητα βροτῶν.

sait d'avance qu'un temps viendra où Zeus doit l'envoyer chercher, le délivrer et invoquer son aide, comme le seul moyen de détourner de sa propre personne des dangers qui, autrement, seraient insurmontables. La sécurité des hommes et leurs moyens de durée ont été alors placés hors de la portée de Zeus, que Promêtheus défie fièrement, se glorifiant du noble rôle de champion qu'il a rempli avec tant de succès (1), malgré le prix terrible dont il est condamné à le payer.

De même que le Promêtheus d'Eschyle, bien que conservant les anciens traits, a acquis une nouvelle couleur, un esprit et un caractère nouveaux, de même il a été identifié avec une localité spéciale. Dans Hésiode il n'y a aucune indication de l'endroit où il est emprisonné; mais Eschyle le place en Scythie (2), et la croyance générale des Grecs supposait que c'était sur le mont Caucase. Cette croyance dura d'une manière si prolongée et si constante, que le général romain Pompée, quand il commandait une armée en Kolchis, fit avec son compagnon Théophanès, Grec lettré, une marche spéciale pour visiter l'endroit du Caucase où Promêtheus avait été cloué (3).

---

(1) Esch. Prom. 169-770.

(2) Prometh. 2. V. aussi les fragments du Promêtheus solutus, 177-179, éd. Dindorf, où le Caucase est spécialement nommé ; mais le v. 719 du Promêtheus vinctus semble impliquer que le mont Caucase est un endroit différent de celui auquel est enchaînée la victime.

(3) Appien, Bell. Mithridat., c. 103.

CHAPITRE IV

LÉGENDES HÉROIQUES. — GÉNÉALOGIE D'ARGOS.

Structure et but des généalogies grecques. — Pour rattacher la communauté grecque à son dieu commun.— Les membres inférieurs de la généalogie, personnages historiques.— Les membres supérieurs, personnages non historiques.— La portion non-historique obtenant des Grecs la même créance, et beaucoup d'estime. — Nombre de ces généalogies. — Elles se répandent dans toutes les fractions de la nation grecque. —Généalogie argienne. — Inachos. — Phorôneus. — Argos Panoptês. — Iô. — Roman d'Iô transformé en histoire par les Perses et les Phéniciens.— Enlèvements légendaires d'héroïnes appropriés aux sentiments qui dominaient pendant la guerre contre les Perses.—Danaos et les Danaïdes. — Akrisios et Prœtos. — Les Prœtides guéries de leur folie par Mélampe. — Akrisios, Danaê et Zeus. — Perseus et les Gorgones. — Fondation de Mykênæ. — Commencement de la dynastie Perside. — Amphitryôn, Alkmênê, Sthenelos. — Zeus et Alkmênê. — Naissance d'Hêraklês. — Légende homérique de sa naissance : son importance explicative. — Expulsion des Hêraklides. — Ils recouvrent le Péloponèse et s'établissent à Argos, à Sparte et en Messênia.

Après avoir brièvement énuméré les dieux de la Grèce, avec leurs principaux attributs tels qu'ils sont décrits dans la légende, nous arrivons à ces généalogies qui les rattachaient aux hommes historiques.

Dans la foi rétrospective d'un Grec, les idées de culte et d'ancêtres se confondaient. Toute association grande ou petite d'hommes, dans laquelle il y avait un sentiment d'union actuelle, faisait remonter cette union à un premier père commun ; ce premier père était ou le dieu commun qu'ils adoraient, ou quelque personne à moitié divine qui lui était alliée de près. Ce qui est nécessaire aux sentiments de la communauté, c'est une généalogie continue qui la rattache à cette source respectée d'existence, par delà laquelle elle ne songe pas à regarder en arrière. Une série de noms, placés dans l'ordre de fils ou de frères, en même temps qu'un certain nombre d'aventures de famille ou personnelles, attribuées à quelques-uns des individus qui la composent, constituent le passé antéhistorique qui permet au Grec de reporter ses regards sur ses dieux. Les noms de cette généalogie sont, en grande partie, des noms nationaux ou locaux familiers au peuple, — des rivières, des montagnes, des sources, des lacs, des villages, des dèmes, etc., — personnifiés et introduits comme agissant ou souffrant. De plus, ils sont appelés rois ou chefs; mais l'existence d'un corps de sujets les entourant est plutôt supposée tacitement que distinctement exposée; car leurs propres exploits personnels ou les actions de leur famille constituent, pour la plus grande partie, toute la matière du récit. Et ainsi la généalogie était composée en vue de satisfaire à la fois le goût des Grecs pour les aventures romanesques, et leur besoin d'une ligne non interrompue de filiation entre eux-mêmes et les dieux. Le personnage éponyme, de qui la communauté tire son nom, est quelquefois le fils du dieu local, quelquefois un homme indigène né de la terre, qui est en effet divinisée elle-même.

On verra par la seule description de ces généalogies qu'elles renfermaient des éléments humains et historiques, aussi bien que des éléments divins et extra-historiques. Et si nous pouvions déterminer l'époque à laquelle une généalogie quelconque a été formée pour la première fois, nous pourrions nous assurer que les hommes représentés alors comme actuels, ainsi que leurs pères et leurs grands-pères, étaient des personnes réelles de chair et d'os. Mais c'est là un point que l'on peut rarement constater; en outre, même s'il pouvait l'être, nous devons d'abord le mettre de côté, si nous désirons considérer la généalogie au point de vue des Grecs. A leurs yeux, en effet, non-seulement tous les membres étaient également réels, mais les dieux et les héros au commencement étaient dans un certain sens les plus réels; du moins, ils étaient les plus estimés et les plus indispensables de tous. L'importance de la généalogie consistait, non dans sa longueur, mais dans sa continuité; non (selon le sentiment de l'aristocratie moderne) dans le pouvoir de présenter une longue série de pères et de grands-pères humains, mais dans le sens d'une union des ancêtres avec le dieu primitif. Et la longueur de la série doit être plutôt rapportée à l'humilité, en ce que la même personne, qui était flattée de l'opinion qu'elle était descendue d'un dieu à la quinzième génération, aurait considéré comme une insolence criminelle d'affirmer qu'elle avait un dieu pour père ou pour grand-père. En présentant au lecteur ces généalogies qui constituent l'histoire primitive supposée de la Hellas, je ne prétends pas distinguer les noms réels et historiques des créations fictives; en partie parce que je n'ai pas de preuve pour tracer la ligne de démarcation, en partie parce qu'en l'essayant je m'éloignerais en même temps du véritable point de vue des Grecs.

Il n'est pas non plus possible de faire plus que de présenter un certain choix parmi celles qui avaient le plus cours et étaient les plus intéressantes; car le nombre total de celles qui trouvaient place dans la foi grecque dépasse tout calcul. En règle générale, chaque dème, chaque famille, chaque société d'hommes accoutumés à une action combinée, religieuse ou politique, avait la sienne propre. Les petits dèmes sans importance dont se composait l'Attique comptaient chacun pour ancêtres un dieu et des héros, tout autant que la grande Athènes elle-même. Même dans les villages de Phokis (Phocide), que Pausanias veut à peine se permettre d'appeler des villes, il ne manquait pas de séries déduites d'une antiquité légendaire. Et quand nous lisons les généalogies légendaires d'Argos, de Sparte ou d'Athènes, il est important de ne pas oublier que ce sont seulement des échantillons pris dans une classe nombreuse, tous parfaitement analogues, et tous présentant la revue religieuse et patriotique de quelque fraction du monde hellénique. Elles ne peuvent pas plus fournir matière à une tradition historique qu'aucune des mille autres généalogies légendaires que les hommes se plaisaient à rappeler à la mémoire aux fêtes périodiques de leur famille, de leur dème ou de leur village.

Après ces quelques remarques préliminaires, j'arrive à

mentionner les plus remarquables généalogies héroïques des Grecs, et d'abord celle d'Argos.

Le plus ancien nom de l'antiquité argienne est celui d'Inachos, le fils d'Okeanos et de Tèthys, qui donna son nom à la rivière coulant sous les murs de la ville. D'après les calculs chronologiques de ceux qui regardaient les généalogies mythiques comme de l'histoire réelle, et qui assignaient un nombre donné d'années à chaque génération, le règne d'Inachos était placé en 1986 avant J.-C., ou environ 1100 ans avant le commencement des Olympiades mentionnées dans l'histoire (1).

Les fils d'Inachos furent Phorôneus et Ægialeus; tous les deux cependant furent quelquefois représentés comme autochthones ou hommes indigènes, l'un sur le territoire d'Argos, l'autre sur celui de Sikyôn (Sicyone). Ægialeus donna son nom à la région nord-ouest du Péloponèse, sur le côté méridional du golfe de Corinthe (2). Le nom de Phorôneus avait une grande célébrité dans les généalogies mythiques argiennes, et il fournit à la fois le titre et le sujet de l'ancien poëme appelé Phorônis, dans lequel on l'appelle « le père des hommes mortels (3). » Il donna, dit-on, à l'humanité, qui, avant lui, avait vécu entièrement isolée, la première notion et les habitudes d'une existence sociale, et même la première connaissance du feu : sa domination s'étendait sur tout le Péloponèse. Sa tombe, à Argos, et vraisemblablement aussi la place appelée la Cité Phorônique, où il forma la première colonie, composée d'hommes, se montraient encore à l'époque de Pausanias (4). Phorôneus eut de la nymphe Teledikè Apis et Niobè. Apis, maître dur, fut mis

---

(1) Apollod. II, 1. M. Fynes Clinton n'admet pas la réalité historique d'Inachos ; mais il place Phorôneus dix-sept générations, ou 570 ans avant la guerre de Troie, 978 ans avant la première Olympiade mentionnée. V. Fasti Hellenici, vol. III, c. 1, p. 19.

(2) Pausan. II, 5, 4.

(3) V. Düntzer, Fragm. Epic. Græc.

p. 57. Acusilas, l'auteur argien parlait de Phorônêus comme du premier des hommes. Fragm. 14. Didot, ap. Clem. Alex. Strom. I, p. 321. Φορωνῆες, synonyme pour Argiens ; Théocrite, Idyll. XXV, 200.

(4) Apollod. II, 1, 1 ; Pausan, II, 15, 5 ; 19. 5 ; 20, 3.

à mort par Thelxiôn et par Telchin, après avoir donné au Péloponèse le nom d'Apia : il eut pour successeur Argos, le fils de sa sœur Niobè et du dieu Zeus. C'est du nom de ce souverain que le Péloponèse fut appelé Argos. De son épouse Evadnè, fille de Strymôn (1), il eut quatre fils, Ekbasos, Peiras, Epidauros et Kriasos. Ekbasos eut pour successeur son fils Agênôr, et celui-ci, à son tour, son fils Argos Panoptès, prince très-puissant, qui avait, dit-on, des yeux répandus sur tout le corps, et délivra le Péloponèse de plusieurs monstres et animaux sauvages qui l'infestaient (2). Acusilas et Eschyle font de cet Argos une personne autochtone, tandis que Phérécyde le dit fils d'Arestôr. Iasos naquit d'Argos Panoptès et d'Ismênè, fille d'Asôpos. D'après les auteurs que préfèrent Apollodore et Pausanias, la fameuse Iô était sa fille ; mais l'épopée hésiodique (aussi bien qu'Acusilas) la représentait comme fille de Peiras, tandis qu'Eschyle et Kastor le chronologiste affirmaient qu'elle l'était d'Inachos, le premier roi (3).

Les aventures d'Iô furent un sujet favori aussi bien pour les anciens poètes généalogiques que pour les tragiques de l'Attique; Zeus devint amoureux d'elle pendant qu'elle était prêtresse d'Hèrè, dans l'ancien et fameux Hèræon, entre Mykênæ (Mycènes) et Tiryns. Quand Hèrè découvrit l'intrigue et la lui reprocha, il nia le fait et métamorphosa Iô en une vache blanche. Hèrè exigea que la vache lui fût livrée, et elle la plaça sous la garde d'Argos Panoptès; mais ce gardien fut tué par Hermès, sur l'ordre de Zeus; et alors Hèrè chassa la vache Iô de sa terre natale au moyen d'un taon qui la piquait sans cesse et qui la força à errer sans

---

(1) Apollod. *l. c.* La mention de Strymôn semble rattachée à Eschyle, Supp. 255.

(2) Acusil. Fragm. 22, éd. Didot ; Esch. Prometh. 568 ; Phérécyde, Fragm. 22, éd. Didot. Hésiod. Ægimias, Fragm. 2, p. 56, éd Düntzer : l'une des variétés de l'histoire était qu'Argos fut changé en paon (Schol. Aristoph.

Aves, 102). Macrobe (I, 19) considère Argos comme une expression allégorique du ciel étoilé ; idée que Panofska aussi soutient dans un des récents Abhandlungen de l'Académie de Berlin, 1837, p. 121 *sq.*

(3) Apollod. II, 1, 1 ; Pausan. II, 16, 1 ; Esch. Prom. V, 590-663.

repos ni nourriture à travers une étendue incommensurable de contrées étrangères. Iô, dans sa course vagabonde, donna son nom au golfe Ionien, traversa l'Épeiros et l'Illyris, passa la chaîne du mont Hæmos et les sommets élevés du Caucase, et franchit à la nage le Bosphore Thrace ou Cimmérien (qui tira ainsi son nom d'elle) pour passer en Asie. Alors elle traversa la Scythie, le pays des Cimmériens, et maintes régions asiatiques, jusqu'à ce qu'elle arrivât en Égypte, où Zeus enfin lui accorda le repos, la rendit à sa première forme, et la mit à même de donner le jour à son fils noir Epaphos (1).

Telle est l'esquisse générale des aventures que les anciens poëtes, épiques, lyriques et tragiques, et après eux les logographes, rattachent au nom de l'Argienne Iô, — l'un des nombreux contes que l'imagination des Grecs tira des dispositions amoureuses de Zeus et de la jalousie de Hèrê. Il semblera tout naturel que la scène fût placée sur le terri-

---

(1) Esch. Prom. V, 790-850; Apollod. II, 1. Eschyle dans sa tragédie « Supplices » donne des courses d'Iô une version différente de celle que nous trouvons dans son Promêtheus : dans le premier drame, il la fait passer à travers la Phrygia, la Mysia, la Lydia, la Pamphylia et la Kilikia jusqu'en Égypte (Supplic. 544-566) : il n'y est rien dit de Promêtheus, du Caucase, de la Scythie, etc.

Le chemin exposé dans les Suppliantes est ainsi intelligible sous le rapport géographique : celui qui est indiqué dans le Promêtheus (bien que le plus mentionné des deux) défie toute compréhension, même comme fiction logique : l'érudition des commentateurs n'a pas non plus réussi à l'éclaircir. V. Schutz, Excurs. IV, ad Prometh. Vinct, p. 144-149 ; Welcker, Æschylische Trilogie, p. 127-146, et particulièrement Voelcker, Mythische Geographie der Griech. und Roemer, part. 1, p. 3-13.

Les habitants grecs de Tarsos en Kilikia faisaient remonter leur origine à Argos : ils racontaient que Triptolemos avait été envoyé de cette ville à la recherche d'Iô errante, qu'il l'avait suivie jusqu'à Tyr, et qu'alors il y avait renoncé, désespérant du succès. Lui et ses compagnons s'établirent en partie à Tarsos, en partie à Antioche (Strabon, XIV, 673 ; XV, 750). C'est l'histoire de Kadmos et d'Europê renversée, comme il arrive si souvent dans les mythes grecs.

Homère appelle Hermês Ἀργειφόν-της ; mais cette épithète prouve à peine d'une manière suffisante qu'il connût le mythe d'Iô, comme le suppose Voelcker : on ne peut pas en retrouver la trace à une époque antérieure à Hésiode. Selon quelques auteurs, que Cicéron copie, ce fut à cause du meurtre d'Argos qu'Hermês fut obligé de quitter la Grèce et d'aller en Égypte : ce fut alors qu'on lui enseigna les lois et les lettres égyptiennes (de Natur. Deor. III, 22).

toire argien, si on se rappelle qu'Argos et Mykênæ étaient toutes deux sous la garde spéciale de Hêrê, et que le Hêræon, près de Mykênæ, était un des plus anciens et des plus célèbres temples où elle fût adorée. Il est inutile de comparer cette amusante fiction avec l'exposé que nous a rapporté Hérodote, et qu'il emprunta des antiquaires de la Phénicie aussi bien que de ceux de la Perse, des circonstances qui occasionnèrent le passage d'Iô d'Argos en Égypte, — événement qu'ils considéraient tous comme un fait historique positif. Selon les Perses, un vaisseau phénicien était arrivé au port voisin d'Argos, chargé de marchandises destinées à être vendues aux habitants du pays. Après que le vaisseau eut demeuré quelques jours et eut vendu la plus grande partie de sa cargaison, quelques femmes argiennes, et parmi elles Iô, la fille du roi, venant à bord pour acheter, furent saisies et emmenées par l'équipage, qui vendit Iô en Égypte(1). Les antiquaires phéniciens, tout en admettant qu'Iô avait quitté son propre pays en montant sur un de leurs vaisseaux, donnaient à l'ensemble une couleur différente en affirmant qu'elle émigrait volontairement, engagée dans une intrigue amoureuse avec le capitaine du vaisseau et craignant que ses parents ne vinssent à connaître sa grossesse. Les Perses et les Phéniciens racontaient également l'enlèvement d'Iô comme le premier d'une série d'actes semblables qui auraient eu lieu entre les Grecs et les Asiatiques, actes dont chacun était commis pour venger un acte analogue antérieur. D'abord eut lieu le rapt d'Europè, que des aventuriers grecs, — ou peut-être, comme le supposait Hérodote, des Krêtois, — enlevèrent de Phénicie; puis Médée emmenée de Kolchis (Colchide), par Jasôn, ce qui donna occasion à la représaille de Pâris, quand il séduisit Hélène, et l'enleva à Menelaos. Jusqu'à ce moment, le nombre des femmes ravies aux Asiatiques par des Grecs, et aux Grecs par des Asiatiques, avait été égal et le tort équivalent. Mais les Grecs alors jugèrent

---

(1) L'histoire racontée par Parthênius (Narrat. I) est fondée sur cette version des aventures d'Iô.

à propos de préparer, pour recouvrer Hélène, une vaste expédition composée de tous les Grecs réunis, dans le cours de laquelle ils prirent Troie et la saccagèrent. Les invasions de la Grèce par Darius et par Xerxès avaient pour but, d'après les antiquaires perses, la vengeance longtemps différée de l'injure faite aux Asiatiques par Agamemnon et ses alliés (1).

L'exposition ainsi faite des aventures d'Iô, mise en regard de la pure légende, est intéressante, en ce qu'elle contribue à jeter du jour sur le phénomène que l'ancienne histoire grecque nous offre constamment, — à savoir la manière dont les éléments épiques d'un passé inconnu sont refondus, revêtus de couleurs nouvelles, et subissent ces changements qui prennent place dans les sentiments rétrospectifs du temps actuel. Le caractère religieux et poétique de toute la légende disparaît : rien ne reste, excepté les noms des personnages et des lieux, et le voyage d'Argos en Égypte. Nous avons en échange un récit sérieux, presque historique, dont la valeur consiste à porter sur les grandes luttes contemporaines entre la Perse et la Grèce, qui remplissaient l'imagination d'Hérodote et de ses lecteurs.

Pour continuer la généalogie des rois d'Argos, Iasos eut pour successeur Krotôpos, fils de son frère Agênôr; Krotôpos fut remplacé par Sthenelaos, et celui-ci, à son tour, par Gelanôr (2). Pendant le règne de ce dernier, Danaos vint

---

(1) Hérodote, I, 1-6 ; Pausanias (II, 15) 1, ne veut pas pas prendre sur lui de déterminer si la relation donnée par Hérodote, ou celle de la vieille légende, concernant la cause qui emmena Iô d'Argos en Egypte, est la vraie : Ephore (ap. Schol. Apoll. Rhod. II, 168) répète le départ pour l'Egypte d'Iô enlevée par les Phéniciens, en y joignant une étrange raison de l'étymologie du nom du Bosphore. Les remarques de Plutarque sur le récit d'Hérodote sont curieuses : il donne comme une des preuves de la κακοήθεια (mauvais vouloir) d'Hérodote, la narration si déshonorante qu'il introduit dans son histoire au sujet d'Iô, fille d'Inachos, « qui, dans l'opinion de tous les Grecs, avait été divinisée par des étrangers, avait donné des noms à des mers et à des détroits, et était la source des plus illustres familles royales. » Il blâme aussi Hérodote de rejeter Epaphos, Iô, Iasos et Argos, comme les premiers membres de la généalogie des Persides. Il appelle Hérodote φιλοβάρβαρος (Plut. de Malign. Herodoti, c. 11, 12, 14, p. 856, 857).

(2) Il y aurait de la fatigue sans profit à énumérer les nombreuses et incon-

d'Égypte à Argos avec ses cinquante filles ; et ici nous trouvons une autre de ces aventures romanesques qui embellissent si agréablement la stérilité des généalogies mythiques. Danaos et Ægyptos étaient deux frères descendant d'Epaphos, fils d'Iô : Ægyptos avait cinquante fils, qui désiraient ardemment épouser les cinquante filles de Danaos, malgré l'extrême répugnance de celles-ci. Pour échapper à une telle nécessité, Danaos plaça ses cinquante filles à bord d'un penteconter (ou navire à cinquante rames), et chercha un refuge à Argos ; dans son voyage il toucha à l'île de Rhodes, où il érigea, à Lindos, une statue à Athênê, qui fut montrée longtemps comme souvenir de son passage. Ægyptos et ses fils les suivirent à Argos, et réitérèrent encore leur demande, à laquelle Danaos se trouva forcé de consentir; mais, la nuit des noces, il donna un poignard à chacune de ses filles, et leur ordonna d'assassiner leurs époux pendant l'heure du sommeil. Toutes obéirent à ses ordres, à l'exception de la seule Hypermnèstra, qui sauva son époux Lynkeus, encourant le déplaisir de son père et recevant de lui un châtiment. Cependant il lui pardonna plus tard; et lorsque, par suite de l'abdication volontaire de Gelanôr, il devint roi d'Argos, Lynkeus fut reconnu comme son gendre, et finit par lui succéder. Ses autres filles, après avoir été purifiées par Athênê et par Hermês, furent données en mariage aux vainqueurs proclamés publiquement dans un combat gymnique. De Danaos dériva le nom de Δαναοί, appliqué aux habitants du

---

ciliables différences qui se trouvent à chaque pas dans cette antique généalogie argienne. Si on veut les voir exposées ensemble, on peut consulter Schubart, Quæstiones in antiquitatem Heroicam, Marpurg. 1832, c. 1 et 2.

Les remarques que fait Schubart (p. 35) sur les Tables chronologiques de Petit-Radel seront approuvées de ceux qui suivent le fil non interrompu de contradictions, sans aucune raison suffisante pour croire que l'une d'elles mérite plus de foi que le reste qu'il a cité : — « Videant alii quomodo genealogias heroicas, et chronologiæ rationes, in concordiam redigant. Ipse abstineo, probe persuasus stemmata vera, historiæ fide comprobata, in systema chronologiæ redigi posse : at ore per sæcula tradita, a poetis reficta, sæpe mutata, prout fabula postulare videbatur, ab historiarum deinde conditoribus restituta, scilicet, brevi, qualia prostant stemmata — chronologiæ secundum annos distributæ vincula semper recusatura esse. »

territoire argien (1), et aux Grecs homériques en général.

De la légende des Danaïdes nous passons à deux noms de rois stériles pour l'histoire, Lynkeus et son fils Abas. Les deux fils d'Abas furent Akrisios et Prœtos, qui, après bien des querelles, se partagèrent le territoire argien : Akrisios régnant à Argos, et Prœtos à Tiryns (Tirynthe). Les familles de ces deux rois fournirent le sujet d'histoires romanesques. Pour ne pas parler présentement de la légende de Bellerophôn, ni de la passion que conçut pour lui l'épouse de Prœtos sans être payée de retour, les filles de Prœtos, nous dit-on, belles et demandées en mariage par des prétendants venus de toutes les parties de la Grèce, furent frappées de lèpre et de folie; elles erraient à travers tout le Péloponèse dans un costume inconvenant. Le châtiment les avait atteintes, selon Hésiode, pour avoir refusé de prendre part aux rites bachiques; selon Phérécyde et l'Argien Acusilas (2), pour avoir traité avec dédain la statue de bois et le simple accoutrement de Hêrê : le caractère religieux de la vieille légende se manifeste ici d'une manière remarquable.

Ne pouvant guérir ses filles, Prœtos invoqua le secours du célèbre prophète et médecin de Pylos, Mélampe, fils d'Amythaôn, qui se chargea de chasser la maladie, à condition de recevoir pour récompense le tiers du royaume. Prœtos, indigné, repoussa ces conditions; mais l'état de ses filles s'aggravant et devenant intolérable, il fut forcé de nouveau d'avoir recours à Mélampe, qui, à cette seconde requête, éleva ses prétentions encore plus haut, et demanda un autre

---

(1) Apollod. II, 1. Le drame des Suppliantes d'Eschyle est le premier d'une trilogie sur ce sujet des Danaïdes, — Ἱκετίδες, Αἰγύπτιοι, Δαναΐδες. Welcker, Griechisch. Tragoedien, vol. I, p. 48 ; les deux derniers sont perdus. Le vieux poëme épique appelé Danaïs ou Danaïdes, qui est mentionné dans la Tabula Iliaca comme contenant 5,000 vers, a péri, et, par malheur, il en est très-peu question. V. Düntzer, Epic. Fragm. p. 3 ; Welcker, Der Episch. Kyklus, p. 35.

(2) Apollod. l. c. Phéréc. ap. Schol. Hom. Odyss. XV, 225; Hésiode, Fragm. Marktsch. Fragm. 36, 37, 38. Ces Fragments appartiennent au Catalogue Hésiodique des Femmes : Apollodore semble faire allusion à quelque autre des nombreux poëmes hésiodiques. Diodore (IV, 68) donne la colère de Dionysos comme la cause de ce mal.

tiers du royaume pour son frère Bias. Ces conditions acceptées, il accomplit ce à quoi il s'était engagé par ce pacte. Il apaisa la colère de Hèrè par des prières et des sacrifices; ou, d'après une autre relation, il s'approcha de ces femmes, dont l'esprit était égaré, à la tête d'une troupe de jeunes gens, avec des cris et une danse extatiques, cérémonies propres au culte bachique de Dionysos, et de cette manière il opéra leur guérison. Mélampe, nom célébré dans beaucoup de mythes grecs différents, est le fondateur et le premier auteur légendaire d'une grande famille de prophètes qui se continua longtemps. Lui et son frère Bias devinrent rois de parties séparées du territoire argien; il est reconnu comme maître de cette contrée même dans l'Odyssée, et le prophète Theoklymenos, son petit-fils, est protégé et mené à Ithaque par Telemachos (1). Hérodote aussi fait allusion à la guérison des femmes et au double royaume de Mélampe et de Bias dans la terre argienne; il reconnaît Mélampe comme le premier qui ait fait connaître aux Grecs le nom et le culte de Dionysos, avec ses sacrifices particuliers et ses processions phalliques. Ici encore il transforme en faits historiques différents traits de la vieille légende d'une manière qui mérite d'être remarquée (2).

Mais Danaê, fille d'Akrisios, avec son fils Perseus, acquit une célébrité plus grande encore que ses cousines les Prœtides. Un oracle avait appris à Akrisios que sa fille donnerait le jour à un fils par la main duquel il serait tué lui-même. Pour se garantir de ce danger, il emprisonna Danaê dans une chambre d'airain souterraine; mais le Dieu Zeus était devenu épris d'elle, et il trouva moyen de descendre à travers le toit sous la forme d'une pluie d'or. La conséquence

---

(1) Odyss. XV, 240-256.
(2) Hérod. IX, 34; II, 49 : Cf. Pausanias, II, 18, 4. Au lieu des Prœtides ou filles de Prœtos, ce sont les femmes argiennes en général qu'il représente comme ayant été guéries par Mélampe, et les Argiens en général qui envoient à Pylos invoquer son secours :

la personnalité héroïque qui domine dans la primitive histoire a disparu.

Callimaque mentionne les vierges Prœtides comme étant les personnes frappées de folie; mais il attribue la guérison à l'influence d'Artemis (Hymn. ad Dianam, 235).

de ses visites fut la naissance de Perseus. Quand Akrisios découvrit que sa fille avait mis au monde un fils, il enferma la mère et l'enfant dans un coffre qu'il lança dans la mer (1). Le coffre fut porté jusqu'à l'île de Sériphos, où Diktys, frère du roi Polydektès, le repêcha et sauva à la fois Danaê et Perseus. Les exploits par lesquels Perseus, devenu grand, se distingua contre les trois Phorkydes ou filles de Phorkys, et les trois Gorgones, sont au nombre des plus merveilleux de toute la légende grecque, et de ceux où l'imagination s'est le plus donné carrière : ils ont un cachet presque oriental. Je ne répéterai pas ici les détails de ces dangers sans pareils dont la faveur spéciale d'Athênê le mit à même de triompher, et qu'il vit finir en emportant de Lydie l'épouvantable tête de la Gorgone Medousa, douée de la propriété de changer en pierre quiconque la regardait. A son retour, il délivra Andromedê, fille de Kêpheus, qui avait été exposée pour être dévorée par un monstre marin, et la ramena comme épouse. Akrisios redouta de le voir après cette expédition victorieuse, et se retira en Thessalia pour l'éviter; mais Perseus l'y suivit, et, ayant réussi à calmer ses craintes, il devint concurrent dans un combat gymnique où son grand-père se trouvait parmi les spectateurs. En balançant son disque sans précaution, il frappa involontairement Akrisios et causa sa mort : et ainsi furent accomplies à la fin les prédictions de l'oracle. Bourrelé de remords à la suite de cette catastrophe, et ne voulant pas retourner à Argos, où avait régné Akrisios, Perseus fit un échange avec Megapenthês, fils de Prœtos, roi de Tiryns. Megapenthês devint roi d'Argos, et Perseus de Tiryns; de plus, ce dernier fonda à environ quatre lieues d'Argos la cité de Mykênæ, renommée au loin. Les murailles massives de cette ville, comme celles de Tiryns, dont une grande partie subsiste encore, furent bâties pour lui par les Cyclôpes lykiens (2).

---

(1) Le beau fragment de Simonide (Fragm. VII, éd. Gaisford, Poet. Min.), décrivant Danaê et son fils ainsi exposés, est familier à tout lecteur classique.
(2) Pausan. II, 15, 4; II, 16, 5. Apollod. II, 2. Phéréc. Fragm. 26, Dind.

Ici nous arrivons au commencement de la dynastie perside de Mykênæ. On doit ne pas oublier cependant qu'il y avait parmi les anciennes légendes des récits contradictoires sur la fondation de cette ville. L'Odyssée et les grandes Eoiai énuméraient également, parmi les héroïnes, Mykênê, l'Eponyme de cette cité. Le premier poëme la met dans la même catégorie que Tyrô et Alkmênê, le second la représente comme la fille d'Inachos et l'épouse d'Arestôr. Et Acusilas mentionnait un Eponyme Mykêneus, fils de Spartôn et petit-fils de Phorôneus (1).

La famille prophétique de Mélampe se maintint dans l'une des trois parties du royaume argien divisé pendant cinq générations, jusqu'à Amphiaraos et ses fils Alkmæôn et Amphilochos. La dynastie de son frère Bias et celle de Megapenthès, fils de Prætos, durèrent chacune pendant quatre générations : une liste de noms stériles pour l'histoire remplit l'intervalle (2). Les Persides de Mykênæ se vantaient d'une lignée longue et glorieuse, héroïque aussi bien qu'historique, se perpétuant jusqu'aux derniers rois de Sparte (3). La postérité de Perseus fut nombreuse : son fils Alkæos fut père d'Amphitryôn ; un autre de ses fils, Elektryôn fut père d'Alkmênê (4) ; un troisième, Sthenelos, père d'Eurysthenês.

Après la mort de Perseus, Alkæos et Amphitryôn habitèrent Tiryns. Ce dernier fut engagé dans une querelle avec Elek-

---

(1) Odyss. II, 120. Hésiod. Fragm. 154. Marktscheff.— Acusil. Fragm. 16. Pausan. II, 16, 4. Hécatée fait dériver le nom de la ville du μύχης de l'épée de Perseus (Fragm. 360, Dind.). Le schol. ad. Eurip. Orest. 1247, mentionne Mykêneus comme fils de Spartôn, mais comme petit-fils de Phêgeus, le frère de Phorôneus.

(2) Pausan. II, 18, 4.

(3) Hérod. VI, 53.

(4) Dans le Bouclier hésiodique d'Hêraklês, Alkmênê est distinctement mentionnée comme fille d'Elektryôn : le poëte généalogiste Asius l'appelait fille d'Amphiaraos et d'Eriphyle (Asii Fragm. 4, éd. Markt. p. 412). La date d'Asius ne peut être fixée d'une manière précise ; mais on peut vraisemblablement la placer entre la trentième et la quarantième Olympiade.

Asius doit avoir adopté une légende entièrement différente concernant la naissance d'Alkmênê, et les circonstances qui la précèdent, parmi lesquelles les morts de son père et de ses frères ont une grande influence. Il ne pouvait pas non plus avoir accepté la chronologie admise pour le siége de Thêbes et celui de Troie.

tryôn au sujet de bétail, et dans un accès de colère il le tua (1). De plus, les Taphiens, adonnés à la piraterie, venant de la côte occidentale de l'Akarnania, envahirent le pays et tuèrent les fils d'Elektryôn, de sorte que Alkmênê resta la seule de cette famille. Elle devait épouser Amphitryôn; mais elle lui fit jurer de ne pas consommer le mariage jusqu'à ce qu'il eût vengé sur les Teleboens la mort des frères de sa fiancée. Amphitryôn, contraint de fuir le pays comme meurtrier de son oncle, chercha un refuge à Thèbes, où Alkmênê l'accompagna. Sthenelos fut laissé en possession de Tiryns. Les Kadméens de Thèbes, en même temps que les Lokriens et les Phokiens, fournirent à Amphitryôn des troupes qu'il conduisit contre les Teleboens et les Taphiens (2). Cependant, il n'aurait pu les soumettre sans l'aide de Komæthô, fille de Pterelaos, roi des Taphiens, qui, devenue éprise de lui, coupa sur la tête de son père la boucle d'or à laquelle Poseidôn avait attaché le don de l'immortalité (3). Après avoir vaincu et chassé ses ennemis, Amphitryôn retourna à Thèbes, impatient de consommer son mariage; mais Zeus, la nuit des noces, prit sa figure et visita Alkmênê avant lui : il avait résolu d'avoir d'elle un fils supérieur à tous les enfants qu'il avait eus auparavant, « un spécimen de force invincible et pour les dieux et pour les hommes (4). » Au temps voulu, Alkmênê accoucha de deux fils jumeaux : Hêraklês, né de Zeus; Iphiklês, l'enfant inférieur et peu honoré, né d'Amphitryôn (5).

Quand Alkmênê fut sur le point d'être délivrée à Thèbes, Zeus se vanta publiquement dans l'assemblée des dieux, à

---

(1) Ainsi le raconte la vieille légende dans le Bouclier Hésiodique d'Hêraklês (12-82). Apollodore (ou Phérécyde, qu'il suit) l'adoucit, et représente la mort d'Elektryôn comme causée accidentellement par Amphitryôn (Apollod. II, 4, 6. Phérécyde, Fragm. 27, Dind.).

(2) Hésiode, Scut. Herc. 24. Théocrite, Idyll. XXIV, 4. Teleboas, l'Eponyme de ce peuple de maraudeurs était fils de Poseidôn (Anaximandre, ap. Athenæ. XI, p. 498.

(3) Apollod. II, 4, 7. Cf. la fable de Nisos à Megara, *infra*, chap. 12.

(4) Hésiode, Scut. Herc. 29. Ὄφρα θεοῖσιν
Ἀνδράσι τ'ἀλφηστῇσιν ἀρῆς ἀλκτῆρα
[φυτεύσῃ.

(5) Hés. Sc. H. 50-56.

l'instigation de la malfaisante Atê, qu'en ce jour sur la terre devait naître de sa race un fils destiné à régner sur tous ses voisins. Hèrè traita ce mot de vaine forfanterie, le défiant d'assurer, en se liant par un serment irrémissible, que la prédiction se réaliserait : Zeus imprudemment engagea sa parole solennelle ; sur quoi Hèrè s'élança rapidement de l'Olympe vers Argos l'Achæenne, où l'épouse de Sthenelos (fils de Perseus, et par conséquent petit-fils de Zeus) était déjà grosse de sept mois. Avec l'aide des Eileithiyæ, déesses présidant spécialement à l'enfantement, elle fit naître avant terme Eurystheus, fils de Sthenelos, ce jour-là même, pendant qu'elle retardait la délivrance d'Alkmènè. Alors retournant dans l'Olympe, elle annonça le fait à Zeus : « Le brave Eurystheus, fils du Perside Sthenelos, est en ce jour né de ses reins ; le sceptre des Argiens lui appartient de droit. » Zeus fut atterré de la chose à l'accomplissement de laquelle il s'était imprudemment engagé. Il saisit Atê, sa perfide conseillère, par les cheveux, et la jeta pour toujours hors de l'Olympe ; mais il n'eut pas le pouvoir d'empêcher la suprématie d'Eurystheus et l'asservissement d'Hèraklès. « Il eut à gémir plus d'une fois, quand il vit son fils favori exécutant son dégradant travail dans les tâches que lui imposait Eurystheus (1). »

Cette légende, d'une antiquité incontestable, transcrite ici de l'Iliade, est une des plus fécondes et des plus caractéristiques de la mythologie grecque. Elle explique, d'après les idées religieuses familières aux vieux poëtes épiques, les attributs distinctifs, ainsi que les travaux et les souffrances sans fin d'Hèraklès, le plus renommé et le plus doué d'ubiquité de tous les demi-dieux adorés par les Hellènes, être d'une force irrésistible, et aimé particulièrement de Zèus, condamné cependant à travailler sans cesse pour d'autres et à obéir aux ordres d'un indigne et lâche persécuteur. La ré-

---

(1) Homère, Iliad. XIX, 90-133, et VIII, 361 : —
Τὴν αἰεὶ στενάσχεχ', ὅθ'ἑὸν φίλον υἱὸν
[ὁρῷτο
Ἔργον ἀεικὲς ἔχοντα, ὑπ Ἐὐρυσθῆος
[ἀέθλων.

compense lui est réservée à la fin de sa carrière, quand ses pénibles épreuves sont terminées : alors, admis au rang des dieux, il reçoit Hèbè en mariage (1). Ses douze travaux, comme on les appelle, trop connus pour être détaillés ici, ne forment qu'une très-petite partie des exploits de cet être puissant, qui remplissaient les épopées hèrakléennes des anciens poëtes. On le trouve non-seulement dans la plus grande partie des contrées de la Hellas, mais encore dans tous les autres pays connus alors des Grecs, de Gadès au fleuve Thermôdôn qui se jette dans l'Euxin et jusqu'en Scythie, surmontant toutes les difficultés et triomphant de tous ses antagonistes. On peut retrouver partout des familles distinguées portant son nom patronymique, et se glorifiant dans la pensée de descendre de lui. Hèraklès est un objet de vénération pour les Achæens, les Kadméens et les Dôriens : ceux-ci particulièrement le traitent comme leur principal héros, — le dieu-héros patron de la race. Les Hèraklides forment parmi tous les Dôriens une race privilégiée, qui comprenait à Sparte la famille spéciale des deux rois.

Son caractère se prête à des mythes innombrables autant que différant dans leurs traits. La force irrésistible persiste invariablement, mais elle est parfois employée avec une violence insouciante contre des amis aussi bien que contre des ennemis, parfois vouée au soulagement des oppressés. Les écrivains comiques le représentent souvent comme un glouton grossier et stupide, tandis que Prodikos le philosophe de Céos, sans défigurer en rien le type, en tira le simple, touchant et impérissable apologue connu encore sous le nom de Choix d'Hercule.

Après la mort et l'apothéose d'Hèraklès, son fils Hyllos et ses autres enfants furent chassés et persécutés par Eurystheus : la crainte de sa vengeance empêcha Kèyx, roi de Trachin et les Thèbains de les accueillir. Les Athéniens furent assez généreux pour braver le danger qu'ils couraient

---

(1) Hésiode, Théog. 951, τελέσας στονόεντας ἀέθλους. Hom. Odyss. XI, 620; Hésiod. Eœ, Frag. 24, Düntzer, p. 36, πονηρότατον καὶ ἄριστον.

en leur offrant un asile. Eurystheus envahit l'Attique, mais dans cette tentative il périt de la main d'Hyllos, ou de celle d'Iolaos, le vieux compagnon et le neveu d'Hèraklès (1). Le courage chevaleresque que les Athéniens avaient déployé dans cette occasion pour défendre l'innocence opprimée fut dans la suite un sujet favori d'éloge pour les poëtes et les orateurs athéniens.

Tous les fils d'Eurystheus perdirent la vie en même temps que lui dans la bataille, de sorte que la famille des Persides ne fut plus alors représentée que par les Hèraklides, qui, rassemblant une armée, s'efforcèrent de recouvrer les possessions dont ils avaient été chassés. Au moment où les forces réunies des Ioniens, des Achæens et des Arcadiens, habitant alors le Péloponèse, rencontrèrent les envahisseurs à l'isthme, Hyllos, l'aîné des fils d'Hèraklès, proposa de décider la querelle par un combat singulier entre lui et un champion quelconque de l'armée ennemie. On convint que si Hyllos était victorieux, les Hèraklides seraient rétablis dans leurs possessions, mais que s'il était vaincu, ils renonceraient à toutes leurs prétentions pour un intervalle de cent ou de cinquante ans, ou pendant trois générations, — car on n'est pas d'accord sur la durée du temps. — Echemos, le héros de Tegea en Arcadia, accepta le défi, et Hyllos fut tué dans la rencontre; en conséquence, les Hèraklides se retirèrent, et demeurèrent en compagnie avec les Dôriens sous la protection d'Ægimios, fils de Dôros (2). Aussitôt que le terme stipulé pour la trêve fut expiré, ils renouvelèrent leur tentative sur le Péloponèse, conjointement avec les Dôriens, et eurent un succès complet. Les grands établissements dôriens d'Argos, de Sparte et de Messênia en furent le résultat. Les détails de cette invasion victorieuse seront rapportés plus loin.

Sikyôn, Phlios, Epidauros et Trœzen (3) se vantaient

---

(1) Apoll. II, 8, 1; Hecatæ. ap. Longin. c. 27; Diod. IV, 57.
(2) Hérod. IX, 26; Diod. IV, 58.
(3) Pausan. II, 5, 5; 12, 5; 26, 3. Ses récits font voir combien la prédominance d'un puissant voisin comme Argos tendait à altérer les généalogies de ces cités inférieures.

toutes d'éponymes renommés et d'une généalogie d'une longueur respectable, non exempte des contradictions ordinaires; mais ils avaient tout autant de droits à avoir une place sur les tablettes de l'histoire que les Æolides ou les Hèraklides plus renommés. Je les omets ici, parce que je désire graver dans l'esprit du lecteur les traits saillants et le caractère du monde légendaire, et non charger sa mémoire d'une liste complète de noms légendaires.

CHAPITRE V

DEUKALIÔN, HELLÊN ET LES FILS D'HELLÊN

Deukaliôn, fils de Promêtheus. — Phthiôtis : sa place permanente. — Déluge général. — Deukaliôn et Pyrrha sauvés. — La Grèce entière a foi en ce déluge. — Hellên et Amphiktyôn. — Fils d'Hellên : Dôros, Xuthos, Æolos. — Assemblée amphiktyonique. — Solennités et jeux communs. — Division de la Hellas ; Æoliens, Dôriens, Ioniens. — Vaste étendue de la Dôris supposée dans cette généalogie.—Cette forme de la légende s'accorde avec les grands établissements des Dôriens historiques — Achæos. — Dessein auquel son nom sert dans la légende. — Différences généalogiques.

Dans la Théogonie hésiodique, aussi bien que dans le poëme «les Travaux et les Jours», la légende de Promêtheus et d'Epimêtheus offre une signification religieuse, morale et sociale, et c'est dans ce sens qu'elle est présentée par Eschyle; mais aucune fonction généalogique quelconque n'est attribuée ni à l'un ni à l'autre de ces personnages. Le Catalogue hésiodique des Femmes les plaçait tous deux dans le courant de la famille légendaire grecque, en représentant Deukaliôn comme le fils de Promêtheus et de Pandôra, et vraisemblablement son épouse Pyrrha comme la fille d'Epimêtheus (1).

Deukaliôn est important dans le récit mythique grec à un double point de vue. D'abord, c'est l'homme qui a été spécialement sauvé à l'époque du déluge général; en second

---

(1) Schol. ad Apollon. Rhod. III, 1085. D'autres récits de la généalogie de Deukaliôn sont donnés dans les Schol. ad Homer. Odyss. X, 2, sur l'autorité et d'Hésiode et d'Acusilas.

lieu, il est le père d'Hellèn, le grand éponyme de la race hellénique ; du moins, telle est l'histoire qui avait le plus cours, bien qu'il y eût d'autres récits qui faisaient d'Hellèn le fils de Zeus.

Le nom de Deukaliôn est originairement rattaché aux villes lokriennes de Kynos et d'Opos, et à la race des Léléges, mais il paraît finalement comme fixé en Thessalia, et régnant sur la partie de cette contrée appelée Phthiôtis (1). D'après ce qui semble avoir été l'ancien récit légendaire, c'est le déluge qui le transporta d'un pays dans l'autre ; mais d'après une autre relation, composée dans des temps plus disposés à transformer la légende en histoire, il conduisit un corps de Kurètes et de Léléges en Thessalia, et chassa les Pélasges, les premiers occupants (2).

Les iniquités horribles dont la terre était souillée, — comme le dit Apollodore, par la race d'airain existant alors, ou, selon d'autres, par les cinquante fils monstrueux de Lykaôn, — engagèrent Zeus à envoyer un déluge général (3).

---

1) Catal. Hésiod. Frag. XI ; Gaisf. LXX. Duntzer : —

Ἤτοι γὰρ Λοκρὸς Λελέγων ἡγήσατο
[λαῶν
Τού; ῥά ποτε Κρονίδης Ζεὺς, ἄφθιτα
[μήδεα εἰδὼς,
Λεκτοὺς ἐκ γαίης λάας πόρε Δευκα-
[λίωνι.

La descendance censée de Deukaliôn se continua à Phthie jusqu'au temps de Dicéarque, si nous pouvons en juger par le vieux Phérécrate de Phthie, qu'il introduisit dans un de ses dialogues comme interlocuteur, et qu'il déclara expressément descendre de Deukaliôn (Cicéron, Tuscul. Disp. I, 10).

(2) La dernière relation est donnée par Denys d'Halic. I, 17 ; la première semble due à Hellanicus, qui assurait qu'après le déluge l'arche s'arrêta sur le mont Othrys, et non sur le mont Parnassos (Schol. Pind. ut sup.), le premier convenant mieux pour un établissement en Thessalia.

Pyrrha est l'héroïne éponyme de Pyrrhæa ou Pyrrha, le nom ancien d'une partie de la Thessalia (Rhianus, Frag. 18, p. 71., éd. Duntzer).

Hellanicus avait écrit un ouvrage aujourd'hui perdu, intitulé Δευκαλιώνεια ; tous les fragments qui en sont cités se rapportent à des lieux situés en Thessalia, en Lokris et en Phokis. V. Preller, ad Hellanicum, p. 12 (Doerpt. 1840). Probablement Hellanicus est la principale source de la position importante qu'occupe Deukaliôn dans la légende grecque. Thrasybule et Acestodore représentaient Deukaliôn comme ayant fondé l'oracle de Dôdônê, immédiatement après le déluge (Etym. Mag. v. Δωδωναῖος).

(3) Apollodore rattache ce déluge à la méchanceté de la race d'airain dans Hésiode, suivant l'habitude générale des logographes de lier ensemble une suite de légendes qui n'ont absolument aucune connexion entre elles (I, 7, 2).

Une pluie incessante et terrible couvrit d'eau toute la Grèce, excepté les sommets les plus hauts, où un petit nombre d'hommes qui y erraient trouvèrent refuge. Deukaliôn fut sauvé dans un coffre ou une arche, que son père Promêtheus l'avait invité d'avance à construire. Après avoir flotté pendant neuf jours sur l'eau, il aborda enfin sur le sommet du mont Parnassos. Zeus lui ayant envoyé Hermês pour lui promettre de satisfaire toutes ses demandes, il souhaita que des hommes lui fussent envoyés pour peupler sa solitude : en conséquence, Zeus lui ordonna, ainsi qu'à Pyrrha, de jeter des pierres au-dessus de leurs têtes : celles que lança Pyrrha devinrent des femmes ; celles que lança Deukaliôn, des hommes. Et c'est ainsi que la « race de pierre » (si on nous permet de traduire une étymologie que la langue grecque offre exactement, et que n'ont dédaignée ni Hésiode, ni Pindare, ni Épicharme, ni Virgile) vint à occuper le sol de la Grèce (1). Deukaliôn, en sortant de l'arche, offrit, dans sa reconnaissance, un sacrifice à Zeus Phyxios, ou dieu protecteur de la fuite ; il érigea aussi, en Thessalia, des autels aux douze grands dieux de l'Olympe (2).

On crut fermement à la réalité de ce déluge durant tous les temps historiques de la Grèce ; les chronologistes, calculant par généalogies, lui donnaient une date précise, et le plaçaient à la même époque que la conflagration du monde causée par la témérité de Phaëtôn, pendant le règne de Krotôpas, roi d'Argos, le septième depuis Inachos (3). Aristote,

---

(1) Hésiode, Frag. 135, éd. Markts. ap. Strabo. VII, p. 322, où le mot λάας, proposé par Heyne comme la leçon du texte inintelligible, me paraît préférable à toutes les autres conjectures. Pind. Olymp. IX, 47. Ἄτερ δ' Εὐνᾶς ὁμόδαμον Κτησάσθαν λίθινον γόνον · Λαοὶ δ'ὠνόμασθεν. Virgile, Georg. I, 63. « Unde homines nati, durum genus. » Epicharm. ap. Schol. Pind. Olymp. IX, 56 ; Hygin. f. 153. Philochore conservait l'étymologie, bien que, pour l'expliquer, il donnât une fable totalement différente, sans aucun lien avec Deukaliôn ; preuve curieuse du plaisir qu'y trouvait l'imagination des Grecs (V. Schol. ad. Pind. l. c. 68).

(2) Apollod. I, 7, 2. Hellanic. Fr g. 15, Didot. Hellanicus affirmait que l'arche s'arrêta sur le mont Othrys, non sur le mont Parnassos (Fragm. 16. Didot). Servius (ad Virgil. Eclog. VI, 41) la plaçait sur le mont Athos, Hyginus (f. 153), sur le mont Ætna.

(3) Tatien adv. Græc. c. 60, adopté et par Clément et par Eusèbe. Les mar-

dans son « Traité de Météorologie », raisonne sur ce déluge comme si c'était un fait incontestable; il l'admet à ce titre, bien qu'il change le lieu de la scène, en le plaçant à l'ouest du Pindos, près de Dôdônê et du fleuve Achelôos (1). Il le traite en même temps comme un phénomène physique, résultat de révolutions périodiques dans l'atmosphère, — abandonnant ainsi le caractère religieux de la vieille légende, qui le représentait comme un châtiment infligé par Zeus à une race méchante. Des récits fondés sur cet événement circulèrent dans toute la Grèce, même à une époque très-récente. Les Mégariens affirmaient que Megaros, leur héros, fils de Zeus et d'une nymphe du lieu, avait échappé aux eaux sur le sommet élevé de leur montagne Geraneia, qui n'avait pas été complétement submergée. Et dans le magnifique temple de Zeus Olympien, à Athènes, on montrait dans la terre un trou par lequel on assurait que s'étaient retirées les eaux du déluge. Même à l'époque de Pausanias, les prêtres versaient dans ce trou des offrandes sacrées de farine et de miel (2). Là, comme dans d'autres parties de la Grèce, l'idée du déluge de Deukaliôn se confondait avec les impressions religieuses du peuple, et était rappelée par leurs cérémonies sacrées.

Deukaliôn et Pyrrha eurent deux fils : Hellên et Amphiktyôn, et une fille Prôtogeneia, qui eut de Zeus un fils nommé

---

bres de Paros plaçaient ce déluge sous le règne de Kranaos, à Athènes, 752 ans avant la première Olympiade dont il soit fait mention, et 1528 ans avant l'ère chrétienne; Apollodore aussi le place sous le règne de Kranaos, et sous celui de Nyctimos en Arcadia (III, 8, 2; 14, 5).

Le déluge et l'*ekpyrosis* ou conflagration sont aussi rattachés l'un à l'autre dans Servius ad Virg. Bucol. VI, 41 : il les condense en une « mutationem temporum. »

(1) Arist. Météorol. I, 14. Justin enlève à la fable son caractère surnaturel en nous disant que Deukaliôn, étant roi de Thessalia, donna asile et protection aux hommes qui avaient échappé au déluge (II, 6, 11).

(2) Pausan; I, 18, 7; 40, 1. Selon les marbres de Paros (s. 5), Deukaliôn était venu à Athènes après le déluge, et y avait fondé lui-même le temple de Zeus Olympien. L'étymologie que donne Voelcker des noms de Deukaliôn et de Pyrrha, en les allégorisant, dans son ingénieuse Mythologie des Iapetischen Geschlechts (Giessen, 1824), ne me paraît nullement convaincante.

Aëthlios ; cependant beaucoup d'auteurs soutenaient qu'Hellên était fils de Zeus, et non de Deukaliôn. Hellên eut d'une nymphe trois fils : Dôros, Xuthos et Æolos. Il donna, à ceux qui auparavant avaient été appelés Grecs (1), le nom d'Hellènes, et partagea son territoire entre ses trois enfants. Æolos régna en Thessalia ; Xuthos reçut le Péloponèse, et eut de Kreüsa pour fils, Achæos et Iôn ; tandis que Dôros occupa le pays placé en face du Péloponèse, sur le côté septentrional du golfe de Corinthe. D'après les noms de ces trois personnages, les habitants de leurs contrées respectives furent appelés Æoliens, Achæens, Ioniens et Dôriens (2).

Voilà la généalogie telle que nous la trouvons dans Apollodore. Pour ce qui est des noms et des filiations, il y a bien des points dans cette généalogie qui sont donnés différemment, ou implicitement contredits, par Euripide et d'autres écrivains. Bien que, comme histoire littérale et personnelle, elle ne mérite pas d'être remarquée, sa portée est à la fois intelligible et compréhensive. Elle explique et symbolise la première réunion fraternelle des hommes helléniques, en même temps que leur distribution territoriale et les institutions qu'ils vénéraient collectivement.

Toutes les sections des Grecs avaient en commun deux grands centres d'union. L'un était l'assemblée amphiktyonique, qui se réunissait semi-annuellement, alternativement à Delphes et aux Thermopylæ ; dans l'origine, spécialement pour des projets religieux communs, mais indirectement, et par occasion, embrassant en même temps des objets politiques et sociaux. L'autre était les fêtes ou jeux publics, parmi lesquels les jeux Olympiques étaient les premiers en importance ; ensuite les jeux

---

(1) Telle est l'assertion d'Apollodore (I, 7, 3) ; mais je ne puis me décider à croire que le nom Γραῖκοί (Grecs) soit quelque peu ancien dans la légende, ou que le passage d'Hésiode, dans lequel Græcus et Latinus sont supposés être mentionnés, soit authentique.

V. Hésiod. Théog. 1013, et Catalog. Fragm. 29, éd. Goettling, avec la note de Goettling ; de plus, Wachsmuth, Hellen. Alterth. I, 1, p. 311, et Bernhardy, Griech. literat. vol. I, p. 167.

(2) Apollod. I, 7, 4.

Pythiens, les Néméens et les Isthmiques, — institutions qui combinaient des solennités religieuses avec une effusion récréative et de cordiales sympathies d'une manière si imposante et si incomparable. Amphiktyôn représente la première de ces institutions, et Aëthlios la seconde. Comme l'assemblée amphiktyonique se rattachait toujours spécialement aux Thermopylæ et à la Thessalia, on fait d'Amphiktyôn le fils du Thessalien Deukaliôn; mais, comme la fête olympique ne se rattache nullement par la place à Deukaliôn, Aëthlios est représenté comme ayant Zeus pour père, et comme ne touchant Deukaliôn que par la ligne maternelle. On verra bientôt que la seule chose affirmée concernant Aëthlios, c'est qu'il s'établit dans le territoire d'Élis, et engendra Endymiôn : ceci le met en contact local avec les jeux Olympiques, et sa fonction est alors finie.

Après avoir ainsi trouvé la Hellas formant un agrégat avec les forces principales qui en faisaient le lien, nous arrivons à sa subdivision en parties, opérée par Æolos, Dôros et Xuthos, les trois fils d'Hellên (1), distribution qui est loin d'épuiser le sujet : cependant les généalogistes que suit Apollodore ne reconnaissent pas plus de trois fils.

La généalogie est essentiellement postérieure à Homère; car Homère ne connaît la Hellas et les Hellènes qu'en rapport avec une portion de la Phthiôtis Achæenne. Mais comme elle est reconnue dans le Catalogue hésiodique (2), —

---

(1) Ce qui peut prouver combien d'une manière littérale et implicite même les Grecs les plus capables croyaient à ces personnages éponymes, tels que Hellên et Iôn, comme étant les auteurs réels des races appelées de leurs noms, c'est qu'Aristote donne cette descendance commune comme la définition de γένος (Métaph. IV, p. 118, Brandis) : —

Γένος λέγεται, τὸ μὲν... τὸ δὲ, ἀφ' οὗ ἂν ὦσι πρώτου κινήσαντος εἰς τὸ εἶναι. Οὕτω γὰρ λέγονται οἱ μὲν, Ἕλληνες τὸ γένος, οἱ δὲ, Ἴωνες· τῷ, οἱ μὲν ἀπὸ Ἕλ-ληνος, οἱ δὲ ἀπὸ Ἴωνος, εἶναι πρώτου γεννήσαντος.

(2) Hésiode, Fragm. 8, p. 278, éd. Marktsch : —

Ἕλληνος δ' ἐγένοντο θεμιστόπολοι βα-
[σιλῆες
Δῶρός τε, Ξοῦθός τε, καὶ Αἴωλος ἱπ-
[πιοχάρμης.
Αἰολίδαι δ' ἐγένοντο θεμιστόπολοι βα-
[σιλῆες
Κρηθεὺς ἠδ' Ἀθάμας καὶ Σίσυφος αἰο-
[λομήτης
Σαλμωνεύς τ' ἄδικος καὶ ὑπέρθυμος
[Περιήρης.

composé probablement pendant le premier siècle après le commencement des Olympiades mentionnées dans l'histoire, ou 676 ans avant J.-C., — les particularités qu'elle renferme, datant d'une époque aussi ancienne, méritent beaucoup d'attention. Nous pouvons remarquer d'abord qu'elle semble nous présenter Dôros et Æolos comme la seule lignée pure et véritable d'Hellên. Car leur frère Xuthos n'est pas marqué comme éponyme; il ne fonde et ne nomme aucun peuple; ce sont seulement ses fils Achæos et Iôn, après que son sang a été mêlé avec celui de l'Érechthide Kreüsa, qui deviennent éponymes et fondateurs, chacun de son peuple séparé. Ensuite, quant à la distribution territoriale, Xuthos reçoit le Péloponèse de son père, et se rattache lui-même à l'Attique (qui, à ce qu'il semble, paraissait à l'auteur de la généalogie n'avoir aucun lien avec Hellên) par son mariage avec la fille du héros indigène Érechtheus. Les enfants issus de ce mariage, Achæos et Iôn, nous présentent la population du Péloponèse et celle de l'Attique ensemble comme rattachées entre elles par le lien de la fraternité, mais étant plus éloignées d'un degré et des Dôriens et des Æoliens. Æolos règne sur les contrées voisines de la Thessalia, et donne au peuple de ces parages le nom d'Æoliens; tandis que Dôros occupe « la contrée située en face du Péloponèse, sur le côté opposé du golfe de Corinthe, » et appelle les habitants Dôriens, de son nom (1). On voit tout de suite que cette désignation ne peut, en aucune façon, s'appliquer au district restreint placé entre le Parnassos et l'Œta, qui seul est connu sous le nom de Dôris, ainsi que ses habitants sous celui de Dôriens, dans

---

(1) Apollod. I, 7, 3. Ἕλληνος δὲ καὶ Νύμφης Ὀρσηΐδος (?), Δῶρος, Ξοῦθος, Αἴολος. Αὐτὸς μὲν οὖν ἀφ' αὑτοῦ τοὺς καλουμένους Γραϊκοὺς προσηγόρευσεν Ἕλληνας, τοῖς δὲ παισὶν ἐμέρισε τὴν χώραν. Καὶ Ξοῦθος μὲν λαβὼν τὴν Πελοπόννησον, ἐκ Κρεούσης τῆς Ἐρεχθέως Ἀχαιὸν ἐγέννησε καὶ Ἴωνα, ἀφ' ὧν Ἀχαιοὶ καὶ Ἴωνες καλοῦνται. Δῶρος δὲ, τὴν πέραν χώραν Πελοποννήσου λαβών, τοὺς κατοίκους ἀφ' ἑαυτοῦ Δωριεῖς ἐκάλεσεν. Αἴολος δὲ, βασιλεύων τῶν περὶ Θετταλίαν τόπων, τοὺς ἐνοικοῦντας Αἰολεῖς προσηγόρευσε.

Strabon (VIII, p. 383) et Conon (Nar. 27), qui, évidemment, copient d'après la même source, représentent Dôros comme allant s'établir dans le territoire particulièrement connu sous le nom de Dôris.

les âges historiques. Dans la pensée de l'auteur de cette généalogie, les Dôriens sont les habitants primitifs de ce grand espace de pays situé au nord du golfe de Corinthe, comprenant l'Ætolia, la Phôkis et le territoire des Lokriens Ozoles. Et cette idée s'accorde en outre avec l'autre légende mentionnée par Apollodore, quand il rapporte qu'Ætôlos, fils d'Endymiôn, ayant été forcé de s'expatrier du Péloponèse, se rendit dans le territoire des Kurètes (1), et y trouva un accueil hospitalier de la part de Dôros, de Laodokos et de Polypœtês, fils d'Apollon et de Phthia. Il tua ses hôtes, se rendit maître du territoire et lui donna le nom d'Ætôlia : son fils Pleurôn épousa Xanthippê, fille de Dôros; pendant que son autre fils, Kalydôn, épousa Æolia, fille d'Amythaôn. Ici encore nous trouvons le nom de Dôros, ou les Dôriens, rattaché au pays nommé plus tard Ætôlia. Que Dôros ait été appelé dans un endroit fils d'Apollon et de Phthia, et dans un autre fils d'Hellên et d'une nymphe, ce fait ne sera pas un sujet d'étonnement pour quiconque est accoutumé à ces fluctuations dans la nomenclature personnelle de ces vieilles légendes; de plus, il est facile de concilier le nom de Phthia avec celui d'Hellên, vu que tous deux sont identifiés avec la même partie de la Thessalia, même dès le temps de l'Iliade.

Le récit qui rapporte que les Dôriens furent à une époque les possesseurs ou les principaux possesseurs de l'étendue du pays situé entre le fleuve Achelôos et le côté septentrional du golfe de Corinthe, s'accorde mieux du moins avec les faits attestés par des preuves historiques que les légendes données dans Hérodote, qui représente les Dôriens comme étant primitivement dans la Phthiôtis; passant alors sous Dôros, fils d'Hellên, dans l'Histiæôtis, au pied de l'Ossa et de l'Olympe; ensuite chassés par les Kadméens dans les régions du Pindos; de là, passant dans le territoire des Dryopes,

---

(1) Apollod. I, 7, 6. Αἰτωλὸς... φυγὼν εἰς τὴν Κουρητίδα χώραν, κτείνας τοὺς ὑποδεξαμένους Φθίας καὶ Ἀπόλλωνος υἱοὺς, Δῶρον καὶ Λαόδοκον καὶ Πολυποί- την, ἀφ' ἑαυτοῦ τὴν χώραν Αἰτωλίαν ἐκάλεσε. Et, I, 8, 1. Πλευρὼν (fils d'Ætôlos) γήμας Ξανθίππην τὴν Δώρου, παῖδα ἐγέννησεν Ἀγήνορα.

sur le mont Œta; enfin, de là, dans le Péloponèse (1). Le récit admis était que les grands établissements dôriens dans le Péloponèse résultaient d'une invasion venue du nord, et que les envahisseurs avaient traversé le golfe en partant de Naupaktos, — assertion qui, bien que contestable par rapport à Argos, semble extrêmement probable par rapport et à Sparte et à la Messènia. On doit admettre que le nom de Dôriens comprenait beaucoup plus que les habitants de l'insignifiante tétrapole de la Dôris propre, si l'on croit qu'ils ont conquis Sparte et la Messènia. La grandeur de la conquête elle-même, ainsi que le passage d'une grande partie d'entre eux partis de Naupaktos, s'accordent avec la légende telle que la donne Apollodore, et dans laquelle les Dôriens sont représentés comme les principaux habitants du rivage septentrional du golfe. Les récits que nous trouvons dans Hérodote, concernant les antiques migrations des Dôriens, ont été considérés comme ayant une plus grande valeur historique que ceux d'Apollodore, l'auteur de récits fabuleux. Mais ils sont également chez ces deux écrivains fonds de légende, tandis que les brèves indications du second semblent s'accorder le plus avec les faits que nous voyons ensuite attestés par l'histoire.

Nous avons déjà mentionné que la généalogie, qui fait d'Æôlos, de Xuthos et de Dôros les fils d'Hellèn, est aussi ancienne que le Catalogue hésiodique : probablement aussi celle qui fait d'Hellèn le fils de Deukaliôn. Aëthlios aussi est un personnage hésiodique. Amphiktyôn l'est-il ou non? Nous n'avons pas de preuve sur ce point (2). Il était impossible

---

(1) Hérod. I, 56.
(2) Schol. Apollon. Rhod. IV, 57. Τὸν δὲ Ἐνδυμίωνα Ἡσίοδος μὲν Ἀεθλίου τοῦ Διὸς καὶ Καλύκης παῖδα λέγει... Καὶ Πείσανδρος δὲ τὰ αὐτά φησι, καὶ Ἀκουσίλαος, καὶ Φερεκύδης, καὶ Νίκανδρος ἐν δευτέρῳ Αἰτωλικῶν καὶ Θεόπομπος ἐν Ἐποποιίαις.
Au sujet de l'extraction d'Hellèn, les renseignements empruntés à Hésiode sont très-confus. Cf. Schol. Hom. Odyss. X, 2, et Schol. Apollon. Rhod. III, 1086. V. aussi Hellanic. Fragm. 10. Didot.
Apollodore et Phérécyde avant lui (Fragm. 51, Didot), appelaient Prôtogeneia fille de Deukaliôn; Pindare (Olymp. IX, 64) la désignait comme fille d'Opos. Un des artifices mentionnés par le Scholiaste pour se débarrasser de cette contradiction généalogique était

qu'ils eussent été introduits dans la généalogie légendaire avant que les jeux olympiques et le concile amphiktyonique eussent conquis un respect bien établi et étendu dans toute la Grèce.

Au sujet de Dôros, fils d'Hellèn, nous ne trouvons ni légende ni généalogie légendaire ; au sujet de Xuthos, bien peu au delà du conte de Kreüsa et d'Iôn, qui a sa place plus naturellement parmi les fables attiques. Achæos cependant, qui est ici représenté comme fils de Xuthos, paraît dans d'autres récits avec une origine et un entourage bien différents. Selon l'assertion que nous trouvons dans Denys d'Halikarnasse, Achæos, Phthios et Pelasgos sont fils de Poseidôn et de Larissa. Ils émigrent du Péloponèse en Thessalia, et se partagent le territoire thessalien, donnant leurs noms à ses principales divisions. Leurs descendants à la sixième génération furent chassés de cette contrée par l'invasion de Deukaliôn à la tête des Kurètes et des Léléges (1). Tel était le récit de ceux qui voulaient donner un éponyme aux Achæens dans les districts méridionaux de la Thessalia. Pausanias remplit le même objet par un moyen différent : il représente Achæos, le fils de Xuthos, comme étant revenu en Thessalia et ayant occupé la partie de ce pays à laquelle son père avait droit. Alors, dans le but d'expliquer comment il se faisait qu'il y avait des Achæens à Sparte et à Argos, il nous dit qu'Archandros et Architelès, fils d'Achæos, revinrent de Thessalia dans le Péloponèse et épousèrent deux filles de Danaos ; ils acquirent une grande influence à Argos et à Sparte, et appelèrent le peuple Achæen du nom de leur père Achæos (2).

---

la supposition que Deukaliôn avait deux noms (διώνυμος); qu'il se nommait aussi Opos (Schol. Pind. Olymp. IX, 85).

Hésiode et Hécatée ont mentionné tous deux que les Deukalides ou postérité de Deukaliôn régnèrent en Thessalia, ap. Schol. Apollon. Rhod. IV, 265.

(1) Dionys. Hal. A. R. I, 17.
(2) Pausan. VII, 1, 1-3. Hérodote aussi mentionne (II, 97) Archandros fils de Phthios et petit-fils d'Achæos, qui épousa la fille de Danaos. Larcher (Essai sur la Chronologie d'Hérodote, ch. 10, p. 321) nous dit que ce ne peut être le Danaüs qui vint d'Égypte, le père des cinquante filles, qui doit avoir vécu deux siècles plus tôt, comme on peut le démontrer par des preuves chro-

Euripide aussi s'éloigne d'une manière très-considérable de la généalogie hésiodique par rapport à ces personnages éponymes. Dans le drame appelé Iôn, il représente Iôn comme fils de Kreüsa et d'Apollon, mais adopté par Xuthos. Selon lui, les fils réels de Xuthos et de Kreüsa sont Dôros et Achæos (1), éponymes des Dôriens et des Achæens dans l'intérieur du Péloponèse. Et un point de différence plus capital, c'est qu'il omet complétement Hellèn, faisant de Xuthos, Achæen de race, le fils d'Æolos, lequel est fils de Zeus (2). C'est d'autant plus remarquable que, dans les fragments de deux autres drames d'Euripide, Melanippê et Æolos, nous trouvons Hellèn mentionné à la fois comme père d'Æolos et comme fils de Zeus (3). Le public, en général, même dans la cité la plus éclairée de la Grèce, ne semble avoir été ni surpris ni offensé des fluctuations et des contradictions que présentaient ces généalogies mythiques.

---

nologiques ; selon lui, celui-ci doit être un autre Danaüs.

Strabon semble donner un récit différent au sujet des Achæens dans le Péloponèse. Il dit qu'ils formaient la population primitive de la Péninsule, qu'ils y vinrent de Phthia avec Pélops, et habitèrent la Laconie, qui, de leur nom, fut appelée Argos Achaicum, et que, lors de la conquête des Dôriens, ils allèrent en Achaïa proprement dite, et en expulsèrent les Ioniens (Strabon, VIII, p. 365). Ce récit est, je le présume, emprunté d'Ephore.

(1) Eurip. Ion, 1590.
(2) Eurip. Ion, 64.
(3) V. les Fragments de ces deux pièces dans l'édition de Matthiæ ; Cf. Welcker, Griechisch. Tragoed. v. II, p. 842. Si nous pouvons juger d'après les fragments de la pièce latine d'Ennius, Melanippê (V. Fragm. 2, éd. Bothe), Hellèn était introduit comme un des personnages de la pièce.

CHAPITRE VI

LES ÆOLIDES, OU FILS ET FILLES D'ÆOLOS

Légendes de la Grèce, isolées dans l'origine et par la suite mises en séries. — Æolos. — Ses sept fils et ses cinq filles. — Première ligne Æolide. — Salmôneus, Tyrô. — Pelias et Nêleus. — Pêrô, Bias et Mélampo. — Periklymenos. — Nestôr et ses exploits. — Les Nêlides jusqu'à Kodros. — Seconde ligne Æolide.— Krêtheus. — Admêtos et Alkêstis.— Pêleus et l'épouse d'Akastos.— Pelias et Jasôn. — Jasôn et Mêdea. — Mêdea à Corinthe. — Troisième ligne Æolide. — Sisyphos. — Généalogie corinthienne d'Eumêle. — Fusion de différentes légendes concernant Mêdea et Sisyphos. — Bellerophôn. — Quatrième ligne Æolide. — Athamas. — Phryxos et Hellê. — Inô et Palæmôn. — Jeux Isthmiques. — Racine locale de la légende d'Athamas. — Traces d'anciens sacrifices humains. — Athamas dans le district voisin d'Orchomenos. — Eteoklês. — Fête des Charitêsia. — Fondation et grandeur de la ville d'Orchomenos. — Ruinée par Hêraklês et les Thêbains. — Trophônios et Agamêdês. — Askalaphos et Ialmenos. — Différences dans la généalogie d'Orchomenos. — Conclusions probables quant à l'Orchomenos antéhistorique. — Son opulence et son industrie anciennes. — Canaux d'écoulement du lac Kôpaïs.— Ancienne amphiktyonie à Kalauria. — Orchomenos et Thêbes. — Alkyone et Kêyx. — Kanakê. — Les Alôides. — Kalykê. — Elis et l'Ætôlia. — Généalogie Eleienne. — Augias. — Les frères Molionides. — Généalogie Ætôlienne. — Œneus, Meleagros, Tydeus. — Légende de Meleagros dans Homère. — Combien elle est altérée par les poëtes postérieurs à Homère. — Althæa et le tison ardent. — Grande chasse du sanglier de Kalydôn. — Atalantê. — Restes du sanglier conservés longtemps à Tegea. — Atalantê vaincue à la course grâce à un stratagème. — Deianeira. — Mort d'Hêraklês. — Tydeus. — Vieillesse d'Œneus. — Désaccord dans les généalogies.

Si deux des fils d'Hellên, Dôros et Xuthos, nous présentent des familles relativement peu mentionnées dans les récits mythiques, le troisième fils, Æolos, comble largement cette lacune. De lui nous passons à ses sept fils et à ses cinq filles, au milieu d'une grande abondance d'incidents héroïques et poétiques.

Toutefois, en s'occupant de ces familles mythiques étendues, il est nécessaire de faire observer que le monde légendaire de la Grèce, tel qu'il nous est offert, se montre avec un degré de symétrie et de cohérence qu'il n'avait pas dans l'origine; car les vieilles ballades et les antiques histoires qui se chantaient ou se racontaient dans les nombreuses fêtes de la Grèce, chacune d'elles ayant son sujet propre et spécial, ont été perdues. Les récits religieux que l'exégète de chaque temple avait présents à la mémoire, et qui servaient à expliquer les cérémonies religieuses particulières et les coutumes locales de sa propre ville ou de son dême, avaient disparu. Tous ces éléments primitifs, distincts et sans lien dans l'origine, n'existent plus pour nous, et nous n'avons plus qu'une collection, un ensemble, formés de la réunion d'une foule de courants de fables et rattachés entre eux par le travail des poëtes et des logographes postérieurs. Ceux même qui ont concouru le plus anciennement à les réunir et à les systématiser, les poëtes hésiodiques, n'ont, pour ainsi dire, pas été conservés. Nos connaissances touchant la mythologie grecque sont tirées surtout des logographes en prose qui les ont suivis, et dont les ouvrages, puisqu'un récit continu était pour eux ce qu'il y avait de plus essentiel, plaçaient leurs fabuleux personnages dans des généalogies encore plus étendues, déguisant encore mieux l'isolement primitif des légendes. Hécatée, Phérécyde, Hellanicus et Acusilas vivaient à une époque où l'idée de la Hellas, considérée comme un grand tout composé de sections fraternelles, était profondément enracinée dans l'esprit de tous les Grecs, et où l'hypothèse d'un petit nombre de grandes familles, dont les branches sortant d'une seule souche commune se répandaient au loin, était plus populaire et plus agréable que celle d'une origine indigène distincte dans chacun des districts séparés. Ces logographes, il est vrai, ont été perdus eux-mêmes; mais Apollodore et les différents scholiastes, nos grandes sources immédiates de connaissances touchant la mythologie grecque, leur ont principalement emprunté: ainsi ce n'est de fait que par eux que nous connaissons le monde légendaire de la Grèce, en les combinant avec les poëtes dramatiques et les poëtes alexandrins, avec leurs imitateurs latins, et la classe encore plus récente des scholiastes, en exceptant toutefois telles lueurs que nous fournissent à l'occasion et l'Iliade et l'Odyssée, ainsi que les fragments hésiodiques qui restent, et où l'on ne trouve que trop fréquemment une différence inconciliable, si on les confronte avec les récits des logographes.

Bien qu'Æolos (comme on l'a déjà dit) soit appelé lui-même le fils d'Hellèn en même temps que Dôros et Xuthos, cependant les légendes concernant les Æolides, loin de dépendre de cette généalogie, ne s'y rattachent même pas toutes ; en outre, le nom d'Æolos dans la légende est plus ancien que celui d'Hellèn, en tant qu'il se rencontre quelquefois dans l'Iliade et dans l'Odyssée (1). Odysseus voit dans les Enfers la belle Tyrô, fille de Salmôneus, et épouse de Krêtheus, fils d'Æolos.

Æolos est représenté comme ayant régné en Thessalia : ses sept fils furent Krêtheus, Sisyphos, Athamas, Salmôneus, Deiôn, Magnês et Perierès : ses cinq filles, Canacè, Alcyonè, Peisidikè, Calycè et Perimêdè. Ce qui semble distinguer les fables de cette race, c'est non-seulement que le dieu Poseidôn y est constamment introduit, mais encore que les héros Æolides, par une particularité peu ordinaire, ont comme attributs un orgueil et une présomption, qui les conduisent à affronter les dieux en prétendant les égaler, quelquefois même en les défiant. Le culte de Poseidôn doit probablement avoir été répandu et prééminent parmi un peuple chez lequel ces légendes prirent naissance.

---

(1) Iliade, VI, 154. Σίσυφος Αἰολίδης, etc.
Et Odyss. XI, 234.
Ἔνθ' ἤτοι πρώτην Τυρὼ ἴδον εὐπατέρειαν,

Ἥ φάτο Σαλμωνῆος ἀμύμονος ἔκγονος εἶναι,
Φῆ δὲ Κρηθῆος γυνὴ ἔμμεναι Αἰολίδαο.

SECTION I. — FILS D'ÆOLOS

Salmôneus n'est pas désigné dans l'Odyssée comme fils d'Æolos, mais il est qualifié ainsi dans le Catalogue hésiodique, ainsi que dans les logographes postérieurs. Sa fille Tyrô devint éprise de l'Enipeus, le plus beau de tous les fleuves qui traversent la terre; elle en fréquentait assidûment les rives, et c'est là que le dieu Poseidôn trouva moyen de satisfaire sa passion pour elle, en jouant le rôle du dieu du fleuve lui-même. Il résulta de cette union deux jumeaux, Pelias et Nêleus : dans la suite, Tyrô fut donnée en mariage à son oncle Krêtheus, autre fils d'Æolos, de qui elle eut Æsôn, Pherès et Amythaôn, tous noms célèbres dans les légendes héroïques (1). Les aventures de Tyrô formaient le sujet d'un drame touchant de Sophocle, perdu aujourd'hui. Son père avait épousé une seconde femme, nommée Sidêrô, dont les cruels conseils le poussèrent à punir et à torturer sa fille à cause de ses relations avec Poseidôn. On lui coupa sa magnifique chevelure; elle fut battue et maltraitée de mille manières, puis confinée dans un horrible cachot. Ne pouvant prendre soin de ses deux enfants, elle avait été forcée de les exposer immédiatement après leur naissance dans une petite barque sur le fleuve Enipeus : ils durent leur salut à la bonté d'un berger, et quand ils furent parvenus à l'âge d'homme, ils délivrèrent leur mère, et vengèrent les maux dont elle avait été victime en mettant à mort Sidêrô au cœur de fer (2). Ce conte pathétique au sujet du long emprisonne-

---

(1) Homère, Odyss. XI, 234-257; XV, 226.

(2) Diodore, IV, 68. Sopho. Fragm. 1. Τυρώ. Σαφῶς Σιδηρῷ καὶ φέρουσα τοὔνομα. Le génie de Sophocle est à l'occasion entraîné à jouer sur l'étymologie d'un nom, même dans les scènes les plus touchantes de ses tragédies. V. Ajax, 425. Cf. Hellanic. Fragm. p. 9, ed. Preller. Il y eut une première et une seconde édition de Tyrô, — τῆς δευτέρας Τυροῦς. Schol. ad Aristoph. Av. 276. V. le petit nombre des fragments du drame perdu dans la collection de Dindorf, p. 53. L'intrigue était sous plus d'un rapport analogue à l'Antiopê d'Euripide.

ment de Tyrô est substitué par Sophocle à la légende homérique, qui la représentait comme étant devenue l'épouse de Krêtheus et la mère de nombreux enfants (1).

Son père, l'injuste Salmôneus, montra dans sa conduite l'impiété la plus insolente à l'égard des dieux. Il prit le nom et le titre même de Zeus, et se fit offrir à lui-même les sacrifices destinés à ce dieu ; il imita aussi le tonnerre et les éclairs, en allant de côté et d'autre avec des chaudières d'airain attachées à son char et en lançant des torches allumées vers le ciel. Une telle perversité finit par attirer sur lui la colère de Zeus, qui le frappa de la foudre, et fit disparaître de dessus la terre la cité qu'il avait fondée, avec tous ses habitants (2).

Pelias et Nêleus « both stout vassals of the great Zeus » (tous deux forts serviteurs du grand Zeus) furent divisés au sujet du royaume de Iôlkos en Thessalia. Pelias en obtint la possession et y habita au sein de l'abondance et de la prospérité ; mais il avait offensé la déesse Hêrê en tuant Sidêrô sur son autel, et les effets de la colère de la déesse se manifestèrent dans ses rapports avec son neveu Jasôn (3).

Nêleus quitta la Thessalia, vint dans le Péloponèse, et là fonda le royaume de Pylos. Il acheta, au moyen d'immenses

---

(1) Une troisième histoire, différant et d'Homère et de Sophocle, au sujet de Tyrô, se trouve dans Hygin. (Fab. 60) : elle a un caractère tragique, et est empruntée, comme tant d'autres contes de ce recueil, de l'un des drames grecs aujourd'hui perdus.

(2) Apollod. I, 9, 7. Σαλμωνεύς τ'ἄδικος καὶ ὑπέρθυμος περιήρης. Hésio. Fragm. Catal. 8. Markts.

Où était située la cité de Salmôneus ? c'est un point sur lequel ceux qui parmi les anciens ont fait des recherches à cet égard ne sont pas d'accord ; était-ce dans la Pisatis, en Elis, ou en Thessalia. (V. Strabon, VIII, p. 356) Euripide dans son Æolus la plaçait sur les rives de l'Alpheios (Eurip. Fragm. Æol. 1). Un village et une fontaine dans la Pisatis portaient le nom de Salmônê ; mais la mention du fleuve Enipeus semble indiquer la Thessalia comme le théâtre primitif de la légende. La «naïveté» du conte conservé par Apollodore (Virg. dans l'Enéide, VI, 586, l'a retouché) prouve sa date ancienne : la circonstance finale de ce conte était que la cité et ses habitants avaient été anéantis.

Ephore fait de Salmôneus le roi des Epeiens et des Pisatæ (Fragm. 15, ed. Didot). Le drame de Sophocle nommé Σαλμωνεύς, aujourd'hui perdu, était un δρᾶμα σατυρικόν. V. Fragm. Dindorf, 483.

(3) Hom. Od. XI, 280. Apollod. I, 9, 9. κρατέρω θεράποντε Διός, etc.

cadeaux de noces, le privilége d'épouser la belle Chlôris, fille d'Amphiôn, roi d'Orchemenos, et il eut d'elle douze fils et une seule fille (1), la belle et séduisante Pêrô, que des prétendants venus de tous les pays voisins recherchaient en mariage. Mais Nêleus, « le plus orgueilleux de tous les vivants (2), » refusa d'accueillir les prétentions d'aucun d'eux : il ne voulait accorder sa fille qu'à l'homme qui lui amènerait les bœufs d'Iphiklos, de Phylakê en Thessalia. Ces précieux animaux étaient gardés avec soin, aussi bien par des bouviers que par un chien que ni hommes ni animaux ne pouvaient approcher. Néanmoins Bias, fils d'Amythaôn, neveu de Nêleus, devenu éperdûment amoureux de Pêrô, persuada son frère Mélampe de tenter par amour pour lui la périlleuse aventure, malgré les connaissances prophétiques que possédait Mélampe et qui lui annonçaient que, bien qu'il dût finir par réussir, le prix devait être acheté par une rigoureuse captivité et par des souffrances. Mélampe, en essayant de dérober les bœufs, fut saisi et jeté en prison, et ses facultés prophétiques purent seules l'en tirer. Connaissant le langage des vers, il entendit ces animaux se communiquer mutuellement, dans le toit au-dessus de sa tête, que les poutres étaient presque entièrement mangées et étaient sur le point de tomber. Il fit part de ce renseignement à ses geôliers, et demanda à être emprisonné ailleurs, annonçant que le toit allait bientôt tomber et les ensevelir. La prédiction s'accomplit, et Phylakos, père d'Iphiklos, frappé d'étonnement à la vue de cette puissance prophétique, le fit immédiatement relâcher. De plus, il le consulta sur la position de son fils Iphiklos, qui n'avait pas d'enfant, et lui promit de lui donner les bœufs à la condition qu'il indiquerait un moyen infaillible d'avoir des enfants. Un vautour ayant communiqué à Mélampe les renseignements nécessaires, Podarkês, fils d'Iphiklos, naquit peu après. Par là Mélampe obtint la possession des bœufs et les amena à Pylos, assurant à son frère Bias la main

---

(1) Diodore IV, 68.

(2) Νηλέα τε μεγάθυμον, ἀγαυότατον ζωόντων (Hom. Odyss. XV, 228).

de Pèrò (1). On a raconté dans un chapitre précédent comment ce grand personnage légendaire, en guérissant miraculeusement les filles de Prœtos frappées de démence, avait acquis pour lui-même et pour son frère le pouvoir à Argos.

Des douze fils de Nêleus, l'un du moins, Periklymenos, outre Nestôr à jamais mémorable, se distingua par ses exploits aussi bien que par les facultés miraculeuses dont il était doué. Poseidôn, le divin père de cette race, lui avait accordé le privilége de se transformer à son gré et de devenir oiseau, bête, reptile ou insecte (2). Il eut l'occasion de faire usage de toutes ces ressources, et il les employa pendant quelque temps avec succès en défendant sa famille contre la terrible indignation d'Hèraklês, qui, irrité du refus que fit Nêleus d'accomplir pour lui la cérémonie de purification après qu'il eut tué Iphitos, attaqua les Nélides à Pylos. Periklymenos, grâce à ses merveilleuses facultés, prolongea la résistance ; mais l'heure fatale arriva enfin pour lui à la suite de l'intervention d'Athênê, qui le désigna à Hèraclès, pendant qu'il était posé sous la forme d'une abeille sur le char du héros. Il fut tué, et Hèraklès remporta une victoire complète, triomphant de Poseidôn, de Hèrê, d'Arès et de Hadès, et même blessant les trois derniers, qui prenaient part à la défense. Onze des fils de Nêleus périrent de sa main, tandis que Nestôr, alors jeune homme, ne dut son salut qu'à son absence accidentelle, car il était à Gerèna, loin de la demeure de son père (3).

---

(1) Hom. Od. XI, 278; XV, 234. Apollod. I, 9, 12. Le fond de ce curieux roman est dans l'Odyssée, et a été développé par des poëtes postérieurs. Il y a des points, cependant, dans la vieille légende homérique, telle qu'on la voit brièvement esquissée dans le XVᵉ livre de l'Odyssée, qui semblent avoir été dans la suite abandonnés ou changés. Nêleus s'empare des biens de Mélampe pendant son absence ; celui-ci, à son retour de Phylakê avec les bœufs, se venge de Nêleus pour l'injure qu'il lui a faite. Odyss. XV, 233.

(2) Hésiode, Catal. ap. Schol. Apollon. Rhod. I, 156; Ovide, Métam. XII, p. 566; Eustathe ad Odyss. XI, p. 284. Poseidôn protége soigneusement Antilochos, fils de Nestôr, dans l'Iliade, XIII, 554-563.

(3) Hésiode, Catal. ap. Schol. Ven. ad Iliad. II, 236; et Steph. Byz. v. Γερηνία; Hom. II. V. 392; XI, 693; Apollod. II, 7, 3; Hésiode, Scut. Herc. 360; Pindare, Ol. IX, 32.

Selon la légende homérique, Nêleus lui-même ne fut pas tué par Hèraklès : des poëtes ou des logographes posté-

L'orgueilleuse maison des Nélides était dès lors réduite à Nestôr ; mais Nestôr seul suffisait pour maintenir sa supériorité. Il apparaît non-seulement comme défenseur de Pylos, qu'il vengea de l'insolence et de la rapacité des Epeiens ses voisins en Elis, mais aussi comme l'auxiliaire des Lapithes dans leur terrible combat contre les Centaures, et comme compagnon de Thêseus, de Pirithoos, et des autres grands héros légendaires qui précédèrent la guerre de Troie. Dans son extrême vieillesse il avait perdu, il est vrai, son habileté jadis merveilleuse à manier ses armes, mais son activité n'avait reçu aucune atteinte, et sa sagacité aussi bien que son influence dans le conseil étaient plus grandes que jamais. C'est lui qui non-seulement réunit les différents chefs grecs pour l'armement contre Troie, en parcourant les districts de la Hellas avec Odysseus, mais il prend une part très-active au siége lui-même, et il est d'un très-grand secours à Agamemnôn. Et après la fin du siége, il est du petit nombre des princes grecs qui retournent dans leurs premières possessions. On le trouve, dans une vieillesse vigoureuse et honorée, au milieu de ses enfants et de ses sujets, — assis, le sceptre du pouvoir en main, sur le banc de pierre devant la maison de Pylos, — offrant des sacrifices à Poseidôn, comme son père Nêleus l'avait fait avant lui, et ne pleurant que la mort de son fils favori Antilochos, qui était tombé pendant la guerre de Troie avec tant de braves compagnons d'armes (1).

---

rieurs, que suit Apollodore, semblent avoir regardé comme une injustice, que l'offense faite par Nêleus lui-même eût été vengée sur ses fils et non sur lui ; en conséquence ils changèrent la légende sur ce point, et rejetèrent le passage de l'Iliade comme apocryphe (V. Schol. Ven. ad Iliad. XI, 682).

Le refus de purification fait par Nêleus à Hêraklês est une véritable cause légendaire ; les commentateurs, disposés à étendre un vernis historique sur ces événements, ont donné une autre cause. — Nêleus, comme roi de Pylos, avait prêté son aide aux Orchoméniens dans leur guerre contre Hêraklês et les Thêbains (V. Sch. Ven. ad Iliad. XI, 689).

Le voisinage de Pylos se distinguait par son culte antique rendu et à Poseidôn et à Hadês : il y avait de nombreuses légendes locales concernant ces dieux (V. Strabon, VIII, p. 344, 345).

(1) Sur Nestôr. Iliade, I, 260-275 ; II, 370 ; XI, 640-770 ; Odyss. III, 5, 110, 409.

Après Nestôr la ligne des Nélides compte des noms peu connus, — Bôros, Penthilos et Andropompos, — trois générations successives jusqu'à Melanthos qui, lors de l'invasion du Péloponèse par les Hêraclides, quitta Pylos et se retira à Athènes, où il devint roi de la manière que je raconterai ci-après. Son fils Kodros fut le dernier roi des Athéniens ; et Nêleus, un des fils de Kodros, est mentionné comme étant le principal chef de ce qui est appelé l'émigration Ionienne d'Athènes en Asie Mineure (1). Il est certain que, pendant l'époque historique, non-seulement la famille princière des Kodrides à Éphesos, à Milêtos et dans d'autres cités ioniennes, mais encore quelques-unes des plus grandes familles même d'Athènes, faisaient remonter leur généalogie héroïque par les Nélides jusqu'à Poseidôn, et les légendes concernant Nestôr et Periklymenos trouvaient une faveur spéciale parmi les Grecs avec de tels sentiments et une telle croyance. Les Kodrides à Ephesos, et probablement dans quelques autres villes ioniennes, conservèrent longtemps le titre et la préséance honoraire de rois, même après avoir perdu le pouvoir réel appartenant à cette fonction. Personnifiant et le culte religieux et les ancêtres supposés, ils étaient vis-à-vis des Nélides et de Poseidôn dans le même rapport que les chefs des colonies Æoliennes vis-à-vis d'Agamemnôn et d'Orestês. Le tyran d'Athènes Pisistrate était nommé après le fils de Nestôr dans l'Odyssée, et nous pouvons hardiment présumer que le culte héroïque des Nélides était aussi soigneusement entretenu à Milêtos la ville ionienne que dans la cité italienne Metapontum (2).

Après avoir suivi la ligne de Salmôneus et de Nêleus jusqu'à la fin de sa carrière légendaire, nous pouvons maintenant retourner à celle d'un autre fils d'Æolos, Krêtheus, —

---

(1) Hellanic. Fragm. 10, éd. Didot ; Pausan. VIII, 2, 3 ; Hérodote, V, 65 ; Strabon, XIV, p. 633. Hellanicus, en donnant la généalogie depuis Nêleus jusqu'à Melanthos, la fait passer par Periklymenos et non par Nestôr : les termes d'Hérodote disent d'une manière implicite que *lui*, Hérodote, doit y avoir compris Nestôr.

(2) Hérod. V, 67 ; Strabon, VI, p. 264 ; Mimnerme, Fragm. 9, Schneidewin.

ligne presque tout aussi célèbre sous le rapport des noms héroïques qu'elle offre. Alkèstis (Alceste), la plus belle des filles de Pelias (1), fut promise par son père en mariage à l'homme qui pourrait lui amener un lion et un sanglier soumis au joug et attelés ensemble. Admètos, fils de Pherès, l'éponyme de Pheræ en Thessalia, et ainsi petit-fils de Krètheus, parvint, avec l'aide d'Apollon, à remplir cette condition et à obtenir la jeune fille (2). Apollon, en effet, se trouvait à cette époque être à son service comme esclave (condamné à ce châtiment par Zeus pour avoir mis à mort les Cyclôpes), et en cette qualité il gardait les troupeaux et les chevaux avec un tel succès, qu'il put fournir à Eumèlos (fils d'Admètos) pour la guerre de Troie les plus beaux chevaux de l'armée grecque. Bien que des devoirs serviles lui fussent imposés, et même la corvée pénible de moudre au moulin (3), il emporta cependant avec lui un sentiment de reconnaissance et d'amitié à l'égard de son maître mortel, et il intervint pour le soustraire à la colère de la déesse Artemis, quand elle s'indigna de l'omission de son nom dans les sacrifices des noces. Admètos était sur le point de périr d'une mort prématurée, quand Apollon, par d'instantes sollici-

---

(1) Iliad. II, 715.
(2) Apollod. I, 9, 15; Eustath. ad Iliad. II, 711.
(3) Euripid. Alkèst. init. Welcker, Griechisch. Tragoed. (p. 344) sur la pièce perdue de Sophocle appelée Admètos ou Alkèstis; Hom. Iliad. II, 766; Hygin. Fab. 50-51 (Sophocle, Fr. Inc. 730 ; Dind. ap. Plutarch. Defect. Orac. p. 417). Le conte de la servitude temporaire de certains dieux, punition infligée par ordre de Zeus pour mauvaise conduite, revient assez souvent parmi les incidents du monde mythique. Le poète Panyasis (ap. Clem. Alexand. Adm. ad Gent. p. 23)

Τλῆ μὲν Δημήτηρ, τλῆ δὲ κλυτὸς
[Ἀμφιγυήεις,
Τλῆ δὲ Ποσειδάων, τλῆ δ'ἀργυρότοξος
[Ἀπολλών

Ἀνδρὶ παρὰ θνητῷ θητεύσεμεν εἰς
[ἐνιαυτόν·
Τλῆ δὲ καὶ ὀβριμόθυμος Ἄρης ὑπὸ
[πατρὸς ἀνάγκης.

La vieille légende suivait l'idée fondamentale avec une remarquable logique. Laômedôn, comme maître temporaire de Poseidôn et d'Apollon, menace de leur lier les pieds et les mains, de les vendre dans les îles éloignées, et de leur couper les oreilles à tous deux, quand ils viennent réclamer les gages stipulés (Iliade, XXI, 455). Les poëtes alexandrins donnaient un tour nouveau au récit, en introduisant le motif de l'amour, et en faisant d'Apollon un esclave volontaire (Callim. Hymn. Apoll. 49; Tibulle, Eleg. II, 3 11-30).

tations auprès des Parques, obtint pour lui la faveur de la prolongation de son existence, s'il pouvait trouver quelqu'un qui consentît à mourir à sa place. Son père et sa mère refusèrent tous deux de faire ce sacrifice pour lui, mais le tendre dévouement de son épouse Alkèstis la disposa à accepter avec joie la condition de la mort pour sauver son mari. Elle venait de mourir lorsque Hèraclès, depuis longtemps l'hôte et l'ami d'Admètos, arriva pendant la première heure de deuil ; sa force et son audace lui permirent d'arracher Alkèstis morte même aux étreintes de Thanatos (la Mort), et de la rendre vivante à son inconsolable époux (1).

Le fils de Pelias, Akastos, avait donné asile et protection à Pèleus, obligé de fuir sa patrie par suite du meurtre involontaire d'Eurytiôn. Krêthèis, épouse d'Akastos, devenant amoureuse de Pèleus, lui fit des avances qu'il repoussa. Exaspérée de son refus, et décidée à le faire périr, elle persuada à son époux que Pèleus avait attenté à sa pudeur : alors Akastos conduisit Pèleus à la chasse au milieu des contrées boisées du mont Pèlion, s'arrangea pour lui dérober l'épée fabriquée et donnée par Hephæstos, puis le laissa tout seul et désarmé, exposé à périr sous les coups des Centaures ou sous la dent des bêtes sauvages. Cependant, grâce au secours amical du centaure Chirôn, Pèleus fut sauvé et son épée lui fut rendue : de retour à la ville, il se vengea en mettant à mort et Akastos et sa perfide épouse (2).

Mais parmi toutes les légendes auxquelles se rattache le nom de Pelias, celle de Jasôn et de l'expédition des Argonautes est de beaucoup la plus mémorable. Jasôn était fils d'Æsôn, petit-fils de Krètheus, et ainsi arrière-petit-fils d'Æolos. Pelias, ayant consulté l'oracle au sujet de la sta-

---

(1) Eurip. Alkèstis. Arg.; Apollod. I, 9, 15. Pour donner davantage à cette belle légende la couleur de l'histoire, on la présenta plus tard sous une forme nouvelle : Hèraklès, comme profondément versé dans la médecine, sauvait la vie d'Alkèstis, au moment où elle était près de périr d'une maladie désespérée (Plutarch. Amator. 17, vol. IV, p. 53, Wytt.).

(2) La légende d'Akastos et de Pèleus était donnée en grand détail dans le Catalogue d'Hésiode (Catal. Fragm. 20-21, Markscheff); Schol. Pind. Nem. IV, 95 ; Schol. Apoll. Rhod. I, 224; Apollod. III, 13, 2.

bilité de son pouvoir à Iôlkos, avait reçu pour réponse l'avis de se tenir en garde contre l'homme qui paraîtrait devant lui avec une seule sandale. Il était en train de célébrer une fête en l'honneur de Poseidôn, quand il advint que Jasôn se présenta à lui, n'ayant qu'une sandale : il avait perdu l'autre en traversant à gué les eaux grossies du fleuve Anauros. Immédiatement Pelias comprit que c'était là l'ennemi contre lequel l'oracle l'avait mis en garde. Comme moyen de détourner le danger, il impose à Jasôn la tâche désespérée de rapporter à Iôlkos la toison d'or, la toison de ce bélier qui avait porté Phryxos d'Achaia en Kolchis, et que Phryxos, dans ce dernier pays, avait consacrée comme offrande au dieu Arês. Le résultat de cet ordre fut la mémorable expédition du navire Argô et de son équipage appelé les Argonautes, composé des jeunes gens les plus braves et les plus nobles de la Grèce, événement qui ne peut être convenablement compris au nombre des légendes des Æolides, et dont le récit est réservé pour un chapitre séparé.

Le voyage de l'Argô se prolongea longtemps, et Pelias, persuadé que ni le navire ni son équipage ne reviendraient jamais, mit à mort et le père et la mère de Jasôn avec leur fils encore tout enfant. Æsôn, le père, ayant obtenu la permission de choisir le genre de mort qui lui convenait, but du sang de taureau pendant qu'il offrait un sacrifice aux dieux. A la fin cependant Jasôn revint, ramenant avec lui non-seulement la toison d'or, mais encore Mêdea, fille d'Æêtès, roi de Kolchis, en qualité d'épouse, — femme remarquable par sa science et son habileté dans la magie, et dont le secours seul avait permis aux Argonautes de réussir dans leur projet. Bien que décidé à se venger de Pelias, Jasôn sut qu'il ne pourrait y parvenir qu'en usant de stratagème. Il resta avec ses compagnons à une faible distance d'Iôlkos, tandis que Mêdea, feignant de le fuir à cause de ses mauvais traitements, entra seule dans la ville, et parvint à avoir accès auprès des filles de Pelias. En montrant ses talents magiques, elle acquit bientôt un ascendant sans bornes sur leur esprit. Par exemple, elle choisit dans les troupeaux de Pelias un bélier extrêmement vieux, le coupa en morceaux, le fit bouillir dans une chaudière avec des herbes, et le fit reparaître sous la forme d'un jeune et vigoureux agneau (1) : ainsi elle fit croire aux filles de Pelias que leur vieux père pourrait de la même manière recouvrer la jeunesse. Dans cette conviction, elles le dépecèrent de leurs propres mains et jetèrent ses membres dans la chaudière, comptant que Mêdea produirait sur lui le même effet magique. Mêdea prétendit qu'une invocation à la lune était une partie nécessaire de la cérémonie : elle monta au faîte de la maison sous prétexte de la prononcer, et là elle alluma le fanal, signal convenu avec les Argonautes. Alors Jasôn et ses compagnons se précipitèrent dans la ville et s'en emparèrent. Content de cette vengeance, Jasôn accorda la souveraineté de Iôlkos à Akastos, fils de Pelias, et se retira avec Mêdea à Corinthe. C'est ainsi que la déesse Hêrê satisfit son ancien ressentiment contre Pelias : elle avait constamment veillé sur Jasôn, avait conduit Argô le navire « connu de tous » à travers ses innombrables périls, afin que Jasôn pût ramener avec lui Mêdea et accomplir la ruine de son oncle (2). Les filles

---

(1) Cet incident se trouvait dans un des plus anciens drames d'Euripide, les Πελιάδες, aujourd'hui perdu. Moses de Chorênê (Progymnasm. ap. Maii ad Euseb. p. 43), qui donne un extrait de l'argument, dit que le poëte « extremos mentiendi fines attingit. »
La pièce de Sophocle, Ῥιζότομοι, semble aussi avoir roulé sur la même catastrophe (V. Fragm. 479, Dindorf).
(2) La bienveillance de Hêrê pour Jasôn semble être plus ancienne dans la légende que son courroux contre Pelias ; du moins, elle est particulièrement indiquée dans l'Odyssée, comme la grande cause du salut du navire Argô : ʽ Ἀλλ' Ἥρη παρέπεμψεν, ἐπεὶ φίλος ἦεν Ἰήσων (XII, 70). Dans la Théogonie hésiodique, Pelias est vis-à-vis de Jasôn dans le même rapport qu'Eurystheus vis-à-vis d'Hêraklês, un maître dur et rigoureux aussi bien qu'un homme méchant et insolent, — ὑβριστὴς Πελίης καὶ ἀτάσθαλος, ὀβριμόεργος (Théog. 995). Apollonius de Rhodes conserve au premier plan la colère d'Hêrê contre Pelias, I, 14; II, 1134; IV, 242; V. aussi Hygin. f. 13.
Il y a une grande diversité dans les récits des circonstances immédiates se rattachant à la mort de Pelias ; Eurip. Méd. 491; Apollod. I, 9, 27; Diod. IV, 50-52; Ovide, Métam. VII, 162, 203, 297, 347; Pausan. VIII, 11, 2; Schol. ad Lycoph. 175.
La légende d'Akastos et de Pêleus, telle qu'elle est racontée ci-dessus, faisait périr Akastos de la main de Pêleus. Je ne me charge pas de concilier ces contradictions.
Pausanias dit qu'il n'a pu trouver dans aucun des poëtes, autant qu'il en a lu, les noms des filles de Pelias, et que le peintre Mikôn leur avait donné des noms (ὀνόματα δ' αὐταῖς ποιητὴς μὲν ἔθετο οὐδείς, ὅσα γ' ἐπελεξάμεθα

abusées de Pelias s'imposèrent un exil volontaire en Arcadia : Akastos son fils célébra en l'honneur de son père décédé de magnifiques jeux funèbres (1).

Jasôn et Mêdea se retirèrent de Iôlkos à Corinthe, où ils résidèrent dix ans : leurs enfants furent Mêdeios, que le centaure Chirôn éleva dans les régions du Pêlion (2), et Mermeros et Pherês, nés à Corinthe. Après un séjour de dix ans dans cette ville au sein de la prospérité, Jasôn s'attacha à Glaukê, fille de Kreôn (3), roi de Corinthe; et comme son père consentait à la lui donner en mariage, il se décida à répudier Mêdea, qui reçut l'ordre de quitter Corinthe sur-le-champ. Vivement irritée de cet affront, et résolue à se venger, Mêdea prépara une robe empoisonnée, et l'envoya comme cadeau de noces à Glaukê, qui l'accepta et la mit

---

ἡμεῖς, etc. Pausan. VIII, 11, 1). Cependant leurs noms se trouvent dans les auteurs que Diodore copiait; et Alkêstis, en tout cas, était la plus mémorable. Mikôn a donné les noms d'Asteropeia et d'Antinoê, tout à fait différents de ceux qui sont dans Diodore. Diodore, ainsi qu'Hygin, décharge Alkêstis de toute participation à la mort de son père (Hygin. f. 24).

Le vieux poëme appelé les Νόστοι (V. Argum. ad Eurip. Mêd., et Schol. Aristoph. Equit. 1321) racontait que Mêdea avait fait bouillir dans une chaudière le vieil Æsôn, père de Jasôn, au moyen d'herbes et d'incantations, et qu'elle l'en avait fait sortir jeune et vigoureux. Ovide copie cette donnée (Métam. VII, 162-203). Il est singulier que Phérécyde et Simonide disent qu'elle avait accompli cette opération sur Jasôn lui-même (Schol. Aristoph. l. c.). Diogène (ap. Stob. Florileg. t. XXIX, 92) enlève à l'histoire son caractère surnaturel, et fait de Mêdea l'enchanteresse une femme qui, par ses enseignements, améliore et régénère les hommes. La mort d'Æsôn, telle qu'elle est décrite dans le texte, est empruntée de Diodore et d'Apollodore. Mêdea semble avoir été adorée comme déesse dans d'autres lieux encore que Corinthe (v. Athenagor. Legat. pro Christ. 12; Macrobe, I, 12, p. 247, Gronov.).

(1) Ces jeux funèbres en l'honneur de Pelias étaient au nombre des incidents mythiques les plus renommés : Stésichore les célébra dans un poëme spécial, et ils se trouvaient représentés sur le coffre de Kypselos à Olympia. Kastôr, Meleagros, Amphiaraos, Jasôn, Pêleus, Mopsos, etc., y combattaient (Pausan. V, 17, 4 ; Stésicho. Fragm. I, p. 54, ed. Klewe; Athen. IV, 172). Plutarque atteste indirectement combien les détails en étaient familiers à l'esprit des Grecs lettrés, Sympos. v. 2, vol. III, p. 762, Wytt.

(2) Hésiode, Théog. 998.

(3) Selon le Schol. ad Euripid. Mêd. 20, Jasôn épouse la fille d'Hippotês, fils de Kreôn, lequel est fils de Likæthos. Likæthos, après que Bellerophôn fut parti de Corinthe, régna vingt-sept ans; ensuite Kreôn régna trente-cinq ans; puis vint Hippotês.

sans réflexion, et le corps de la malheureuse fiancée fut brûlé et consumé. Kreôn, son père, en essayant d'arracher du corps de sa fille le vêtement incendiaire, partagea sa destinée et périt. Mêdea, triomphante, se sauva au moyen d'un char traîné par des serpents ailés que lui avait procuré son grand-père Hêlios : elle se plaça sous la protection d'Ægeus à Athènes, et eut de lui un fils nommé Mêdos. Elle laissa ses jeunes enfants dans l'enceinte sacrée de Hêrê Akræenne, comptant sur la sainteté de l'autel pour assurer leur salut ; mais les Corinthiens furent tellement exaspérés contre elle à cause du meurtre de Kreôn et de Glaukê, qu'ils arrachèrent les enfants de l'autel et les mirent à mort. Le malheureux Jasôn fut tué par un fragment de son propre vaisseau Argô, qui tomba sur lui pendant qu'il était endormi sous le navire (1), tiré sur le rivage, selon l'usage habituel des anciens.

---

(1) Apollod. I, 9-27; Diod. IV, 54. La Mêdea d'Euripide, qui, heureusement, nous a été conservée, est trop bien connue pour avoir besoin qu'on s'y réfère expressément. Il représente Mêdea comme donnant la mort à ses propres enfants, et tire de cette circonstance les traits les plus pathétiques de ce drame si beau. Parmeniskos l'accusait d'avoir été gagné à prix d'argent par les Corinthiens pour donner ce tour à la légende, et nous pouvons regarder l'accusation comme une preuve que le conte plus ancien et plus répandu imputait aux Corinthiens le meurtre des enfants (Schol. Eurip. Mêd. 275, où Didyme donne le récit tiré du vieux poëme de Kreophylos). V. aussi Ælien, V. H. v. 21; Pausan. II, 3, 6.

Le fait le plus significatif par rapport à la fable, c'est que les Corinthiens célébraient périodiquement un sacrifice propitiatoire en l'honneur d'Hêrê Akræa, de Mermeros et de Phêrês, comme expiation du péché qu'ils avaient commis en violant le sanctuaire de l'autel. La légende naquit de cette cérémonie religieuse, et fut arrangée ainsi comme pour l'expliquer et en rendre raison (V. Eurip. Mêd. 1376, avec le Schol. Diod. IV, 55).

Mermeros et Phêrês étaient les noms donnés aux enfants de Mêdea et de Jâson dans les anciens vers Naupaktiens; cependant la légende doit y avoir été racontée d'une manière toute différente, puisqu'ils disent que Jâson et Mêdea étaient allés de Iôlchos, non à Corinthe, mais à Korkyra, et que Mermeros avait péri à la chasse, sur le continent opposé de l'Épire. D'autre part, Kinæthôn, autre ancien poëte généalogiste, appelait les enfants de Mêdea et de Jasôn Eriôpis et Mêdos (Pausan. II, 3, 7). Diodore leur donne des noms différents (IV, 34). Hésiode, dans la Théogonie, parle seulement de Mêdeios comme fils de Jason.

Mêdea ne paraît ni dans l'Iliade ni dans l'Odyssée : dans le premier poëme nous trouvons Agamêdê, fille d'Augeas « qui connaît tous les poisons (ou remèdes) que la terre nourrit » (Iliade, XI, 740); dans le second nous avons

Le premier établissement à Ephyrê, ou Corinthe, avait été fondé par Sisyphos, un autre des fils d'Æolos, frère de Salmôneus et de Krêtheus (1). L'Æolide Sisyphos se distinguait comme un maître sans pareil en ruse et en fourberie. Il fermait la route le long de l'isthme, et tuait les étrangers qui s'y engageaient en roulant sur eux de grosses pierres du haut des montagnes qui la dominaient. Il pouvait aisément le disputer même à l'archivoleur Autolykos, fils de Hermês, qui tenait de son père le privilége de changer la couleur et la forme des objets volés, de sorte qu'on ne pouvait plus les reconnaître; Sisyphos, en marquant ses moutons sous le pied, découvrit le vol d'Autolykos, et le contraignit à lui rendre son larcin. Sa sagacité pénétra l'intrigue de Zeus avec la nymphe Ægina, fille du dieu-fleuve Asôpos. Zeus l'avait transportée dans l'île d'Ænonê (qui plus tard porta le nom d'Ægina); Asôpos, impatient de la recouvrer, demanda à Sisyphos où elle était allée; celui-ci lui dit ce qui avait eu lieu, à condition qu'il fournirait une source d'eau sur le sommet de l'Acró-Corinthe. Zeus, indigné contre Sisyphos à cause de cette révélation, lui infligea comme supplice dans l'empire d'Hâdês l'obligation de pousser sur une colline une grosse et lourde pierre, qui, aussitôt qu'elle atteignait le sommet, roulait dans la plaine avec une force irrésistible en dépit de tous ses efforts (2).

Circê, sœur d'Æêtês, père de Mêdea, et vivant dans l'île d'Æaea (Odyss. X, 70). Circê est fille du dieu Hêlios, comme Mêdea est sa petite-fille, — elle est elle-même déesse. Elle est, sous bien des points, le pendant de Mêdea : elle avertit et sauve Odysseus de tous ses dangers, comme Mêdea aide Jasôn : d'après le récit hésiodique, elle eut deux enfants d'Odysseus, Agrios et Latinos (Théog. 1001).

Odysseus va à Ephyrê trouver Ilos, le fils de Mermeros, afin de se procurer du poison pour ses flèches; Eustathe traite ce Mermeros comme le fils de Mêdea (V. Odyss. I, 270, et Eust.). Comme Ephyrê est le nom légendaire de Corinthe, nous pouvons présumer que c'est là un fil du même tissu mythique.

(1) V. Eurip. Æol. Fragm. I, Dindorf; Dicæarq. Vit. Græc. p. 22.

(2) Sur Sisyphos, V. Apollod. I, 9, 3; III, 12, 6; Pausan. II, 5, 1; Schol. ad Iliad. I, 180. Une autre légende sur l'intrigue de Sisyphos avec Tyrô est dans Hygin, fab. 60, et sur la manière dont il attrapa Hâdês lui-même (Phérécy. ap. Schol. Iliad. VI, 153). Le rocher roulé par Sisyphos dans les Enfers paraît dans l'Odyssée, XI, 592. Le nom de Sisyphos était donné pendant l'époque historique aux hommes habiles dans les ruses et

En appliquant à Corinthe la généalogie Æolide, Sisyphos, fils d'Æolos, paraît comme le premier nom ; mais le vieux poëte corinthien Eumèle trouva ou inventa pour sa ville natale une généalogie héroïque indépendante et d'Æolos et de Sisyphos. Selon cette généalogie, Ephyrè, fille d'Okeanos et de Tethys, occupait la première le territoire de Corinthe, Asôpos, celui de Sikyôn (Sicyone) ; Briareus les adjugea tous les deux au dieu Hèlios, en arrangeant un différend entre lui et Poseidôn. Hèlios partagea le territoire entre ses deux fils Æètès et Alôeus : au premier il donna Corinthe, au second Sikyôn. Æètès, docile à l'avis d'un oracle, émigra en Kolchis (Colchide), laissant son territoire sous le pouvoir de Bunos, fils d'Hermès, avec cette convention qu'il serait restitué dans le cas où soit lui, soit un de ses descendants quelconque reviendrait. Après la mort de Bunos, Corinthe et Sikyôn furent possédées par Epôpeus, fils d'Alôeus, homme méchant. Son fils Marathôn, plein de dégoût, le quitta et se retira en Attique, mais revint après sa mort et hérita de son territoire, qu'à son retour il partagea entre ses deux fils Corinthos et Sikyôn, de qui les deux districts tirèrent pour la première fois leurs noms. Corinthos mourut sans enfants, et alors les Corinthiens appelèrent d'Iôlkos Mèdea, comme représentant Æètès : c'est ainsi qu'elle et son époux Jasôn obtinrent la souveraineté de Corinthe (1). Cette légende d'Eumèle, l'un des plus anciens poëtes généalogistes, si différente de l'histoire adoptée par Néophrôn ou par Euripide, fut certainement suivie par Simonide, et vraisemblablement par

---

les stratagèmes, tels que Dercyllidès (Xénoph. Hellenic. III, 1, 8). Il passait pour le père réel d'Odysseus, bien que Heyne (ad Apollod. I, 9, 3) traite celui-ci comme un autre Sisyphos, supposition par laquelle il détruit la justesse de l'épithète concernant Odysseus. Doubler et tripler des personnages synonymes est une ressource ordinaire dans le but de ramener les légendes à une suite qui semble être chronologique.

Même à l'époque d'Eumèle on observait un mystère religieux au sujet des tombes de Sisyphos et de Nêleus, — ce dernier était aussi mort à Corinthe, — personne ne pouvait dire où ils étaient enterrés (Pausan. II, 2, 2).

Sisyphos trompa même Persephonê et s'échappa des Enfers (Theognis, 702).

(1) Pausan. II, 1, 1. 3, 10. Schol. ad Pindar. Olymp. XIII, 74. Schol. Lycoph. 174-1024. Schol. Apoll. Rhod. IV, 1212.

Théopompe (1). Les incidents en sont imaginés et arrangés en vue de la suprématie de Mêdea ; l'émigration d'Æètès et les conditions sous lesquelles il transférait son sceptre étant disposées pour conférer à Mêdea un droit héréditaire au trône. Les Corinthiens rendent à Mêdea et à ses enfants un culte solennel, soit divin, soit héroïque, en même temps qu'à Hèrè Akræa (2), et cela suffisait pour donner à Mêdea une place saillante dans la généalogie composée par un poëte Corinthien, accoutumé à mêler les dieux, les héros et les hommes dans les antiquités de sa ville natale. D'après la légende d'Eumèle, Jasôn devint (par Mêdea) roi de Corinthe ; mais elle cacha les enfants nés de leur mariage dans le temple d'Hèrè, comptant que la déesse les rendrait immortels. Jasôn, découvrant sa conduite, l'abandonna et se retira, plein de dégoût, à Iôlkos ; Mêdea aussi, désappointée dans son projet, quitta l'endroit, laissant le pouvoir aux mains de Sisyphos, à qui, suivant l'histoire de Théopompe, elle s'était attachée (3). D'autres légendes racontaient que Zeus avait conçu une passion pour Mêdea, mais qu'elle avait rejeté ses hommages par crainte du déplaisir d'Hèrè, qui, pour récompenser une telle fidélité, rendit ses enfants immortels (4) : de plus Mêdea, sur l'ordre spécial de Hèrè, avait érigé le célèbre temple d'Aphroditè à Corinthe. Le caractère de ces fables montre le lien qui les rattache au temple de Hèrè ; et nous pouvons considérer la légende de Mêdea comme ayant été dans l'origine entièrement indépendante de celle de Si-

---

(1) Simonid. ap. Schol. ad Euripid. Méd. 10-20; Théopompe, Fragm. 340, Didot; bien que Welcker (Der Episch. Cycl., p. 29) pense que ceci n'appartienne pas à l'historien Théopompe. Epiménide aussi suivait l'histoire d'Eumèle en faisant d'Æètès un Corinthien (Schol. ad Apollod. Rhod. III, 242).

(2) Περὶ δὲ τῆς εἰς Κόρινθον μετοικήσεως, Ἴππυς ἐκτίθεται καὶ Ἑλλάνικος· ὅτι δὲ βεβασίλευκε τῆς Κορίνθου ἡ Μήδεια, Εὔμηλος ἱστορεῖ καὶ Σιμωνίδης· ὅτι δὲ καὶ ἀθάνατος ἦν ἡ Μήδεια, Μουσαῖος ἐν τῷ περὶ Ἰσθμίων ἱστορεῖ, ἅμα καὶ περὶ τῶν τῆς Ἀκραίας Ἥρας ἑορτῶν ἐκτιθείς (Schol. Eurip. Méd. 10). Cf. aussi v. 1376 de la pièce elle-même, avec les Scholies et Pausan. II, 3, 6. Alkman et Hésiode représentaient tous deux Mêdea comme une déesse (Athenagoras, Legatio pro Christianis, p. 54, ed. Oxon.).

(3) Pausan. II, 3, 10; Schol. Pindar. Olymp. XIII, 74.

(4) Schol. Pindar. Olymp. XIII, 32-74; Plutarq. de Herodot. Malign. p. 871.

syphos, mais comme greffée sur elle de manière à former une suite qui semble être chronologique, et à satisfaire les sentiments de ces Æolides de Corinthe qui passaient pour être ses descendants.

Sysiphos eut pour fils Glaukos et Ornytiôn. De Glaukos naquit Bellerophôn, dont les aventures romanesques commencent dans l'Iliade et sont ensuite développées par des poëtes postérieurs : d'après quelques rapports il était réellement le fils de Poseidôn, la principale divinité de la famille Æolide (1). La jeunesse et la beauté de Bellerophôn le rendirent l'objet d'une vive passion de la part d'Anteia, l'épouse de Prœtos, roi d'Argos. Voyant ses avances repoussées, elle conçut contre lui une haine violente, et s'efforça par de fausses accusations de persuader à son mari de le tuer. Prœtos refusa de commettre cette action sous son propre toit, mais il l'envoya à son gendre, le roi de Lykia (Lycie), en Asie Mineure, lui remettant entre les mains des tablettes fermées remplies de signes devant causer sa mort.

Conformément à ces suggestions, on imposa à Bellerophôn les entreprises les plus périlleuses. On le chargea d'attaquer le monstre Chimæra et de vaincre les belliqueux Solymes ainsi que les Amazones : comme il revenait vainqueur de ces expéditions, une embuscade lui fut tendue par les plus braves guerriers lykiens, mais il les tua tous. A la fin, le roi de Lykia le reconnut « comme le véritable fils d'un dieu » et lui donna sa fille en mariage avec la moitié de son royaume. Les petits-fils de Bellerophôn, Glaukos et

---

(1) Pindare, Olymp. XIII, 98, et Schol. ad 1; Schol. ad Iliad. VI, 155; ceci semble être le sens de l'Iliade, VI, 191.

Le drame aujourd'hui perdu de Sophocle, Iobatês, et les deux d'Euripide appelés Sthenebœa et Bellerophôn, traitaient des aventures de ce héros. V. la collection du petit nombre de fragments qui restent dans Dindorf, Fragm. Soph. 280; Fragm. Eurip. p. 87-108, et Hygin, f. 67.

Welcker (Griechische Tragoed. II, p. 777-800) a rapproché d'une manière ingénieuse tout ce que l'on peut deviner au sujet des deux pièces d'Euripide.

Voelcker cherche à prouver que Bellerophôn est identique à Poseidôn Hippios, — personnification distincte de l'un des attributs du dieu Poseidôn. A l'appui de cette conjecture il donne quelques raisons plausibles (Mythologie des Japetisch. Geschlechts, p. 129 sqq.).

Sarpêdôn, ce dernier fils de sa sœur Laodameia et de Zeus, combattent comme alliés de Troie contre l'armée d'Agamemnôn (1).

Nous passons maintenant de Sisyphos et des fables corinthiennes à un autre fils d'Æolos, Athamas, dans l'histoire de la famille duquel on ne trouve pas moins d'incidents tristes et tragiques, amplement diversifiés par les poëtes. Athamas, nous dit-on, était roi d'Orchomenos; son épouse Nephelè était déesse, et il eut d'elle deux enfants, Phryxos et Hellè. Après un certain temps, il négligea Nephelè, et prit pour nouvelle épouse Inô, fille de Kadmos, de qui il eut deux fils, Learchos et Melikertès. Inô, regardant Phryxos avec la haine d'une marâtre, tendit un piége à ses jours. Elle persuada aux femmes de faire griller le blé des semailles, de sorte que, semé dans cet état, il ne produisit pas de moisson et que la famine se répandit sur la terre. Athamas envoya à Delphes pour demander avec instance un conseil ou un remède: il lui fut répondu, par suite des machinations d'Inô de connivence avec l'oracle, qu'on ne pourrait remédier à la stérilité des champs qu'en offrant Phryxos en sacrifice à Zeus. La détresse du peuple força le roi à exécuter cet ordre, et Phryxos fut conduit comme victime à l'autel. Mais le pouvoir de sa mère Nephelè l'arracha à sa perte, et lui procura par l'entremise d'Hermès un bélier dont la toison était d'or, sur lequel lui et sa sœur Hellè montèrent et furent transportés à travers la mer. Le bélier prit la direction du Pont-Euxin et de la Kolchis (Colchide): pendant qu'ils passaient l'Hellespont, Hellè tomba dans le détroit, qui prit son nom de cet incident. Alors le bélier, qui était doué de la parole, consola Phryxos épouvanté, et finit par le transporter sain et sauf en Kolchis : Æêtês, roi de cette contrée, fils du dieu Hêlios et frère de Circè, reçut Phryxos avec bonté, et lui donna sa fille Chalkiopè en mariage. Phryxos sacrifia le bélier à Zeus Phyxios, et suspendit la toison d'or dans le bois sacré d'Arês.

---

(1) Iliade, VI, 155-210.

Athamas, selon quelques-uns Athamas et Inô, furent dans la suite frappés de folie par la colère de la déesse Hêrê; le père alla jusqu'à tuer son propre fils Learchos, et aurait aussi mis à mort son autre fils Melikertês, si Inô ne l'eût arraché de ses mains. Elle s'enfuit avec l'enfant, et traversa le territoire de Megara et le mont Geraneia, jusqu'au rocher Moluris, qui surplombe le golfe Saronique; Athamas la poursuivit, et pour lui échapper, elle se précipita dans les flots. Elle devint une déesse de la mer, sous le nom de Leukothea; tandis que le corps de Melikertês fut jeté sur la côte, dans le territoire de Schœnos, et enterré par son oncle Sisyphos, qui fut chargé par les Néréides de lui rendre les honneurs héroïques sous le nom de Palæmôn. Les jeux Isthmiques, une des grandes fêtes périodiques de la Grèce, étaient célébrés en l'honneur du dieu Poseidôn, conjointement avec Palæmôn, honoré comme un héros. Athamas abandonna son territoire, et s'établit le premier dans une contrée voisine appelée d'après lui Athamantia, ou plaine Athamantienne (1).

---

(1) Eurip. Méd. 1250, avec les Scholies, récit d'après lequel Inô tua ses deux enfants: —

Ἰνὼ μανεῖσαν ἐκ θεῶν, ὅθ' ἡ Διὸς
Δάμαρ νιν ἐξέπεμψε δωμάτων ἄλη.

Cf. Walckenaer, Diatribe in Eurip.; Apollod. I, 9, 1-2; Schol. ad Pindar. Argum. ad Isthm. p. 180. On peut voir dans Hygin, fabl. 1-5, les nombreuses variétés de la fable d'Athamas et de sa famille; Philostephanus ap. Schol. Iliad. VII, 86 : c'était un sujet favori pour les poëtes tragiques, et il fut traité par Eschyle, par Sophocle et par Euripide dans plus d'un drame (V. Welcker, Griechische Tragoed. vol. I, p. 312-332; vol. II, p. 612). Heyne dit que la vraie leçon du nom est *Phrixus*, non *Phryxus*, — forme incorrecte, à ce que je crois: Φρύξος rattache le nom à la fois à l'histoire du blé grillé (φρύγειν) et à la contrée Φρυγία, dont on prétendait que Phryxos était l'éponyme. Inô, ou Leukothea, était adorée comme héroïne à Megara ainsi qu'à Corinthe (Pausan. I, 42, 3). La célébrité des jeux Isthmiques porta son culte, aussi bien que celui de Palæmôn, dans la plus grande partie de la Grèce (Cicéron, de Nat. Deor. III, 16). Elle est la seule personne de cette famille que l'on trouve mentionnée soit dans l'Iliade, soit dans l'Odyssée: dans ce dernier poëme, c'est une déesse de la mer, qui a jadis été une des mortelles, fille de Kadmos; elle sauve Odysseus d'un danger imminent en mer en lui présentant son κρήδεμνον (Odyss. v. 433; V. les Raffinements d'Aristide, Orat. III, p. 27). Le voyage de Phryxos et d'Hellê en Kolchis était raconté dans les Eoiai Hésiodiques: nous trouvons les noms des enfants de Phryxos et de la fille d'Æêtès cités d'après ce poëme (Schol. ad Apoll. Rhod. II, 1123). Hésiode, ainsi que Phérécyde, mentionnait la toison d'or du bélier

La légende d'Athamas se rattache à quelques rites religieux sanguinaires et à des coutumes de famille très-particulières qui régnèrent à Alos, dans l'Achaia Phthiôtis, jusqu'à une époque (1) postérieure à l'historien Hérodote, et dont quelques restes existaient à Orchomenos même au temps de Plutarque. Athamas était adoré à Alos comme héros; il avait à la fois une chapelle et un bois sacré, voisins et dépendant du temple de Zeus Laphystios. A la famille dont il était l'auteur héroïque étaient attachées une malédiction et une incapacité particulières. Il était interdit à l'aîné de la race d'entrer dans le prytaneion ou palais du gouvernement; si on le trouvait en deçà des portes de l'édifice, les autres citoyens le saisissaient à sa sortie, l'entouraient de guirlandes et le conduisaient en procession solennelle pour être sacrifié comme victime à l'autel de Zeus Laphystios. Cette prohibition entraînait avec elle l'exclusion de toutes les réunions et de toutes les cérémonies publiques, politiques et religieuses et du feu sacré de l'Etat. Beaucoup des individus ainsi stigmatisés avaient donc été assez hardis pour la transgresser. Quelques-uns avaient été saisis en sortant de l'édifice et effectivement sacrifiés; d'autres avaient fui le pays pour longtemps, afin d'éviter un pareil sort.

Les guides qui conduisaient Xerxès et son armée à travers la Thessalia méridionale lui racontèrent en détail la coutume existante, rattachée à la légende locale, disant qu'Athamas, de concert avec Inô, avait cherché à accomplir le meurtre de Phryxos, qui cependant s'était sauvé en

---

(Eratosth. Catasterism. 19; Phérécyd. Fragm. 53, Didot).

Hécatée conservait le roman du Bélier parlant (Schol. Apoll. Rhod. I, 256); mais Hellanicus abandonne l'histoire de la chute d'Hellê dans la mer : selon lui, elle mourut à Paktyê dans la Chersonèse (Schol. Apoll. Rhod. II, 1144).

Le poëte Asius semble avoir donné la généalogie de la descendance d'Athamas et de Thémistô, à peu près comme nous la trouvons dans Apollodore (Pausan. IX, 23, 3).

Selon les ingénieux raffinements de Dionysius et de Palæphate (Schol. ad Apoll. Rhod. II, 1144; Palæph. de Incred., c. 31), le bélier de Phryxos était après tout un homme nommé Krios, serviteur fidèle qui l'aida à se sauver; d'autres imaginèrent un vaisseau avec une tête de bélier à l'avant.

(1) Plutarque, Quæst. Græc. c. 38, p. 299. Schol. Apoll. Rhod. II, 655.

Kolchis; que les Achæens avaient reçu d'un oracle l'injonction d'offrir Athamas lui-même en sacrifice expiatoire pour délivrer le pays de la colère des dieux; mais que Kityssoros, fils de Phryxos, revenant de Kolchis, arrêta le sacrifice d'Athamas (1), d'où il résultait que la colère des dieux n'avait pas encore été apaisée, et qu'une malédiction constante planait sur la famille (2).

Il paraît certain que de tels sacrifices humains continuèrent dans une proportion plus ou moins grande, même jusqu'à une époque postérieure à Hérodote, au sein de la famille qui honorait Athamas comme son auteur héroïque : il est aussi fait mention de semblables coutumes dans des parties de l'Arcadïa et de la Thessalia, en l'honneur de Pêleus et de Chirôn (3). Mais nous pouvons présumer avec raison qu'à

---

(1) On connaît peu de chose de l'Athamas de Sophocle, dont le sujet était ce sacrifice projeté, mais non accompli, si ce n'est par un passage d'Aristophane et par les Scholies qui le concernent (Nubes, 258) : —

Ἐπὶ τί στέφανον; οἴμοι, Σώκρατες,
Ὥσπερ με τὸν Ἀθάμανθ' ὅπως μὴ θύ-
[σετε.

Athamas paraissait dans ce drame avec une guirlande sur la tête, sur le point d'être sacrifié en expiation de la mort de son fils Phryxos, quand Hêraklês intervient et le délivre.

(2) Hérodote, VII, 197; Platon, Minôs, p. 315.

(3) Platon, Minôs, c. 5. Καὶ οἱ τοῦ Ἀθάμαντος ἔκγονοι, οἵας θυσίας θύουσιν, Ἕλληνες ὄντες. Comme preuve du fait existant encore ou supposé existant, ce dialogue est tout à fait suffisant, bien qu'il ne soit pas de Platon.

Μόνιμος δ' ἱστορεῖ, ἐν τῇ τῶν θαυμασίων συναγωγῇ ἐν Πέλλῃ τῆς Θετταλίας Ἀχαιῶν ἄνθρωπον Πηλεῖ καὶ Χείρωνι καταθύεσθαι (Clemens Alexand. Admon. ad Gent. p. 27, Sylb.). Au sujet des sacrifices faits dans le temple de Zeus Lykæos en Arcadia, V. Platon, Republ.

VIII, p. 565. Pausanias (VIII, 38, 5) semble, lorsqu'il était sur les lieux, avoir reculé même devant l'idée de demander ce qu'ils étaient, preuve frappante de l'idée effrayante qu'il s'en était faite. Plutarque (de Defectu Oracul., c. 14) parle de τὰς πάλαι ποιουμένας ἀνθρωποθυσίας. Le Schol. ad Lycophron. 229, fait le récit d'un sacrifice d'enfants offert à Melikertês à Tenedos; et Apollodore (ad Porphy. de Abstinentiâ, II, 55, V. Apollod. Fragm. 20, éd. Didot) disait que les Lacédæmoniens avaient sacrifié un homme à Arês : — καὶ Λακεδαιμονίους φησὶν ὁ Ἀπολλόδωρος τῷ Ἄρει θύειν ἄνθρωπον. Au sujet de Salamis en Cypre, V. Lactance, de Falsâ Religione, I, c. 21. « Apud Cypri Salaminem, humanam hostiam Jovi Teucrus immolavit, idque sacrificium posteris tradidit : quod est nuper Hadriano imperante sublatum. »

Au sujet des sacrifices humains dans la Grèce historique, on peut consulter un excellent chapitre de l'ouvrage de K. F. Hermann Gottesdienstliche Alterthümer der Griechen (sect. 27). De tels sacrifices avaient été une portion de la religion primitive Grecque, mais

l'époque plus civilisée dont Hérodote fut témoin le sacrifice dont nous parlons était devenu très-rare. La malédiction et la légende subsistaient encore, mais n'étaient pas appelées à être mises en pratique, excepté pendant les périodes de grande souffrance ou de grande crainte nationales, époques auxquelles la sensibilité religieuse était toujours fortement excitée. Nous ne pouvons nullement douter que, pendant l'alarme causée par la présence du roi perse avec son armée innombrable et indisciplinée, les Thessaliens n'aient dû se rappeler vivement tout ce qu'il y avait d'effrayant dans leurs histoires nationales, ainsi que tout ce que leurs solennités religieuses contenaient de rites expiatoires. De plus, l'esprit de Xerxès lui-même fut tellement rempli d'une émotion religieuse par ce conte, qu'il témoigna son respect pour le séjour consacré à Athamas. Les guides qui lui racontaient la romanesque légende la donnaient comme la cause historique et créatrice de la règle et de la coutume actuelles : en l'examinant au point de vue critique, on est forcé (comme on l'a fait remarquer plus haut) de renverser l'ordre de priorité, et de regarder la coutume comme ayant été la cause occasionnelle de la légende servant à l'expliquer.

L'histoire de la famille d'Athamas et le culte de Zeus Laphystios sont expressément rattachés par Hérodote à Alos dans l'Achaia Phthiôtis, l'une des villes énumérées dans l'Iliade comme étant sous la domination d'Achille. Mais il y avait aussi une montagne appelée Laphystion, et un temple et un culte particulier de Zeus Laphystios entre Orchomenos et Korôneia (Coronée), dans la partie septentrionale du territoire connu comme Bœôtia durant les temps historiques. Ici aussi l'histoire de la famille d'Athamas est localisée, et Athamas nous est présenté comme roi des districts de Korôneia, d'Haliartos et du mont Laphystion : il est ainsi mêlé

étaient tombés partout graduellement en désuétude, — excepté dans un ou deux cas isolés, dont on parlait avec horreur. Même dans ces cas aussi, la réalité du fait, dans des temps postérieurs, n'est pas à l'abri du soupçon.

à la généalogie d'Orchomenos (1). Andreus (nous dit-on), fils du fleuve Pêneios, fut la première personne qui s'établit dans le pays, qui, d'après son nom, s'appela Andrêis. Athamas, venant après Andreus, reçut de lui le territoire de Korôneia et d'Haliartos avec le mont Laphystion : il donna en mariage à Andreus Euippè, fille de son fils Leukôn, et de ce mariage naquit Eteoklês, que l'on dit être fils du fleuve Kêphisos (Céphise). Korônos et Haliartos, petits-fils du Corinthien Sisyphos, furent adoptés par Athamas, puisqu'il avait perdu tous ses enfants. Mais lorsque son petit-fils Presbôn, fils de Phryxos, revint vers lui de Kolchis, il partagea son territoire de telle manière que Korônos et Haliartos devinrent les fondateurs des villes qui portèrent leurs noms. Almôn, fils de Sisyphos, reçut aussi d'Eteoklês une portion de territoire, où il établit le village Almônes (2).

Avec Eteoklês commença, d'après un récit donné par un des poëmes hésiodiques, le culte des Charites ou Grâces, continué si longtemps et d'une manière si solennelle à Orchomenos dans la fête périodique des Charitêsia, à laquelle un grand nombre de cités et de districts du voisinage semblent avoir contribué (3). Il distribua aussi les habitants en deux tribus, Eteokleia et Kêphisias. Il mourut sans enfants et eut pour successeur Almos, qui n'eut que deux filles, Chrysê et Chrysogeneia. Le fils de Chrysê et du dieu Arès fut Phlegyas, le père et le fondateur de la race belliqueuse et dévastatrice des Phlegyæ, qui dépouillaient quiconque était à leur portée, et attaquaient non-seulement les pèlerins en route pour Delphes, mais encore les trésors du temple lui-même. Le dieu offensé les châtia en les frappant continuellement de la foudre, par des tremblements de terre et par une peste qui fit mourir toute cette race impie, excepté un faible reste qui s'enfuit en Phokis. Chrysogeneia, l'autre fille d'Almos, eut Minyas du dieu Poseidôn : le fils de Minyas fut Orchomenos. C'est de leurs deux noms que furent tirés

---

(1) Pausan. IX, 34, 4.   (3) Ephore, Fragm. 68, Marx.
(2) Pausan. IX, 34, 5.

celui de Minyæ pour le peuple, et celui d'Orchomenos pour la ville (1). Pendant le règne d'Orchomenos, Hyêttos vint vers lui d'Argos, forcé de s'exiler par suite de la mort de Molyros : Orchomenos lui donna une portion du territoire, où il fonda le village appelé Hyêttos (2). Orchomenos, n'ayant pas d'enfant, eut pour successeur Klymenos, fils de Prêsbôn, de la maison d'Athamas : Klymenos fut tué par quelques Thébains pendant la fête de Poseidôn à Onchèstos ; et son fils aîné, Erginos, pour venger sa mort, attaqua les Thêbains avec toutes ses forces ; attaque qui eut un tel succès, que les Thêbains furent forcés de se soumettre et de lui payer un tribut annuel.

Le pouvoir d'Orchomenos était alors à son apogée : Minyas et Orchomenos avaient tous deux été des princes jouissant d'une extrême opulence, et le premier avait bâti un édifice spacieux et durable qu'il avait rempli d'or et d'argent. Mais le succès d'Erginos dans sa lutte contre Thêbes vit bientôt sa fin, et sa puissance fut détruite par le bras de l'irrésistible Hèraklês, qui repoussa dédaigneusement la demande du tribut, et même mutila les envoyés chargés de le réclamer : non-seulement il affranchit Thêbes, mais il abattit et dépouilla Orchomenos (3). Erginos dans sa vieillesse prit une jeune épouse ; de ce mariage naquirent les héros ou les dieux illustres Trophônios et Agamêdês ; bien que plusieurs auteurs (parmi lesquels est Paùsanias lui-même) considérassent Trophônios comme le fils d'Apollon (4). Trophônios, l'un des personnages les plus remarquables de la mythologie grecque, était adoré comme un dieu dans divers

---

(1) Pausan. IX, 36, 1-3. V. aussi une légende concernant les trois filles de Minyas, qui fut traitée par Corinne, la poëtesse de Tanagra, contemporaine de Pindare (Antonin. Liberalis. Narr. X).

(2) Cet exil de Hyêttos était raconté dans les Eoiai. (Hésiode, Fragm. 148, Markt.).

(3) Pausan. IX, 37, 2 ; Apollod. II, 4, 11 ; Diodor. IV, 10. Les deux derniers nous disent qu'Erginos fut tué. Klymenê est au nombre des épouses et des filles des héros vues par Odysseus dans Hadês : elle est nommée par le Schol. fille de Minyas (Odyss. XI, 325).

(4) Pausan. IX, 37, 1-3. Λέγεται δὲ ὁ Τροφώνιος Ἀπόλλωνος εἶναι, καὶ οὐκ Ἐργίνου · καὶ ἐγώ τε πείθομαι, καὶ ὅστις παρὰ Τροφώνιον ἦλθε δὴ μαντευσόμενος.

endroits; mais ce culte avait une sainteté spéciale à Lebadeia (Lébadée), où on l'honorait comme Zeus Trophônios : dans le temple qu'il avait dans cette ville, les manifestations prophétiques survécurent à celles de Delphes même (1). Trophônios et Agamêdês, jouissant d'un renom sans pareil comme architectes, construisirent (2) le temple de Delphes, le thalamos d'Amphytriôn à Thèbes, et aussi le caveau inaccessible de Hyrieus, à Hyria, dans lequel, dit-on, ils avaient laissé une seule pierre qu'ils pouvaient écarter à volonté afin de se réserver une entrée secrète. Ils y entrèrent si souvent, et dérobèrent une telle quantité d'or et d'argent, que Hyrieus, surpris de ses pertes, tendit à la fin un filet mince, dans lequel Agamêdês se prit sans pouvoir se débarrasser : Trophônios coupa la tête de son frère et l'emporta, de sorte que le corps, qui resta seul, ne suffit pas pour faire constater l'identité du voleur. Comme Amphiaraos, auquel il ressemble sous plus d'un rapport, Trophônios fut englouti par la terre près de Lebadeia (3).

De Trophônios et d'Agamêdês la généalogie d'Orchomenos passe à Askalaphos et à Ialmenos, les fils d'Arès et d'Astyochê, qui sont nommés dans le Catalogue de l'Iliade comme chefs des trente vaisseaux envoyés d'Orchomenos contre Troie. Azeus, le grand-père d'Astyochê dans l'Iliade, est

---

(1) Plutarque, de Defectu Oracul., c. 5, p. 411; Strabon, IX, p. 414. La mention des gâteaux emmiellés, qui se trouve à la fois dans Aristophane (Nub. 508) et dans Pausanias (IX, 39, 5), indique que les singulières cérémonies préliminaires, obligatoires pour ceux qui consultaient l'oracle de Trophônios, demeurèrent les mêmes après un intervalle de 550 ans. Pausanias le consulta lui-même. Il y avait eu dans un temps un oracle de Tirésias à Orchomenos, mais il s'était tu à une époque reculée (Plut. Defect. Oracul., c. 44, p. 434).

(2) Hom. Hymn. Apollon. 296; Pausan. IX, 11, 1.

(3) Pausan. IX, 37, 3. Une histoire semblable, mais beaucoup plus romanesque et plus développée, est racontée par Hérodote (II, 121), au sujet du caveau renfermant le trésor de Rhampsinite, roi d'Égypte. Charax (ap. Schol. Aristoph. Nub. 508) donne le même conte, mais il place la scène dans la voûte servant de trésor à Augias, roi d'Elis, qu'il dit avoir été bâtie par Trophônios, auquel il attribue une généalogie tout à fait différente. Les aventures romanesques du conte le rendaient éminemment propre à être entremêlé à un point ou à un autre d'une histoire légendaire, dans un pays quelconque.

présenté comme frère d'Erginos (1) par Pausanias, qui ne fait pas descendre l'arbre généalogique plus bas.

La généalogie donnée ici d'après Pausanias mérite d'autant plus d'attention, qu'elle semble avoir été copiée sur l'histoire spéciale d'Orchomenos par le Corinthien Kallippos (Callippe) qui, de son côté, l'emprunte du poëte Chersias, natif d'Orchomenos : les ouvrages de ce dernier n'étaient jamais venus entre les mains de Pausanias. Elle jette un grand jour sur le principe d'après lequel ces généalogies mythiques étaient composées, car presque chaque personnage de la série est un Eponyme. Andreus donna son nom au pays, Athamas à la plaine de ce nom; Minyas, Orchomenos, Korônos, Haliartos, Almos et Hyèttos sont chacun de la même manière rattachés à quelque nom de peuple, de tribu, de ville ou de village; tandis que Chrysè et Chrysogeneia doivent leur origine à l'ancienne opulence renommée d'Orchomenos. On trouve cependant de nombreuses différences au sujet de cette vieille généalogie, si nous jetons les yeux sur d'autres récits. D'après l'un d'eux, Orchomenos était fils de Zeus et d'Isionê, fille de Danaos; Minyas était fils d'Orchomenos (ou plutôt de Poseidôn) et d'Hermippê, fille de Bœôtos; les fils de Minyas étaient Presbôn, Orchomenos, Athamas et Diochthôndas (2). D'autres représentaient Minyas comme le fils de Poseidôn et de Kallirhoê, nymphe océanique (3), tandis que Dionysius l'appelait fils d'Arès, et Aristodême, fils d'Aleas; enfin il ne manquait pas d'auteurs qui appelaient Minyas et Orchomenos fils d'Eteoklês (4). Nous ne trouvons pas non plus dans aucune de ces généalogies le nom d'Amphiôn, fils d'Iasos, qui figure d'une manière si saillante dans l'Odyssée comme roi d'Orchomenos, et dont la fille, la belle Chlôris, épousa Nèleus. Pausanias le mentionne, mais non comme

---

(1) Pausan. IX, 38, 6; 29, 1.
(2) Schol. Apoll. Rhod. I. 230. Cf. Schol. ad Lycophron. 873.
(3) Schol. Pind. Olymp. XIV, 5.
(4) Schol. Pind. Isthm. I, 79. D'autres différences se trouvent dans Schol. Vett. ad Iliad. II, Catalog. 18.

roi, ce qui est le titre qui lui est donné dans Homère (1).

Les différences que nous venons de citer ne sont guère nécessaires pour prouver que ces généalogies d'Orchomenos n'ont aucune valeur historique. Cependant il semble qu'on peut déduire quelques conséquences probables du caractère général des légendes, soit que les faits ou les personnes dont elles sont composées soient réels ou fictifs.

Durant toute l'époque historique, Orchomenos est un membre de la confédération Bœôtienne. Mais on dit que les Bœôtiens, en venant de Thessalia, avaient immigré dans le territoire qui portait leur nom; et, avant le temps de leur immigration, Orchomenos et le territoire environnant semblent avoir été possédés par les Minyæ, qui sont reconnus comme habitant cette localité et dans l'Iliade et dans l'Odyssée (2), et dont les généalogistes empruntent l'éponyme qui revient constamment, le roi Minyas. Une légende poétique rattache les Minyæ d'Orchomenos, d'un côté, à Pylos et à la Triphylia, dans le Péloponèse; de l'autre côté, à la Phthiôtis et à la ville d'Iôlkos en Thessalia ; également à Corinthe (3), par Sisyphos et ses fils. Phérécyde représentait Nêleus, roi de Pylos, comme ayant aussi été roi d'Orchomenos (4). Dans la contrée appelée Triphylia, voisine de Pylos ou se confondant avec elle, Homère mentionne une rivière Minyéienne ; et nous trouvons des traces d'habitants appelés

---

(1) Odyss. XI, 283 ; Pausan. IX, 36, 3.

(2) Iliade, II, 5, 11; Odyss. XI, 283; Hésiode, Fragm. Eoiai, 27, Düntz. Ἴξεν δ'Ὀρχόμενον Μινυήϊον. Pindare, Olymp. XIV, 4. Παλαιγόνων Μινυᾶν ἐπίσκοποι. Hérod. I, 146; Pausanias les appelle Minyæ même dans leurs relations avec Sylla (IX, 30, 1). Buttmann, dans sa dissertation (über die Minyæ der Aeltesten Zeit, dans le Mythologus, Diss. XXI, p. 218), doute que le nom de Minyæ ait jamais été un nom réel; mais tous les passages sont contraires à son opinion.

(3) Schol. Apoll. Rhod. II, 1186, I, 230. Σκήψιος δὲ Δημήτριός φησι τοὺς περὶ τὴν Ἰωλκὸν οἰκοῦντας Μινύας καλεῖσθαι ; et I, 763 : Τὴν γὰρ Ἰωλκὸν οἱ Μίνυαι ᾤκουν, ὥς φησι Σιμωνίδης ἐν Συμμικτοῖς : de plus, Eustath. ad Iliad. II, 512. Steph. Byz. v. Μινύα. Orchomenos et Pylos se confondent dans l'esprit du poëte de l'Odyssée, XI, 458.

(4) Phérécyde, Fragm. 56, Didot. Nous voyons par le 55e Fragment du même auteur qu'il étendait la généalogie de Phryxos jusqu'à Pheræ (Phères) en Thessalia.

Minyæ même dans les temps historiques, bien que le récit donné par Hérodote de la route qu'ils suivirent pour y arriver soit étrange et peu satisfaisant (1).

Avant les grands changements qui survinrent parmi les habitants de la Grèce à la suite de l'immigration des Thesprôtiens en Thessalia, des Bœôtiens en Bœôtia, ainsi que des Dôriens et des Ætoliens dans le Péloponèse, à une époque que nous n'avons aucun moyen de déterminer, les Minyæ et les tribus qui étaient unies avec eux fraternellement semblent avoir occupé une large portion de la surface de la Grèce, depuis Iôlkos en Thessalia jusqu'à Pylos dans le Péloponèse. L'opulence d'Orchomenos est renommée même dans l'Iliade (2); et l'étude détaillée de sa topographie nous fournit une explication vraisemblable et de sa prospérité et de son déclin. Orchomenos était située sur la rive septentrionale du lac Kôpaïs (Copaïs), qui reçoit non-seulement le fleuve Kêphisos venant des vallées de la Phôkis, mais encore d'autres rivières venant du Parnassos et de l'Helikôn. Les eaux du lac trouvent plus d'une voie souterraine, en partie par des fentes et des cavités naturelles dans les montagnes formées de pierres calcaires, en partie par un tunnel percé artificiellement et de près d'une demi-lieue de longueur, pour sortir dans la plaine au nord-est, d'où elles coulent jusqu'à la mer de l'Eubœa près de Larymna (3). Et il paraît que, tant qu'on eut soin de veiller à ces canaux et de les conserver libres, une grande partie du lac était dans l'état d'une terre d'alluvion, d'une richesse et d'une fertilité excessives.

---

(1) Hérodote, IV, 145; Strabon, VIII, 337-347; Hom. Iliad. XI, 721; Pausan. v. 1, 7, ποταμὸν Μινυήϊον, près d'Elis.

(2) Iliade, IX, 381.

(3) V. la description de ces canaux ou Katabothra dans l'ouvrage du colonel Leake : Travels in Northern Greece, vol. II, c. 15, p. 281-293, et une autre plus détaillée encore dans Fiedler, Reise durch alle Theile des Koenigreichs Griechenland, Leipzig, 1840. Il reconnaît quinze puits perpendiculaires creusés dans le dessein de faire parvenir l'air dans le tunnel, et dont le premier était séparé du dernier par environ 5,900 pieds : maintenant ils sont naturellement comblés et bouchés (vol. I, p. 115).

Forchhammer assure que la longueur de ce tunnel est plus considérable que ce qui vient d'être mentionné. Il donne aussi un plan du lac Kôpaïs avec le pays environnant ; je l'ai inséré dans cette Histoire.

Mais quand les canaux venaient à être ou négligés, ou bouchés à dessein par un ennemi, l'eau s'accumulait au point d'occuper le sol de plus d'une ville ancienne, de mettre en danger la position de Kôpæ, et de forcer Orchomenos elle-même à quitter la plaine pour se placer sur la pente du mont Hyphanteion. Un ingénieur, Kratês, entreprit, sous le règne d'Alexandre le Grand et d'après son ordre, de nettoyer les conduits d'eau obstrués; le destructeur de Thêbes était désireux de relever la prospérité éteinte d'Orchomenos. Kratês parvint à dessécher et à diminuer le lac partiellement, ce qui rendit visible la place de plus d'une ancienne ville ; mais la résurrection de Thêbes par Kassandre, après le mort d'Alexandre, arrêta les progrès de l'entreprise, et le lac reprit bientôt ses premières dimensions, sans qu'on ait fait plus tard de nouvelles tentatives pour le resserrer (1).

Selon la légende thêbaine (2), Hêraklès, après qu'il eut vaincu Erginos, avait fermé l'issue des eaux et transformé la plaine d'Orchomenos en un lac. Le fait de ces eaux se répandant ainsi se rattache à l'humiliation des Minyæ; et il n'y a guère lieu d'hésiter à attribuer à ces anciens habitants d'Orchomenos, avant qu'elle fût devenue bœôtienne, l'agrandissement et la conservation de ces canaux protecteurs. Et il n'était pas non plus possible qu'un tel dessein eût été accompli sans l'action combinée et l'ascendant reconnu de cette ville sur ses voisins, et s'étendant jusqu'à la mer à Larymna, où se décharge le fleuve Kêphisos. Nous trouvons une preuve remarquable de son influence étendue aussi bien que de son activité maritime dans l'ancienne et vénérable assemblée amphiktyonique à Kalauria (Calaurie). La petite île ainsi appelée, près du port de Trœzên, dans le Pélopo-

---

(1) Nous devons ce fait intéressant à Strabon, dont le récit est cependant à la fois concis et peu satisfaisant, VIII, p. 406-407. On assurait qu'il y avait eu deux anciennes villes, nommées Eleusis et Athænæ, fondées primitivement par Cecrôps, situées sur le lac, et ainsi inondées (Steph. Byz. v. Ἀθῆναι. Diog. Laërt. IV, 23 ; Pausan. IX, 24, 2). Pour la plaine ou le marais près d'Orchomenos, V. Plut. Sylla, c. 20-22.

(2) Diod. IV, 18 ; Pausan. IX, 38, 5.

nèse, consacrée à Poseidôn, était un asile d'une sainteté inviolable. Dans le temple de Poseidôn, à Kalauria, il avait existé, depuis un temps d'une date inconnue, un sacrifice périodique célébré en commun par sept villes : Hermionê, Epidauros, Ægina, Athènes, Prasiæ, Nauplia et Orchomenos du pays des Minyæ. Cette ancienne combinaison religieuse date du temps où Nauplia était indépendante d'Argos, et Prasiæ de Sparte : Argos et Sparte, selon l'usage habituel en Grèce, continuèrent à remplir l'obligation, chacune pour sa part, imposée à la ville devenue respectivement leur sujette (1). Six de ces sept États sont à la fois des villes maritimes, et situées assez près de Kalauria pour qu'on s'explique leur participation à cette réunion amphiktyonique. Mais l'adjonction d'Orchomenos, à sa distance relative, devient inexplicable si l'on ne suppose que son territoire s'étendait jusqu'à la mer, et qu'elle exerçait un commerce maritime considérable, fait qui sert à jeter du jour et sur son lien légendaire avec Iôlkos, et sur la part qu'elle prit dans ce qu'on appelle l'émigration Ionienne (2).

Le grand pouvoir d'Orchemenos fut renversé et la ville réduite à une position secondaire et à demi dépendante par les Bœôtiens de Thêbes; à quelle époque et dans quelles circonstances, c'est ce que l'histoire n'a pas conservé. Comme le récit qui nous apprend que le héros thêbain, Hêraklès, délivra sa ville natale de la servitude et du tribut qu'elle payait à Orchomenos est tiré d'une légende kadméenne, et non d'une légende d'Orchomenos, et que les détails de ce récit étaient des sujets favoris de commémoration dans les temples thêbains (3), on peut présumer que Thêbes fut réellement autrefois sous la dépendance d'Orchomenos. De plus, les mutilations sauvages infligées par le héros aux envoyés chargés de réclamer le tribut, et que dépeint si fidèlement

---

(1) Strabon, VIII, p. 374. Ἦν δὲ καὶ Ἀμφικτυονία τις περὶ τὸ ἱερὸν τοῦτο, ἑπτὰ πόλεων αἱ μετεῖχον τῆς θυσίας· ἦσαν δὲ Ἑρμιών, Ἐπίδαυρος, Αἴγινα, Ἀθῆναι, Πρασιεῖς, Ναυπλιεῖς, Ὀρχόμενος ὁ Μινύειος. Ὑπὲρ μὲν οὖν τῶν Ναυπλιέων Ἀργεῖοι, ὑπὲρ Πρασιέων δὲ Λακεδαιμόνιοι, ξυνετέλουν.

(2) Pausan. IX, 17, 1; 26, 1.

(3) Hérod. I, 146. Pausan. VII, 2, 2.

son surnom de Rhinokoloustês (coupeur de nez), répandent dans le mythe une portion de ce sentiment amer qui régna si longtemps entre Thèbes et Orchomenos, et qui amena les Thêbains à détruire et à dépeupler la ville rivale aussitôt que la bataille de Leuktra eut placé la suprématie entre leurs mains (1). La génération suivante vit Thèbes à son tour soumise à la même destinée, ainsi que la restauration d'Orchomenos. La grandeur légendaire de cette cité, longtemps après qu'elle avait cessé de se distinguer par son opulence et son pouvoir, continuait à être gravée d'une manière impérissable dans les esprits des nobles citoyens et à être rappelée dans les compositions des poëtes : le langage expressif de Pausanias montre combien il avait trouvé sur ce sujet dans l'ancienne épopée (2).

SECTION II. — FILLES D'ÆOLOS

A plusieurs des filles d'Æolos se rattachent de mémorables généalogies et récits mythiques. Alkyone épousa Kêyx, fils d'Eôsphoros, mais ils déployèrent tous deux à un haut degré la présomptueuse insolence commune à la famille d'Æolos. Alkyone donnait à son époux le nom de Zeus, tandis que celui-ci l'appelait Hêrê, acte d'orgueil que Zeus

---

(1) Theocr. XVI, 104 : —
Ὦ Ἐτεόκλειοι θύγατρες θεαὶ, αἱ Μι-
[νύειον
Ὀρχόμενον φιλέοισαι, ἀπεχθόμενόν
[ποκα Θήβαις.
Le Scholiaste donne à ces mots un sens beaucoup plus étroit qu'ils ne l'ont réellement. V. Diodor. XV, 79; Pausan. IX, 15. Dans le discours qu'Isocrate prête à un Platéen se plaignant des procédés oppressifs de Thèbes, l'ancienne servitude et le tribut imposé jadis à Orchomenos sont reprochés aux Thêbains (Isocr. Orat. Plataic. vol. III, p. 32, Auger).

(2) Pausan. IX, 34, 5. V. aussi la XIVᵉ Olympique de Pindare, adressée à Asopikos d'Orchomenos. Le savant et instructif ouvrage de K. O. Muller, Orchomenos und die Minyer, renferme tout ce qu'on peut savoir touchant cette ville jadis célèbre ; le contenu du livre, en effet, va bien au delà des promesses du titre.

punit en les changeant tous les deux en oiseaux (1).

Kanakê eut du dieu Poseidôn plusieurs enfants, au nombre desquels étaient Epôpeus et Alôeus (2). Alôeus épousa Iphimêdea, qui devint amoureuse du dieu Poseidôn, et se vanta de son intimité avec lui. Elle eut de lui deux fils, Otos et Ephialtês, les immenses et formidables Alôides, êtres semblables aux Titans, qui avaient neuf toises en hauteur et neuf coudées en largeur, même dans leur enfance, avant d'avoir atteint tout le développement de leur force. Ces Alôides défièrent et insultèrent les dieux dans l'Olympe. Ils firent la cour à Hêrê et Artemis ; de plus ils saisirent même Arês et le lièrent, le confinant dans une chambre d'airain pendant treize mois. Personne ne savait où il était, et le poids intolérable de la chaîne aurait fini par causer sa mort, si Eribœa, la jalouse belle-mère des Alôides, n'eût révélé le lieu de sa détention à Hermês, qui l'enleva subrepticement quand il était à la dernière extrémité. Arês ne put obtenir de réparation pour un tel outrage. Otos et Ephialthês se disposèrent même à attaquer les dieux dans le

---

(1) Apollod. I, 7, 4. Kêix, — roi de Trachine, — l'ami d'Hêraklês et le protecteur des Hêraklides autant que le lui permettait son pouvoir (Hésiode, Scut. Hercul. 355-473 ; Apollod. II, 7, 5 ; Hécatée, Fragment. 353, Didot).

(2) Kanakê, fille d'Æolos, est un sujet d'un profond intérêt tragique, et dans Euripide et dans Ovide. La onzième Héroïde de ce dernier, principalement fondée sur la pièce nommée Æolos, aujourd'hui perdue, du poëte grec, est supposée adressée par Kanakê à Macareus, et contient la description pathétique du sort malheureux d'une passion entre un frère et une sœur. V. les fragments de l'Æolos dans la collection de Dindorf. Dans le conte de Kaunos et de Byblis, tous deux enfants de Milêtos, les suites d'une passion incestueuse sont différentes, mais elles ne sont guère moins tristes (Parthenios, Narr. XI).

Makar, fils d'Æolos, est le premier habitant de l'île de Lesbos (Hom. Hymn. Apoll. 37) ; de plus, dans l'Odyssée, Æolos, fils d'Hippotês, le dispensateur des vents, a six fils et six filles qu'il marie ensemble (Odyss. X, 7). Les deux personnages appelés Æolos sont réunis par un lien généalogique (V. Schol. ad Odyss. l. c., et Diod. IV, 67) ; mais il semble probable que ce fut Euripide qui le premier mit les noms de Macareus et de Kanakê dans le rapport qui leur donne leur célébrité poétique. Sostrate (ap. Stob. t. 614, p. 404) ne peut être considéré comme ayant puisé à une source plus ancienne qu'Euripide. Welcker (Griech. Tragoed. vol. II, p. 860) réunit tout ce qu'on peut savoir touchant la structure du drame perdu d'Euripide.

ciel, en entassant l'Ossa sur l'Olympe et le Pélion sur l'Ossa, afin d'atteindre jusqu'à eux. Et ils auraient accompli leur projet s'il leur avait été donné de parvenir à leur entier développement, mais les flèches d'Apollon mirent à propos fin à leur courte carrière (1).

La généalogie attribuée à Kalykê, autre fille d'Æolos, nous conduit de Thessalia à Elis et en Ætôlia. Elle épousa Aëthlios (fils de Zeus et de Prôtogeneia, fille de Deukaliôn et sœur d'Hellên), qui conduisit une colonie hors de la Thessalia, et s'établit dans le territoire d'Elis. Il eut pour fils Endymiôn, au sujet duquel le Catalogue hésiodique et les Eoiai rapportaient plusieurs choses merveilleuses. Zeus lui accorda le privilége de déterminer l'heure de sa propre

---

(1) Iliade V, 386; Odyss. XI, 306; Apollod. I, 7, 4. De même, dans la Théogonie hésiodique, Tiphôeus, le dernier ennemi des dieux, est tué avant de parvenir à toute sa croissance (Théog. 837). Pour les différents changements qu'a subis cette ancienne légende homérique, V. Heyne, ad Apollod. *l. c.*, et Hygin, f. 28. Les Alôides étaient mentionnés dans les poëmes hésiodiques (ap. Schol. Apoll. Rhod. I, 482). Ce n'est pas *eux* qu'Odysseus voit dans l'empire d'Hadês, comme le dit Heyne par méprise; c'est leur mère Iphimêdea. Virgile (Æn. VI, 582) leur assigne une place parmi les coupables punis dans le Tartare.

Eumêle, le poëte corinthien, désignait Alôeus comme fils du dieu Hêlios et frère d'Æêtês, le père de Mêdea (Eumêl. Fragm. 2, Marktscheffel). La scène de leur mort fut dans la suite placée à Naxos (Pind. Pyth. IV, 88) : on voyait leurs tombes à Anthêdôn en Bœôtia (Paus. IX, 22, 4). La très-curieuse légende dont parle Pausanias, tirée d'Hégisinoos, l'auteur d'une Atthis, — et où l'on lit qu'Otos et Ephialtês furent les premiers qui établirent le culte des Muses sur l'Helikôn, et qu'ils fondèrent Askra avec Œôklos, le fils de Poseidôn, — est une de celles que nous n'avons aucun moyen de suivre plus loin (Paus. IX, 29, 1).

L'histoire des Alôides, telle que la donne Diodore (V, 51, 52), est différente presque en tout point : elle est évidemment empruntée de quelque archéologue de Naxos, et le seul renseignement que nous y recueillons, c'est qu'Otos et Ephialtês reçurent à Naxos les honneurs rendus aux héros. Les vues d'O. Müller (Orchomenos, p. 387) me paraissent étrangement vagues et imaginaires.

Ephialtês prend part au combat des géants contre les dieux (Apollod. t. VI, 2), et à ce propos Heyne fait remarquer, comme dans tant d'autres cas, « Ephialtês hic non confundendus cum altero Alôei filio. » Observation juste à la vérité, si l'on suppose que nous avons affaire à des personnages et à des aventures d'une réalité historique, — mais qui trompe complètement par rapport à ces caractères légendaires. Car ici la conception générale d'Ephialtês et de ses attributs est dans les deux cas la même; mais on ne peut faire s'accorder, comme faits, l'une avec l'autre, les aventures particulières qui lui sont attribuées.

mort, et même le transporta dans le ciel, qu'il perdit pour avoir osé courtiser Hèrê ; un nuage trompa sa vue dans ce criminel attentat, et il fut précipité dans les enfers (1). Selon d'autres récits, sa grande beauté fit que la déesse Selênê devint éprise de lui, et le visita la nuit pendant son sommeil : — le sommeil d'Endymiôn devint une expression proverbiale pour dire un repos digne d'envie, exempt de trouble et de mort (2). Endymiôn eut pour enfants (Pausanias nous donne, pour le nom de son épouse, trois versions différentes, et Apollodore une quatrième) Epeios, Ætôlos, Pæôn et une fille Eurykydê. Il fit courir ses trois fils dans le stade à Olympia, et Epeios, étant victorieux, fut récompensé par la succession au trône ; c'est d'après lui que le peuple fut appelé les Epeiens.

Epeios n'eut pas d'enfant mâle, et il eut pour successeur son neveu Eleios, fils d'Eurykydê et du dieu Poseidôn ; le nom du peuple fut alors changé d'Epeiens en Eleiens. Ætôlos, le frère d'Epeios, ayant tué Apis, fils de Phorôneus, fut forcé de s'enfuir du pays : il traversa le golfe de Corinthe, et s'établit dans le territoire alors appelé Kurêtis, mais auquel il donna le nom d'Ætôlia (3).

Le fils d'Eleios, ou, selon d'autres versions, du dieu Hêlios, de Poseidôn, ou de Phorbas (4), est Augias, que nous trouvons mentionné dans l'Iliade comme roi des Epeiens ou des Eleiens. Augias était riche en biens ruraux de toute sorte,

---

(1) Hésiode, Acusilas et Phérécyde, ap. Schol. Apollon. Rhod. IV, 57 ; Apoll. Dyscole, Ἰν δ' αὐτῷ θανάτου ταμίης — de Pronomin. p. 106. Bekker. La Scholie sur le vers d'Apoll. de Rhodes est très-pleine de faits, et expose un grand nombre des différences que présente le conte d'Endymiôn. V. aussi Apollod. I, 7, 5 ; Pausan. V, 1, 2 ; Conon, Narr. 14.

(2) Théocrite, III, 49 ; XX, 35 ; où cependant Endymiôn est rattaché à Latmos en Karia (V. Schol. ad loc.).

(3) Pausan. V, 1, 3-6 ; Apollod. I, 7, 6.

(4) Apollod. II, 5, 5 ; Schol. Apoll. Rhod. I, 172. Selon toute probabilité, la vieille légende faisait d'Augias le fils du dieu Hêlios : Hêlios, Augias et Agamêdê forment une triple série parallèle à la généalogie corinthienne, Hêlios, Æêtês et Mêdea ; sans mentionner que l'étymologie d'Augias le rattache à Hêlios. Théocrite (XX, 55) le désigne comme le fils du dieu Hêlios, dont la faveur fit prospérer et multiplier son bétail d'une manière si surprenante (XX, 117).

et il possédait des troupeaux de bétail si nombreux, que le fumier des animaux s'accumula dans l'étable ou enceintes destinées au bétail à un point qu'on ne put le supporter. Eurystheus, pour faire outrage à Hêraklès, lui imposa l'obligation de nettoyer cette étable : le héros, dédaignant de transporter le fumier sur ses épaules, détourna le cours du fleuve Alpheios (Alphée), qu'il fit passer à travers le bâtiment, et ainsi enleva tout ce qui l'encombrait (1). Mais Augias, malgré un service aussi signalé, refusa à Hêraklès la récompense promise, bien que son fils Phyleus protestât contre une telle déloyauté, et que, voyant qu'il ne pouvait décider son père à tenir sa parole, il se retirât plein de douleur et de colère dans l'île de Dulichiôn (2). Pour se venger de la perfidie dont il était victime, Hêraklès envahit Elis ; mais Augias avait de puissants auxiliaires, particulièrement ses neveux, les deux Molionides (fils de Poseidôn et de Molyonè, épouse d'Aktôr), Eurytos et Kteatos. Les corps de ces deux frères miraculeux, d'une force surnaturelle, se réunirent au point de n'en faire qu'un, mais ils avaient deux têtes et quatre bras (3). Telle était leur puissance irrésis-

---

(1) Diodore, IV, 13. Ὕβρεως ἕνεκεν Εὐρυσθεὺς προσέταξε καθᾶραι; ὁ δὲ Ἡρακλῆς τὸ μὲν τοῖς ὤμοις ἐξενεγκεῖν αὐτὴν ἀπεδοκίμασεν, ἐκκλίνων τὴν ἐκ τῆς ὕβρεως αἰσχύνην, etc. (Pausan. V, 1, 7 ; Apollod. II, 5, 5).

Il ne sera pas sans doute déplacé de faire remarquer que cette fable indique une condition purement pastorale, ou tout au moins une agriculture dans un état singulièrement grossier ; et la manière dont Pausanias raconte le fait dépasse même la véritable histoire ; ὡς καὶ τὰ πολλὰ τῆς χώρας αὐτῷ ἤδη διατελεῖν ἀργὰ ὄντα ὑπὸ τῶν βοσκημάτων τῆς κόπρου. Les esclaves d'Odysseus cependant savent quel usage faire du fumier entassé devant sa clôture extérieure (Odyss. XVII, 299) ; il n'en est pas de même du Cyclope, qui n'est que carnivore et berger (Odyss. IX, 329).

L'étable où rentre le bétail venant du pâturage est appelé κόπρος dans Homère. — Ἐλθοῦσας ἐς κόπρον, ἐπὴν βοτάνης κορέσωνται (Odyss. X, 411); cf. Iliade, XVIII, 575, — Μυκηθμῷ δ'ἀπὸ κόπρου ἐπεσσεύοντο πέδονδε.

L'Augias de Théocrite a beaucoup de champs de blé et de vignes, aussi bien que de bétail ; il laboure sa terre trois ou quatre fois, et bêche sa vigne avec soin (XX, 20-32).

(2) L'Iliade mentionne la colère et la retraite de Phyleus (II, 633), mais sans en dire la cause.

(3) Ces propriétés particulières leur étaient attribuées, et dans les poëmes hésiodiques et par Phérécyde (Schol. Ven. ad Il. XI, 715-750, et ad Il. XXIII, 638), mais non dans l'Iliade. Le poëte Ibycus (Fragm. 11, Schneid. ap. Athenæ. II, 57) les appelle ἄλικας ἰσοκε-

tible, qu'Hêraklês fut défait et repoussé d'Elis ; mais bientôt les Eleiens envoyèrent les deux Molionides comme Théôres (envoyés sacrés) aux jeux Isthmiques, et Hêraklês se plaçant en embuscade à Kleônæ, les surprit et les tua à leur passage. Les Eleiens tâchèrent en vain d'obtenir réparation de ce meurtre et à Corinthe et à Argos ; telle est la raison que l'on donne de l'exclusion qu'ils s'imposèrent eux-mêmes, exclusion qui dura pendant toute l'époque historique, et par suite de laquelle aucun athlète éleien ne voulait jamais se présenter comme compétiteur aux jeux Isthmiques (1). Les Molionides étant ainsi écartés, Hêraklês envahit Elis de nouveau, et tua Augias avec tous ses enfants, à l'exception de Phyleus, qu'il fit venir de Dulichiôn et mit en possession du royaume de son père. Selon le récit plus humain qu'adopte Pausanias, Augias ne fut pas tué, mais obtint son pardon à la requête de Phyleus (2). Il fut adoré comme héros (3) même jusqu'à l'époque de cet auteur.

Ce fut à l'occasion de cette conquête d'Elis, selon le vieux mythe embelli par Pindare dans une ode magnifique, qu'Hêraklês consacra pour la première fois le sol d'Olympia et établit les jeux Olympiques. Telle était du moins une des nombreuses fables touchant l'origine de cette mémorable institution (4).

φάλους, ἐνιγυίους, Ἀμφοτέρους γεγαῶτας ἐν ὠέῳ ἀργυρέῳ.

Il y avait des temples et un culte divin en l'honneur de Zeus Moliôn (Lactance, de Falsâ Religione, I, 22).

(1) Pausan. V, 2, 4. L'inscription citée par Pausanias prouve que telle était la raison donnée par les athlètes Eleiens eux-mêmes pour expliquer l'exclusion ; mais il y avait plusieurs histoires différentes.

(2) Apollod. II, 7, 2 ; Diodor. IV, 33 ; Pausan. V, 2, 2 ; 3, 2. Il semble évident, d'après ces récits, que la véritable légende représentait Hêraklês comme ayant été défait par les Molionides : les moyens maladroits que prennent et Apollodore et Diodore pour éluder le fait ne font que le trahir. Pindare (Olymp. XI, 25-50) donne l'histoire sans aucune flatterie pour Hêraklês.

(3). Pausan. V, 4, 1.

(4) La copie arménienne d'Eusèbe donne une généalogie différente touchant Elis et Pisa : Aëthlios, Epeios, Endymiôn, Alexinos ; puis Œnomaos et Pélops, enfin Hêraklês. Quelques-uns comptaient *dix* générations, d'autres *trois*, entre Hêraklês et Iphitos, qui renouvela les jeux Olympiques interrompus. (V. copie armén. d'Eusèbe, c. 32, p. 140.)

Il a déjà été dit qu'Ætôlos, fils d'Endymiôn, quitta le Péloponèse pour avoir tué Apis (1). La contrée située au nord du golfe de Corinthe, entre les fleuves Euènos et Achelôos, reçurent de lui le nom d'Ætôlia, au lieu de celui de Kurêtis. Il en acquit la possession après avoir tué Dôros, Laodokos et Polypœtès, fils d'Apollon et de Phthia, bien qu'il eût reçu d'eux un bon accueil. Il eut de son épouse Pronoê (la fille de Phorbas) deux fils, Pleurôn et Kalydôn, et c'est d'après eux que furent nommées les deux principales villes de l'Ætôlia (2). Pleurôn épousa Xanthippê, fille de Dôros, et eut pour fils Agênôr, de qui naquirent Portheus ou Porthaôn et Demonikê : Euènos et Thestios furent enfants de cette dernière et du dieu Arês (3).

Portheus eut trois fils, Agrios, Melas et Œneus : au nombre des enfants de Thestios se trouvaient Althæa et Lêda (4), noms qui nous amènent à une période intéressante dans l'histoire légendaire. Lêda épouse Tyndareus, et devient mère d'Hélène et des Dioskures : Althæa épouse Œneus, et a, entre autres enfants, Meleagros et Deianeira ; cette dernière est fille du dieu Dionysos, et le premier, fils d'Arês (5). Tydeus aussi est son fils, Tydeus, le père de Dio-

---

(1) Ephore disait qu'Ætôlos avait été chassé par Salmôneus, roi des Epeiens et de Pisa (ap. Strab. VIII, p. 357) ; il doit avoir eu sous les yeux une histoire et une généalogie différentes de celles qui sont données dans le texte.

(2) Apollod. I, 7, 6. Il est fait mention ici de Dôros, fils d'Apollon et de Pthia, tué par Ætôlos, qui avait reçu de lui un accueil hospitalier. On ne connaît absolument rien de tout cela ; mais la liaison qui existe entre les noms est telle qu'elle rend probable l'existence de quelque légende se rattachant à eux : il est possible que l'assistance prêtée par Apollon aux Kurêtes contre les Ætôliens, et la mort de Meleagros, tué de la main d'Apollon, que rapportent également et les Eoiai et le poëme appelé Minyas (Pausan. X, 31, 2),

aient eu cette légende pour base. L'histoire se rattache à ce qui est dit par Apollodore au sujet de Dôros, fils d'Hellên.

(3) Selon l'ancien poëte généalogiste Asius, Thestios était fils d'Agênor le fils de Pleurôn (Asii Fragm. 6, p. 413, éd. Marktsch.). Cf. la généalogie Ætôlienne et les remarques générales sur ce point, dans Brandstaeter, Geschichte des Ætol. Landes, etc. Berlin, 1844, p. 23, *sqq*.

(4) Au sujet de Lêda, voir ce qu'en disent Ibycus, Phérécyde, Hellanicus, etc. (Schol. Apollon. Rhod. I, 146). Il est curieux de rapprocher les Corinthiaca d'Eumêle : c'est un spécimen des objets sur lesquels s'étendaient ces vieux poëmes généalogiques.

(5) Apollod. I, 8, 1 ; Euripide, Me-

mèdês : une supériorité guerrière avec des malheurs tragiques sont inséparables parmi les membres de cette mémorable famille.

Nous sommes assez heureux pour trouver la légende d'Althæa et de Meleagros présentée avec une étendue considérable dans l'Iliade, dans le discours prononcé par Phœnix pour apaiser la colère d'Achille. Œneus, roi de Kalydôn, dans les sacrifices qu'il offrit aux dieux à l'occasion des vendanges, omit de comprendre Artemis : cet homme mal conseillé, ou bien l'oublia, ou ne songea pas à elle (1); la déesse, irritée par un tel outrage, envoya contre les vignes d'Œneus un sanglier sauvage, de taille et de force immenses, qui déracina les arbres et détruisit tous leurs fruits. Ce sanglier était si terrible, qu'il n'y avait qu'une troupe nombreuse d'hommes qui pût s'aventurer à l'attaquer : cependant Meleagros, fils d'Œneus, ayant réuni un nombre considérable de compagnons, en partie des Kurètes de Pleurôn, finit par le tuer. Mais la colère d'Artemis ne fut pas encore apaisée. Elle suscita une dispute entre les combattants touchant la possession de la tête et de la peau du sanglier, trophées de la victoire. Dans cette dispute Meleagros tua le frère de sa mère Althæa, prince des Kurètes de Pleurôn ; ces Kurètes attaquèrent les Ætôliens de Kalydôn pour venger leur chef. Tant que Meleagros prit part à la bataille, les Ætôliens eurent l'avantage. Mais il refusa bientôt de sortir, indigné des malédictions prononcées contre lui par sa mère. Althæa en effet, profondément affligée de la mort de son frère, se jeta à terre toute en larmes, frappa le sol de ses mains avec violence, et supplia Hadês et Persephonê d'infliger la mort à Meleagros, prières que les implacables Erinnyes n'entendirent que trop bien dans l'Erèbe. Le héros

---

leagros, Fragm. I. Les trois fils de Portheus sont nommés dans l'Iliade (XIV, 116) comme vivant à Pleurôn et à Kalydôn. Le nom Œneus amène sans doute Dionysos dans la légende.

(1) Ἢ λάθετ', ἢ οὐκ ἐνόησεν · ἀάσσατο δὲ μέγα θυμῷ. (Iliade, IX, 533). L'influence destructive d'Atê est mentionnée auparavant (v. 502). La piété de Xénophon reproduit cette ancienne circonstance : — Οἰνέως δ' ἐν γήρᾳ ἐπιλαθομένου τῆς θεοῦ, etc. (de Venat. c. 1).

ressentit si vivement cette conduite de sa mère, qu'il se tint éloigné de la guerre. En conséquence, les Kurêtes non-seulement repoussèrent les Ætôliens du champ de bataille, mais encore assaillirent les murs et les portes de Kalydôn, et furent sur le point d'accabler ses habitants terrifiés.

Il n'y avait aucun espoir de salut, si ce n'est le bras de Meleagros : mais Meleagros reposait dans sa chambre aux côtés de sa belle épouse Kleopatra, fille d'Idas, sans s'inquiéter de la situation critique. Tandis qu'on entendait les cris que poussaient aux portes les assaillants presque certains de la victoire, les vieillards d'Ætôlia et les prêtres des dieux suppliaient instamment Meleagros de sortir (1), lui offrant la plus belle terre à son choix dans la plaine de Kalydôn. Ses amis les plus chers, son père Œneus, ses sœurs, et jusqu'à sa mère elle-même, ajoutèrent leurs supplications, mais il demeura inflexible. Enfin les Kurêtes pénétrèrent dans la ville et se mirent à l'incendier : à ce moment suprême, Kleopatra son épouse, dans un appel pathétique, le conjura de détourner d'elle et de sa famille les affreuses horreurs qui les menaçaient tous. Meleagros ne put résister davantage : il mit son armure, sortit de sa chambre et repoussa les ennemis. Mais quand le danger fut passé, ses compatriotes lui refusèrent les splendides présents qu'ils lui avaient promis, parce qu'il avait rejeté leurs prières et n'était sorti que d'après l'inspiration de son propre caprice hautain (2).

Telle est la légende de Meleagros dans l'Iliade : un vers dans le second livre mentionne simplement la mort de Meleagros sans plus de détails, comme pour expliquer pourquoi Thoas parut comme chef des Ætôliens devant Troie (3).

Des poëtes postérieurs ont étendu et modifié la fable. Les Eoiai hésiodiques, aussi bien que le vieux poëme appelé

---

(1) Ces prêtres composaient le chœur dans le Meleagros de Sophocle (Schol. ad Iliad. IX, 575).

(2) Iliade, IX, 525-595.
(3) Iliade, II, 642.

Minyas, représentaient Meleagros comme ayant été tué par Apollon, qui prêta son aide aux Kurêtes dans la guerre ; et l'incident du tison ardent, bien que tout à fait en désaccord avec Homère, est au moins aussi ancien que le poëte tragique Phrynichus, et antérieur à Eschyle (1). Les Mœræ ou Parques, se présentant à Althæa peu après la naissance de Meleagros, lui prédirent que l'enfant mourrait aussitôt que le tison qui brûlait alors sur le feu placé près d'elle serait consumé. Althæa l'arracha aux flammes, l'éteignit et le garda avec le plus grand soin, jusqu'au moment où elle s'emporta de colère contre Meleagros à cause de la mort de son frère. Alors elle jeta le tison dans le feu, et aussitôt qu'il fut consumé la vie de Meleagros se termina.

Nous savons par la critique de Pline que Sophocle ajouta à ce que ce sujet avait de pathétique, en racontant la mort lamentable des sœurs de Meleagros, qui succombèrent à l'excès de leur chagrin. Elles furent métamorphosées en oiseaux appelés méléagrides, et leurs larmes incessantes se changèrent en ambre (2). Mais entre les mains d'Euripide, est-ce dans l'origine par lui ou non (3), c'est ce que nous ne pouvons pas dire, Atalantê devint le caractère et le motif saillants de la pièce, tandis que la troupe convoquée pour chasser le sanglier de Kalydôn comprenait tous les héros distingués de toutes les parties de la Grèce. Dans le fait, comme Heyne le fait remarquer avec raison, cet événement est l'un des quatre drames collectifs de la vie héroïque grecque (4), avec l'expédition des Argonautes, le siége de Thêbes et la guerre de Troie.

Pour accomplir la destruction du terrible animal que, dans sa colère, Diane avait envoyé, Meleagros réunit non-seulement l'élite de la jeunesse parmi les Kurêtes et les

---

(1) Pausan. X, 31, 2. Πλευρώνιαι, tragédie perdue de Phrynicus.

(2) Plin. H. N. XXXVII, 2, 11.

(3) Il y avait une tragédie d'Eschyle, appelée Ἀταλάντη, dont il ne reste rien (Bothe, Æschyli Fragm. IX, p. 18). Parmi les poëtes dramatiques plus récents, quelques-uns choisirent Atalantê comme sujet (V. Brandstaeter, Geschichte Ætoliens, p. 65).

(4) Il y avait un poëme de Stésichore, Συόθηραι (Stesich. Fragm. 15, p. 72).

Ætôliens (comme nous le trouvons dans l'Iliade), mais encore une troupe illustre, comprenant Kastôr et Pollux, Idas et Lynkeus, Pèleus et Telamôn, Thêseus et Peirithoos, Ankæos et Kêpheus, Jasôn, Amphiaraos, Admêtos, Eurytiôn et autres. Nestôr et Phœnix, qui paraissent comme vieillards devant les murs de Troie, déployèrent leur jeune vaillance en secourant les Kalydôniens malheureux (1). Remarquable entre tous était la vierge Atalantê, fille de l'Arcadien Schœneus; belle et sans égal pour la légèreté à la course, mais vivant dans la forêt comme chasseresse et odieuse à Aphroditê (2). Plusieurs d'entre les héros furent tués par le sanglier; d'autres échappèrent à la mort par divers stratagèmes : enfin Atalantê la première le frappa dans le dos, puis Amphiaraos dans l'œil, et enfin Meleagros le tua. Epris de la beauté d'Atalantê, Meleagros lui céda les principales dépouilles de l'animal, donnant pour raison qu'elle lui avait fait la première blessure. Mais ses oncles, les frères de Thestios, les lui enlevèrent, proclamant leurs droits comme étant les parents les plus proches (3), si Meleagros refusait de garder le prix pour lui-même : celui-ci, exaspéré de cette conduite, les tua. Althæa, pénétrée de douleur à cause de la mort de ses frères et irritée contre son fils, est poussée à tirer le tison fatal qu'elle avait précieusement gardé si longtemps, et à le jeter dans les flammes (4). La

---

(1) Le catalogue de ces héros est dans Apollod. I, 8, 2; Ovide, Métamor. VIII, 300; Hygin, fab. 173. Euripide, dans sa pièce de Meleagros, donne une énumération et une description des héros (V. Fragm. 6 de cette pièce, éd. Matth.). Nestôr cependant, dans cette peinture d'Ovide, ne paraît pas tout à fait aussi invincible que dans ses propres discours de l'Iliade. Les mythographes regardaient comme nécessaire d'expliquer pourquoi Hêraklês n'était pas présent à l'aventure de Kalydôn : il était justement à cette époque esclave d'Omphalê en Lydia (Apollod. II, 6, 3). Telle semble avoir été l'idée d'Ephore, et cela rentre beaucoup dans son système d'interprétation (V. Ephor. Fragm. 9, éd. Didot).

(2) Euripide, Meleag. Fragm. 6, Matth.

Κύπριδος δὲ μίσημ', Ἀρκὰς Ἀτα-
[λάντη, κύνας
Καὶ τόξ' ἔχουσα, etc.

Il y avait un drame « Meleagros » de Sophocle et un d'Euripide : il ne reste guère que quelques fragments du premier, — et un peu plus du second.

(3) Hygin, f. 229.

(4) Diodor. IV, 34. Apollod. (I, 8, 2-4) donne d'abord le récit ordinaire, contenant Atalantê, puis la narration

tragédie se termine par la mort volontaire d'Althæa et de Kleopatra.

Quelque intéressante que soit en elle-même Atalantê, la chasseresse arcadienne, ce caractère n'est qu'une intrusion, et une intrusion faite assez mal à propos, dans le récit homérique de la chasse du sanglier de Kalydôn, où une autre femme, Kleopatra, occupait déjà le premier plan. Mais la version plus moderne devint accréditée dans toute la Grèce et fut confirmée par une preuve que peu de personnes à cette époque se sentaient le goût de contester. Atalantê rapporta avec elle en Arcadia les dépouilles et la tête du sanglier; et là, pendant une série de siècles, restèrent suspendues dans le temple d'Athênê Alea à Tegea la même peau et les défenses gigantesques, longues de trois pieds. Callimaque les mentionne comme y étant conservées dans le troisième siècle avant l'ère chrétienne (1); mais ce qui prouve le mieux la valeur extraordinaire qu'on y attachait, c'est que l'empereur Auguste prit les défenses à Tegea, en même temps que la grande statue d'Athênê Alea, et les fit transporter à Rome, pour y être gardées parmi les curiosités publiques. Même un siècle et demi plus tard, lorsque Pausanias visita la Grèce, on lui montra la peau usée par le temps, et l'on n'avait pas oublié le vol des défenses.

Les restes du sanglier n'étaient pas non plus le seul souvenir de l'héroïque entreprise qui fût conservé à Tegea. Au fronton du temple d'Athênê Alea, monument sans égal dans le Péloponèse pour la beauté et la grandeur, le célèbre sculpteur Scopas avait exécuté un de ses bas-reliefs les plus parfaits, représentant la chasse de Kalydôn. Atalantê et Meleagros étaient placés au premier rang des assaillants, tandis qu'Ankæos, un des héros Tégéens, auquel les défenses,

---

Homérique avec quelques circonstances de plus, mais ne comprenant ni Atalantê ni le tison ardent d'où dépendait la vie de Meleagros.

(1) Callim. Hymn. ad Dian. 217.

Οὔ μιν ἐπικλητοὶ Καλυδώνιοι ἀγρευ-
[τῆρες
Μέμφονται κάπροιο· τὰ γὰρ σημήϊα
[νίκης,
Ἀρκαδίην εἰσῆλθεν, ἔχει δ' ἔτι θηρὸς
[ὀδόντας.

du sanglier avaient été fatales (1), était représenté succombant à sa mortelle blessure entre les bras de son frère Epochos. Et Pausanias fait observer que les Tégéens, tout ayant montré la même ardeur honorable que d'autres communautés arcadiennes dans la conquête de Troie, la lutte contre Xerxès, et la bataille de Dipæa contre Sparte, peuvent à bon droit revendiquer pour eux-mêmes, grâce à Ankæos et à Atalantê, l'honneur d'avoir pris part, seuls de tous les Arcadiens, à la glorieuse chasse de Kalydôn (2). Tant est naïve et entière la foi que les Tégéens et Pausanias ajoutent à l'ancienne réalité historique de cette romanesque aventure. Strabon, il est vrai, essaie de transformer le roman en quelque chose qui a une ressemblance extérieure avec l'histoire, en faisant remarquer que la querelle au sujet de la tête et de la peau du sanglier ne peut avoir été la cause réelle de la guerre entre les Kurètes et les Ætôliens ; la vraie cause de la dispute (prétend-il) fut probablement la possession d'une portion de territoire (3). Ses remarques sur cette tête sont analogues à celles de Thucydide et d'autres critiques, quand ils attribuent la guerre de Troie, non à l'enlèvement d'Hélène, mais à des vues de conquête et à des craintes politiques. Mais il regarde le fait général de la bataille entre les Kurètes et les Ætôliens, mentionné dans l'Iliade, comme

---

(1) V. Phérécyde, Fragm. 81, éd. Didot.

(2) Pausan. VIII, 45, 4 ; 46, 1-3; 47, 2. Lucien, adv. Indoctum, c. 14, t. III, p. 111, Reiz.

Les agents auxquels était confiée la garde des curiosités ou merveilles publiques à Rome (οἱ ἐπὶ τοῖς θαύμασιν) assuraient qu'une des défenses avait été brisée par accident dans le voyage de Grèce ; l'autre était conservée dans le temple de Bacchus dans les jardins impériaux.

On compte parmi les exploits mémorables de Thêseus, la victoire remportée sur une gigantesque et formidable laie qu'il tua sur le territoire de Krommyôn près de Corinthe. Selon quelques critiques, cette laie était la mère du sanglier de Kalydôn (Strab. VIII, p. 380).

(3) Strabon. X, p. 466. Πολέμου δ' ἐμπεσόντος τοῖς Θεστιάδαις πρὸς Οἰνέα καὶ Μελέαγρον, ὁ μὲν ποιητὴς, ἀμφὶ συὸς κεφαλῇ καὶ δέρματι, κατὰ τὴν περὶ τοῦ κάπρου μυθολογίαν · ὡς δὲ τὸ εἰκὸς, περὶ μέρους τῆς χώρας, etc. Cette remarque est également semblable à l'appréciation que fait M. Payne Knight des véritables causes de la guerre de Troie, qui eurent (nous dit-il) un caractère politique, indépendant d'Hélène et de son enlèvement (Prolegom. ad. Homer. c. 53).

un événement réel, historique, incontestable, et il récapitule en même temps une quantité de différences venant de différents auteurs, mais sans donner son propre jugement sur la vérité ou la fausseté de leurs assertions.

Si Atalantê n'est qu'une intrusion dans la chasse de Kalydôn, elle semble aussi avoir été introduite de la même manière dans les mémorables jeux funèbres célébrés après le décès de Pelias à Iôlkos, où elle n'avait pas place à l'époque où furent exécutés les travaux sur le coffre de Kypselos (1). Mais le véritable lieu de sa naissance est l'Arcadia, où l'on montrait encore du temps de Pausanias la carrière où elle courut, près de la ville de Methydrion (2). Cette carrière avait été le théâtre de la mort de plus d'un prétendant malheureux. Car Atalantê, opposée au mariage, avait déclaré que sa main ne serait gagnée que par le concurrent qui la dépasserait à la course : tous ceux qui essayèrent sans succès furent condamnés à périr; et nombreux étaient ceux auxquels sa beauté et sa légèreté, également incomparables, avaient été fatales. Enfin Meilaniôn, qui avait tâché en vain de gagner son affection par des services assidus dans ses excursions à la chasse, osa entrer dans la périlleuse lice. Sachant qu'il ne pouvait espérer la dépasser que par la ruse, il avait obtenu de la bienveillance d'Aphroditê trois pommes d'or du jardin des Hespérides, qu'il laissa successivement tomber auprès d'elle pendant qu'elle courait. La jeune fille ne put résister à la tentation de les ramasser et fut ainsi vaincue : elle devint l'épouse de Meilaniôn et la mère de l'Arcadien Parthenopæos, un des sept chefs qui périrent au siége de Thèbes (3).

---

(1) Cf. Apollod. III, 9, 2, et Pausan. V, 17, 4. On l'a représentée *luttant corps à corps* avec Pêleus à ces jeux funèbres, ce qui semble étranger à son caractère.

(2) Pausan. VIII, 35, 8.

(3) Sur les variétés de cette intéressante histoire, V. Apollod. III, 9, 2; Hygin, f. 185; Ovide, Métam. X, 560-700; Properce, I, 1, 20; Elien V. H. XIII, 1. Μειλανίωνος σωφρονέστερος. Aristoph. Lysist. 786 et Schol. Dans l'ancienne représentation sculptée sur le coffre de Kypselos (Pausan. V, 19, 1), Meilaniôn était montré debout près d'Atalantê, qui tenait un faon : ni lutte ni combat à la course n'étaient indiqués.

Nous avons encore dans la famille d'Œneus une autre femme, dont la légende a immortalisé le nom. Sa fille Deianeira fut recherchée en mariage par le fleuve Acheloös, qui se présenta sous diverses formes, d'abord sous celle de serpent, ensuite sous celle de taureau. Elle fut délivrée des importunités de cet odieux prétendant par l'arrivée d'Hè-

---

Il y a un grand désaccord dans les noms et la qualité patronymique des acteurs du récit. On désignait trois personnages différents comme pères d'Atalantê, Schœneus, Iasos et Mænalos; l'amant heureux dans Ovide (et vraisemblablement aussi dans Euripide) s'appelle Hippomenês, et non Meilaniôn. Dans les poëmes hésiodiques, Atalantê était fille de Schœneus ; Hellanicus l'appelait fille de Jasos. V. Apollod. l. c.; Callim. Hymn. ad Dian. 214, avec la note de Spanheim ; Schol. Eurip. Phœniss. 150 ; Schol. Théocr. Idyll. III, 40 ; et le commentaire étendu de Bachet de Meziriac, sur les Epîtres d'Ovide, vol. I, p. 366. Servius (ad Virg. Eglog. VI, 61 ; Æneid. III, 113) appelle Atalantê originaire de Skyros.

Les anciens Scholiastes (V. Schol. Apollon. Rhod. I, 769), ainsi que les commentateurs modernes, Spanheim et Heyne, cherchent à esquiver la difficulté en supposant deux Atalantê, — l'une Arcadienne et l'autre Bœôtienne : en admettant que le principe de leur conjecture soit acceptable, ils devraient en supposer au moins trois.

Assurément, si les personnages des mythes grecs doivent être regardés comme historiquement réels, et leurs aventures comme autant de faits exagérés ou présentés sous des couleurs fausses, il sera nécessaire de répéter ce procédé et de multiplier ces individualités à l'infini. Et c'est là une des nombreuses raisons qui doivent faire rejeter l'hypothèse fondamentale.

Mais lorsque nous considérons ces personnages comme purement légendaires, sans qu'on puisse affirmer ou nier qu'ils aient une base historique, nous échappons à la nécessité d'employer un aussi mauvais expédient. C'est dans les attributs et non dans la qualité légale, — dans les épithètes, non dans le sujet, qu'il faut alors chercher le critérium de l'identité. Atalantê, qu'elle ait tel ou tel pour père, qu'elle soit de tel ou de tel pays, est belle, froide, dédaigneuse, téméraire, légère à la course et habile à manier l'arc : — ces attributs constituent son identité. Le Scholiaste de Théocrite (III, 40), en soutenant son hypothèse de l'existence de deux Atalantê, établit une distinction fondée sur ce même principe : il dit que l'Atalantê Bœôtienne était τοξοτίς, et que l'Atalantê arcadienne était δρομαία. Mais ceci semble être un raffinement excessif : l'habileté à lancer la flèche et la légèreté à la course servent à constituer une chasseresse accomplie.

Quant à Parthenopæos, appelé par Euripide et par beaucoup d'autres le fils d'Atalantê, il n'est pas sans importance d'ajouter qu'Apollodore, Aristarque et Antimaque, l'auteur de la Thébaïs, lui attribuaient une généalogie toute différente, — le faisant Argien, fils de Talaos et de Lysimachê, et frère d'Adrastos (Apollod. I, 9, 13 ; Aristarch. ap. Schol. Soph. Œd. Col. 1320 ; Antim. ap. Schol. Æschyl. Sep. Theb. 532 ; et Schol. supplem. ad Eurip. Phœniss. t. VIII, p. 461, éd. Matth. Apollodore est en effet en désaccord avec lui-même dans un autre passage).

raklês, qui engagea le combat avec Achelôos, le vainquit et brisa une de ses cornes, qu'Achelôos racheta en lui abandonnant la corne d'Amaltheia, qui avait la merveilleuse propriété de fournir en abondance à son possesseur tous les mets et toutes les boissons qu'il désirait. Hêraklês reçut, pour récompense de sa vaillance, la main de Deianeira, et céda à Œneus la corne d'Amaltheia comme son cadeau de noces (1). Forcé de quitter la demeure d'Œneus, pour avoir dans un accès de colère frappé le jeune serviteur Eunomos et l'avoir tué involontairement (2), Hêraklês se retira à Trachin, en traversant le fleuve Euênos à l'endroit où le centaure Nessos avait coutume de passer les voyageurs pour un salaire. Nessos passa Deianeira; mais quand il fut arrivé de l'autre côté, il se mit à la traiter avec brutalité; à cette vue Hêraklês le tua d'une flèche trempée dans le poison de l'hydre de Lerne. Le centaure mourant conseilla à Deianeira de conserver le sang empoisonné qui coulait de sa blessure, lui disant qu'il opérerait comme un philtre pour lui regagner la tendresse d'Hêraklês, si jamais elle venait à être menacée d'une rivale. Quelque temps après, le héros vit et aima la belle Iolê, fille d'Eurytos, roi d'Œchalia : il prit la ville d'assaut, tua Eurytos, et fit Iolê prisonnière. Deianeira, docile au mauvais conseil, eut recours alors à son philtre supposé : elle envoya comme présent à Hêraklês une magnifique tunique imprégnée secrètement du sang empoisonné du centaure. Hêraklês se para de la tunique à l'occasion d'un sacrifice solennel qu'il offrait à Zeus sur le promontoire Kênæon en Eubœa; mais le fatal vêtement, une fois mis, s'attacha à lui d'une manière indissoluble, brûla sa peau et sa chair, et lui occasionna d'horribles

---

(1) Sophocl. Trachin. 7. La corne d'Amaltheia était décrite par Phérécyde (Apollod. II, 7, 5) : V. aussi Strabon, X, p. 458, et Diodore, IV, 35, qui cite une interprétation donnée à ces fables (οἱ εἰκάζοντες ἐξ αὐτῶν τἀληθές) pour prouver qu'elles étaient la représentation symbolique d'un travail fait par Hêraklês, qui aurait contenu par une digue le cours désordonné du fleuve, et reconquis par là une terre très-fertile.

(2) Hellanicus (ap. Athen. IX, p. 410), mentionnant cet incident dans deux ouvrages différents, donnait au serviteur deux noms différents.

souffrances dont la mort seule put le délivrer. Deianeira se tua de désespoir à la suite de cette déplorable catastrophe (1).

Nous n'avons pas encore épuisé la carrière si pleine d'événements d'Œneus et de sa famille, illustrée surtout parmi les Ætôliens et par un culte religieux et par les éloges poétiques, et formant le sujet favori non-seulement de quelques-uns des poëmes hésiodiques, mais encore d'autres anciennes productions épiques, l'Alkmæônis et le poëme Cyclique, la Thêbaïs (2). D'un autre mariage, Œneus eut pour fils Tydeus, dont la célébrité poétique est attestée par les nombreux récits différents faits et sur le nom et sur la condition de sa mère. Tydeus, ayant tué ses cousins les fils de Melas, qui conspiraient contre Œneus, fut forcé de s'exiler, et se réfugia à Argos chez Adrastos, dont il épousa la fille Deipylê. De ce mariage naquit Diomêdês, dont les brillants exploits

---

(1) Le beau drame des Trachiniennes a rendu cette histoire familière à tout le monde. Cf. Apollod. II, 7, 7. Hygin, f. 36. Diodor. IV, 36-37.

La prise d'Œchalia (Οἰχαλίας ἅλωσις) était célébrée dans un très-ancien poëme épique par Kreophylos, où l'on retrouvait le caractère homérique et non le caractère hésiodique ; on le regardait en général comme l'œuvre d'Homère lui-même (V. Düntzer, Fragm. Epic. Græcor. p. 8. Welcker, Der Epische Cyclus, p. 229). Le même sujet était traité aussi dans le Catalogue hésiodique, ou dans les Eoiai (V. Hésiode, Fragm. 129, ed. Marktsch.): le nombre des enfants d'Eurytos y était énuméré.

Cet exploit semble constamment mentionné comme le dernier qu'ait accompli Hêraklês, et comme précédant immédiatement sa mort ou son apothéose sur le mont Œta; mais la légende de Déianeira et la tunique empoisonnée sont-elles bien anciennes, c'est ce que nous ne pouvons pas dire.

Le conte de la mort d'Iphitos, fils d'Eurytos, tué par Hêraklês, est aussi ancien que l'Odyssée (XXI, 19-40); mais il y est dit qu'Eurytos en mourant laissa son arc mémorable à son fils Iphitos (l'arc est donné ensuite par Iphitos à Odysseus, et est l'arme si fatale aux prétendants), — assertion qui s'accorde mal avec le récit où il est dit qu'Œchalia fut prise et Eurytos tué par Hêraklês. Il est évident que c'étaient des légendes distinctes et contradictoires. Cf. Soph. Trachin. 260-285 (où Iphitos meurt avant Eurytos), non-seulement avec le passage qui vient d'être cité, mais encore avec Phérécyde (Fragm. 34, Didot).

Hygin (f. 33) diffère complétement au sujet des parents de Deianeira : il l'appelle fille de Dexamenos ; le récit qu'il fait de son mariage avec Hêraklês est sous tout rapport différent d'Apollodore. Dans celui-ci, Mnêsimachê est la fille de Dexamenos. Hêraklês la délivre des importunités du centaure Eurytiôn (II, 5, 5).

(2) V. les exemples dans Apollod. I, 8, 4-5. Pindare, Isthm. IV, 32. Μελέταν δὲ σοφισταῖς Διὸς ἕκατι πρόσβαλον σεβιζόμενοι. Ἐν μὲν Αἰτωλῶν θυσίαισι φαενναῖς Οἰνείδαι κρατεροί, etc.

au siége de Troie ne furent pas moins célèbres que ceux de son père au siége de Thèbes. Après le départ de Tydeus, Œneus fut déposé par les fils d'Agrios. Il tomba dans une pauvreté et dans une misère extrêmes, dont il ne fut tiré que par son petit-fils Diomêdês, après la conquête de Troie (1). Les souffrances de cet ancien guerrier, ainsi que la restauration et la vengeance finales opérées par Diomêdês, formaient le sujet d'une tragédie, aujourd'hui perdue, d'Euripide, et les plaisanteries mêmes d'Aristophane prouvent qu'elle était éminemment pathétique (2).

Bien que la généalogie d'Œneus, que l'on vient de donner, soit en partie homérique, et semble avoir été généralement suivie par les mythographes, cependant nous en trouvons une autre entièrement différente dans Hécatée, qui l'empruntait sans doute de quelques-uns des vieux poëtes : la simplicité du récit qui y est joint semble en attester l'antiquité. Orestheus, fils de Deukaliôn, passa d'abord en Ætôlia, et acquit le royaume : il fut père de Phytios, qui fut père d'Œneus. Œtôlos fut fils d'Œneus (3).

L'émigration primitive d'Ætôlos d'Elis en Ætôlia, et le fait, à savoir que plus tard s'établit à Elis Oxylos, son descendant au dixième degré, au moment de l'invasion du Péloponèse par les Dôriens, étaient rappelés par deux inscriptions, l'une dans l'Agora d'Elis, l'autre dans celle de la capitale des Ætôliens, Thermon, gravées respectivement sur les statues d'Ætôlos et d'Oxylos (4).

---

(1) Hecat. Fragm. 341, Didot. Dans ce récit, Œneus est rattaché à la première découverte de la vigne et à la première fabrication du vin (οἶνος) : Cf. Hygin f. 129, et Servius ad Virg. Géorg. I, 9.

(2) V. Welcker (Griechisch. Tragoed. II, p. 583) sur la tragédie appelée Œneus, aujourd'hui perdue.

(3) Timoclès, Comic. ap. Athenæ. VII, p. 223 : —

Γέρων τις ἀτυχεῖ; κατέμαθεν τὸν Οἰ-
[νέα.

Ovide, Héroïde. IX, 153 : —
« Heu! devota domus! solio sedet
[Agrios alto:
Œnea desertum nuda senecta pre-
[mit. »

(4) Ephor. Fragm. 29, Didot ap. Strab. X.

CHAPITRE VII

LES PÉLOPIDES

Malheurs et célébrité des Pélopides. — Pélops éponyme du Péloponèse. — Transmission continue du sceptre de Pélops. — Attributs royaux de la famille. — Pélops homérique. — Lydia, Pisa, etc., additions post-homériques. — Tantalos. — Niobê. — Pélops et Œnomaos, roi de Pisa. — Victoire de Pélops dans la course de chars. — Sa principauté à Pisa. — Atreus, Thyestês, Chrysippos. — Horreurs dans la famille des Pélopides. — Agamemnôn et Menelaos. — Orestês. — La déesse Hêrê et Mykênæ. — Importance légendaire de Mykênæ. — Sa décadence coïncidant avec l'élévation d'Argos et de Sparte. — Agamemnôn et Orestês transférés à Sparte.

Parmi les anciennes généalogies légendaires, il n'y en avait aucune qui figurât avec un plus grand éclat, ou qui renfermât à un plus haut degré le pathétique et l'intérêt poétique que celle des Pélopides—Tantalos, Pélops, Atreus et Thyestês, Agamemnôn et Menelaos et Ægysthos, Hélène et Klytæmnèstra, Orestês et Elektra et Hermionê. Chacun de ces caractères est une étoile de la première grandeur dans l'hémisphère grec : chaque nom suggère l'idée de quelque roman intéressant ou de quelque tragédie déchirante : la malédiction, qui souille la famille depuis le commencement, inflige des blessures multipliées à chaque génération successive. C'est ainsi du moins que se présente l'histoire des Pélopides, après avoir été successivement développée et ornée par les poëtes épiques, lyriques et tragiques. Il suffira de toucher brièvement des événements avec lesquels tout lecteur de la poésie grecque est plus ou moins familier, et de présenter quelques remarques sur la manière dont ils furent nuancés et modifiés par différents auteurs grecs.

Pélops est l'éponyme du Péloponèse ou celui qui lui a donné son nom : trouver un éponyme pour chaque nom de lieu remarquable était la disposition invariable de l'imagination rétrospective des Grecs. Le nom du Péloponèse ne se rencontre ni dans l'Iliade ni dans l'Odyssée, pas plus que quelque autre dénomination que ce soit applicable distinctement et spécialement à la péninsule entière. Mais nous trouvons ce nom dans un des plus anciens poëmes post-homériques dont quelques fragments ont été conservés, les Vers Cypriens, poëme que beaucoup de personnes (vraisemblablement la plupart) même parmi les contemporains d'Hérodote attribuaient à l'auteur de l'Iliade, bien qu'Hérodote contredise cette opinion (1). Les attributs qui signalent et distinguent le Pélopide Agamemnôn et sa maison entre les autres héros de l'Iliade sont précisément ceux que l'imagination grecque cherchait naturellement d'ordinaire dans un éponyme, supériorité de richesses, de pouvoir, d'éclat, de souveraineté. Non-seulement Agamemnôn lui-même, mais son frère Menelaos, a « plus d'un roi » même que Nestôr ou Diomêdês. Les dieux n'ont pas donné au roi de Mykênæ, la ville « qui a beaucoup d'or, » plus de courage, de force ou de talent qu'aux divers autres chefs ; mais ils lui ont accordé une supériorité marquée en richesses, en pouvoir et en dignité, et ils l'ont ainsi distingué comme le chef le plus convenable pour l'armée (2). Il jouit de cette prééminence comme ap-

---

(1) Hésiode, II, 117. Fragm. Epic. Græc. Düntzer, IX. Κύπρια, 8. —

Αἶψα τε Λυγκεὺς,
Ταΰγετον προσέβαινε ποσὶν ταχέεσσι
[πεποιθώς,
Ἀκρότατον δ'ἀναβὰς διεδέρκετο νῆσον
[ἅπασαν
Ταvταλίδεω Πέλοπος.

Et l'Hymne homérique. Apoll. 419, 430, et Tyrtée, Fragm. 1. —

(Εὐνομία) — Εὐρεῖαν Πέλοπος νῆσον
[ἀφικόμεθα.

Le Schol. ad Iliad. IX, 246, donne à entendre que le nom Πελοπόννησος se rencontrait dans une ou dans plusieurs des épopées hésiodiques.

(2) Iliade, IX, 37. Cf. II, 580. Diomêdês parle à Agamemnôn : —

Σοὶ δὲ διάνδιχα δῶκε Κρόνου παῖς ἀγ-
[κυλομήτεω·
Σκήπτρῳ μέν τοι δῶκε τετιμῆσθαι περὶ
[πάντων·
Ἀλκὴν δ'οὔτοι δῶκεν, ὅ, τε κράτος
[ἐστὶ μέγιστον.

Nestôr établit un contraste semblable (Π. I, 280) entre Agamemnôn et Achille.

partenant à une famille privilégiée et comme héritier du sceptre de Pélops, sceptre descendu du ciel et dont la transmission est décrite par Homère d'une manière très-remarquable. Le sceptre fut fait « par Hèphæstos, qui le présenta à Zeus ; Zeus le donna à Hermès, Hermès à Pélops le conducteur de char ; Pélops le donna à Atreus, le maître des hommes ; Atreus, à sa mort, le laissa à Thyestès, le riche possesseur de bétail ; Thyestès, à son tour, le laissa à porter à son neveu Agamemnôn, afin qu'il pût étendre sa domination sur beaucoup d'îles et sur Argos entière (1). »

Nous avons ici la richesse et la puissance sans égales du roi « des hommes, Agamemnôn », remontant jusqu'à Pélops, et expliquées, ce qui s'accorde avec les éléments épiques reconnus, par le don du sceptre spécial de Zeus remis par Hermès lui-même ; Hermès, le dieu qui donne la richesse, dont la bénédiction est plus efficace en aidant aux progrès d'un bien acquis, soit par le vol, soit par une multiplication accélérée du petit et du gros bétail (2). La richesse des Atrides et leur caractère de prince étaient passés en proverbe chez les anciens poëtes épiques. Pâris non-seulement enlève Hélène, mais il emporte beaucoup de trésors avec elle (3). La maison de Menelaos, quand Tèlemachos, dans

---

Nestôr dit à Agamemnôn (Iliade, IX, 69) : —

Ἀτρείδη, σὺ μὲν ἄρχε· σὺ γὰρ βασι-
 [λεύτατός ἐσσι.

Et cet attribut s'applique à Menelaos aussi bien qu'à son frère. Car, lorsque Diomèdès est sur le point de choisir son compagnon pour son expédition nocturne dans le camp troyen, Agamemnôn lui parle ainsi (X, 232) : —

Τὸν μὲν δὴ ἕταρόν γ' αἱρήσεαι, ὅν
 [κ' ἐθέλῃσθα
Φαινόμενον τὸν ἄριστον, ἐπεὶ μεμάασί
 [γε πολλοί·
Μηδὲ σύ γ' αἰδόμενος σῇσι φρεσὶ, τὸν
 [μὲν ἀρείω
Καλλείπειν, σὺ δὲ χείρον' ὀπάσσεαι
 [αἰδοῖ εἴκων,

Ἐς γενεὴν ὁρόων, εἰ καὶ βασιλεύτερός
 [ἐστιν.
Ὣς ἔφατ', ἔδδεισε δὲ περὶ ξανθῷ Με-
 [νελάῳ.

(1) Iliade, II, 101.
(2) Iliade, XIV, 491. Hésiode, Theog. 444. Hom. Hymn. Mercur. 526-568.
Ὄλθου καὶ πλούτου δώσω περι-
κάλλεα ῥάβδον. Cf. Eustathe ad Iliad. XVI, 182.
(3) Iliade, III, 72 ; VII, 363. Dans les Eoiai hésiodiques étaient les deux vers suivants (Fragm. 55, p. 43, Düntzer) : —

Ἀλκὴν μὲν γὰρ ἔδωκεν Ὀλύμπιος
 [Αἰακίδῃσιν,
Νοῦν δ' Ἀμυθαονίδαις, πλοῦτον δ' ἔπορ'
 [Ἀτρείδῃσι.

l'Odyssée, la visite, brille tellement d'or, d'argent et d'ornements rares (1), qu'elle frappe d'étonnement et d'admiration quiconque la regarde. Les attributs prêtés à Tantalos, père de Pélops, s'accordent avec l'idée générale de la famille, abondance et jouissances surhumaines, commerce intime avec les dieux, au point que la tête lui tourne, et qu'il commet un péché inexpiable. Mais bien que Tantalos lui-même soit mentionné, dans l'un des passages les plus suspects de l'Odyssée (comme souffrant un châtiment dans les enfers), il n'est pas désigné comme père de Pélops, qualité qui n'est donnée à personne ailleurs, à moins que nous ne devions interpréter les vers de l'Iliade comme signifiant que Pélops était fils d'Hermès. Dans la conception de l'auteur de l'Iliade, les Pélopides, s'ils n'ont pas une origine divine, sont au moins une race mortelle favorisée et ennoblie spécialement par les dieux, commençant à Pélops, et établie dans le seul territoire de Mykênæ. Il n'est pas fait d'allusion à quelque rapport unissant Pélops soit à Pisa, soit à la Lydia.

La légende qui rattachait Tantalos et Pélops au mont Sipylos a dû probablement naître des établissements æoliens à Magnêsia et à Kymê. L'origine lydienne et la souveraineté de Pélops à Pisa sont adaptées à des temps postérieurs à l'Iliade, époque où les jeux olympiques avaient acquis le respect général de la Grèce et avaient fini par servir de centre à la religion et aux divertissements du Péloponèse, et où les noms héroïques, Lydien et Phrygien, Midas et Gygès, étaient, pour l'imagination d'un Grec, les types de la richesse et du luxe, aussi bien que de l'art de conduire un char. Les villages peu considérables du pays de Pisa tiraient toute leur importance du voisinage d'Olympia : ils ne sont pas jugés dignes d'une mention dans le Catalogue d'Homère. La généalogie qui rattachait à Pisa l'éponyme de la presqu'île entière n'aurait pas non plus eu cours en Grèce, si elle n'avait pas eu pour appui un respect déjà établi et antérieu-

---

Et Tyrtée, Fragm. 9, 4 : —Οὐδ' εἰ Ταν-
ταλίδεω Πέλοπος βασιλεύτερος εἴη, etc.

(1) Odyss. IV, 45-71.

rement accordé à la région d'Olympia. Mais si le souverain de l'humble Pisa devait être reconnu comme le prédécesseur des princes trois fois riches de Mykènæ, il devenait nécessaire de donner quelque raison qui expliquât sa richesse. De là, la supposition qu'il vient d'une terre étrangère, qu'il est fils d'un opulent Lydien nommé Tantalos, né de Zeus et de Ploutô. La richesse lydienne et l'art de conduire un char, familier aux Lydiens, firent de Pélops un personnage propre à occuper sa place dans la légende, à la fois comme souverain de Pisa et comme premier père de la race des Atrides de Mykènæ. Même en admettant ces deux circonstances, il y a une difficulté considérable pour ceux qui désirent lire les légendes comme une histoire suivie, en faisant passer les Pélopides de Pisa à Mykènæ doucement et d'une manière plausible.

Je raconterai brièvement les légendes de cette grande famille héroïque, telles qu'elles furent en atteignant leur complet et dernier développement, après que l'établissement de Pélops à Pisa eût été ajouté plus tard comme préface à la version homérique de la généalogie des Pélopides.

Tantalos, résidant près du mont Sipylos en Lydia, eut deux enfants, Pélops et Niobè. C'était un homme qui jouissait de possessions immenses et d'un bonheur extraordinaire, au-dessus de la condition humaine : les dieux le fréquentaient librement, le recevaient à leurs banquets, et en retour acceptaient son hospitalité. Enivré d'une telle prospérité, Tantalos se rendit coupable d'un grand crime. Il déroba du nectar et de l'ambroisie à la table des dieux, et révéla leurs secrets à la race humaine ; il tua son propre fils Pélops, et le leur servit dans un festin. Les dieux furent frappés d'horreur quand ils découvrirent quel repas leur avait été préparé : Zeus rappela à la vie le jeune homme mis en morceaux, et comme Dêmêtêr, absorbée alors dans la douleur que lui causait la perte de sa fille Persephonè, avait mangé une partie de l'épaule, il la remplaça par une épaule d'ivoire. Tantalos expia sa faute par une punition exemplaire. Il fut placé dans les enfers : des fruits et de l'eau semblaient être à sa portée ; cependant ils lui échappaient toutes les fois qu'il essayait de les saisir, et le laissaient en proie à une faim et à une soif incessantes et jamais apaisées (1). Pindare, dans un passage fort remarquable, trouve cette vieille légende révoltante pour les sentiments; il rejette le conte de Pélops servi et mangé comme mets, le regardant tout à fait comme indigne des dieux (2).

Niobê, la fille de Tantalos, épousa Amphiôn, et eut une nombreuse et florissante famille, composée de sept fils et de sept filles. Bien qu'admise comme amie et compagne dans l'intimité de Lêto, mère d'Apollon et d'Artemis (3), elle fut assez présomptueuse pour insulter cette déesse, et se placer sur le pied d'une plus haute dignité, parce que le nombre de ses enfants était supérieur. Apollon et Artemis vengèrent cette insulte en tuant tous les fils et toutes les filles : Niobê, restant alors mère sans enfants et inconsolable, mourut à force de pleurer et fut changée en un rocher, que dans la suite les Grecs continuèrent toujours à identifier avec le mont Sipylos (4).

Quelques auteurs représentaient Pélops comme n'étant pas Lydien, mais roi de Paphlagônia; d'autres disaient que Tantalos, devenu odieux pour ses impiétés, avait été chassé d'Asie par Ilos, le roi de Troie, incident qui servait à un double but : il expliquait le passage de Pélops en Grèce, et donnait au siége de Troie par Agamemnôn le caractère d'une vengeance pour les injures faites à l'auteur de sa race (5). Lorsque Pélops arriva en Grèce, il trouva Œno-

---

(1) Diodor. IV, 77. Hom. Odyss. XI, 582. Pindare donne une version différente du châtiment infligé à Tantalos : une énorme pierre était perpétuellement suspendue au-dessus de sa tête, menaçant de tomber (Olymp. I, 56; Isth. VII, 20).

(2) Pindare, Olymp. I, 45. Cf. l'opinion d'Iphigeneia dans Euripide, Iph. Taur. 387.

(3) Sappho (Fragm. 82, Schneidewin) : —

Λατὼ καὶ Νιόβη μάλα μὲν φίλαι ἦσαν
[ἑταῖραι.

Sappho attribuait à Niobê dix-huit enfants (Aul. Gell. N. IV. A. XX, 7); Hésiode lui en donnait vingt; Homère, douze (Apollod. III, 5).

L'historien lydien Xanthos présentait une histoire totalement différente et de la généalogie et des malheurs de Niobê (Parth. Narr. 33).

(4) Ovide, Métam. VI, 164-311. Pausan. I, 21, 5; VIII, 2, 3.

(5) Apoll. Rhod. II, 358, et Schol.; Ister. Fragm. 59, Dindorf; Diodore, IV, 74.

maos, fils du dieu Arès et d'Harpinna, en possession de la principauté de Pisa, touchant le district même d'Olympia. Œnomaos, averti par un oracle que la mort le surprendrait s'il permettait à sa fille Hippodameia de se marier, refusa de donner sa main à tout autre prétendant qu'à celui qui le vaincrait dans une course de chars depuis Olympia jusqu'à l'isthme de Corinthe (1) : le terrain choisi ici pour la victoire légendaire de Pélops mérite attention, en ce que c'est une ligne tirée du centre supposé du Péloponèse à son extrémité, et qu'ainsi est compris tout le territoire auquel Pélops est rattaché comme éponyme. Tout prétendant vaincu dans cette course était condamné à perdre la vie ; et la rapidité des chevaux pisans, combinée avec l'adresse du conducteur Myrtilos, avait déjà réduit treize compétiteurs malheureux à périr sous la lance d'Œnomaos (2). Pélops entra dans la lice comme prétendant : par ses prières il parvint à obtenir du dieu Poseidôn un char d'or et des chevaux ailés ; ou, selon un autre récit, il gagna l'affection d'Hippodameia elle-même, qui persuada au conducteur Myrtilos de desserrer les roues du char d'Œnomaos avant son départ, de sorte que celui-ci fut renversé et périt dans la course. Ayant ainsi gagné la main d'Hippodameia, Pélops devint roi de Pisa (3). Il mit à mort le conducteur Myrtilos, soit par indignation pour sa trahison à l'égard d'Œnomaos (4), soit par jalousie au sujet d'Hippodameia ; mais Myrtilos était fils d'Hermès, et Pélops essaya en vain d'apaiser le dieu en lui érigeant un temple : néanmoins Hermès attacha à sa race

---

(1) Diodore, IV, 74.

(2) Pausanias (VI, 21, 7) avait lu leurs noms dans les Eoiai hésiodiques.

(3) Pindare, Olymp. I, 140. La course de chars de Pélops et d'Œnomaos était représentée sur le coffre de Kypselos à Olympia : les chevaux du premier étaient figurés avec des ailes (Pausan. V, 17, 4). Phérécyde donnait la même histoire (ap. Schol. ad. Soph. Elect. 504).

(4) Hérodote et d'autres mentionnent comme un fait remarquable que jamais on n'élevait de mulets sur le territoire éleien : un Eleien qui désirait avoir un mulet envoyait sa jument pour le temps nécessaire hors du pays. Les Eleiens eux-mêmes attribuaient ce phénomène à une incapacité jetée sur la contrée par une malédiction tombée des lèvres d'Œnomaos (Hérod. IV, 30 ; Plut. Quæst. Græc. p. 303).

une malédiction que ses malheurs futurs étaient destinés à accomplir d'une manière lamentable (1).

Pélops eut d'Hippodameia de nombreux enfants : Pittheus, Trœzen et Epidauros, les éponymes des deux villes argoliques ainsi nommées, furent, dit-on, du nombre : Atreus et Thyestès étaient aussi ses fils, et sa fille Nikippê épousa Sthenelos de Mykênæ et devint la mère d'Eurystheus (2). Après cela nous n'entendons plus parler de la principauté de Pisa : les villages de la région furent absorbés dans l'ensemble plus vaste d'Elis, après un vain effort pour conserver leur droit séparé de présidence à la fête des jeux Olympiques. Mais la légende disait que Pélops donna son nom à toute la péninsule : selon Thucydide, ce qui lui permit de le faire, ce furent les grandes richesses qu'il avait apportées de Lydia dans un pays pauvre. L'historien omet tout l'intérêt romanesque des véritables légendes ; il ne conserve que cette seule circonstance qui, sans être mieux attestée que le reste, entraîne avec elle par son caractère banal et prosaïque une prétendue plausibilité historique (3).

Outre les nombreux enfants nés d'Hippodameia, Pélops eut un fils naturel nommé Chrysippos, d'une grâce et d'une beauté singulières, auquel il témoigna tant de tendresse qu'il excita la jalousie d'Hippodameia et de ses fils. Atreus et Thyestès formèrent le complot de mettre Chrysippos à mort, et pour cela ils furent bannis par Pélops et se retirèrent à Mykênæ (4), événement qui nous amène dans la voie de la légende homérique. Car Thucydide, ayant trouvé dans la mort de Chrysippos une raison suffisante pour expliquer la séparation d'Atreus et de Pélops, le conduit tout de suite à Mykênæ, et présente une série de circonstances plausibles

---

(1) Paus. V, 1, 1; Soph. Elect. 508; Eurip. 'Orest. 985, et Schol.; Platon, Cratyle, p. 395.

(2) Apoll. II, 4, 5. Pausan. II, 30, 8; 26, 3; V, 8, 1. Hésiod. ap. Schol. ad Iliad. XX, 116.

(3) Thucyd. I, 5.

(4) Nous trouvons deux légendes distinctes concernant Chrysippos : son enlèvement par Laios, roi de Thêbes, sur lequel roulait la pièce aujourd'hui perdue d'Euripide, appelée Chrysippos (V. Welcker, Griech. Tragoedien, II, p. 536), et sa mort par les mains de ses demi-frères. Hygin (f. 85) les réunit toutes les deux en une seule.

pour rendre compte de son avénement au trône. Eurystheus, roi de Mykênæ, était le neveu d'Atreus du côté de sa mère. Quand il entreprenait quelque expédition étrangère, il confiait naturellement la régence à son oncle : le peuple de Mykênæ s'habitua ainsi à être gouverné par lui, et lui, de son côté, fit des efforts pour se le concilier, de sorte que quand Eurystheus fut défait et tué en Attique, le peuple de Mykênæ, craignant une invasion des Hêraklides, choisit pour lui succéder Atreus comme étant le personnage à la fois le plus puissant et le plus agréable à la nation (1). Tel était le récit que Thucydide entendait « de ceux qui avaient appris de la manière la plus claire de leurs aïeux les anciens événements du Péloponèse. » L'introduction d'une histoire si sérieuse et presque politique, mais que malheureusement rien ne prouve d'une manière authentique, contraste d'une façon frappante avec les légendes éminemment poétiques de Pélops et d'Atreus, qui la précèdent et la suivent.

Atreus et Thyestès ne sont connus dans l'Iliade que comme ayant possédé tour à tour le sceptre de Zeus, que Thyestès à sa mort lègue à Agamemnôn. Les dissensions domestiques dans cette famille vouée au malheur commencent, dans l'Odyssée, avec Agamemnôn le fils d'Atreus et Ægysthos le fils de Thyestès. Mais les poëtes postérieurs s'étendent sur une querelle implacable entre les deux pères. La cause de leur haine était différemment représentée : quelques-uns avançaient que Thyestès avait eu une intrigue avec la Krètoise Aeropê, l'épouse de son frère ; d'autres récits mentionnaient que Thyestès s'était procuré subrepticement la possession d'un agneau à toison d'or, qui avait été introduit à

---

(1) Thucyd. I, 9. λέγουσι δὲ οἱ τὰ Πελοποννησίων σαφέστατα μνήμῃ παρὰ τῶν πρότερον δεδεγμένοι. D'après Hellanicus, Atreus, le fils aîné, retourne à Pisa, après la mort de Pélops, avec une grande armée, et se rend maître de la principauté de son père (Hellan. ap. Schol. ad. Iliad. II, 105). Hellanicus ne semble pas avoir été aussi jaloux que Thucydide de faire concorder l'histoire avec Homère. La généalogie circonstanciée donnée dans le Schol. ad. Eurip. Orest. 5, fait résider Atreus et Thyestès, pendant leur exil, à Makestos en Triphylia : elle est donnée sans aucune autorité spéciale, mais peut bien venir d'Hellanicus.

dessein parmi les troupeaux d'Atreus par la colère d'Hermès, comme cause d'inimitié et de ruine pour la famille entière (1). Atreus, après un violent transport d'indignation, feignit de se réconcilier, et invita Thyestès à un banquet, dans lequel il lui servit les membres de son propre fils. Le père sans le savoir prit part au fatal repas. Même Hèlios, qui voit tout, détourna, dit-on, son char vers l'est afin de pouvoir échapper au spectacle affreux du banquet de Thyestès : cependant le récit de la vengeance de Thyestès, le meurtre d'Atreus accompli par Ægysthos, les enfants incestueux de Thyestès et de sa fille Pélopia, tout cela n'est pas chargé de moins d'horreurs (2).

Jamais la légende homérique n'est aussi révoltante. Agamemnôn et Menelaos nous sont connus surtout par leurs attributs homériques, qui n'ont pas été chargés par les poëtes postérieurs de couleurs aussi sombres que ceux d'Atreus et de Thyestès. Agamemnôn et Menelaos sont deux frères qui s'aiment ; ils épousent deux sœurs, les filles de Tyndareus roi de Sparte, Klytæmnèstra et Hélène ; car Hélène, née réellement de Zeus, passe pour la fille de Tyndareus (3). Le « roi des hommes » règne à Mykènæ ; Menelaos succède à Tyndareus à Sparte. Je parlerai ailleurs de l'enlèvement d'Hélène, et du siége de Troie qui en résulta ; actuellement je ne fais que toucher les légendes de la famille des Atrides. Menelaos, en revenant de Troie avec Hélène qu'il a recouvrée, est poussé au loin par les tempêtes dans les contrées lointaines de la Phénicie et de l'Égypte, et est exposé à mille peines et à mille dangers avant de remettre le pied dans le Péloponèse. Mais enfin il atteint Sparte, reprend son royaume et passe le reste de ses jours au milieu d'un bonheur et d'un éclat non interrompus ; de plus, comme époux de la divine Hélène et gendre de Zeus, il est même exempté des angoisses de la mort. Quand il est parvenu à la plénitude

---

(1) Æschyl. Agamem. 1204, 1253, 1608; Hygin. 86; Attii Fragm. 19.
(2) Hygin. fab. 87-88.
(3) C'est ainsi que nous devons dire, en nous conformant aux idées de l'antiquité : Cf. Hom. Iliad. XVI, 176, et Hérod. VI, 53.

de ses jours, il est transporté aux Champs Élyséens, pour y séjourner avec Rhadamanthe « aux cheveux d'or, » dans un climat délicieux et au sein d'un inaltérable repos (1).

Bien différent est le destin du roi des hommes, Agamemnôn. Pendant son absence, Ægisthos, fils de Thyestès, peu enclin à la guerre, avait séduit son épouse Klytæmnêstra, en dépit de l'avertissement spécial des dieux, qui, veillant sur cette famille privilégiée, avaient envoyé exprès leur messager Hermès pour le détourner de cet attentat (2). Un vénérable barde avait été laissé par Agamemnôn auprès de son épouse comme compagnon et conseiller, et tant que ce gardien fut auprès d'elle, Ægisthos la poursuivit en vain de ses sollicitations. Mais il se débarrassa du barde en l'envoyant périr dans une île déserte, et alors il gagna facilement Klytæmnêstra restée sans défenseur. Ignorant ce qui s'était passé, Agamemnôn revint de Troie, victorieux et plein d'espoir, dans son pays natal; mais il était à peine débarqué qu'Ægisthos l'invita à un banquet, et là, avec l'aide de la perfide Klytæmnêstra, dans la salle même où, au milieu de l'allégresse, on lui adressait des félicitations, il le massacra, lui et ses compagnons « comme des bœufs attachés à la mangeoire. » Sa concubine Kassandra, la prophétesse, fille du roi Priam, périt avec lui de la main de Klytæmnêstra elle-même (3). Orestès, enfant, le seul rejeton mâle d'Agamemnôn, fut enlevé par sa nourrice, et placé en sûreté dans la demeure du Phôkien Strophios.

Pendant sept ans, Ægisthos et Klytæmnêstra régnèrent tranquillement à Mykênæ sur le trône d'Agamemnôn, leur victime. Mais, dans la huitième année, la vengeance annoncée par les dieux vint les surprendre : Orestès, devenu homme, revint et vengea son père, en tuant Ægisthos, d'après Homère; des poëtes postérieurs ajoutent sa mère aussi.

---

(1) Hom. Odyss. 280-300; IV, 83-560.

(2) Odyss. I, 38; III, 310, — ἀνάλκιδος Αἰγίσθοιο.

(3) Odyss. III, 260-275; IV, 512-537;

XI, 408. Dinias, dans ses Argolica, et d'autres historiens de ce pays, fixaient le jour précis du meurtre d'Agamemnôn — le treize' du mois Gamêliôn (Schol. ad Soph. Elect. 275).

Il recouvra le royaume de Mykênæ et succéda à Menelaos dans celui de Sparte. Hermionê, l'unique fille de Menelaos et d'Hélène, fut envoyée dans le royaume des Myrmidons en Thessalia, comme fiancée de Neoptolemos, fils d'Achille, conformément à la promesse faite par son père pendant le siége de Troie (1).

Ici finit la légende homérique des Pélopides; où l'action finale d'Orestês est citée comme un fait glorieux et sans exemple (2). Les poëtes postérieurs firent beaucoup d'additions : ils insistèrent sur ses remords causés par le meurtre de sa mère, sur son pardon péniblement obtenu et sur son amitié dévouée à l'égard de Pyladês; ils y mêlèrent aussi une foule de contes intéressants, concernant ses sœurs Iphigeneia et Elektra, et sa cousine Hermionê — noms naturalisés dans tout climat et incorporés dans toute forme de poésie.

Ces poëtes n'eurent aucun scrupule de s'éloigner d'Homère, et de donner d'autres généalogies relativement aux principaux personnages de la famille des Pélopides. Dans l'Iliade et dans l'Odyssée, Agamemnôn est fils d'Atreus; dans les Eoiai hésiodiques et dans Stésichore, il est né de Pleisthenês, le fils d'Atreus (3).

Dans Homère, il est désigné spécialement comme régnant à Mykênæ; mais Stésichore, Simonide et Pindare (4) le représentaient comme ayant et résidé et péri à Sparte ou à

---

(1) Odyss. III, 306; IV, 9.
(2) Odyss. I, 299.
(3) Hésiod. Fragm. 60, p. 44, éd. Düntzer; Stesich. Fragm. 44, Kleine. Le Schol. de Soph. Elect. 539, à propos d'une autre différence entre Homère et les poëmes hésiodiques au sujet des enfants d'Hélène, fait observer que nous ne devons pas détourner notre attention de ce qui est moral et salutaire pour nous dans les poëtes (τὰ ἠθικὰ καὶ χρήσιμα ἡμῖν τοῖς ἐντυγχάνουσι), pour pointiller sur leurs contradictions généalogiques.

Welcker s'efforce en vain de montrer que Pleisthenês fut, dans le principe, introduit comme père d'Atreus, non comme son fils (Griech. Tragoed. p. 678).

(4) Schol. ad Eurip. Orest. 46. Ὅμηρος ἐν Μυκήναις φησὶ τὰ βασίλεια τοῦ Ἀγαμέμνονος· Στησίχορος δὲ καὶ Σιμωνίδης, ἐν Λακεδαιμονίᾳ. Pindare, Pyth. XI, 31; Nem. VIII, 21. Stésichore avait composé une Ὀρέστεια, copiée en bien des points sur une Oresteia lyrique encore plus ancienne de Xanthos : Cf. Athen. XII, p. 513, et Elien, V. H. IV, 26.

Amyklæ. Selon les anciens vers cypriens, Hélène était représentée comme fille de Zeus et de Nemesis ; dans l'un des poëmes hésiodiques, elle paraissait comme une nymphe océanique, fille d'Okeanos et de Tèthys (1). Les différences généalogiques, même quant aux personnes des principaux héros et des principales héroïnes, sont beaucoup trop nombreuses pour être citées, et il n'est pas non plus nécessaire de s'en occuper, excepté quand leur objet est l'effort inutile tenté pour faire de telle parenté légendaire la base d'un récit historique ou d'un calcul chronologique.

Les poëmes homériques représentent probablement cette forme de la légende concernant Agamemnôn et Orestês, qui avait cours et était populaire parmi les colons æoliens. Orestês était le grand chef héroïque de l'émigration æolienne ; on suppose que lui, ou ses fils, ou ses descendants ont conduit les Achæens chercher une nouvelle patrie, quand ils ne pouvaient plus résister à l'invasion dôrienne. Les grandes familles de Ténédos et d'autres cités æoliennes, même pendant les temps historiques, tenaient à honneur de faire remonter leurs généalogies à cette illustre source (2). Les légendes se rattachant au culte héroïque de ces ancêtres mythiques forment la base du caractère et des attributs d'Agamemnôn et de sa famille, tels que les dépeint Homère, qui désigne Mykènæ comme la première ville du Péloponèse, et Sparte seulement comme la seconde ; la première de ces villes est la résidence spéciale du « roi des hommes » ; la seconde est celle de son frère plus jeune, inférieur à lui ; c'est toutefois encore le séjour d'un membre de la famille princière des Pélopides et, de plus, le lieu de naissance de la divine Hélène. Sparte, Argos et Mykènæ sont toutes trois désignées dans l'Iliade par la déesse Hêrê comme ses villes favorites (3) ; cependant les rapports entre Mykènæ et Argos,

---

(1) Hésiode, ap. Schol. ad Pind. Nem. X, 150.

(2) V. l'ode de Pindare adressée à Aristagoras de Ténédos (Nem. XI, 35; Strabon, XIII, p. 582). Il y avait des Penthilides à Mitylênê, issus de Penthilos, fils d'Orestês (Aristot. Polit. V, 8, 13, Schneid.).

(3) Iliade, IV, 52. Cf. Euripide, Hêrakleid. 350.

bien que les deux villes ne fussent qu'à quatre lieues environ l'une de l'autre, sont beaucoup moins intimes que ceux qui existent entre Mykênæ et Sparte. Quand nous réfléchissons sur la manière toute particulière dont Homère identifie Hêrê avec l'armée grecque et avec son chef, — car elle veille sur les Grecs avec l'active sollicitude d'une mère, et son antipathie contre les Troyens est implacable à un point que Zeus ne peut comprendre (1), — et quand nous rapprochons de ce fait l'existence de l'antique et vénéré Hêræon, ou temple de Hêrê, près de Mykênæ, nous pouvons nous expliquer en partie la prééminence donnée à Mykênæ dans l'Iliade et dans l'Odyssée. Le Hêræon était situé entre Argos et Mykênæ; dans les temps postérieurs, ses prêtresses furent nommées et ses affaires administrées par les Argiens; mais comme il était beaucoup plus rapproché de Mykênæ que d'Argos, nous pouvons conclure avec probabilité que dans l'origine il appartenait à la première, et que le pouvoir croissant de la dernière leur permit d'usurper un privilége religieux qui était toujours un objet d'envie et de lutte pour les communautés grecques. Les colons æoliens emportèrent sans doute avec eux dans leur émigration les légendes divines et héroïques, aussi bien que le culte, les rites et le cérémonial du Hêræon; et dans ces légendes, le rang le plus élevé était attribué d'ordinaire à la cité la plus voisine du temple et chargée de l'administrer.

Mykênæ conserva son indépendance même jusqu'à l'invasion des Perses. Quatre-vingts de ces citoyens, pesamment armés, dans les rangs de Léonidas aux Thermopyles, et un nombre non inférieur à Platée, soutinrent l'écla-

---

(1) Iliade, IV, 31. Zeus dit à Hêrê,—
Δαιμονίη, τί νύ σε Πρίαμος, Πριάμοιό
[τε παῖδες
Τόσσα κακὰ ῥέζεσκεν ὅτ' ἀσπερχὲς
[μενεαίνεις
Ἴλιον ἐξαλάπαξαι ἐϋκτίμενον πτολίε-
[θρον;
Εἰ δὲ σύ γ', εἰσελθοῦσα πύλας καὶ τεί-
[χεα μακρὰ,

Ὠμὸν βεβρώθοις Πρίαμον Πριάμοιό τε
[παῖδας,
Ἄλλους τε Τρῶας, τότε κεν χόλον ἐξα-
[κέσαιο.
Et, XVIII, 358,—
ἦ ῥά νυ σεῖο
Ἐξ αὐτῆς ἐγένοντο καρηκομόωντες
[Ἀχαιοί.

tante célébrité héroïque de leur ville à une époque de danger, quand Argos plus puissante se déshonorait par une neutralité, véritable trahison. Très-peu de temps après, Mykênæ fut asservie et ses habitants chassés par les Argiens. Bien que cette cité conservât si longtemps une existence séparée, dans les derniers temps son importance s'était réduite à rien, tandis que celle de la dôrienne Argos avait grandi considérablement, et celle de la dôrienne Sparte plus encore.

Le nom de Mykênæ occupe une place souveraine et impérissable dans l'Iliade et dans l'Odyssée; mais toutes les fluctuations postérieures de la légende tendent à exalter la gloire d'autres villes à ses dépens. La reconnaissance des jeux Olympiques comme grande fête religieuse du Péloponèse mit en vogue cette généalogie qui rattachait Pélops à Pisa ou à Elis et l'enlevait à Mykênæ. De plus, dans les poëmes des grands tragiques athéniens, Mykênæ est constamment confondue avec Argos et traitée comme ne faisant qu'un avec cette ville. Si un citoyen quelconque de Mykênæ, chassé à l'époque de sa réduction définitive par les Argiens, eût assisté à Athènes à un drame d'Eschyle, de Sophocle ou d'Euripide, ou eût entendu réciter une ode de Pindare, c'est avec douleur et indignation qu'il aurait vu donner à la ville de ses oppresseurs une part dans les gloires héroïques de sa propre patrie (1). Mais le grand ascendant politique acquis par Sparte contribua bien plus encore à rabaisser Mykênæ, en disposant les poëtes qui suivirent à traiter le chef de l'armement grec contre Troie comme ayant été un Spartiate. On a déjà dit que Stésichore, Simonide et Pindare adoptèrent cette version de la légende. Nous savons que Zeus Agamemnôn, ainsi que le héros Menelaos, étaient adorés dans la Dôrienne Sparte (2); et le sentiment d'identité intime, aussi bien que d'orgueil patriotique, qui avait grandi

---

(1) V. la préface de Dissen à la dixième Ném. de Pindare.

(2) Clemens Alexand. Admonit. ad Gent. p. 24. Ἀγαμέμνονα γοῦν τινα Δία ἐν Σπάρτῃ τιμᾶσθαι Στάφυλος ἱστορεῖ. V. aussi Œnomaus ap. Euseb. Præparat. Evangel. V, 28.

dans les esprits des Spartiates et se rattachait au nom d'Agamemnôn, trouvait un puissant argument dans la réponse du Spartiate Syagros à Gelôn de Syracuse, à l'époque de l'invasion des Perses en Grèce. On sollicitait Gelôn de prêter son aide dans le danger qui menaçait la Grèce avant la bataille de Salamis (Salamine) : il offrit de fournir un nombre immense de troupes auxiliaires, à la condition que le commandement suprême lui serait donné. « Certes le Pélopide Agamemnôn se récrierait hautement (s'écria Syagros en repoussant cette prétention), s'il venait à apprendre que les Spartiates avaient été dépossédés de l'hégémonie par Gelôn et les Syracusains (1). » Environ un siècle avant cet événement, dociles à l'ordre de l'oracle de Delphes, les Spartiates avaient rapporté de Tegea à Sparte les ossements du « Lacônien Orestès, » comme Pindare le désigne (2) : on leur annonçait que recouvrer ses ossements était le moyen de changer le cours de la mauvaise fortune et de se procurer la victoire dans leur guerre contre Tegea (3). L'importance qu'ils attachaient à cette acquisition et les résultats décisifs qu'on lui attribuait présentent une exacte analogie avec le soin que prit l'Athénien Kimôn (Cimon) de reprendre à Scyros les ossements de Thêseus peu de temps après l'invasion des Perses (4). Les restes cherchés étaient ceux d'un héros appartenant, à proprement parler, à leur sol, mais qui était mort sur une terre étrangère, et dont la protection et l'assistance leur manquaient pour ce motif. Et la grandeur surhumaine des ossements qui étaient contenus dans un cercueil long de sept coudées s'accorde bien avec la grandeur légendaire du fils d'Agamemnôn.

---

(1) Hérodote, VII, 159. Ἦ κε μέγ' οἰμώξειεν ὁ Πελοπίδης Ἀγαμέμνων, πυθόμενος Σπαρτιήτας ἀπαραιρῆσθαι τὴν ἡγεμονίαν ὑπὸ Γέλωνός τε καὶ τῶν Συρακουσίων : Cf. Homère, Iliade, VII, 125. V. ce qui semble être une imitation du même passage dans Josèphe, de Bello Judaico, III, 8, 4. Ἦ μεγάλα γ' ἂν στενάξειαν οἱ πάτριοι νόμοι, etc.

(2) Pindare, Pyth. XI, 16.
(3) Hérodote, I, 68.
(4) Plut. Thêseus, c. 36; Kimôn, c. 8; Pausan. III, 3, 6.

CHAPITRE VIII

GÉNÉALOGIES LACONIENNES ET MESSÉNIENNES.

Lélex— autochthone en Laconie. — Tyndareus et Lêda. — Progéniture de Lêda : 1. Kastôr, Timandra, Klytæmnestra; 2. Pollux, Hélène. — Kastôr et Pollux. — Légende de Dekeleia la ville attique. — Idas et Lynkeus. — Fonctions importantes et grand pouvoir des Dioskures.—Généalogie messénienne.—Periêrês.

Les plus anciens noms de la généalogie Laconienne sont ceux d'un indigène Lélex et d'une nymphe naïade Kleochareia. De ce couple naquit un fils, Eurôtas, et de celui-ci une fille, Sparta, qui devint l'épouse de Lacedæmôn, fils de Zeus et de Taygetê, fille d'Atlas. Amyklas, fils de Lacedæmôn, eut deux fils, Kynortas et Hyakinthos, — ce dernier beau jeune homme, le favori d'Apollon, qui le tua accidentellement en jouant au disque; et c'était à cette légende que remontait la fête des Hyakinthia, qui fut célébrée pendant toute la durée des temps historiques par les Lacédæmoniens en général et par les Amyklæens avec une solennité spéciale. Kynortas eut pour successeur son fils Periêrês, qui épousa Gorgophonê, fille de Perseus, et eut une nombreuse progéniture,— Tyndareus, Ikarios, Aphareus, Leukippos et Hippokoon. Quelques auteurs présentaient la généalogie différemment; ils faisaient de Periêrês, fils d'Æolos, le père de Kynortas, et d'Œbalos, le fils de Kynortas, de qui naissaient Tyndareus, Ikarios et Hippokoon (1).

---

(1) Cf. Apollod. III, 10, 4. Pausan. III, 1, 4.

Tyndareus et Ikarios, chassés tous deux par leur frère Hippokoon, furent forcés de chercher un asile dans la demeure de Thestios, roi de Kalydôn, dont Tyndareus épousa la fille Lêda. On compte parmi les exploits d'Hêraklês, le héros présent partout, qu'il tua Hippokoon et ses fils, et rétablit Tyndareus dans son royaume, créant ainsi pour les rois Hêraklides postérieurs un titre mythique au trône. Tyndareus, aussi bien que ses frères, sont des figures intéressantes dans le récit légendaire : il est le père de Kastôr, — de Timandra, mariée à Echémos, le héros de Tegea (1), — et de Klytæmnèstra, mariée à Agamemnôn. Pollux et Hélène à jamais mémorable sont enfants de Lêda et de Zeus. Ikarios est le père de Penelopê, épouse d'Odysseus : le contraste entre sa conduite et celle de Klytæmnêstra et d'Hélène fut d'autant plus frappant par suite de leur étroite relation de parenté. Aphareus est le père d'Idas et de Lynkeus, tandis que Leukippos eut pour filles Phœbê et Ilaëira. Selon l'un des poëmes hésiodiques, Kastôr et Pollux furent tous deux fils de Zeus et de Lêda, tandis qu'Hélène n'était fille ni de Zeus ni de Tyndareus, mais d'Okeanos et de Têthys (2).

Les frères Kastôr et Pollux (Polydeukês) ne sont pas moins célèbres par leur affection fraternelle que pour leurs éminentes qualités corporelles : Kastôr, le grand conducteur de chars et l'habile écuyer ; Pollux, le premier des pugiles. Ils sont compris tous deux parmi les chasseurs du sanglier de Kalydôn et parmi les héros de l'expédition des Argonautes, dans laquelle Pollux réprima l'insolence d'Amykos, roi des Bébryces, sur la côte de la Thrace asiatique. Amykos, pugile gigantesque, aux coups duquel jamais adversaire n'avait échappé, provoque Pollux, mais est vaincu et tué dans le combat (3).

---

(1) Hésiode, ap. Schol. Pindare, Olymp. XI, 79.

(2) Hésiode, ap. Schol. Pindare, Nem. X, 150. Fragm. Hésiode, Düntzer, 58, p. 41. Tyndareus était adoré comme dieu à Lacédæmone (Varron ap. Serv. ad. Virgil. Æneid. VIII, 275).

(3) Apollon. Rhod. II, 1-96. Apollod. I, 9, 20. Théocrite, XXII, 26-133. Dans le récit d'Apollonius et d'Apollodore,

Les deux frères entreprirent aussi une expédition en Attique, dans le but de recouvrer leur sœur Hélène, qui avait été enlevée par Thêseus, dans sa première jeunesse, et déposée par lui à Aphidnê, tandis qu'il accompagnait Peirithoos dans les Enfers, voulant aider son ami à enlever Persephonê. La force de Kastôr et de Pollux était irrésistible, et quand ils redemandèrent leur sœur, le peuple de l'Attique était jaloux de la rendre ; mais personne ne savait où Thêseus avait déposé son précieux butin. Les envahisseurs, ne croyant pas à la sincérité de cette dénégation, se mirent à ravager le pays, qui aurait été entièrement ruiné, si Dekelos, l'éponyme de Dekeleia (Décélie), n'eût pu indiquer Aphidnê comme le lieu où était cachée Hélène. L'indigène Titakos livra Aphidnê à Kastôr et à Pollux, qui recouvrèrent Hélène : les frères, en évacuant l'Attique, emmenèrent en captivité Æthra, la mère de Thêseus. Dans les temps ultérieurs, où Kastôr et Pollux, sous le titre de Dioskures, vinrent à être honorés comme de puissants dieux, et où les Athéniens ressentirent une grande honte de cette action de Thêseus, la révélation faite par Dekelos fut considérée comme lui donnant un titre à la durable reconnaissance de son pays, aussi bien qu'au souvenir bienveillant des Lacédæmoniens, qui conservèrent aux Décéliens la jouissance constante de certains priviléges honorifiques à Sparte (1), et même respectèrent ce dême dans toutes les invasions qu'ils

---

Amykos est tué pendant la lutte : dans celui de Théocrite, il est seulement vaincu et forcé de céder, avec la promesse de renoncer pour l'avenir à sa brutale conduite. Il y avait plusieurs récits différents. V. Schol. Apoll. Rhod. II, 106.

(1) Diodore, IV, 63. Hérodote, IX, 73. Δεκελέων δὲ τῶν τότε ἐργασαμένων ἔργον χρήσιμον ἐς τὸν πάντα χρόνον, ὡς αὐτοὶ Ἀθηναῖοι λέγουσι. Selon d'autres auteurs, ce fut Akadêmos qui fit la révélation, et le lieu appelé Akadêmia (Académie), près d'Athènes, que les Lacédæmoniens épargnèrent en considération de ce service (Plutarque, Thêseus, 31, 32, 33, où il donne plusieurs versions différentes de ce conte par des écrivains attiques, faites en vue de disculper Thêseus).

On voyait représentés sur l'ancien coffre de Kypselos, les frères reprenant Hélène et emmenant en captivité Æthra, avec la curieuse inscription suivante :—
Τυνδαρίδα Ἑλέναν φέρετον, Αἴθραν
[δ' Ἀθέναθεν
Ἕλκετον.   Pausan. V 19, 1.

firent en Attique. Il n'est pas improbable que l'existence de cette légende ait eu quelque influence sur la détermination que prirent les Lacédæmoniens de choisir Dekeleia comme le point central de leur occupation pendant la guerre du Péloponèse.

Le fatal combat qui eut lieu entre Kastôr et Pollux d'un côté, et Idas et Lynkeus (Lyncée) de l'autre, pour la possession des filles de Leukippos, fut célébré par plus d'un ancien poëte, et forme le sujet de l'une des Idylles de Théocrite qui nous restent. Leukippos avait formellement fiancé ses filles à Idas et à Lynkeus; mais les Tyndarides, devenus épris d'elles, renchérirent sur leurs rivaux pour l'importance des cadeaux de noce accoutumés, persuadèrent au père de violer sa promesse, et emmenèrent Phœbê et Ilaëira comme fiancées. Idas et Lynkeus les poursuivirent et leur remontrèrent l'injustice de leur procédé : selon Théocrite, ce fu la cause du combat, mais il existait un autre récit, qui semble le plus ancien, et qui attribue à la querelle un motif différent. Ces quatre personnages avaient fait de concert, en pillards, une incursion dans l'Arcadia, et avaient enlevé quelque bétail; mais ils ne s'accordèrent pas sur le partage du butin; Idas en emmena en Messènia une partie que les Tyndarides réclamèrent comme leur appartenant. Pour se venger et se dédommager, les Tyndarides envahirent la Messènia et se placèrent en embuscade dans le creux d'un vieux chêne. Mais Lynkeus, doué d'une vue d'une puissance surnaturelle, monta au sommet du Taygète, et de là, comme il pouvait étendre ses regards sur tout le Péloponèse, il les découvrit à l'endroit qu'ils avaient choisi pour se cacher. Tel était le récit des anciens vers cypriens. Kastôr périt de la main d'Idas, Lynkeus de celle de Pollux. Idas, saisissant une colonne de pierre de la tombe de son père Aphareus, la lança contre Pollux et le renversa par terre tout étourdi; mais Zeus, s'interposant à ce moment critique pour protéger son fils, tua Idas d'un coup de foudre. Zeus aurait voulu accorder à Pollux le don de l'immortalité, mais celui-ci ne put supporter l'existence sans son frère : il sollicita la permission de partager le don avec Kastôr, et en conséquence il leur fut permis de vivre, mais seulement de deux jours l'un (1).

Les Dioskures, ou fils de Zeus, comme on nommait les deux héros Spartiates, Kastôr et Pollux, furent reconnus comme dieux dans les temps historiques de la Grèce et reçurent des honneurs divins. Ce fait est même mentionné dans un passage de l'Odyssée, qui est sans aucun doute une très-ancienne interpolation, aussi bien que dans l'un des hymnes homériques. Ce qui est encore plus remarquable, c'est qu'on les invoquait, pendant les tempêtes en mer, comme les protecteurs spéciaux et tout-puissants des marins en danger, bien que leurs attributs et leur célébrité semblent avoir un caractère tout différent. Ils étaient adorés dans le plus grand nombre des contrées de la Grèce ; mais leur culte avait un degré de sainteté supérieur à Sparte.

Kastôr et Pollux étant écartés, la généalogie spartiate passe de Tyndareus à Menelaos, et de celui-ci à Orestês.

Dans l'origine, il paraît que Messênê était le nom de la partie occidentale de la Laconie, confinant à ce qui est appelé Pylos : c'est ainsi qu'elle est représentée dans l'Odyssée ; et Ephore semble l'avoir comprise au nombre des possessions d'Orestês et de ses descendants (2). Pendant toute la durée du royaume Messênico-Dôrien, il n'y eut jamais de ville appelée Messênê : la cité de ce nom fut fondée pour la première fois par Epaminondas, après la bataille de Leuktra. La généalogie héroïque de la Messênia part du même nom que celle de la Laconie, de l'indigène Lélex : Polykaôn, son fils cadet, épouse Messênê, fille de l'Argien Triopas, et colonise sa contrée. Pausanias nous dit que la postérité de ce couple occupa le pays pendant cinq générations ; mais il chercha en vain les anciens poëmes généalogiques pour trouver les noms

---

(1) Cypria Carm. Fragm. 8, p. 13, Düntzer. Lycophrôn, 538-566, avec les Schol. Apollod. III, 11, 1. Pindare, Nem. X, 55-90 : ἑτερήμερον ἀθανασίαν; et encore Homère, Odyss. XI, 302, avec le Commentaire de Nitzsch, vol. III, p. 245. Le combat finit ainsi d'une manière plus favorable aux Tyndarides : mais probablement le récit qui leur est le moins favorable est le plus ancien, puisque leur dignité alla toujours en augmentant, jusqu'à ce qu'enfin ils devinssent de grandes divinités.

(2) Odyss. XXI, 15. Diodore, XV, 66.

de leurs descendants (1). Ils eurent pour successeurs Periêrês, fils d'Æolos; et Aphareus et Leukippos, selon Pausanias, furent fils de Périêrês.

Aphareus, après la mort de ses fils, fonda la ville d'Arênê, et céda la plus grande partie de ses États à son parent Nêleus, avec lequel nous passons dans la généalogie Pylienne.

---

(1) Pausan. IV, 2, 1.

CHAPITRE IX

GÉNÉALOGIE ARCADIENNE

Pelasgos. — Lykaôn et ses cinquante fils. — Légende de Lykaôn : sa férocité punie par les dieux. — Profonde foi religieuse de Pausanias. — Ses vues sur le monde passé et sur le monde présent. — Kallistô et Arkas. — Azan, Apheidas, Elatos. — Aleus, Augê, Têlephos. — Ankæos, Echemos. — Echemos tue Hyllos. — Hêraklides repoussés du Péloponèse. — Korônis et Asklêpios. — Extension du culte d'Asklêpios. — Nombreuses légendes. — Machaôn et Podaleirios. — Nombreux Asklêpiades ou descendants d'Asklêpios. — Temples d'Asklêpios. — Malades qui y étaient guéris.

La généalogie divine ou héroïque Arcadienne commence avec Pélasgos, qu'Hésiode et Asius considéraient comme indigène, bien que l'Argien Acusilas le représentât comme frère d'Argos, le fils de Zeus et de Niobê, fille de Phorôneus. Acusilas désirait établir une communauté d'origine entre les Argiens et les Arcadiens.

Lykaôn, fils de Pelasgos et roi d'Arcadia, eut, de différentes épouses, cinquante fils, les plus sauvages, les plus impies et les plus méchants des hommes : Mænalos était l'aîné. Zeus, afin de pouvoir être lui-même témoin de leurs méfaits, se présenta à eux sous un déguisement. Ils tuèrent un enfant et le lui servirent comme repas; mais le dieu renversa la table et, à l'aide de son tonnerre, frappa de mort Lykaôn et ses fils, exceptant seulement Nyktimos, le plus jeune, qu'il épargna, sur l'instante intercession de la déesse Gæa (la Terre). La ville près de laquelle la table fut renversée reçut le nom de Trapezos (Tableville).

Cette singulière légende (formée sur le même type étymologique que celle des fourmis à Ægina, racontée ailleurs) semble ancienne, et peut probablement appartenir au Catalogue hésiodique. Mais Pausanias nous raconte une histoire différente à bien des égards, qui lui fut présentée en Arcadia comme le récit local primitif, et qui est d'autant plus intéressante qu'il nous dit qu'il y croit lui-même entièrement. Les deux récits, il est vrai, servent à expliquer le même fait : la férocité du caractère de Lykaôn, aussi bien que les rites cruels qu'il pratiquait. Lykaôn fut le premier qui établit le culte et les jeux solennels de Zeus Lykæos : il offrit un enfant à Zeus et fit des libations sur l'autel avec le sang de la victime. Immédiatement après qu'il eut commis ce crime, il fut changé en loup (1).

« Je me sens persuadé (fait observer Pausanias) de la vérité de ce récit : il a été répété par les Arcadiens depuis les anciens temps, et il renferme un caractère de vraisemblance. Car les hommes de cette époque, grâce à leur justice et à leur piété, étaient les hôtes et les commensaux des dieux, qui manifestaient envers eux, d'une manière palpable, leur approbation s'ils étaient bons, et leur colère s'ils se conduisaient mal. En effet, dans ce temps il y en eut quelques-uns qui, après avoir été hommes naguère, devinrent dieux, et qui conservent encore leurs priviléges comme tels — Aristæos, le Krêtois Britomartis, Hêraklês fils d'Alkmênê, Amphia-

---

(1) Apollod. III, 8, 1. Hygin. fab. 176. Eratosth. Catasterism. 8. Pausan. VIII, 2, 2-3. Un récit différent concernant l'immolation de l'enfant se trouve dans Nicolas de Damas, Fragm. p. 41. Orelli. Lykaôn est mentionné comme le premier fondateur du temple de Zeus Lykæos dans Schol. Eurip. Orest. 1662; mais il n'y est rien dit du sacrifice humain ni de ses conséquences. Dans les temps historiques, la fête et les solennités des Lykæa ne semblent pas avoir différé essentiellement des autres agônes de la Grèce (Pind. Olymp. XIII, 104; Nem. X, 46). Xenias, l'Arcadien, un des généraux de l'armée de Cyrus le Jeune, célébra la solennité avec une grande magnificence dans la marche à travers l'Asie Mineure (Xen. Anab. I, 2, 10). Mais on continua à raconter la fable du sacrifice humain, et la métamorphose postérieure en loup de la personne qui avait mangé de la chair humaine, en les rattachant à ces jeux (Platon, de Republ. VIII, c. 15, p. 417). Cf. Pline, H. N. VIII, 34. Ce passage de Platon semble indiquer clairement que l'usage d'offrir des victimes humaines à l'autel de Zeus Lykæen n'était ni dominant ni récent, mais tout au plus seulement traditionnel et tombé en désuétude ; et ainsi il limite le sens ou infirme l'autorité du dialogue faussement attribué à Platon, Minos, c. 5.

raos fils d'Oiklês, et de plus Pollux et Kastôr. Nous pouvons donc croire que Lykaôn devint une bête sauvage, et Niobê, la fille de Tantalos, un rocher. Mais, de mon temps, la méchanceté s'étant énormément accrue, au point de se répandre sur toute la terre et sur toutes les cités qu'elle renferme, il n'y a plus d'exemples d'hommes élevés au rang des dieux, excepté comme simple titre et par adulation à l'égard des puissants; de plus, la colère des dieux est lente à tomber sur les méchants et les attend après leur départ de cette vie. »

Pausanias alors en vient à blâmer ceux qui, en multipliant les faux miracles, dans des temps plus récents, tendaient à enlever aux vieux et vrais miracles le crédit et l'estime dont ils jouissaient légitimement. Le passage jette une vive lumière sur l'idée qu'un païen religieux et instruit se faisait de son passé : il montre comme il y confondait d'une manière inséparable les dieux et les hommes, et combien peu il y reconnaissait ou s'attendait à y trouver les phénomènes nus et les lois historiques de connexion appartenant au monde qu'il avait sous les yeux. Il regarde le passé comme le domaine de la légende, le présent comme celui de l'histoire ; et en agissant ainsi, il est plus sceptique que les personnes au milieu desquelles il vivait, et qui croyaient non-seulement aux anciens miracles, mais encore aux miracles récents et faussement rapportés. Il est vrai que Pausanias ne reste pas toujours d'une manière conséquente dans cette disposition : souvent il enlève aux histoires du passé leur caractère fabuleux, comme s'il s'attendait à trouver des fils historiques servant à les réunir ; et quelquefois, bien que plus rarement, il accepte les miracles du temps présent. Mais, dans l'exemple actuel, il tire une large ligne de distinction entre le présent et le passé, ou plutôt entre ce qui est récent et ce qui est ancien. Sa critique est, en général, analogue à celle d'Arrien par rapport aux Amazones. Arrien nie leur existence dans les temps où l'histoire est constatée; mais il l'admet dans les âges primitifs et dénués d'archives.

Dans le récit de Pausanias, les fils de Lykaôn, au lieu de périr frappés par la foudre de Zeus, deviennent les fondateurs de diverses villes en Arcadia. Et comme cette contrée se subdivisait en un grand nombre de petites cités indépendantes, ayant chacune un éponyme particulier, la généalogie héroïque Arcadienne paraît brisée et subdivisée. Pallas, Orestheus, Phigalos, Trapezeus, Mænalos, Mantinêos et Tegeatès sont mis au nombre des fils de Lykaôn, et sont tous éponymes de différentes villes arcadiennes (1).

La légende concernant Kallistô et Arkas, l'éponyme de l'Arcadia en général, semble avoir été, dans l'origine, tout à fait indépendante et distincte de celle de Lykaôn. Eumèle, en effet, et quelques autres poëtes, faisaient de Kallistô la fille de Lykaôn; mais, ni Hésiode, ni Asius, ni Phérécyde ne reconnaissaient de rapport entre eux (2). La belle Kallistô, compagne d'Artémis à la chasse, s'était liée par un vœu de chasteté : Zeus, soit par persuasion, soit de force, obtint que le vœu fût violé, au grand déplaisir de Hêrê et d'Artemis. La première changea Kallistô en ourse, la seconde, la voyant sous cette forme, la tua d'une flèche. Zeus donna à l'infortunée Kallistô une place parmi les étoiles, comme constellation de l'Ourse : il conserva aussi Arkas, l'enfant dont il était père et auquel elle allait donner le jour, et le remit à la nymphe atlantide Maïa pour l'élever (3).

Arkas, devenu roi, obtint de Triptolemos et communiqua à son peuple les premiers principes de l'agriculture : il lui enseigna aussi à faire du pain, à filer et à tisser. Il eut trois fils : Azan, Apheidas et Elatos : le premier fut l'éponyme d'Azania, la partie méridionale de l'Arcadia; le second fut un des héros de Tegea; le troisième fut père d'Ischys (qui disputait à Apollon la tendresse de Koronis) ainsi que d'Æpytos et de Kyllèn; le nom d'Æpytos, parmi les héros de l'Arcadia, est aussi ancien que le Catalogue de l'Iliade (4).

---

(1) Pausan. VIII, 3. Hygin. fab. 177.
(2) Apollod. III, 8, 2.
(3) Pausan. VIII, 3, 2. Apollod. III, 8, 2. Hésiod. ap. Eratosth. Catasterism. I, Fragm. 182, Marktsch. Hygin. f. 177.

(4) Hom. Iliade, II, 604. Pind. Olymp. VI, 44-63.

On montra à Pausanias, entre Pheneus et Stymphalos, le tombeau d'Æpytos, mentionné dans l'Iliade (Pausan. VIII, 16, 2). Æpytos était un sur-

Aleus, fils d'Apheidas et roi de Tegea, fut le fondateur du temple et du culte célèbres d'Athênê Alea dans cette ville. Lykurgos et Kêpheus furent ses fils, Augê sa fille, qui fut séduite par Hèraklês, et lui donna secrètement un enfant : le père, découvrant l'aventure, envoya Augê à Nauplis pour être vendue comme esclave; Teuthras, roi de Mysia, en Asie Mineure, l'acheta et la prit pour épouse. On montrait son tombeau à Pergame, sur les bords du fleuve Kaikos (Caicus), même du temps de Pausanias (1).

De Lykurgos (2), fils d'Aleus et frère d'Augê, nous passons à son fils Ankæos, compté parmi les Argonautes, finalement tué dans la chasse du sanglier de Kalydôn, et père d'Agapênor, qui conduit contre Troie le contingent Arcadien (on a déjà touché les aventures de sa nièce Atalantê, la chasseresse de Tegea), puis à Echemos, fils d'Aëropos et petit-fils du frère de Lykurgos, Kêpheus. Echemos est le principal ornement héroïque de Tegea. Quand Hyllos, fils d'Hèraklês, conduisit les Hèraklides dans leur première expédition contre le Péloponèse, Echemos commandait les troupes Tégéennes qui se réunirent avec les autres Péloponésiens à l'isthme de Corinthe, pour repousser l'invasion : il fut convenu que la querelle se déciderait par un combat singulier, et Echemos, comme champion du Péloponèse, engagea le combat avec Hyllos et le tua. Fidèles à la con-

---

nom d'Hermês (Pausan. VIII, 47, 3).

Le héros Arkas était adoré à Mantineia, sur l'injonction spéciale de l'oracle de Delphes (Pausan. VIII, 9, 2).

(1) Pausan. VIII, 4, 6. Apollod. III, 9, 1. Diod. IV, 33.

Une légende distincte concernant Augê et la naissance de Têlephos avait cours à Tegea; elle se rattachait au temple, à la statue et au surnom d'Eileithya dans l'agora de Tegea (Pausan. VIII, 48, 5).

Hécatée semble avoir raconté en détail les aventures d'Augê (Pausan. VIII, 4, 4; 47, 3. Hecat. Fragm, 345, Didot).

Euripide suivait un récit différent au sujet d'Augê et de la naissance de Têlephos dans sa tragédie Augê, aujourd'hui perdue (V. Strabon, XIII, p. 615). Quant au Μυσοὶ d'Eschyle et aux deux drames perdus, Ἀλεαδαὶ et Μυσοὶ, de Sophocle, on n'en peut pas savoir grand'chose (V. Welcker, Griechisch. Tragoed. p. 53, 408-414).

(2) Il y avait d'autres généalogies locales de Tegea dérivées de Lykurgos; Bôtachos, éponyme du dême Bôtachidæ dans cette ville, était son petit-fils (Nicolaus ap. Steph. Byz. V. Βωταχίδαι).

vention par laquelle ils s'étaient liés, les Hêraklides se retirèrent, et s'abstinrent pendant trois générations de faire valoir leurs droits sur le Péloponèse. Ce vaillant exploit de leur grand héros martial fut cité et invoqué par les Tégéates avant la bataille de Platée, comme la principale preuve de leur droit au second poste dans l'armée combinée, le plus rapproché sous le rapport de l'honneur de celui des Lacédæmoniens, et supérieur à celui des Athéniens : ceux-ci leur répondirent en produisant comme preuve contradictoire les brillants exploits héroïques d'Athènes — la protection accordée aux Hêraklides contre Eurystheus, la victoire sur les Kadméens de Thèbes, et la défaite complète des Amazones en Attique (1). On ne peut pas douter non plus que ces gloires légendaires ne fussent et récitées par les orateurs et écoutées par les auditeurs avec une foi entière et convaincue, aussi bien qu'avec une admiration qui remuait les cœurs.

Il y a dans la généalogie fabuleuse de l'Arcadia un autre personnage, — Ischys, fils d'Elatos et petit-fils d'Arkas, — qu'il ne serait pas convenable d'omettre, en ce que son nom et ses aventures se rattachent à l'origine du mémorable dieu ou héros Esculape ou Asklêpios. Korônis, fille de Phlegyas, et résidant près du lac Bœbeïs en Thessalia, fut aimée par Apollon, qui la rendit mère : infidèle au dieu, elle prêta l'oreille aux propositions d'Ischys, fils d'Elatos, et consentit à l'épouser : un corbeau apporta à Apollon la fatale nouvelle, dont il fut tellement irrité, qu'il changea la couleur de l'oiseau, qui, de blanc qu'il avait été antérieurement, devint noir (2). Artemis, pour venger la blessure faite à la dignité

---

(1) Hérod. IX, 27. Echemos est décrit par Pindare (Ol. XI, 69) comme gagnant le prix de la lutte dans les jeux Olympiques fabuleux, lors de leur premier établissement par Hêraklês. Il trouve aussi une place dans le Catalogue hésiodique comme époux de Timandra, sœur d'Hélène et de Klytæmnêstra (Hésiod. Fragm. 105, p. 318, Marktscheff).

(2) Apollod. III, 10, 3 ; Hésiod. Fragm. 141-142, Marktscheff; Strab. IX, p. 442 ; Phérécyde, Fragm. 8 ; Acusilas, Fragm. 25, Didot.

Τῷ μὲν ἄρ' ἄγγελος ἦλθε κόραξ, ἱερῆς
[ἀπὸ δαιτὸς
Πυθὼ ἐς ἠγαθέην, καὶ ῥ' ἔφρασεν
[ἔργ' ἀΐδηλα
Φοίβῳ ἀκερσεκόμῃ, ὅτι Ἴσχυς γῆμε
[Κόρωνιν

de son frère, mit Korônis à mort ; mais Apollon sauva l'enfant mâle dont elle était sur le point d'être délivrée, et le confia au centaure Chirôn pour l'élever. L'enfant fut nommé Asklêpios ou Esculape, et acquit, grâce en partie aux leçons du bienveillant médecin Chirôn, en partie à son aptitude innée et surhumaine, une connaissance des vertus des plantes et une habileté en médecine et en chirurgie, telles qu'on n'en avait jamais vu auparavant. Non-seulement il guérissait les malades, les blessés et les mourants, mais même il rendait la vie aux morts. Kapaneus, Eriphylê, Hippolytos, Tyndareus et Glaukos avaient reçu de lui une nouvelle existence, selon l'assertion de différents poëtes et de différents logographes (1). Mais Zeus se trouva alors dans la nécessité de prendre des précautions, de peur que les hommes, protégés ainsi inopinément contre la maladie et la mort, n'eussent plus désormais besoin des dieux immortels : il frappa Asklêpios de la foudre et le tua. Apollon fut tellement exaspéré du meurtre d'un fils si heureusement doué, qu'il tua les Cyclôpes qui avaient fabriqué la foudre, et Zeus fut sur le point de le condamner au Tartare pour cet acte ; mais, sur

---

Εἰλατίδης, Φλεγύαο διογνήτοιο θύ- [γατρα.
(Hésiode, Fragm.)

Le changement de la couleur du corbeau est mentionné et dans Ovide, Metam. II, 632 ; dans Antonin. Liberal. c. 20, et dans Servius ad Virg. Æneid. VII, 761, bien que le nom « *Corvo* custode ejus » soit ici imprimé avec une lettre majuscule, comme si c'était un homme nommé *Corvus*.

(1) Schol. Eurip. Alkêst. 1 ; Diod. IV, 71 ; Apollod. III, 10, 3 ; Pindare, Pyth. III, 59 ; Sextus Emp. adv. Grammatic. I, 12, p. 271. Stésichore nommait Eriphylê, — les vers naupaktiens, Hippolytos — (Cf. Servius ad Virgil. Æneid, VII, 761), Panyasis, Tyndareus ; preuve de la popularité de ce conte parmi les poëtes. Pindare dit qu'Esculape « tenté par l'or » ressuscita un homme, et Platon (Legg. III, p. 408) le copie ; ceci semble avoir été imaginé pour donner quelque couleur au châtiment qui suit : « Mercede id captum (fait remarquer Boeckh ad Pindar. *l. c.*) Æsculapium fecisse recentior est fictio ; Pindari fortasse ipsius, quem tragici secuti sunt ; haud dubie a medicorum avaris moribus profecta, qui Græcorum medicis nostrisque communes sunt. » La rapacité des médecins (en accordant qu'elle soit toujours aussi bien fondée alors que maintenant) me paraît moins vraisemblablement avoir agi sur l'esprit de Pindare, que l'intention d'atténuer la cruauté de Zeus, en imputant à Asklêpios des vues coupables et sordides (Cf. la citation de Dicéarque *infra*, p. 206).

l'intercession de Lêtô (Latone), il s'apaisa et se contenta de lui imposer une servitude temporaire dans la maison d'Admètos à Pheræ.

Asklêpios était adoré avec une très-grande solennité à Trikka, à Kôs, à Knide et dans bien des parties différentes de la Grèce, mais spécialement à Epidauros, de sorte qu'il était né plus d'une légende touchant les détails de sa naissance et de ses aventures : particulièrement quelques-uns appelaient sa mère Arsinoê. Mais on avait fait à ce sujet une demande formelle (comme les Epidauriens le racontèrent à Pausanias) à l'oracle de Delphes, et le dieu, dans sa réponse, reconnut qu'Asklêpios était son fils et celui de Korônis (1). Le conte rapporté ci-dessus semble avoir été le plus ancien et en même temps avoir eu le plus cours. Pindare l'embellit dans une ode magnifique, où cependant il omet toute mention du corbeau comme messager — sans spécifier qui était l'espion de qui Apollon apprit l'infidélité de Korônis, ou quelle était sa qualité. Bien des critiques ont considéré ces changements comme un progrès sous le rapport de l'effet poétique ; mais cet exemple montre la manière dont les détails et la simplicité caractéristiques des vieilles fables (2) venaient à être transformés en généralités pleines de dignité, adaptées au goût nouveau de la société.

Machaôn et Podaleirios (Podalire), les deux fils d'Asklê-

---

(1) Pausan. II, 26, où sont mentionnées plusieurs histoires distinctes, prenant naissance chacune dans un des sanctuaires du dieu ou dans un autre : ce qui est tout à fait suffisant pour justifier l'idée de trois Esculape (Cicéron, N. D. III, 22).
Homère, Hymn. ad Æsculap. 2. Le conte dont il est brièvement parlé dans l'hymne homér. ad Apollin. 209, est évidemment différent : Ischys y est le compagnon d'Apollon, et Korônis une jeune fille Arcadienne.
Aristide, le fervent adorateur d'Asklêpios, adopta l'histoire de Korônis, et composa des hymnes sur le γάμον Κορωνίδος καὶ γένεσιν τοῦ Θεοῦ (Orat. 23, p. 463, Dind.).

(2) V. Pindare, Pyth. III. Le Scholiaste donne des mots de Pindare une explication qu'il va en tout cas chercher loin, si en vérité elle est admissible à aucun titre : il suppose qu'Apollon connaissait le fait par sa propre omniscience, sans que personne l'en eût informé, et il loue Pindare d'avoir ainsi transformé l'antique fable. Mais les mots οὐδ' ἔλαθε σκόπον semblent certainement faire supposer une personne qui l'aurait instruit : l'hypothèse que σκόπον veut dire le propre esprit du dieu est une explication forcée.

pios, commandent, au siége de Troie entrepris par Agamemnôn, le contingent de Trikka, située au nord-ouest de la Thessalia (1). Ce sont les médecins de l'armée Grecque, tenus en haute estime et consultés par tous les chefs blessés. Leur renom médical fut transmis aux âges postérieurs par le poëme composé ensuite par Arktinus, l'Iliu-Persis, où l'un était représenté, comme étant sans égal pour les opérations de chirurgie, et l'autre comme plein de sagacité pour découvrir et apprécier les symptômes morbides. Ce fut Podaleirios qui le premier observa le regard étincelant et fixe et le désordre dans le maintien qui précédèrent le suicide d'Ajax (2).

Galien semble incertain si Asklêpios (aussi bien que Dionysos) était dieu dans l'origine, ou s'il fut homme d'abord, puis rangé plus tard parmi les dieux (3); mais Apollodore prétendait fixer la date exacte de son apothéose (4). Pendant toute la durée des âges historiques les descendants d'Asklêpios furent nombreux et répandus au loin. La multitude des familles ou gentes appelées Asklêpiades, qui se vouaient à l'étude et à la pratique de la médecine, et qui habitaient principalement près des temples d'Asklêpios, où les hommes malades et souffrants venaient chercher du soulagement — reconnaissaient toutes le dieu, non pas simplement comme l'objet de leur culte commun, mais aussi comme le véritable fondateur de leur race. De même que Solôn, qui considérait Nêleus et Poseidôn comme ses ancêtres, où le Milêsien Hé-

---

(1) Iliade, II, 730. Les Messéniens réclamaient les fils d'Asklêpios comme leurs héros, et s'efforçaient de justifier leur prétention par une explication forcée d'Homère (Pausan. III, 4, 2).

(2) Arktinus, Epic. Græc. Fragm. 2, p. 22, Düntzer. L'Ilias Minor mentionnait la mort de Machaôn, tué par Eurypilos, fils de Têlephos (Fragm. 5, p. 19, Düntzer).

(3) Ἀσκληπιός γέ τοι καὶ Διόνυσος, εἴτ' ἄνθρωποι πρότερον ἤστην εἴτε καὶ ἀρχῆθεν θεοί (Galien, Protreptic. 9,

t. 1, p. 22, Kuhn). Pausanias le considère comme θεὸς ἐξ ἀρχῆς (II, 26, 7). Dans le temple important de Smyrna, il était adoré en qualité de Ζεὺς Ἀσκληπιός (Aristide, Or. 6, p. 64; Or. 23, p. 456, Dind.}.

(4) Apollod. ap. Clem. Alex. Strom. I, p. 381; V. Heyne, Fragm. Apollod. p. 410. D'après Apollodore, l'apothéose d'Hêraklês et d'Esculape eut lieu à la même époque, trente-huit ans après qu'Hêraklês commença à régner à Argos.

catée, qui faisait remonter son origine à un dieu par quinze anneaux successifs, — de même que la famille privilégiée, à Pêlion en Thessalia (1), qui regardait le sage centaure Chirôn comme son premier auteur, et qui hérita de lui ses précieux secrets sur les plantes médicinales dont son voisinage était rempli, — ainsi les Asklêpiades, même dans les temps postérieurs, comptaient et déterminaient tous les anneaux intermédiaires qui les séparaient de leur premier père divin. Une de ces généalogies nous a été conservée, et nous pouvons être certains qu'il y en avait beaucoup d'autres semblables, comme on retrouvait les Asklêpiades dans beaucoup d'endroits différents (2). Dans leur nombre furent compris des hommes accomplis, ornés d'une haute instruction tels que le grand Hippocrate et l'historien Ktêsias, qui se vantaient de leur propre origine divine et de celle de leur

---

(1) Sur Hécatée, Hérodote, II, 143 ; sur Solôn, Diog. Laërte. Vit. Platon. init.

Un curieux fragment, conservé des ouvrages perdus de Dicéarque, nous parle des descendants du centaure Chirôn dans la ville de Pêlion, ou peut-être dans la ville voisine de Dêmêtrias, on n'est pas tout à fait certain de laquelle, peut-être dans toutes les deux (V. Dicéarque. Fragm. éd. Fuhr, p. 408). Ταύτην δὲ τὴν δύναμιν ἕν τῶν πολιτῶν οἶδε γένος, ὁ δὴ λέγεται Χείρωνος ἀπόγονον εἶναι · παραδίδωσι δὲ καὶ δείκνυσι πατὴρ υἱῷ, καὶ οὕτως ἡ δύναμις φυλάσσεται, ὡς οὐδεὶς ἄλλος οἶδε τῶν πολιτῶν · οὐχ ὅσιον δὲ τοὺς ἐπισταμένους τὰ φάρμακα μισθοῦ τοῖς καμνοῦσι βοηθεῖν, ἀλλὰ προῖκα.

Platon, de Republ. III, 4 (p. 391). Ἀχιλλεὺς ὑπὸ τῷ σοφωτάτῳ Χείρωνι τεθραμμένος. Cf. Xénophon, de Venat. c. 1.

(2) V. la généalogie au long dans Le Clerc, Histoire de la médecine, lib. II, c. 2, p. 78 et p. 287 ; Littré, Introduction aux Œuvres complètes d'Hippocrate, t. I, p. 34. Hippocrate était le dix-septième depuis Esculape.

Théopompe l'historien donna une longueur considérable à la généalogie des Asklêpiades de Kôs et de Knide, en les faisant remonter à Podaleirios et à son premier établissement à Syrnos en Karia (V. Théopomp. Fragm. 3, Didot) : Polyanthos de Kyrênê (Cyrène) composa un traité spécial Περὶ τῆς τῶν Ἀσκληπιαδῶν γενέσεως (Sextus Empiric. adv. Grammatic. I, 12: p. 271) ; V. Stephan. Byz. v. Κῶς et particulièrement Aristide, Orat. VII, Asclépiadœ. Les Asklêpiades étaient même comptés parmi les Ἀρχηγέται de Rhodes, conjointement avec les Hêraklides (Aristide, Or. 44, ad Rhod. p. 839, Dind.).

Dans la vaste enceinte sacrée à Epidauros se trouvaient les statues d'Asklêpios et de son épouse Epionê (Pausan. II, 29, 1). Aristophane lui donne deux filles, et il était regardé spécialement comme εὔπαις (Plutus, 654) ; Jaso, Panakeia et Hygieia sont nommés par Aristide.

race (1) — tant l'élément légendaire pénétra même les esprits les plus philosophiques et les plus positifs de la Grèce historique. On ne peut pas non plus douter que leurs moyens d'observation médicale n'aient dû avoir reçu une large extension grâce au voisinage d'un temple tellement fréquenté par les malades, qui venaient avec la confiante espérance de trouver un secours divin, et qui, tout en offrant le sacrifice et la prière à Esculape, et en s'endormant dans son temple pour être favorisés d'inspirations curatives pendant leurs rêves, pouvaient, dans le cas où le dieu refusait son aide surnaturelle, consulter ses descendants vivants (2). Les visiteurs malades à Kôs, à Trikka ou à Epidauros étaient nombreux et assidus, et les tablettes ordinairement suspendues pour consigner les particularités de leurs maladies, les remèdes employés, et les cures opérées par le dieu formaient à la fois une décoration intéressante pour le terrain sacré et un mémorial instructif pour les Asklèpiades (3).

---

(1) Platon, Protagoras, c. 6 (p. 311). Ἱπποκράτη τὸν Κῶον, τὸν τῶν Ἀσκληπιαδῶν, et Phædr. c. 121, p. 270. Sur Ktêsias, Galien, Opp. t. V, p. 652, Basil.; et Bahrt. Fragm. Ktêsiæ, p. 20. Aristote (V. Stahr. Aristotelia, I, p. 32) et Xénophôn, le médecin de l'empereur Claude, étaient tous deux Asklèpiades (Tacit. Annal. XII, 61). Platon, de Republ. III, 405, les appelle τοὺς κομψοὺς Ἀσκληπιάδας.

Pausanias, médecin distingué à Gela en Sicile, et contemporain du philosophe Empédocle, était aussi un Asklèpiade : V. les vers d'Empédocle sur lui, Diogen. Laërt. VIII, 61.

(2) Strabon, VIII, p. 374 ; Aristoph. Vesp. 122 ; Plutus, 635-750 ; où la visite au temple d'Esculape est décrite en grand détail, bien qu'avec une forte couleur burlesque.

Pendant la dernière maladie d'Alexandre le Grand, plusieurs de ses principaux officiers s'endormirent dans le temple de Sérapis, avec l'espoir que des remèdes leur seraient suggérés en rêves (Arrien, VII, 26).

Pausanias, en décrivant les divers temples d'Asklêpios qu'il vit, annonce comme un fait entièrement notoire et bien compris : « Ici des cures sont effectuées par le dieu » (II, 36, 1 ; III, 26, 7 ; VII, 27, 4) : V. Suidas, v. Ἀρίσταρχος. Les discours d'Aristide, particulièrement le 6e et le 7e, Asklêpius et Asklêpiadæ, sont les manifestations les plus frappantes de foi et de reconnaissance à l'égard d'Esculape, aussi bien que des preuves de son action étendue d'un bout à l'autre du monde Grec ; de plus, Orat. 23 et 25, Ἱερῶν Λόγῳ, 1, 3 ; et Or. 45 (De Rhetoricâ, p. 22, Dind.), αἵ τ' ἐν Ἀσκληπιοῦ τῶν ἀεὶ διατριβόντων ἀγελαί, etc.

(3) Pausan. II, 27, 3 ; 36, 1. Ταύταις ἐγγεγραμμένα ἐστὶ καὶ ἀνδρῶν καὶ γυναικῶν ὀνόματα ἀκεσθέντων ὑπὸ τοῦ Ἀσκληπιοῦ, πρόσεστι δὲ καὶ νόσημα, ὅ, τι ἕκαστος ἐνόσησε, καὶ ὅπως ἰάθη, — les cures sont faites par le dieu lui-même.

La postérité généalogique d'Hippocrate et des autres Asklêpiades, depuis le dieu Asklêpios, n'est pas seulement analogue à celle d'Hécatée et de Solôn, à partir de leurs divins ancêtres respectifs, elle l'est encore à celle des rois lacédæmoniens depuis Hèraklês, base sur laquelle a été bâtie toute la chronologie supposée des temps antéhistoriques, depuis Eratosthène et Apollodore jusqu'aux chronologistes du siècle présent (1). J'y reviendrai dans la suite.

---

(1) « Apollodôrus ætatem Herculis pro cardine chronologiæ habuit » (Heyne, ad Apollod. Fragm. p. 410).

CHAPITRE X

ÆAKOS ET SES DESCENDANTS — ÆGINA, SALAMIS ET PHTHIA.

Æakos — fils de Zeus et d'Ægina. — Enfants d'Æakos : Pêleus, Telamôn, Phôkos. — Prières d'Æakos : elles procurent du soulagement à la Grèce. — Phôkos tué par Pêleus et par Telamôn. — Telamôn banni se rend à Salamis. — Pêleus se rend à Phthia. — Son mariage avec Thetis. — Neoptolemos. — Ajax. — Son fils Phylæos le héros éponyme d'un dême de l'Attique. — Teukros, exilé, s'établit à Cypre. — Diffusion de la généalogie des Æacides.

La mémorable généalogie héroïque des Æacides établit un lien fabuleux entre Ægina (Egine), Salamis (Salamine) et Phthia (Phthie), que nous pouvons seulement reconnaître comme un fait, sans pouvoir en trouver l'origine.

Æakos, fils de Zeus, était né d'Ægina, fille d'Asôpos, que le dieu avait enlevée et transportée dans l'île à laquelle il donna son nom; dans la suite elle épousa Aktôr, dont elle eut Menœtios, père de Patroklos. Comme il y avait deux fleuves du nom d'Asôpos, l'un entre Phlionte et Sikyôn, et l'autre entre Thèbes et Platée, — la généalogie héroïque des Æginètes se rattachait et à celle de Thèbes et à celle de Phlionte; et cette croyance fit naître des conséquences pratiques dans l'esprit de ceux qui acceptaient les légendes comme de l'histoire véritable. En effet, lorsque les Thébains, dans la LXVIIIe olympiade, furent vivement pressés par Athènes pendant une guerre, l'oracle de Delphes leur conseilla de demander assistance à leurs plus proches parents. Se souvenant que Thèbê et Ægina avaient été sœurs, toutes deux filles d'Asôpos, ils furent amenés à s'adresser aux Æginètes comme à leurs plus proches parents, et ceux-ci leur prêtèrent aide, d'abord en leur envoyant leurs héros communs, les Æacides, ensuite en les soutenant avec un secours armé effectif (1). Pindare insiste avec beaucoup de force sur la fraternité héroïque qui existe entre Thèbes, sa ville natale, et Ægina (2).

Æakos était seul à Ægina : afin de le délivrer de cette vie solitaire, Zeus changea toutes les fourmis de l'île en hommes, et ainsi lui fournit une nombreuse population, qui, d'après son origine, reçut le nom de Myrmidons (3). De son épouse Endèis, fille de Chirôn, Æakos eut pour fils Pêleus et Telamôn ; de la néréide Psamathê il eut Phôkos. Un crime monstrueux avait été récemment commis par Pélops : c'était le meurtre du prince arcadien Stymphalos, sous un faux semblant d'amitié et d'hospitalité ; en punition de ce forfait les dieux avaient frappé toute la Grèce de stérilité et de famine. Les oracles déclaraient que le pays ne pourrait être délivré de cette intolérable misère que par les prières d'Æakos, le plus pieux de tous les hommes. En conséquence, des envoyés de toutes les contrées affluèrent à Ægina, pour décider Æakos à faire des prières en leur faveur. Sur ses supplications les dieux s'apaisèrent, et la souffrance cessa immédiatement. Les Grecs reconnaissants établirent à Ægina le temple et le culte de Zeus Panhellênios, l'un des monuments et l'une des institutions durables de l'île, à l'endroit où Æakos avait prié les dieux. Les statues des envoyés qui étaient venus le solliciter pouvaient encore se voir dans l'Æakeion, ou édifice sacré d'Æakos, au temps de Pausanias ;

---

(1) Hérod. V, 81.
(2) Nem. IV, 22. Isthm. VII, 16.
(3) Ce conte concernant la métamorphose des fourmis en hommes est aussi ancien que le Catalogue hésiodique des Femmes. V. Düntzer, Fragm. Epic. 21, p. 34 ; c'est évidemment un conte étymologique né du nom des Myrmidons. Pausanias rejette et l'étymologie et les détails du miracle, il dit que Zeus fit naître les hommes de la terre, à la prière d'Æakos (II, 29, 2) ; d'autres auteurs conservaient l'étymologie de Myrmidons tirée de μύρμηκες, mais donnaient une explication différente (Callim. Fragm. 114, Düntzer). Μυρμιδόνων ἐσσῆνα (Strabon, VIII, p. 375). Ἐσσήν, ὁ οἰκιστής (Hygin. fab. 52).

Selon la légende thessalienne, Myrmidôn était fils de Zeus et d'Eurymedusa, fille de Kletor ; Zeus, pour se déguiser, s'étant transformé en fourmi (Clem. Alex. Admon. ad Gent. p. 25, Sylb.).

et l'Athénien Isocrate, dans son éloge d'Evagoras, tyran de Salamis dans l'île de Cypre (qui faisait remonter son origine à Æakos par Teukros), insiste sur ce miracle signalé, raconté et cru par les autres Grecs aussi bien que par les Æginètes, comme une preuve des grandes qualités ainsi que de la faveur et de la protection divines manifestées dans la carrière des Æacides (1). Æakos fut aussi appelé à aider Poseidôn et Apollon dans la construction des murailles de Troie (2).

Pêleus et Telamôn, fils d'Æakos, devenus jaloux de leur frère bâtard, Phôkos, à cause de son habileté supérieure dans les luttes gymnastiques, se concertèrent pour le mettre à mort. Telamôn lui lança son disque pendant qu'ils jouaient ensemble, et Pêleus l'acheva en lui lançant dans le dos un coup de sa hachette. Alors ils cachèrent le cadavre dans un bois, mais Æakos ayant découvert et le forfait et les auteurs, bannit de l'île les deux frères (3). A chacun d'eux étaient réservées d'éclatantes destinées.

Pendant que nous remarquons l'indifférence que la vieille légende hésiodique montre à l'égard du caractère moral des actions lorsqu'elle impute d'une manière distincte et ouverte une telle conduite à deux des personnages les plus admirés du monde héroïque, — il n'est pas moins instructif d'observer le changement qui s'était opéré dans les sentiments à l'époque de Pindare. Cet ardent panégyriste de la grande

---

(1) Apollod. III, 12, 6. Isocr. Evag. Encom. vol. II, p. 278, Auger. Pausan. I, 44, 13; II, 29, 6. Schol. Aristoph. Equit. 1253.

De même dans le 106ᵉ Psaume, concernant les Israélites et Phinées, v. 29. « Ils ont provoqué la colère du Seigneur par leurs artifices, et la plaie fut grande parmi eux; » « alors Phinées se leva et pria, et alors la plaie cessa; » « et cela lui a été imputé à justice dans tous les âges. »

(2) Pindare, Olymp. VIII, 41, avec les Scholies. Didyme ne trouva cette histoire dans aucun autre poëte plus ancien que Pindare.

(3) Apollod. III, 12, 6, qui rapporte le conte d'une manière un peu différente; mais le vieux poëme épique Alckmæonis donne les détails (ap. Schol. Eurip. Andromach. 685)..

Ἔνθα μὲν ἀντίθεος Τελαμὼν τρο-
[χοειδέι δίσκῳ
Πλῆξε κάρη · Πηλεὺς δὲ θοῶς ἀνὰ χεῖρα
[τανύσσας
Ἀξίνην εὔχαλκον ἐπεπλήγει μετὰ
[νῶτα.

race des Æacides baisse la tête avec confusion et refuse de raconter, bien qu'obligé d'y faire une allusion vague, la cause qui força le pieux Æakos à bannir ses fils d'Ægina. Il paraît que Callimaque, si nous pouvons en juger par un court fragment, manifestait la même répugnance à en faire mention (1).

Telamôn se retira à Salamis, gouvernée alors par Kychreus, fils de Poseidôn et de Salamis, qui récemment avait délivré l'île du fléau d'un terrible serpent. Cet animal, chassé de Salamis, se retira à Eleusis en Attique, où il fut reçu par la déesse Dêmêtêr, qui lui donna asile dans son domicile sacré (2). Kychreus mourant sans enfants laissa ses États à Telamôn, qui épousa Peribœa, fille d'Alkathoos et petite-fille de Pélops, et eut pour fils le célèbre Ajax. Telamôn prit part à la chasse du sanglier de Kalydôn et à l'expédition des Argonautes; il fut aussi l'ami intime et le compagnon d'Hèraklês, qu'il accompagna dans son entreprise contre les Amazones et dans l'attaque faite avec six vaisseaux seulement et dirigée contre Laomedôn, roi de Troie. Cette dernière entreprise ayant eu un plein succès, Telamôn reçut d'Hèraclês pour récompense la main de la fille de Laomedôn, Hêsionê — qui lui donna pour fils Teukros, l'archer le plus distingué dans l'armée d'Agamemnôn et le fondateur de Salamis dans l'île de Cypre (3).

---

(1) Pindare, Nem. V, 15, avec les Scholies, et Callim. Fragm. 136. Apollonius de Rhodes représente le fratricide comme involontaire et commis par inadvertance (I, 92); exemple entre mille de la tendance à adoucir les anciens récits et à leur donner une couleur morale.

Pindare, toutefois, semble oublier cet incident quand il parle dans d'autres endroits du caractère général de Pêleus (Olymp. II, 75-86. Isthm. VII, 40).

(2) Apollod. III, 12, 7. Euphorion, Fragm. 5, Düntzer, p. 43, Epic. Græc.

Il a pu y avoir un serpent tutélaire dans le temple d'Eleusis, comme il y en avait un dans celui d'Athênê Polias à Athènes (Hérodote, VIII, 41, Photius, v. Οἰκουρον ὄφιν. Aristoph. Lysistr. 759, avec les Schol.).

(3) Apollod. III, 12, 7. Hésiod. ap. Strab. IX, p. 393.

La libation et la prière d'Hèraklês, au moment qui précéda la naissance d'Ajax, et la dénomination donnée par le héros à l'enfant avant sa naissance, et empruntée d'un aigle (αἰετὸς) qui parut en réponse à ses paroles, étaient détaillées dans les Eoiai hésiodiques, et sont célébrées par Pindare (Isthm. V, 30-54). V. aussi les Scholies.

Pêleus se rendit à Phthia, où il épousa la fille d'Eurytiôn, fils d'Aktôr, et reçut de lui le tiers de ses États. Prenant part à la chasse du sanglier de Kalydôn, il tua involontairement son beau-père Eurytiôn et fut obligé de s'enfuir à Iôlkos, où il fut purifié par Akastos, fils de Pelias; il a déjà été parlé brièvement, dans un précédent chapitre, du danger auquel il fut exposé, par suite des accusations calomnieuses de l'épouse d'Akastos, éprise de lui. Pêleus fut aussi au nombre des Argonautes; toutefois, l'événement le plus mémorable de sa vie fut son mariage avec la déesse de la mer, Thetis. Zeus et Poseidôn avaient tous deux conçu une violente passion pour Thetis. Mais le premier ayant été averti par Promêtheus que Thetis était destinée à donner naissance à un fils qui serait plus puissant que son père, la força, bien contre sa volonté, à épouser Pêleus; celui-ci, instruit par les avis indirects du sage Chirôn, put la saisir sur la côte appelée Sêpias, dans la partie méridionale de la Thessalia. Elle se transforma plusieurs fois, mais Pêleus la tint ferme jusqu'à ce qu'elle eût repris sa forme primitive, et alors elle ne fut plus en état de résister plus longtemps. Tous les dieux assistèrent à ces noces mémorables, et apportèrent de magnifiques cadeaux; Apollon chanta en s'accompagnant de la lyre, Poseidôn donna à Pêleus les chevaux immortels Xanthos et Balios, et Chirôn fit don d'une formidable lance de frêne, coupée sur le mont Pêlion. Nous aurons lieu, dans la suite, de reconnaître l'importance de ces deux cadeaux à propos des exploits d'Achille (1).

---

(1) Apollod. III, 13, 5. Homère, Iliade, XVIII, 434; XXIV, 62. Pindare, Nem. IV, 50-68; Isthm. VII, 27-50. Hérod. VII, 192. Catulle, Carm. 64. Epithal. Pel. et Thetidos, avec les remarques préliminaires de Dœring.

Les noces de Thetis et de Pêleus étaient exaltées dans le Catalogue hésiodique, ou peut-être dans les Eoiai (Düntzer, Epic. Græc. Fragm. 36, p. 39) et dans Ægimius. V. Schol. ad Apollon. Rhod. IV, 869, où l'on voit un curieux effort de Staphylus pour enlever au mariage de Pêleus et de Thetis son caractère surnaturel.

Il y avait une ville, vraisemblablement près de Pharsalos en Thessalia, appelée Thêtideion. On dit que Pêleus conduisit Thetis dans ces deux endroits: probablement elle se développa tout autour d'un temple et d'un sanctuaire consacrés à cette déesse (Phérécy. Fragm. 16, Didot, Hellanicu ap. Steph. Byz. Θεστιδεῖον).

Le rôle marquant attribué à Thetis dans l'Iliade est bien connu, et les poëtes post-homériques de la légende de Troie l'ont représentée comme concourant d'abord activement à favoriser la gloire, enfin à pleurer la mort de son remarquable fils (1). Pêleus, qui avait survécu et à son fils Achille, et à son petit-fils Neoptolemos, reçoit en dernier lieu l'ordre de se placer à l'endroit même où il avait primitivement saisi Thetis, et là la déesse vient en personne l'emmener, afin qu'il puisse échanger l'abandon et la décrépitude de la vieillesse contre une vie immortelle avec les Néréides (2). Quand Xerxès s'avança en Grèce, le lieu lui fut indiqué par les Ioniens qui l'accompagnaient, et les mages offrirent des sacrifices solennels à Thetis aussi bien qu'aux autres Néréides, comme aux déesses sous l'empire et la protection desquelles était la côte (3).

Neoptolemos ou Pyrrhos (Pyrrhus), fils d'Achille, trop jeune pour combattre au commencement du siége de Troie, paraît sur la scène, après la mort de son père, comme l'acteur indispensable et marquant dans la prise finale de la ville. Vainqueur de Troie, il revient non à Phthia, mais en Epiros, amenant avec lui sa captive Andromachê, veuve d'Hectôr, qui lui donne pour fils Molossos. Il périt lui-même à Delphes dans toute la force de la vie, victime des machinations d'Orestès, fils d'Agamemnôn. Mais son fils Molossos, — comme Fleance, le fils de Banquo, dans Macbeth, — devient père de la puissante race des rois Molosses, qui jouèrent un rôle si remarquable pendant la décadence des cités grecques, et auxquels le titre et la parenté des Æacides inspiraient un orgueil particulier, en les identifiant par la communauté d'une origine héroïque avec les véritables et incontestés Hellènes (4).

---

(1) V. les arguments des poëmes perdus aujourd'hui, les Cypria et l'Æthiopis, tels que les donne Proclus, dans Düntzer, Fragm. Epic. Græc. p. 11-16; de plus Schol. ad Iliad. XVI, 140; et l'extrait de la Ψυχοστασία perdue d'Eschyle, apud Platonem de Republicâ, II, caput 21, (p. 382 St.).

(2) Eurip. Androm. 1242-1260; Pindare, Olymp. II, 86.

(3) Hérod. VII, 198.

(4) Plutarque, Pyrrh. I; Justin, XI, 3; Euripid. Androm. 1253; Arrien, Exp. Alexand. I, 11.

Les exploits d'Ajax, le second petit-fils d'Æakos, devant Troie, ne sont surpassés que par ceux d'Achille. Il périt de sa propre main, victime d'un sentiment insupportable d'humiliation, parce qu'un compétiteur moins digne que lui obtient à son détriment les armes d'Achille après la mort du héros. Son fils Philæos reçoit le droit de cité à Athènes, et la gens ou dême du nom de Philaidæ faisait remonter jusqu'à lui son nom et son origine : de plus, les illustres Athéniens Miltiade et Thucydide étaient regardés comme membres de cette race héroïque (1).

Teukros échappa aux périls du siège de Troie aussi bien qu'à ceux du retour dans sa patrie, et il parvint à Salamis sain et sauf. Mais son père Telamôn, indigné de le voir revenir sans Ajax, refusa de le recevoir, et le força à s'expatrier. Teukros conduisit ses compagnons à Cypre, où il fonda la ville de Salamis : Evagoras, un de ses descendants, était reconnu comme un Teukride et un Æacide, même à l'époque d'Isocrate (2).

Telle était la brillante généalogie héroïque des Æacides, — famille renommée pour sa supériorité militaire. L'Æakeion à Ægina, dans lequel on offrait à Æakos des prières et des sacrifices, conserva sa dignité intacte jusqu'au temps

---

(1) Phérécyde et Hellanicus ap. Marcellin. Vit. Thucyd. init.; Pausan. II, 29, 4 ; Plut. Solôn, 10. D'après Apollodore, cependant, Phérécyde disait que Telamôn était seulement l'ami de Pêleus, et non son frère, — non le fils d'Æakos (III, 12, 7) : ceci semble une contradiction. Il y eut cependant une vive querelle entre les Athéniens et les Mégariens au sujet du droit, que les deux peuples prétendaient avoir, de posséder le héros Ajax (V. Pausan. I, 42, 4 ; Plut. *l. c.*) : les Mégariens accusaient Pisistrate d'avoir interpolé un vers dans le Catalogue de l'Iliade (Strabon, IX, p. 394).

(2) Hérod. VII, 90 ; Isocrate, Enc. Evag. *ut sup.*; Soph. Ajax, 984-995 ; Vellei. Patercul. I, 1 ; Eschyl. Pers. 891, et Schol. Le retour de Teukros, revenant de Troie, son bannissement par Telamôn et son établissement à Cypre, formaient le sujet du Τεῦκρος de Sophocle et d'une tragédie de Pacuvius ayant le même titre (Cicéron, de Orat. I, 58 ; II, 46) ; Soph. Ajax, 892 ; Pacuvii Fragm. Teucr. 15.

« Te repudio, nec recipio, natum
  [abdico,
Facesse. »

La légende de Teukros se rattachait, dans l'archéologie athénienne, aux fonctions et aux formalités particulières de la justice, ἐν Φρεαττοῖ (Pausan. I, 28, 12 ; II, 29, 7).

de Pausanias (1). Cette généalogie sert de lien à diverses familles éminentes dans l'Achaia Phthiôtis, à Ægina, à Salamis, à Cypre et chez les Molosses d'Epiros. Avons-nous le droit de conclure de là que l'île d'Ægina était primitivement peuplée par des Myrmidons venus de l'Achaia Phthiôtis, comme se l'imagine O. Müller (2), c'est ce que je n'affirmerai pas. Ces généalogies mythiques semblent unir ensemble des clans ou groupes de familles spéciaux, plutôt que le corps de quelque communauté, — précisément comme nous savons que les Athéniens en général n'avaient point place dans la généalogie des Æacides, bien que certaines familles athéniennes particulières y eussent des droits. L'intime amitié unissant Ajax et le héros d'Opos (Oponte) Patroklos — la communauté de nom et la liaison fréquente existant entre le Lokrien Ajax, fils d'Oïleus, et Ajax, fils de Telamôn — rattachent les Æacides à Opos et aux Lokriens Opontiens, d'une manière que nous n'avons aucun autre moyen d'expliquer. Pindare aussi représente Menœtios, père de Patroklos, comme fils d'Aktôr et d'Ægina, et par conséquent comme frère maternel d'Æakos (3).

---

(1) Hesiod. Fragm. Düntz. Eoiai, 55, p. 43.

Ἀλκὴν μὲν γὰρ ἔδωκεν Ὀλύμπιος
[Αἰακίδαισι,
Νοῦν δ' Ἀμυθαονίδαις, πλοῦτον δ' ἔπορ'
[Ἀτρείδῃσι.
Polyb. V, 2 : — Αἰακίδας, πολέμῳ κεχαρηότας ἠΰτε δαιτί.

(2) V. son premier ouvrage, intitulé Æginetica, p. 14.

(3) Pind. Olymp. IX, 74. Le héros Ajax, fils d'Oïleus, était spécialement adoré à Opos ; des fêtes et des jeux solennels étaient célébrés en son honneur.

CHAPITRE XI

LÉGENDES ET GÉNÉALOGIES ATTIQUES.

Erechtheus — autochthone. — Légendes attiques — issues de sources différentes. — Chaque dême avait la sienne. — Peu mentionnées par les anciens poëtes épiques. — Cécrops. — Kranaos. — Pandiôn. — Filles de Pandiôn : Proknê, Philomêlê. — Légende de Têreus. — Filles d'Erechtheus : Prokris, Kreüsa, Oreithyia, épouse de Boreas. — Prières des Athéniens à Boreas. — Son bienveillant secours dans leur danger. — Erechtheus et Eumolpos. — Les trois filles d'Erechtheus se sacrifient volontairement. — Kreüsa et Iôn. — Fils de Pandiôn : Ægeus, etc. — Thêseus. — Son caractère légendaire épuré. — Plutarque. — Sa manière de traiter la matière légendaire. — Légende des Amazones. — Son antiquité et sa prédominance. — Glorieux exploits des Amazones. — Leur ubiquité. — Admises universellement comme une partie du passé des Grecs. — Amazones présentées par les historiens d'Alexandre comme existant alors. — Conflit entre la foi et la raison dans la critique historique.

Le nom le plus ancien dans l'archéologie athénienne, aussi loin que s'étendent nos moyens de le savoir, est celui d'Erectheus, qui est mentionné dans le Catalogue de l'Iliade et dans une courte allusion de l'Odyssée. Né de la Terre, il est élevé par la déesse Athênê, adopté par elle comme son pupille, et installé dans son temple à Athènes, où les Athéniens lui offrent des sacrifices annuels. Les Athéniens sont appelés dans l'Iliade « le peuple d'Erechtheus (1). » C'est là le plus

---

(1) Iliade, II, 546. Odyss. VII, 81.
Οἳ δ' ἄρ' Ἀθήνας εἶχον...
Δῆμον Ἐρεχθῆος μεγαλήτορος, ὅν
[ποτ' Ἀθήνη
Θρέψε, Διὸς θυγάτηρ, τέκε δὲ ζείδωρος
["Ἄρουρα,

Κὰδ δ' ἐν Ἀθήνῃσ' εἷσεν ἑῷ ἐνὶ πίονι
[νηῷ
Ἐνθάδε μιν ταύροισι καὶ ἀρνειοῖς
[ἱλάονται
Κοῦροι Ἀθηναίων, περιτελλομένων
[ἐνιαυτῶν.

ancien témoignage touchant Erechtheus, qui le présente comme un personnage divin ou héroïque, et certainement surhumain, et qui l'identifie avec la germination primitive de l'homme athénien (s'il m'est permis d'employer une expression dont l'équivalent grec aurait plu à une oreille athénienne). Et il était reconnu comme ayant le même caractère, même à la fin du quatrième siècle avant l'ère chrétienne, par les Butadæ, une des plus anciennes et des plus importantes familles d'Athènes, qui se vantaient de l'avoir comme premier auteur de leur race : la généalogie du grand orateur athénien Lycurgue, membre de cette famille, dressée par son fils Abrôn, et peinte sur un tableau exposé dans l'Erechtheion, contenait comme premier nom et comme nom le plus élevé, celui d'Erechtheus, fils d'Hêphæstos et de la Terre. Dans l'Erechtheion, Erechtheus était adoré conjointement avec Athênê : il était identifié avec le dieu Poseidôn, et portait le nom de Poseidôn Erechtheus; un des membres de la famille des Butadæ, tiré au sort, jouissait du privilége de la prêtrise héréditaire dont il remplissait les fonctions (1). Hérodote aussi attribue à Erechtheus la même origine et le dit né de la Terre (2) ; mais Pindare, le vieux poëme appelé Danaïs, Euripide et Apollodore nomment tous Erichthonios, fils d'Hêphæstos et de la Terre, comme l'être qui fut ainsi adopté et appelé à être placé à côté d'Athênê dans le temple, tandis qu'Apollodore dans un autre endroit identifie Erichthonios avec Poseidôn (3). Le Scholiaste d'Homère regardait Erech-

---

(1) V. la Vie de Lycurgue, dans l'ouvrage de Plutarque (je l'appelle de ce nom, vu qu'il est toujours imprimé avec les œuvres de cet auteur), Vies des dix orateurs, t. IV, p. 382-384, Wytt. Κατῆγον δὲ τὸ γένος ἀπὸ τούτων καὶ Ἐρεχθέως τοῦ Γῆς καὶ Ἡφαίστου... καὶ ἐστὶν αὐτὴ ἡ καταγωγὴ τοῦ γένους τῶν ἱερασαμένων τοῦ Ποσειδῶνος, etc. Ὃς τὴν ἱερωσύνην Ποσειδῶνος Ἐρεχθέως εἶχε (p. 382, 383). Erechtheus Πάρεδρος d'Athênê. Aristide, Panathen. p. 184, avec les Schol. de Frommel.

, Butès, l'éponyme des Butadæ, est le premier prêtre de Poseidôn Erichthonios. Apollod. III, 15, I. De même Kallias (Xénoph. Sympos. VIII, 40), ἱερεὺς θεῶν τῶν ἀπ' Ἐρεχθέως.

(2) Hérodote, VIII, 55.

(3) Harpocration, v. Αὐτοχθών. Ὁ δὲ Πίνδαρος καὶ ὁ τὴν Δαναΐδα πεποιηκὼς φασιν, Ἐριχθόνιον ἐξ Ἡφαίστου καὶ Γῆς φανῆναι. Euripide, Ion, 21. Apollod. III, 14, 6 ; 15, 1. Cf. Platon, Tim. c. 6.

theus et Erichthonios comme la même personne sous deux noms (1) ; et puisque, touchant de tels personnages mythiques, il n'y a pas d'autre criterium qu'une parfaite similitude dans les attributs pour prouver l'identité du sujet, cette explication semble être la conclusion raisonnable.

Nous pouvons présumer, d'après le témoignage d'Homère, que la première et la plus ancienne idée qu'on se fit d'Athènes et de son acropolis sacrée, ce fut qu'elle était placée sous la protection spéciale d'Athènè, et qu'elle était le siége et le séjour favori de cette déesse, conjointement avec Poseidôn : celui-ci étant inférieur à la première, quoique le compagnon de son choix, et par suite échangeant son nom divin contre le surnom d'Erechtheus. Mais la contrée appelée Attique, qui, pendant les âges historiques, forme avec Athènes un corps social et politique, était dans l'origine divisée en une foule de dêmes ou cantons indépendants, et comprenait en outre diverses familles ou sectes héréditaires religieuses (si on peut admettre cette expression); c'est-à-dire une multitude de personnes ne vivant pas nécessairement ensemble dans la même localité, mais liées entre elles par une communauté héréditaire de rites sacrés, et revendiquant des priviléges aussi bien que remplissant des devoirs, fondés sur l'autorité traditionnelle de personnages divins pour lesquels elles avaient une commune vénération. Même jusqu'au commencement de la guerre du Péloponèse, les citoyens (δημόται) des différents dêmes de la contrée, bien que depuis longtemps incorporés dans l'association politique plus étendue de l'Attique et ne souhaitant pas la séparation, conservaient encore le souvenir de leur primitive autonomie politique. Ils vivaient dans leurs propres localités séparées, fréquentaient habituellement leurs propres temples, et ne visitaient Athènes que par occasion, pour affaires particulières ou politiques,

---

(1) Schol. ad. Iliad. II, 546, où il cite aussi Callimaque pour l'histoire d'Erichthonios. Etymol. Magn. Ἐρεχθεύς. Platon (Kritias, c. 4) emploie des expressions vagues et générales pour décrire l'action d'Hêphæstos et d'Athênê, dont la vieille fable d'Apollodore (III, 14, 6) donne les détails en termes plus grossiers. V. Ovide, Métam. II, 757.

ou pour les grandes fêtes publiques. Chacune de ces sociétés politique aussi bien que religieuse, avait son propre dieu ou héros éponyme, avec une généalogie plus ou moins étendue et une série d'incidents mythiques plus ou moins abondants rattachés à son nom, suivant l'imagination des exégètes et des poëtes locaux. Les héros éponymes Marathôn, Dekelos, Kolônos ou Phlyus avaient chacun leur droit particulier à un culte et leur propre position comme sujets de récit légendaire, ne dépendant ni d'Erechtheus, ni de Poseidôn, ni d'Athênê, les patrons de l'Acropolis commune à eux tous.

Mais les anciens poëtes épiques de la Grèce n'insistèrent beaucoup ni sur les antiquités de l'Attique ni sur celles des différentes parties dont elle était composée. Thêseus est mentionné dans l'Iliade et dans l'Odyssée comme ayant enlevé de Krête Ariadnê, la fille de Minôs,—commençant ainsi cette relation entre les légendes krêtoises et les légendes athéniennes, que nous trouvons plus tard étendue dans de si grandes proportions, — et les fils de Thêseus prennent part à la guerre de Troie (1). Les principaux compilateurs et narrateurs de ces mythes attiques furent les logographes en prose, auteurs des nombreuses compositions appelées Atthides ou ouvrages sur les antiquités attiques. Ces écrivains,—Hellanicus, le contemporain d'Hérodote, est le plus ancien auteur d'une *Atthis* expressément mentionnée, bien que Phérécyde ait dit aussi quelque chose des fables attiques,—ces écrivains, dis-je, firent une seule suite chronologique en entremêlant les légendes qui, ou bien occupaient fortement leur propre imagination, ou bien commandaient le respect le plus général parmi leurs concitoyens. C'est ainsi que les légendes religieuses et politiques d'Eleusis, ville, dans l'origine, indépendante d'Athènes, mais incorporée à elle avant l'âge historique, furent mises en une suite continue avec celles des Erechthides. C'est de cette façon aussi que Cécrops, le héros éponyme de la partie de l'Attique appelée Cécropia, vint à

---

(1) Æthra, mère de Thêseus, est aussi mentionnée (Homère, Iliade, III, 144).

être placé dans la chronologie mythique, à un point plus élevé même que le dieu ou héros primitif Erechtheus.

Ogygès régna, dit-on, en Attique (1), 1020 ans avant la première Olympiade, ou 1796 ans avant J.-C. De son temps eut lieu le déluge de Deukaliôn, qui détruisit la plus grande partie des habitants du pays. Après un long intervalle, Cécrops, personnage indigène, moitié homme et moitié serpent, nous est présenté par Apollodore comme le premier roi du pays ; il donna à la contrée qui auparavant avait été appelée Aktê le nom de Cécropia. De son temps il y eut une dispute entre Athênê et Poseidôn touchant la possession de l'Acropolis d'Athènes que chacun d'eux convoitait. D'abord, Poseidôn frappa le rocher de son trident et fit paraître le puits d'eau salée qui y existait et était appelé l'Erechthêis ; ensuite vint Athênê, qui planta l'olivier sacré que l'on vit toujours dans la suite et que l'on vénérait dans la partie de l'Erechtheion appelée la cellule de Pandrosos. Les douze dieux décidèrent la question, et Cécrops ayant attesté devant eux qu'Athênê avait rendu cet inestimable service, ils lui adjugèrent l'endroit de préférence à Poseidôn. On voyait, dans les temps historiques, sur l'Acropolis, dans le temple consacré à la fois à Athênê et à Erechtheus, l'ancien olivier et le puits produit par Poseidôn. Ce dieu, comme marque de la colère que lui causait la préférence accordée à Athênê, inonda d'eau la plaine de Thria (2).

Pendant le règne de Cécrops, l'Attique fut ravagée par des pirates kariens descendus sur les côtes et par des Aôniens venus de Bœôtia. Cécrops répartit les habitants de l'Attique en douze sections locales : Cécropia, Tetrapolis, Epakria, Dekeleia, Eleusis, Aphidnê, Thorikos, Braurôn,

---

(1) Hellanicus, Fragm. 62 ; Philocor. Fragm. 8, ap. Euseb. Præp. Evang. X, 10, p. 489. Larcher (Chronologie d'Hérodote, ch. 9, s. 1, p. 278) regarde et la personnalité historique et la date d'Ogygès comme ayant un caractère absolu d'authenticité.

(2) Apollod. III, 14, 1. Hérod. VIII, 55. Ovide, Métam. VI, 72. On montre encore la marque du trident de Poseidôn dans le roc sur lequel s'élevait l'Erechtheion à Athènes. L'histoire qui avait cours parmi les Athéniens représentait Cécrops comme le juge du débat (Xénoph. Memor. III, 5, 10).

Kythêros, Sphèttos, Cephisios, Phalèros. Désirant s'assurer du nombre des habitants, il commanda à chaque homme de jeter une seule pierre sur un tas commun : on compta les pierres et on trouva qu'il y en avait vingt mille (1).

Cécrops épousa la fille d'Aktæos, qui (d'après la version de Pausanias) avait régné sur la contrée avant lui, et l'avait appelée Aktæa (2). D'elle il eut trois filles, Aglauros, Ersê et Pandrosos, et un fils, Erysichthôn.

Erysichthôn mourut sans enfants et eut pour successeur Kranaos, autre personnage indigène et autre éponyme, car le nom de Κραναοί se donnait anciennement aux habitants de l'Attique (3). Kranaos fut détrôné par Amphiktyôn, que quelques-uns appellent indigène, et d'autres, fils de Deukaliôn ; Amphiktyôn à son tour fut chassé par Erichthonios, fils d'Hèphæstos et de la Terre, le même personnage apparemment qu'Erechtheus, mais intercalé par Apollodore à cet endroit de la série. Erichthonios, l'élève et le compagnon favori d'Athênê, plaça dans l'acropolis le palladium primitif ou statue de bois de cette déesse, statue que l'on disait tombée du ciel ; de plus, il fut le premier qui célébra la fête des Panathenæa. Il épousa la nymphe Pasithea, et eut pour fils et successeur Pandiôn (4). Erichthonios fut le premier qui enseigna l'art de dompter les chevaux en les soumettant au joug, et qui conduisit un quadrige (5).

Du temps de Pandiôn, qui succéda à Erichthonios, Dionysos et Dêmêter vinrent tous deux en Attique : cette dernière fut reçue par Keleos à Eleusis (6). Pandiôn épousa la nymphe Zeuxippê, et eut deux fils jumeaux, Erechtheus et Butês, et deux filles, Proknê et Philomêlê, qui sont le sujet d'une légende mémorable et bien connue. Pandiôn ayant reçu aide

---

(1) Philocor. ap. Strab. IX, p. 397.

(2) Les marbres chronologiques de Paros désignent Aktæos comme indigène. Marmor Parium, Epoch. 3. Pausan. I, 2, 5.

(3) Hérod. VIII, 44. Κρανααί Ἀθῆναι, Pindare.

(4) Apoll. III, 14, 6. Paus. I, 26, 7.

(5) Virg. Géorg. III, 114.

(6) J'ai parlé plus complétement dans mon premier chapitre du mythe de la visite de Dêmêter à Eleusis, à l'occasion de laquelle elle daigna enseigner ses rites sacrés aux principaux Eleusiniens.

de Tèreus, roi de Thrace, pour repousser les Thêbains, lui donna en mariage sa fille Proknê, de qui il eut un fils, Itys. La belle Philomêlê, étant venue visiter sa sœur, inspira au Thrace barbare une passion irrésistible : il la viola, la confina dans une hutte de berger lointaine et prétendit qu'elle était morte, après qu'il lui eut coupé la langue pour l'empêcher de révéler la vérité. Après un long intervalle de temps, Philomêlê trouva moyen d'informer sa sœur de l'horrible action qui avait été commise : dans le tissu d'un vêtement elle forma des mots décrivant sa déplorable position, et envoya le vêtement par un messager fidèle. Proknê, accablée de douleur et enflammée de colère, profita de la liberté de sortir dont jouissaient les femmes pendant la fête des Bacchanales pour aller délivrer sa sœur : alors toutes deux se vengèrent de Tèreus en tuant son fils Itys et en le servant à manger au père; le repas achevé, on lui révéla l'horrible vérité. Tèreus saisit une hache pour mettre Proknê à mort : elle s'enfuit avec Philomêlê, et tous trois ils furent changés en oiseaux : Proknê devint hirondelle, Philomêlê rossignol et Tèreus huppe (1). Ce conte, si populaire chez les poètes, et qui jette une si vive lumière sur le caractère général de la légende grecque, n'est pas moins remarquable à un autre point de vue, c'est que le grand historien Thucydide semble y faire allusion comme à un fait historique (2), sans toutefois mentionner expressément la métamorphose finale.

---

(1) Apollod. III, 14, 8; Eschy. Supplic. 61; Soph. Elect. 107; Ovide, Metam. VI, 425-670. Hygin donne la fable avec quelques circonstances additionnelles, fab. 45. Antoninus Liberalis (Narr. 11) ou Bœus, qu'il copie, composa un nouveau récit en combinant ensemble les noms de Pandareos et d'Aêdon, tels qu'ils sont donnés dans l'Odyssée, XIX, 523, et les aventures de la vieille fable attique. La huppe conservait encore l'habitude de chasser le rossignol : c'était pour les Athéniens un fait actuel. V. Schol. Aristoph. Aves, 212.

(2) Thucyd. II, 29. Il mentionne expressément le rossignol comme étant en rapport avec l'histoire, bien qu'il ne parle pas de la métamorphose. V. tome II, chap. 2. Pausanias également mentionne le fait, sur lequel il raisonne comme sur un incident réel, il en fait la base de quelques réflexions morales (I, 5, 4; X, 4, 5) : l'auteur du Λόγος Ἐπιτάφιος, attribué à Démosthène, le considère de la même manière comme un fait ennoblissant la tribu Pandionis, dont Pandiôn était l'éponyme. Le même auteur, en parlant de Cécrops, l'éponyme de la tribu Cécropis, ne peut croire littéralement l'histoire que la

Après la mort de Pandion, Erechtheus lui succéda comme roi, et son frère, Butès, devint prêtre de Poseidôn Erichthonios, fonction qui, dans la suite, fut toujours remplie par ses descendants, les Butades ou Eteobutades. Erechtheus semble paraître sous trois caractères dans l'histoire fabuleuse d'Athènes : comme dieu, Poseidôn-Erechtheus (1); comme héros, Erechtheus, fils de la Terre; et enfin comme roi, fils de Pandion, tant les idées de gouvernement divin et humain se mêlaient ensemble et se confondaient dans l'imagination des Grecs, quand ils passaient en revue leurs temps anciens.

Les filles d'Erechtheus n'étaient pas moins célèbres dans la légende athénienne que celles de Pandion. Prokris, l'une d'elles, est du nombre des héroïnes que voit Odysseus dans le royaume d'Hadès; elle devint l'épouse de Képhalos, fils de Déïonus, et vécut dans le dème attique de Thorikos.

Kreusa, autre fille d'Erechtheus, séduite par Apollôn, devient mère d'un fils qu'elle expose immédiatement après sa naissance, dans le souterrain septentrional de l'acropolis, cachant son action à tous les yeux. Apollôn persuade Hermès de transporter l'enfant nouveau-né à Delphes, où il est élevé comme desservant du temple, sans connaître ses parents. Kreusa épouse Xuthos, fils d'Æolos; mais comme elle restait sans avoir d'enfants, elle se rend avec Xuthos à Delphes pour demander un remède à l'oracle. Le dieu leur présente Iôn et les prie de l'adopter pour fils. Ils eurent dans la suite un fils, Achæos, et Iôn et Achæos devinrent les éponymes des Ioniens et des Achæens (2).

(1) Apollod. III, 14, 8; Eschyl. suppl. 61; Soph. Elect. 107; Ovide, Metam. VI, 426-670. Hygin donne la fable avec quelques circonstances additionnelles, fab. 46. Antoninus Liberalis (Metam. 6) suit une autre version, dans un nouveau récit rapporté d'Hyperochos (ap. Ouidoela quelque part de Poseidôn qui se sert simultanément du nom d'Erechtheus (Lycophron, 158); Hésychius v. Ἐρεχθεύς; la huppe consacrée à table attique. [...]

(2) C'est sur cette tradition qu'est fondée la tragédie d'Euripide portant ce nom. Je conçois bien des points de cette tragédie soient de l'invention [...]

Oreithyia, la troisième fille d'Erechtheus, s'amusant sur les bords de l'Ilissos, fut enlevée par le dieu Boreas, qui l'emmena dans sa demeure en Thrace. Les deux fils issus de ce mariage, Zètès et Kalaïs, naquirent avec des ailes; ils prirent part à l'expédition des Argonautes et se mirent à la poursuite des Harpies; ils furent tués à Tênos par Hêraklès. Kleopatra, fille de Boreas et d'Oreithyia, épousa Phineus et eut deux fils, Plexippos et Pandiôn; mais Phineus, dans la suite, prit une seconde épouse, Idæa, fille de Dardanos, qui, détestant les deux fils du premier lit, les accusa faussement d'avoir attenté à son honneur et persuada à Phineus furieux de leur crever les yeux. Les Argonautes, dans le cours de leur voyage, le punirent de cette action cruelle (1).

Dans plus d'une occasion les Athéniens retirèrent, ou du moins s'imaginèrent avoir retiré d'importants avantages de ce mariage de Boreas avec la fille de leur premier héros: entre autres, un inestimable service, rendu dans une conjoncture extrêmement critique pour l'indépendance grecque, mérite d'être tout particulièrement cité (2). Au moment de l'invasion de la Grèce par Xerxès, la flotte grecque était assemblée à Chalkis et à l'Artémision en Eubœa, attendant

---

d'Euripide lui-même; mais représenter Iôn comme fils d'Apollon et non de Xuthos semble une véritable légende attique. Touchant ce drame, V. O. Müller, Hist. of Dorians, II, 2, 13-15. Je doute cependant de la distinction qu'il établit entre les Ioniens et le reste de la population de l'Attique.

(1) Apollod. III, 15, 2; Platon, Phædr. c. 3; Soph. Antig. 984, et les abondantes Scholies sur Apoll. Rhod. I, 212.

L'histoire de Phineus est rapportée bien différemment dans l'expédition des Argonautes, telle qu'elle est donnée par Apollonius de Rhodes, II, 180. Par Sophocle, nous apprenons que c'était la version athénienne.

Les deux enfants ailés de Boreas et la chasse qu'ils donnèrent aux Harpies étaient mentionnés dans le Catalogue hésiodique (V. Schol. Apollon. Rhod. II, 296). Mais il ne paraît pas certain que la légende athénienne d'Oreithyia fût signalée dans les poëmes hésiodiques.

Eschyle et Sophocle composèrent tous deux des drames sur le sujet d'Oreithyia (Longin. de Sublim. c. 3). « Orithyia Atheniensis, filia Terrigenæ, et a Borea in Thraciam rapta » (Serv. ad Virg. Æneid. XII, 83). Terrigena est le γηγενὴς Ἐρεχθεύς. Philocore (Fragm. 30) enlevait à l'histoire son caractère fabuleux et disait qu'elle faisait allusion aux effets d'un vent violent.

(2) Hérod. VII, 189. Οἱ δὲ ὦν Ἀθηναῖοί σφι λέγουσι βοηθήσαντα τὸν Βορῆν πρότερον, καὶ τότε ἐκεῖνα κατεργάσασθαι· καὶ ἱρὸν ἀπελθόντες Βορέω ἱδρύσαντο παρὰ ποταμὸν Ἰλισσον.

l'approche de l'armée des Perses, si supérieure en nombre sur mer comme sur terre. La flotte des Perses avait atteint la côte de Magnêsia et l'extrémité sud-est de la Thessalia sans aucun dommage sérieux, quand les Athéniens reçurent d'un oracle le conseil « d'invoquer l'aide de leur gendre. » Comprenant que l'avis avait trait à Boreas, ils implorèrent son aide et celui d'Oreithyia de la manière la plus instante, aussi bien par des prières que par des sacrifices (1), et l'événement répondit à leurs désirs. Un furieux vent du nord-est s'éleva immédiatement, et pendant trois jours continua de battre la flotte des Perses qui se trouvait sur une côte dénuée d'abri : le nombre des navires qui échouèrent, tant vaisseaux de guerre que vaisseaux de transport, fut immense, et le dommage causé à l'armement ne fut jamais complétement réparé. Tel fut le puissant secours que les Athéniens tirèrent, au moment du besoin le plus pressant, de leur gendre Boreas; et ils témoignèrent leur gratitude en lui consacrant un nouveau temple sur les bords de l'Ilissos.

Les trois autres filles d'Erechtheus—il en eut six en tout (2) — étaient dans la légende athénienne encore plus vénérées que leurs sœurs, parce qu'elles s'étaient volontairement vouées à la mort pour le salut de leur patrie. Eumolpos d'Eleusis était le fils de Poseidôn et le héros éponyme de la famille sacrée appelée les Eumolpides, à laquelle étaient dévolues, par privilége héréditaire, les principales fonctions appartenant aux rites mystérieux de Dêmêtêr à Eleusis. Il fit la guerre à Erechtheus et aux Athéniens, avec l'aide d'un corps d'alliés thraces ; il paraît en effet que les légendes d'Athènes, dans l'origine étrangères et hostiles à celles d'Eleusis, le représentaient comme ayant été lui-même originaire

---

(1) Hérod. 1, c. Ἀθηναῖοι τὸν Βορῆν ἐκ θεοπροπίου ἐπεκαλέσαντο, ἐλθόντος σφι ἄλλου χρηστηρίου, τὸν γαμβρὸν ἐπίκουρον καλέσασθαι. Βορῆς δὲ, κατὰ τὸν Ἑλλήνων λόγον, ἔχει γυναῖκα Ἀττικὴν, Ὠρείθυίην τὴν Ἐρεχθέος. Κατὰ δὴ τὸ κῆδος τοῦτο, οἱ Ἀθηναῖοι, συμβαλλεόμενοί σφι τὸν Βορῆν γαμβρὸν εἶναι, etc.

(2) Suidas et Photius, v. Παρθένοι : on donne Protogeneia et Pandôra comme les noms de deux d'entre elles. Le sacrifice de Pandôra, dans les Iambes d'Hipponax (Hipponact. Fragm. XXI. Welck. ap. Athen. IX, p. 370), semble faire allusion à cette fille d'Erechtheus.

de Thrace et immigrant en Attique (1). Toutefois, au sujet d'Eumolpos et de ses parents, les différences dépassent de beaucoup même la mesure de ce qui est permis ordinairement dans les généalogies légendaires, et plusieurs critiques, tant parmi les anciens que parmi les modernes, ont cherché à concilier ces contradictions, en faisant usage de l'expédient habituel, c'est-à-dire en supposant l'existence de deux ou trois personnes différentes du même nom. Pausanias lui-même, si familier avec cette classe de témoins peu dignes de foi, se plaint du manque de généalogistes natifs d'Eleusis (2) et de l'extrême liberté de fiction que s'étaient permise d'autres auteurs.

Dans l'hymne homérique à Dêmêtêr, le plus ancien témoignage que nous ayons sous les yeux, — composé, selon toute apparence, avant la complète incorporation d'Eleusis à Athènes — Eumolpos paraît (pour répéter brièvement ce qui a été dit dans un précédent chapitre) comme l'un des chefs ou princes natifs d'Eleusis, avec Triptolêmos, Dioklès,

---

(1) Apollod. III, 15, 3; Thucyd. II, 15; Isocrate (Panégyr. t. I, p. 206; Panathen. t. II, p. 560, Auger); Lycurg. cont. Leocr. p. 201, Reiske; Pausan. I, 38, 3; Eurip. Erechth. Fragm. Le Schol. ad Soph. Œd. Col. 1048, fait des citations d'une grande valeur d'Ister, d'Acestodore et d'Androtion : nous voyons que ceux qui faisaient des recherches sur l'antiquité trouvaient de la difficulté à expliquer comment les Eumolpides avaient pu acquérir leurs priviléges supérieurs dans la direction des Eleusinia, en voyant qu'Eumolpos lui-même était un étranger. — Ζητεῖται, τί δήποτε οἱ Εὐμολπίδαι τῶν τελετῶν ἐξάρχουσι, ξένοι ὄντες. Thucydide n'appelle pas Eumolpos un Thrace : le langage de Strabon est très-diffus et très-vague (VII, p. 231) : Isocrate dit qu'il attaqua Athènes pour soutenir les droits de son père Poseidôn au patronage suprême de la cité. Hygin copie cette explication (fab. 46):

(2) Pausan. I, 38, 3. Ἐλευσίνιοί τε ἀρχαῖοι, ἅτε οὐ προσόντων σφίσι γενεαλόγων, ἄλλα τε πλάσασθαι δεδώκασι καὶ μάλιστα ἐς τὰ γένη τῶν ἡρώων. V. Heyne ad Apollod. III, 15, 4. « Eumolpi nomen modo communicatum pluribus, modo plurium hominum res et facta cumulata in unum. Is ad quem Hercules venisse dicitur, serior ætate fuit : antiquior est is de quo hoc loco agitur..... antecessisse tamen hunc debet alius, qui cum Triptolemo vixit, etc. » V. les savants et précieux Commentaires de Lobeck dans son Aglaophamus, tom. I, p. 206-213, par rapport aux contradictions de ce récit; il fait observer, je pense, avec beaucoup de raison (p. 211), « quo uno exemplo ex innumerabilibus delecto, arguitur eorum temeritas, qui ex variis discordibusque poetarum et mythographorum narratiunculis, antiquæ famæ formam et quasi lineamenta recognosci posse sperant. »

Polyxeinos et Dolichos; Keleos est le roi, ou le premier entre ces chefs, le fils ou un des descendants directs de l'éponyme Eleusis lui-même. C'est vers ces chefs, et vers les trois filles de Keleos, que vient la déesse Dêmêtêr dans la douleur que lui cause la perte de sa fille Persephonê : traitée d'une manière hospitalière par Keleos, elle révèle son véritable caractère, ordonne qu'un temple lui soit élevé à Eleusis, et leur prescrit les rites selon lesquels ils doivent l'adorer (1).

Telle semble avoir été l'ancienne histoire des habitants d'Eleusis touchant leurs propres antiquités religieuses : Keleos, son épouse Metaneira et les autres chefs ici mentionnés, furent adorés à Eleusis et de là transférés à Athènes comme dieux ou héros locaux (2). Eleusis fut incorporée à Athènes, vraisemblablement à une époque peu antérieure à Solôn; et le culte éleusinien de Dêmêtêr fut alors reçu au nombre des grandes solennités religieuses de l'état d'Athènes, auxquelles il doit l'extension remarquable qu'il prit ensuite ainsi que sa dominante influence. Dans le culte, devenu attique, de Dêmêter d'Eleusis, les Eumolpides et les Kêrykes furent les principaux fonctionnaires héréditaires : Eumolpos, l'éponyme de cette grande famille, arriva ainsi à jouer le rôle principal dans la version légendaire athénienne de la guerre entre Athènes et Eleusis. Un oracle avait déclaré qu'Athènes ne pourrait être délivrée de ce danger que par la mort des trois filles d'Erechtheus; dans leur généreux patriotisme elles consentirent au sacrifice, et leur père

---

(1) Hom. Hymn. ad Cerer. 153-475 : —

Ἡ δὲ κίουσα θεμιστοπόλοις βασιλεῦσι
Δεῖξεν Τριπτολέμῳ τε, Διόκλεῖ τε πλη-
[ξίππῳ,
Εὐμόλπου τε βίῃ, Κελέῳ θ' ἡγήτορι
[λαῶν
Δρησμοσύνην ἱερῶν.

Et v. 105 : —

Τὴν δὲ ἴδον Κελέοιο Ἐλευσινίδαο θύ-
[γατρες.

Le héros Eleusis est mentionné dans Pausanias, I, 38, 7; quelques-uns le disaient fils d'Hermês, d'autres fils d'Ogygês. Cf. Hygin, f. 147.

(2) Les Athéniens rendaient les honneurs divins à Keleos et à Metaneira (Athenag. Legat. p. 53, éd. Oxon.) : peut-être confond-il les honneurs divins avec les honneurs héroïques, comme étaient disposés à le faire les controversistes chrétiens dans leur polémique contre le paganisme. Triptolemos avait un temple à Eleusis (Pausan. I, 38, 6)..

les mit à mort. Alors il marcha avec confiance au combat, vainquit complétement l'ennemi, et tua Eumolpos de sa propre main (1). Erechtheus fut adoré à Athènes comme dieu, et ses filles comme déesses (2). Leurs noms et leur dévouement sublime étaient cités avec ceux des guerriers de Marathon, dans l'assemblée publique d'Athènes par les orateurs qui cherchaient à ranimer le patriote languissant ou à dénoncer le lâche déserteur; et le peuple écoutait cette double mention avec des sentiments analogues de vénération reconnaissante, aussi bien qu'avec une foi dans les faits également exempte de tout soupçon (3).

---

(1) Apollod. III, 15, 4. Quelques-uns disaient qu'Immarados, fils d'Eumolpos, avait été tué par Erechtheus (Pausan. I, 5, 2); d'autres, que tel avait été le sort d'Eumolpos et de son fils (Schol. ad Eurip. Phœniss. 854). Mais nous apprenons de Pausanias lui-même quel était le récit fait dans l'intérieur de l'Erechtheion, — à savoir, qu'Erechtheus tua Eumolpos (I, 27, 3).

(2) Cicéron, Nat. Deor. III, 19; Philocor. ap. Schol. Œdip. Col. 100. Trois filles d'Erechtheus périrent, et trois filles furent adorées (Apollod. III, 15, 4; Hesychius, Ζεῦγος τριπάρθενον; Eurip. Erechtheus, Fragm. 3, Dindorf; mais et Euripide et Apollodore disaient que le sacrifice d'une seule de ses filles avait été demandé à Erechtheus, et qu'il n'en sacrifia qu'*une*;— que les deux autres se tuèrent volontairement par affection pour leur sœur. Je ne puis m'empêcher de croire (bien que Welcker pense le contraire, Griechisch. Tragoed. II, p. 722) que la véritable légende représentât Erechtheus comme les ayant sacrifiées toutes les trois, comme on le voit dans l'Iôn d'Euripide (276) :

Iôn. Πατὴρ Ἐρεχθεὺς σὰς ἔθυσε συγ-
[γόνους;
Creüsa. Ἔτλη πρὸ γαίας σφάγια παρ-
[θένους κτανεῖν.
Iôn. Σὺ δ' ἐξεσώθης πῶς κασιγνήτων
[μόνη;

Creüsa. Βρέφος νεογνὸν μητρὸς ἦν ἐν ἀγκάλαις.

Cf. avec ce passage, Démosth. Λόγ. Ἐπιτάφ. p. 1397, Reiske. Dans ce qui précède immédiatement, on trouve mentionnée la mort des trois filles de Cécrops, pour avoir enfreint les ordres d'Athène. Euripide modifia cette circonstance dans son Erechtheus; il y introduisit, en effet, la mère, Praxithea, consentant à l'immolation d'une seule fille pour délivrer le pays d'une invasion étrangère : proposer à une mère l'immolation de trois filles à la fois eût été trop révoltant. Dans la plupart des exemples, nous trouvons que les traits fortement marqués, les incidents distincts et éclatants, aussi bien que les sombres contrastes, appartiennent à la légende hésiodique ou à la vieille légende post-homérique; que les changements sont faits plus tard pour les adoucir, les affaiblir et les compliquer, à mesure que les sentiments du public deviennent plus doux et plus humains; parfois cependant, les poëtes postérieurs ajoutent de nouvelles horreurs.

(3) V. la preuve frappante contenue dans le discours de Lycurgue contre Léocrate (p. 204, Reiske; Démosth. Λόγ. Ἐπιτάφ. ut supr. Xénoph. Mem. III, 5, 9) : d'après les deux derniers passages, nous voyons que l'his-

Bien qu'Erechtheus eût gagné la bataille sur Eumolpos, cependant l'histoire représente Poseidôn comme ayant mis fin à la vie et au règne d'Erechtheus, qui fut, à ce qu'il semble, tué dans le combat. Il eut pour successeur son fils Cécrops II, qui fut remplacé à son tour par son fils Pandiôn II (1), — deux noms qui ne sont marqués par aucun incident et qui ne semblent être que la simple répétition du premier Cécrops et du premier Pandiôn, placés ici par les faiseurs de généalogies dans le but de combler ce qui leur semblait être une lacune chronologique.

Apollodore passe tout d'un coup d'Erechtheus à son fils Cécrops II, puis à Pandiôn II, ensuite aux quatre fils de celui-ci, Ægeus, Pallas, Nisos et Lykos. Mais les auteurs tragiques intercalent ici l'histoire de Xuthos, de Kreüsa et d'Iôn ; ce dernier étant fils de Kreüsa et d'Apollon, mais étant donné par le dieu à Xuthos, qui l'adopte comme son propre enfant. Iôn succède à Erechtheus, et ses fils (Teleon, Hoplès, Argadès et Aigikorês) deviennent les éponymes des quatre anciennes tribus d'Athènes, qui durèrent jusqu'à la révolution de Kleisthenês (Clisthène); Iôn lui-même est l'éponyme de la race Ionienne et en Asie et en Europe et dans les îles de la mer Egée : Dôros et Achæos sont les fils de Kreüsa et de Xuthos, de sorte qu'Iôn se distingue de tous les deux par sa parenté divine (2). D'après le récit donné par Philochore, Iôn rendit aux Athéniens un service si éminent en les délivrant de l'attaque des Thraces conduits par Eumolpos, qu'il fut fait ensuite roi du pays, et répartit tous les habitants en quatre tribus ou castes, correspondant aux différents genres de vie, — soldats, laboureurs, chevriers et artisans (3). Et il semble que la légende servant à expliquer l'origine de la

---

toire athénienne représentait l'invasion sous Eumolpos comme une attaque combinée venue du continent occidental.

(1) Apollod. III, 15, 5; Eurip. Iôn, 282; Erechth. Fragm. 20, Dindorf.

(2) Eurip. Iôn, 1570-1595. La Kreüsa de Sophocle, tragédie aujourd'hui perdue, semble s'être rapportée au même sujet.

Pausan. (VII, 1, 2) nous dit que Xuthos fut choisi pour décider entre les prétentions rivales des fils d'Erechtheus.

(3) Philochor. ap. Harpocrat. v. Βοηδρόμια; Strabon, VIII, p. 383.

fête Boedromia, assez importante dans l'origine pour donner un nom à l'un des mois des Athéniens, se rattachait au secours prêté ainsi par Iôn (1).

Nous passons maintenant d'Iôn à des personnages d'une dignité mythique et d'un intérêt beaucoup plus grands, Ægeus (Egée) et son fils Thêseus (Thésée).

Pandiôn eut quatre fils, Ægeus, Nisos, Lykos et Pallas, entre lesquels il partagea ses États. Nisos reçut le territoire de la Mégaris, qui avait été sous l'empire de Pandiôn, et il y fonda le port de Nisæa. Lykos fut fait roi de la côte orientale, mais une dispute s'étant élevée dans la suite, il quitta tout à fait le pays, pour s'établir sur la côte méridionale de l'Asie Mineure, chez les Termilæ, auxquels il donna le nom de Lykiens (2). Ægeus, comme l'aîné des quatre fils, devint roi d'Athènes; mais Pallas reçut une portion et de la côte sud-ouest et de l'intérieur, et lui ainsi que ses enfants paraissent souvent comme les ennemis et d'Ægeus et de Thêseus. Pallas est l'éponyme du dème Pallênê, et les récits qui le concernent, lui et ses fils, semblent se rattacher aux vieilles et constantes querelles qui existaient entre les différents dèmes de l'Attique, communautés indépendantes dans l'origine. Ces querelles pénétrèrent dans la légende. Elles expliquent ce récit qui nous dit qu'Ægeus et Thêseus n'étaient pas de véritables Erechthides, le premier étant désigné comme un enfant supposé de Pandiôn (3).

Ægeus (4) a peu d'importance dans l'histoire mythique, si ce n'est comme père de Thêseus : on peut même douter si son nom n'est pas autre chose qu'un simple surnom du dieu

---

(1) Philochor. ap. Harpocrat. v. Βοηδρόμια.

(2) Soph. ap. Strab. IX, p. 392; Hérod. I, 173; Strab. XII, p. 573.

(3) Plutarque, Thêseus, c. 13. Αἰγεὺς θετὸς γενόμενος Πανδίονι, καὶ μηδὲν τοῖς Ἐρεχθείδαις προσήκων. Apollod. III, 15, 6.

(4) Ægeus eut de Mêdea (qui se réfugia à Athènes après avoir fui de Corinthe) un fils appelé Mêdos, qui passa en Asie, et fut considéré comme l'éponyme et le premier auteur du peuple Mède. Datis, le général qui commandait à la bataille de Marathôn l'armée d'invasion des Perses, envoya aux Athéniens une communication formelle, s'annonçant comme le descendant de Mêdos, et demandant à être admis en qualité de roi de l'Attique : tel est l'exposé de Diodore (Exc. Vatic. VII-X, 48; V. aussi Schol. Aristoph. Pac. 289).

Poseidôn, qui était (nous dit-on) le père réel de ce grand Hèraklès athénien. Comme je ne prétends donner qu'une très-brève esquisse du domaine général de la légende grecque, je ne puis me permettre de raconter en détail la carrière chevaleresque de Thêseus, que l'on trouve et dans la chasse du sanglier de Kalydôn et dans l'expédition des Argonautes, — ses victorieuses rencontres personnelles avec les brigands Sinnis, Prokrustês, Periphêtês, Skiron et autres, — l'important service qu'il rendit à son pays en le délivrant de la laie de Krommyôn et du taureau de Marathôn,— son triomphe sur le Minôtaure en Krête, et la manière dont il échappa aux dangers du labyrinthe, grâce au secours d'Ariadnê, qu'il emmène ensuite et abandonne; — ses nombreuses aventures amoureuses ainsi que ses expéditions et contre les Amazones et dans les Enfers avec Peirithoos (1).

Thucydide en dessinant le caractère de Thêseus le représente comme un homme qui combinait la sagacité avec le pouvoir politique, et qui rendit à sa patrie l'inestimable service de réunir en une société politique commune tous les dèmes de l'Attique jusqu'alors séparés et se gouvernant eux-mêmes (2). D'après le juste respect attaché à l'assertion de Thucydide, il a été d'usage de raisonner sur cette assertion comme étant historiquement authentique, et de traiter les attributs romanesques que nous trouvons dans Diodore et dans Plutarque

---

(1) Ovide, Métam. VII, 433 : —
..... « Te, maxime Theseu,
Mirata est Marathon Cretæi sanguine
    [Tauri :
Quodque Suis securus arat Cromyona
    [colonus,
Munus opusque tuum est. Tellus Epi-
    [dauria per te
Clavigeram vidit Vulcani occumbere
    [prolem :
Vidit et immanem Cephisias ora Pro-
    [crustem.
Cercyonis letum vidit Cerealis Eleu-
    [sin.
Occidit ille Sinis, etc. »
Touchant les amours de Thêseus, Is-
ter semble particulièrement être entré dans de grands détails ; mais quelques-uns étaient signalés et dans les poëmes hésiodiques et par Cécrops, pour ne pas mentionner Phérécyde (Athen. XIII, p. 557). Peirithoos, l'intime ami, le compagnon de Thêseus, est le héros éponyme du dême attique ou Gens Perithoidæ (Ephore ap. Photium, v. Περιθοΐδαι).

(2) Thucyd. II, 15. Ἐπειδὴ δὲ Θησεὺς ἐβασίλευσε, γενόμενος μετὰ τοῦ ξυνετοῦ καὶ δυνατός, τά τε ἄλλα διεκόσμησε τὴν χώραν, καὶ καταλύσας τῶν ἄλλων πόλεων τά τε βουλευτήρια καὶ τὰς ἀρχὰς, ἐς τὴν νῦν πόλιν ..... ξυνώκισε πάντας.

comme s'ils étaient un élément fictif ajouté à cette base réelle. Selon moi, c'est une erreur que de voir la chose ainsi. Le robuste et amoureux chevalier errant est l'antique version du caractère, — le politique profond et sagace est une correction ultérieure, introduite, il est vrai, par des hommes d'un esprit supérieur, mais dépourvue de garantie historique, et naissant de leur désir de trouver des raisons personnelles, afin de concourir à la vénération que le public en général témoignait à son héros national avec plus de facilité et de sincérité que ces écrivains eux-mêmes. Thêseus, dans l'Iliade et dans l'Odyssée, combat avec les Lapithes contre les Centaures ; Thêseus, dans les poëmes hésiodiques, est aveuglé par sa passion pour la belle Æglê, fille de Panopeus (1) ; et le Thêseus décrit dans la biographie de Plutarque est en grande partie une continuation et un épanouissement de ces mêmes attributs ou d'attributs semblables, mêlés à une foule de légendes locales, expliquant, comme les Fastes d'Ovide ou l'Aitia aujourd'hui perdue de Callimaque, la formation primitive de coutumes religieuses et sociales dominantes (2). Plutarque a sans doute beaucoup adouci et modifié les aventures qu'il trouvait dans les logographes athéniens, ainsi que dans les épopées poétiques appelées Thêseïs. En effet, dans sa préface de la vie de Thêseus, après avoir expressément déclaré qu'il est près de franchir la limite et de ce que l'on sait et de ce que l'on peut savoir, mais qu'il ne saurait résister à la tentation de comparer le fondateur d'Athènes avec celui de Rome, il termine par les mots remarquables qui suivent : « Je forme le vœu que ce sujet fabuleux puisse si bien répondre à mes efforts, qu'il prenne, une fois purifié par la raison, l'aspect de l'histoire ; mais là où il montre un mépris hautain pour la plausibilité et n'admet pas d'alliance avec ce qui est probable, je demanderai des auditeurs indulgents, disposés à accueillir avec bienveillance un antique

---

(1) Iliade, I, 265 ; Odyss. XI, 321. Je ne mentionne pas le vers suspect, Odyss. XI, 630.

(2) Diodore également, dans sa tendance à assimiler Thêseus à Hêraklês, nous a donné ses attributs chevaleresques aussi bien que ses attributs politiques (IV, 61).

récit (1). » Nous voyons ici que Plutarque se proposait non de raconter les vieilles fables telles qu'il les trouvait, mais de les purifier par la raison et de leur donner l'aspect de l'histoire. Nous avons à le remercier d'avoir conservé, après cette épuration, autant de l'élément romanesque et merveilleux ; mais nous pouvons être sûrs que les sources auxquelles il puisait étaient plus romanesques et plus merveilleuses encore. C'était la tendance des hommes éclairés d'Athènes, à partir du temps de Solôn, d'épurer le personnage de Thêseus et de lui donner un caractère politique (2) : Pisistrate même effaça de l'un des poëmes hésiodiques le vers qui décrivait la passion violente du héros pour la belle Æglê (3) ; et les poëtes tragiques trouvèrent plus conforme aux sentiments de leur auditoire de le représenter comme un noble et libéral souverain que comme un batailleur cherchant tout seul les aventures. Mais les logographes et les poëtes alexandrins restèrent plus fidèles aux anciennes fables. Callimaque traita l'histoire d'Hekalê, la vieille femme hospitalière qui reçut et bénit Thêseus lorsqu'il vint combattre le taureau de Marathôn, et qu'il trouva morte quand il revint lui apprendre la nouvelle de son succès (4), et Virgile doit avoir eu l'esprit plein des légendes non épurées, quand il mettait cet Hêra-

---

(1) Plutarque, Thêseus, I. Εἴη μὲν οὖν ἡμῖν, ἐκκαθαιρόμενον λόγῳ τὸ μυθῶδες ὑπακοῦσαι καὶ λαβεῖν ἱστορίας ὄψιν· ὅπου δ' ἂν αὐθαδῶς τοῦ πιθανοῦ περιφρονῇ, καὶ μὴ δέχηται τὴν πρὸς τὸ εἰκὸς μίξιν, εὐγνωμόνων ἀκροατῶν δεησόμεθα, καὶ πρᾴως τὴν ἀρχαιολογίαν προσδεχομένων.

(2) V. Isocrate, Panathen. (t. II, p. 510-512, Auger); Xénoph. Memor. III, 5, 10. Dans le Helenæ Encomium, Isocrate insiste davantage sur les exploits personnels de Thêseus en même temps que sur ses grands mérites politiques (t. II, p. 342-350, Auger).

3) Plutarque, Thêseus, 20.

(4) V. l'épigramme de Krinagoras, Anth. Pal. vol. II, p. 144; ep. XV, éd. Brunck. et Callim. Fragm. 40.
Ἀείδει δ' (Callimaque) Ἑκάλης τε φι-
[λοξείνοιο καλιήν,
Καὶ Θησεῖ Μαραθὼν οὓς ἐπέθηκε πό-
[νους.
Quelques beaux vers sont conservés par Suidas, v. Ἐπαύλια, περὶ Ἑκάλης θανούσης (prononcés probablement par Thêseus lui-même ; V. Plutarque, Thêseus, c. 14) :

Ἴθι, πρηεῖα γυναικῶν,
Τὴν ὁδὸν, ἣν ἀνίαι θυμαλγέες οὐ πε-
[ρόωσιν·
Πολλάκι σεῖ', ὦ μαῖα, φιλοξείνοιο κα-
[λιῆς
Μνησόμεθα· ξυνὸν γὰρ ἐπαύλιον ἔσχεν
[ἅπασι.

klês athénien au nombre des malheureux patients condamnés à une peine éternelle dans les Enfers (1).

Cependant on ne peut quitter les fables concernant Thêseus sans faire une mention spéciale de deux d'entre elles,— la guerre contre les Amazones et l'expédition contre la Krête. La première prouve d'une manière frappante la facilité aussi bien que la ténacité de la foi légendaire des Grecs; la seconde embrasse l'histoire de Dædalos et de Minôs, deux des figures les plus éminentes parmi les personnages grecs anté-historiques.

Les Amazones, filles d'Arês et d'Harmonia (2), sont à la fois d'anciennes créations et de fréquentes reproductions de l'antique épopée, — qui, nous pouvons le faire remarquer en général, s'occupait dans une large mesure et des exploits et des souffrances des femmes, ou héroïnes, épouses et filles des héros grecs, — et qui reconnaissait dans Pallas Athênê le type accompli d'une guerrière irrésistible. Une nation de femmes courageuses, vaillantes et infatigables, vivant séparées des hommes, ne se permettant que de courtes relations temporaires dans le but de renouveler leur nombre, et se brûlant le sein droit pour se mettre en état de tirer l'arc librement, — c'était à la fois un type général stimulant l'imagination des poëtes, et un sujet éminemment populaire parmi les auditeurs. Concevoir des sociétés d'Amazones comme ayant réellement existé dans un temps antérieur ne répugnait pas non plus à la foi de ces derniers, qui n'avaient pas pour se guider de faits régulièrement constatés ni d'autre type de crédibilité quant au passé que ces récits poétiques eux-mêmes. Aussi voyons-nous ces femmes guerrières reparaître constamment dans les anciens poëmes et être acceptées universellement comme des réalités du passé. Dans l'Iliade, quand Priam veut donner l'idée la plus frappante de la plus nombreuse armée dont il ait jamais fait partie, il nous dit qu'elle était rassemblée en Phrygia, sur les bords

---

(1) Virg. Æneid. VI, 617 :
« ... Sedet, æternumque sedebit   Infelix Thêseus. »
(2) Phérécyde, Fragm. 25, Didot.

du Sangarios, dans le but de résister aux formidables Amazones. Quand Bellerophôn doit être engagé dans une expédition périlleuse et mortelle (1) par ceux qui désirent causer sa mort au moyen de voies indirectes, il est envoyé contre les Amazones. Dans l'Æthiopis d'Arctinus, décrivant la guerre post-homérique de Troie, Penthesileia, reine des Amazones, paraît comme l'alliée la plus puissante de la ville assiégée, et comme l'ennemie la plus formidable des Grecs; elle ne succombe que sous la force invincible d'Achille (2). Les Argonautes trouvent les Amazones sur les bords du fleuve Thermodôn, dans leur expédition le long de la côte méridionale du Pont-Euxin. C'est dans ce même endroit que va les attaquer Hèraklès, accomplissant le neuvième travail que lui a imposé Eurystheus, dans le but de se procurer la ceinture de la reine des Amazones, Hippolytê (3); et on nous dit qu'elles n'avaient pas encore réparé les pertes subies dans cette rude attaque lorsque Thêseus les assaillit également, les défit et emmena leur reine Antiopê (4). Elles vengèrent

---

(1) Iliade, III, 186; VI, 152.

(2) V. dans Proclus l'argument de l'Æthiopis aujourd'hui perdue (Fragm. Epic. Græc. éd. Düntzer, p. 16). Nous sommes réduits au premier livre de Quintus de Smyrne pour avoir quelque idée de la valeur de Penthesileia: on suppose qu'il est copié plus ou moins exactement sur l'Æthiopis. V. la dissertation de Tychsen mise en tête de son édition de Quintus, sections 5 et 12. Cf. Dion Chrysost. Or. XI, p. 350, Reisk. Dans Philostrate (Heroïca, c. 19, p. 751) se trouve un récit qui transforme d'une manière étrange cette vieille histoire épique en une descente des Amazones dans l'île consacrée à Achille.

(3) Apollon. Rhod. II, 966, 1004; Apollod. II, 5-9; Diod. II, 46; IV, 16. On supposait que les Amazones parlaient la langue Thrace (Schol. Apoll. Rhod. II, 953), bien que quelques auteurs affirmassent qu'elles étaient natives de Libye, d'autres d'Ethiopie (ib. 965).

Hellanicus (Fragm. 33, ap. Schol. Pindar. Nem. III, 65) disait que tous les Argonautes avaient assisté Hèraklès dans cette expédition: le fragment du vieux poëme épique (peut-être l'ouvrage appelé Ἀμαζόνια) qui y est cité, mentionne spécialement Telamôn.

(4) Les nombreuses variétés qui se trouvent dans le récit concernant Thêseus et l'Amazone Antiopê sont bien exposées dans Bachet de Meziriac (Commentaires sur Ovide, t. I, p. 317).

Welcker (Der Epische Cyclus, p. 313) suppose que l'ancien poëme épique, appelé par Suidas Ἀμαζόνια, avait trait à l'invasion de l'Attique par les Amazones, et que ce poëme est le même, sous un autre titre, que l'Ἀτθίς d'Hegesinoos cité par Pausanias: je ne puis dire qu'il établisse cette conjecture d'une façon satisfaisante, mais le chapitre mérite bien d'être consulté. L'épopée appelée Thêsêis semble avoir donné de la lutte avec les Amazones une version

cette injure en envahissant l'Attique, — entreprise, comme Plutarque le fait remarquer avec raison, « ni insignifiante, ni féminine, » surtout si, d'après l'assertion d'Hellanicus, elles traversèrent le Bosphore cimmérien sur la glace de l'hiver, en partant du côté asiatique du Palus Mæotis (1). Elles surmontèrent toutes les difficultés dans cette marche prodigieuse, et pénétrèrent jusque dans Athènes elle-même; ce fut là, au cœur même de la ville, que fut livrée la bataille dans laquelle Thêseus les écrasa, bataille décisive, soutenue avec peine, et à un moment douteuse. Les antiquaires athéniens indiquaient avec confiance la position exacte des deux armées rivales : l'aile gauche des Amazones s'arrêta sur le lieu occupé par le monument commémoratif appelé l'Amazoneion; l'aile droite touchait la Pnyx (ἡ Πνύξ), endroit où plus tard furent tenues les assemblées publiques de la démocratie athénienne. Les détails et les vicissitudes du combat, ainsi que le triomphe final et la trêve qui suivit, étaient racontés par ces auteurs avec une foi complète et avec autant de détails que la bataille de Platée par Hérodote. L'édifice funèbre appelé l'Amazoneion, la tombe ou colonne d'Antiopê près de la porte occidentale de la ville, — le lieu appelé Horkomosion, près du temple de Thêseus, — même la colline de l'Aréopage, et les sacrifices qu'il était d'usage d'offrir aux Amazones à la fête périodique des Thêseia, — étaient autant de souvenirs religieux de cette victoire (2), qui, de plus, était

---

différente à bien des égards de celle que Plutarque a arrangée, en empruntant ses sujets des logographes (V. Plut. Thês. 28); ce poëme contenait le récit d'une foule d'exploits de Thêseus sans lien entre eux, et Aristote le critique sous ce rapport comme mal construit (Poetic. c. 17).

Il est difficile de croire que l'ouvrage appelé Ἀμαζονίς ou Ἀμαζονικὰ d'Onasos ait été (comme le suppose Heyne, ad Apollod. II, 5, 9) un poëme épique : la tendance à expliquer les faits par des causes naturelles, tendance que nous trouvons dans la citation qui en est faite, peut faire conclure que c'était un ouvrage écrit en prose (Schol. ad Theocr. XIII, 46, et Schol. Apoll. Rhod. I, 1207). Il y avait une Ἀμαζονίς de Possis de Magnêsia (Athen. VII, p. 296).

(1) Plut. Thêseus, 27. Pindare (Olymp. XIII, 84) représente les Amazones comme étant venues de l'extrême nord, quand Bellérophon triomphe d'elles.

(2) Plut. Thêseus, 27-28; Pausan. I, 2, 4; Platon, Axiochus, c. 2; Harpocr. v. Ἀμαζονεῖον; Aristoph. Lysistr. 678, avec les Scholies. Eschyle (Eumen. 685)

un sujet favori et pour l'art de la peinture et pour celui de la sculpture, à Athènes ainsi que dans d'autres contrées de la Grèce.

Il n'est pas de partie de l'épopée antéhistorique qui semble avoir pénétré plus profondément dans l'esprit national de la Grèce que cette invasion des Amazones et leur défaite. C'était non-seulement un sujet constant pour les logographes, mais encore cet événement était ordinairement pris à témoin par les orateurs populaires avec Marathôn et Salamis, parmi ces antiques exploits dont leurs concitoyens pouvaient à bon droit être fiers. Il formait une partie de la foi rétrospective d'Hérodote, de Lysias, de Platon et d'Isocrate (1), et les chronologistes en fixaient la date exacte (2). Et cette croyance n'était pas non plus particulière aux Athéniens seuls. Dans beaucoup d'autres contrées de la Grèce, tant d'Europe que d'Asie, on trouvait les traditions et les souvenirs des Amazones. A Megara, à Træzen, en La-

---

dit que les Amazones donnèrent l'assaut à la citadelle en venant de l'Aréopage : —

Πάγον τ' Ἄρειον τόνδ', Ἀμαζόνων
[ἕδραν
Σκηνάς τ', ὅτ' ἦλθον Θησέως κατὰ φθό-
[νον
Στρατηλατοῦσαι, καὶ πόλιν νεόπτολιν
Τήνδε ὑψίπυργον ἀντεπύργωσάν ποτε.

(1) Hérodote, IX, 27. Lysias (Epitaph. c. 3) représente les Amazones comme ἄρχουσαι πολλῶν ἐθνῶν : selon lui, la race entière fut presque entièrement détruite dans leur malheureuse et désastreuse invasion en Attique. Isocrate (Panegyr. t. I, p. 206, Auger) dit la même chose, et Panathênaic. t. III, p. 560, Auger; Démosth. Epitaph. p. 1391, Reiske. Pausanias cite une mention de l'invasion faite par Pindare, et avec la foi la plus complète dans sa réalité historique (VII, 2, 4). Platon mentionne l'invasion de l'Attique par les Amazones dans le Ménexène (c. 9), mais le passage du traité De legg. c. II, p. 804, — ἀκούων γὰρ δὴ μύθους παλαιοὺς

πέπεισμαι, etc. — est même une preuve plus forte de sa propre croyance. Et Xénophon, dans l'Anabasis, quand il compare le carquois et la hache de ses barbares ennemis à « ceux que portent les Amazones, » évidemment croyait lui-même parler de personnes réelles, bien qu'il ne pût avoir vu que leurs costumes et leurs armures peints par Mikôn et par d'autres (Anab. IV, 4, 10; Cf. Eschyle, Supplic. 293, et Aristoph. Lysistr. 678; Lucien, Anachar. c. 34, v. III, p. 318).

Nous voyons dans Plutarque, Theseus, 27-28, quels abondants développements ce conte reçut des auteurs des Atthides.

Hécatée (ap. Steph. Byz. Ἀμαζονεῖον; et Fragm. 350, 351, 352, Didot) et Xanthos (ap. Hesychium, v. Βουλεψίη) traitaient tous deux des Amazones; le dernier passage devrait être ajouté à la collection des Fragments de Xanthus par Didot.

(2) Clemens Alexandr. Stromat. I, p. 336; Marmor Parium, Epoch. 21.

conie, près du cap Tænaros, à Chæroneia, en Bæôtia, et dans plus d'un endroit de la Thessalia, on conservait les sépulcres ou monuments des Amazones. Les guerrières, disait-on, dans leur marche vers l'Attique, n'avaient pas traversé ces contrées sans laisser quelques preuves de leur passage (1).

Chez les Grecs asiatiques les traces supposées des Amazones étaient encore plus nombreuses. On assurait que leur territoire propre était la ville et la plaine de Themiskyra, près de la colonie grecque d'Amisos, sur le fleuve Thermôdôn, contrée appelée de leur nom par les historiens et les géographes Romains (2). Mais on croyait qu'elles avaient conquis et occupé dans des temps plus reculés un espace très-considérable de territoire, s'étendant même jusqu'à la côte d'Iônia et d'Æolis. On affirmait qu'Ephesos, Smyrna, Kymê (Cumes) Myrina, Paphos et Sinopê avaient été fondées et nommées par elles (3). Quelques auteurs les plaçaient en Libye et en Ethiopie; et quand les Grecs du Pont sur la côte nord-ouest du Pont-Euxin eurent connu le caractère hardi et audacieux des jeunes filles Sarmates, qui étaient obligées d'avoir tué chacune un ennemi dans le combat comme condition pour obtenir un époux, et qui pendant leur enfance empêchaient artificiellement le développement du sein droit, ils ne purent

---

(1) Plutarque, Thês. 27-28. Steph. Byz. v. Ἀμαζονεῖον. Paus. II, 32, 8; III, 25, 2.

(2) Phérécyd. ap. Schol. Apollon. Rhod. II, 373-992; Justin, II, 4; Strabon. XII, p. 547. Θεμίσκυραν, τὸ τῶν Ἀμαζόνων οἰκητήριον: Diod. II, 45-46; Salluste ap. Serv. ad Virgil. Æneid. XI, 659; Pompon. Mela, I, 19; Plin. H. N. VI, 4. La géographie de Quinte-Curce (VI, 4), ainsi que celle de Philostrate, (Heroic. c. 19) est, sur ce point, vague et même illogique.

(3) Ephor. Frag. 87, Didot. Strabon, XI, p. 505; XII, p. 573; XIII, p. 622. Pausan. IV, 31, 6; VII, 2, 4. Tacit. Ann. III, 61. Schol. Apollod. Rhod. II, 965.

" Hécatée a donné la dérivation du nom de Sinopê tiré de celui d'une Amazone (Fragm. 352). Themiskyra avait aussi une des Amazones pour éponyme (App. Bello Mithrid. 78).

Quelques-unes des légendes religieuses les plus vénérées à Sinopê se rattachaient à l'expédition d'Hêraklês contre les Amazones: Autolykos, le héros rendant des oracles, adoré avec une grande solennité, même à l'époque du siége de la ville par Lucullus, était le compagnon d'Hêraklês (App. ib. c. 83). Même un petit village des montagnes sur le territoire d'Ephesos, appelé Latoreia, tirait son nom de celui de l'une des Amazones (Athen. I, p. 31).

imaginer de moyen plus satisfaisant, pour expliquer de telles particularités, que de faire descendre les Sarmates d'une colonie d'Amazones vagabondes, chassées par les héros grecs de leur territoire sur le Thermôdôn (1). Pindare attribuait aux Amazones la première fondation du mémorable temple d'Artemis à Ephesos. Et Pausanias explique en partie la supériorité de ce temple sur tout autre temple de la Grèce par la renommée répandue au loin de ses fondatrices (2), et à leur propos il fait remarquer (avec une parfaite vérité, si nous admettons le caractère historique de l'ancienne épopée) que les femmes ont une énergie incomparable pour résister à l'adversité, puisque les Amazones, après avoir été une première fois rudement traitées par Hèraklès, puis complétement défaites par Thêseus, pouvaient encore trouver le courage de jouer un rôle si remarquable dans la défense de Troie contre les Grecs qui l'assiégeaient (3).

C'est ainsi que, dans ce qu'on appelle l'ancienne histoire grecque, telle que les Grecs eux-mêmes la regardaient plus tard, les Amazones étaient au nombre des personnages les plus vaillants et les moins contestés. Et cette circonstance ne paraîtra pas étonnante, si nous nous rappelons que la croyance qu'on avait en elles s'établit pour la première fois à une époque où l'esprit grec ne se nourrissait que de légendes religieuses et de poésie épique, et que les incidents de ce passé supposé, venant de telles sources, s'adressaient à sa foi et à ses sentiments, sans qu'on leur demandât de se conformer à quelque règle de crédibilité tirée de l'expérience

---

(1) Hérod. IV, 108-117, où il donne le long conte imaginé par les Grecs du Pont, sur l'origine de la nation sarmate. Cf. Hippocrate, De aëre, locis et aquis, c. 17; Ephor. Fragm. 103; Scymn. Chius, v. 102; Platon, Legg. VII, p. 804; Diod. II, 34.

Le témoignage d'Hippocrate atteste la coutume des femmes sarmates d'arrêter le développement du sein droit : Τὸν δέξιον δὲ μαζὸν οὐκ ἔχουσιν. Παιδίοισι γὰρ ἐοῦσιν ἔτι νηπίοισιν αἱ μητέρες χαλκεῖον τετεχνημένον ἐπ' αὐτέῳ τούτῳ διάπυρον ποιέουσαι, πρὸς τὸν μαζὸν τιθέασι τὸν δέξιον· καὶ ἐπικαίεται, ὥστε τὴν αὔξησιν φθείρεσθαι, ἐς δὲ τὸν δέξιον ὦμον καὶ βραχίονα πᾶσαν τὴν ἰσχὺν καὶ τὸ πλῆθος ἐκδιδόναι.

Ctésias compare aussi une guerrière sace aux Amazones (Fragm. Persic. II, pp. 221, 449, Bachr).

(2) Pausan. IV, 31, 6; VII, 2, 4. Dionys. Periêgêt. 828.

(3) Pausan. I, 15, 2.

actuelle. Mais le temps vint où les historiens d'Alexandre le Grand abusèrent audacieusement de cette ancienne croyance. Entre autres récits calculés pour exalter la dignité de ce monarque, ils affirmaient qu'après qu'il avait conquis et subjugué l'empire des Perses, il avait été visité en Hyrcania par Thalestris, reine des Amazones, qui, admirant sa valeur guerrière, était désireuse de pouvoir retourner dans son propre pays en état de produire une lignée issue de parents si invincibles (1). Mais les Grecs alors avaient été accoutumés, depuis un siècle et demi, à la critique historique et philosophique, — et cette foi, qui ne discutait pas, et que l'on accordait sans peine aux merveilles du passé, ne pouvait plus être invoquée en leur faveur quand on les présentait comme une réalité actuelle. Car la fable des Amazones était reproduite ici dans sa simplicité nue, sans qu'on lui enlevât son caractère fabuleux ou qu'on la revêtît de couleurs historiques.

Quelques lettrés, il est vrai, parmi lesquels étaient Dêmètrius de Skepsis et le Mitylénien Theophanês, le compagnon de Pompée dans ses expéditions, continuèrent encore à croire et aux Amazones présentes et aux Amazones passées; et quand il devint notoire qu'il n'y en avait pas, du moins sur les bords du Thermôdôn, ces auteurs supposèrent qu'elles avaient quitté leur séjour primitif pour aller s'établir dans les régions inexplorées au nord du mont Caucase (2). Stra-

---

(1) Arrien, Exped. Alex. VII, 13; Cf. IV, 15; Quint. Curt. VI, 4; Justin, XLII, 4. La note de Freinshemius se rapportant au passage de Quinte-Curce ci-dessus mentionné est pleine de renseignements précieux sur le sujet des Amazones.

(2) Strabon, XI, p. 503-504; Appien, Bell. Mithrid. c. 103; Plutarque, Pomp. c. 35. Plin. N. H. VI, 7. Plutarque conserve encore l'ancienne description des Amazones habitant les montagnes près du Thermôdôn : Appien se garde de cette erreur géographique, probablement en copiant d'une manière plus exacte le langage de Theophanês, qui doit avoir bien su que quand Lucullus attaqua Themiskyra, il ne la trouva pas défendue par les Amazones (V. Appien, Bell. Mithrid. c. 78). Ptolémée (V. 9) place les Amazones dans les régions imparfaitement connues de la Sarmatia Asiatique, au nord de la mer Caspienne et près du fleuve Rha (Volga). « Cette fabuleuse société de femmes (fait observer Forbiger, Handbuch der alten Geographie, II, 77, p. 457) était un phénomène beaucoup trop intéressant pour que les géographes l'abandonnassent aisément. »

bon, au contraire, sentant que les raisons de ne point croire s'appliquaient avec une égale force aux histoires anciennes et aux modernes, rejetait également les unes et les autres. Mais il fait remarquer en même temps, non sans quelque surprise, que c'était l'usage, pour la plupart des personnes, d'adopter une marche intermédiaire, — de conserver les Amazones comme phénomènes historiques d'un passé reculé, mais de les rejeter comme réalités du moment présent, et de soutenir que leur race s'était éteinte (1). Jules César, avec son intelligence supérieure, n'hésita pas à les reconnaître comme ayant jadis conquis et tenu sous leur domination une grande partie de l'Asie (2). Et le compromis entre la foi ancienne, traditionnelle et religieuse d'un côté, et les habitudes établies de recherches critiques de l'autre, compromis adopté par l'historien Arrien, mérite d'être transcrit avec ses propres expressions, comme démontrant d'une ma-

---

(1) Strabon, XI, p. 505. Ἴδιον δέ τι συμβέβηκε τῷ λόγῳ περὶ τῶν Ἀμαζόνων. Οἱ μὲν γὰρ ἄλλοι τὸ μυθῶδες καὶ τὸ ἱστορικὸν διωρισμένον ἔχουσι· τὰ γὰρ παλαιὰ καὶ ψευδῆ καὶ τερατώδη, μῦθοι καλοῦνται· [*Note.* Strabon ne parle pas toujours des μῦθοι sur ce ton irrespectueux; parfois il est très-mécontent de ceux qui contestent l'existence d'un noyau historique, spécialement pour ce qui regarde Homère.] ἡ δ' ἱστορία βούλεται τἀληθές, ἄντε παλαιόν, ἄντε νέον· καὶ τὸ τερατῶδες ἢ οὐκ ἔχει, ἢ σπάνιον. Περὶ δὲ τῶν Ἀμαζόνων τὰ αὐτὰ λέγεται καὶ νῦν καὶ πάλαι, τερατώδη τ' ὄντα, καὶ πίστεως πόρρω. Τίς γὰρ ἂν πιστεύσειεν, ὡς γυναικῶν στρατός, ἢ πόλις, ἢ ἔθνος, συσταίη ἄν ποτε χωρὶς ἀνδρῶν; καὶ οὐ μόνον συσταίη, ἀλλὰ καὶ ἐφόδους ποιήσαιτο ἐπὶ τὴν ἀλλοτρίαν, καὶ κρατήσειεν οὐ τῶν ἐγγὺς μόνον, ὥστε καὶ μέχρι τῆς νῦν Ἰωνίας προελθεῖν, ἀλλὰ καὶ διαπόντιον στείλαιτο στρατιὰν μέχρι τῆς Ἀττικῆς; Ἀλλὰ μὴν ταῦτά γε αὐτὰ καὶ νῦν λέγεται περὶ αὐτῶν· ἐπιτείνει δὲ τὴν ἰδιότητα καὶ τὸ πιστεύεσθαι τὰ παλαιὰ μᾶλλον ἢ τὰ νῦν. Il y a cependant d'autres passages où il parle des Amazones comme d'êtres réels.

Justin (II, 4) reconnaît le grand pouvoir et les vastes conquêtes des Amazones dans des temps très-reculés; mais il dit qu'elles ont décliné par degrés jusqu'au règne d'Alexandre, à l'époque duquel *il n'en restait que peu;* c'est avec ce faible reste que la reine visita Alexandre; mais peu de temps après toute la race s'éteignit. Cette hypothèse a le mérite d'être commode et peut-être d'être ingénieuse.

(2) Suétone, Jul. Cæsar, c. 22. « In Syriâ quoque regnasse Semiramin (dit Jules César), magnamque Asiæ partem Amazonas tenuisse quondam. »

Dans le splendide triomphe de l'empereur Aurélien à Rome, après la défaite de Zénobie, on fit paraître parmi les prisonniers quelques femmes de la nation des Goths qui avaient été prises les armes à la main : l'écriteau officiel porté à côté d'elles les désignait comme étant des *Amazones* (Vopiscus Aurel. in Histor. August Script. p. 260, éd. Paris).

nière frappante le puissant empire qu'exerçaient les vieilles légendes, même sur les Grecs dont l'esprit était le plus positif : — « Ni Aristobule, ni Ptolémée (fait-il remarquer), ni aucun autre témoin compétent, n'ont raconté ce fait (la visite des Amazones et de leur reine à Alexandre) : il ne me semble pas non plus que la race des Amazones se fût conservée jusqu'à ce temps, ni qu'elles aient été signalées par quelque écrivain antérieur à Alexandre, ni par Xénophon, bien qu'il mentionne les habitants du Phase et de la Kolchis, et les autres nations barbares que les Grecs virent et avant et après leur arrivée à Trapezos (Trapézonte), marches dans lesquelles ils auraient dû rencontrer les Amazones, si elles avaient encore existé. Cependant *il ne m'est pas possible de croire* que cette race de femmes, célébrées comme elles l'ont été par tant d'auteurs d'une autorité si imposante, *n'aient jamais existé du tout*. L'histoire dit d'Hèraklès qu'il partit de la Grèce et rapporta avec lui la ceinture de leur reine Hippolytè; elle dit aussi de Thèseus et des Athéniens, qu'ils furent les premiers qui défirent dans une bataille rangée et repoussèrent ces femmes lors de leur invasion en Europe ; et le combat des Athéniens avec les Amazones a été peint par Mikôn, aussi bien que celui qui eut lieu entre les Athéniens et les Perses. De plus, Hérodote a parlé d'elles en beaucoup d'endroits, et ces orateurs athéniens qui ont prononcé des éloges en l'honneur des citoyens tués dans le combat, ont insisté sur la victoire remportée dans la lutte contre les Amazones, comme étant un des exploits les plus mémorables des Athéniens. Si le satrape de Médie envoya jamais des cavalières à Alexandre, je pense qu'elles ont dû venir de quelqu'une des tribus barbares voisines, habituées à monter à cheval et revêtues du costume généralement appelé costume des Amazones (1). »

Il ne peut y avoir une preuve plus frappante de la force indélébile avec laquelle ces anciennes légendes avaient pénétré dans la foi et dans les sentiments nationaux des Grecs,

---

(1) Arrien, Expedit. Alexand. VII, 13.

que ces remarques d'un judicieux historien sur la fable des Amazones. Probablement, si quelque moyen plausible de lui enlever son caractère fabuleux et de la transformer en un événement presque politique s'était présenté à Arrien, il lui aurait plus convenu d'adopter un tel terme moyen, et il s'en serait tenu tout simplement à la supposition qu'il croyait à la légende dans son vrai sens, mais que ses compatriotes, moins curieux, se laissaient tromper par les exagérations des poëtes. Mais, comme l'histoire lui était présentée simple et sans fard, soit à accepter, soit à rejeter, ses sentiments de patriote et d'homme religieux l'empêchaient d'appliquer au passé les critérium de crédibilité que sa libre raison reconnaissait comme dominant par rapport au présent. De plus, quand nous voyons combien sa croyance était fortifiée et toute tendance au scepticisme refoulée par le commerce familier que son œil ou sa mémoire entretenait avec les représentations graphiques ou plastiques des Amazones (1), nous pouvons calculer l'irrésistible force de cette démonstration sensible sur les convictions du public illettré, retenant à la fois plus profondément les impressions passives, et n'ayant pas l'habitude de les contre-balancer par un examen rationnel des preuves. Si l'on eût raconté à Arrien la marche d'une armée de guerrières, depuis le Thermôdôn ou le Tanaïs jusqu'au cœur de l'Attique, comme un incident appartenant au temps d'Alexandre le Grand, il l'aurait repoussée tout aussi expressément que Strabon ; mais, rejeté comme il l'était dans un passé illimité, ce fait prit rang parmi les traditions consacrées de l'antiquité divine ou héroïque, — fait agréable à célébrer à l'aide de la rhétorique, mais qui l'est moins quand on veut le soumettre à une discussion approfondie (2).

---

(1) Ctésias décrivait comme des animaux réels, existant dans des régions sauvages et éloignées, les combinaisons hétérogènes et fantastiques qu'il voyait sculptées en Orient (V. ce fait indiqué et démontré dans Baehr, Préface aux Fragm. de Ctésias, pp. 58, 59).

(2) Heyne fait cette remarque (Apollod. II, 5, 9) au sujet de la fable des Amazones : « In his historiarum fidem aut vestigia nemo quæsiverit. » La sagesse de ce conseil admise (et je la crois incontestable), pourquoi nous demande-t-on de supposer, dans l'absence de

toute preuve, une base historique pour chacun de ces *autres* récits, tels que la chasse du sanglier de Kalydôn, l'expédition des Argonautes, ou le siége de Troie, qui concourent à former, avec l'histoire des Amazones, ce qui constitue le fond de la foi légendaire grecque? Si le conte des Amazones pouvait arriver à avoir cours sans un tel appui, pourquoi n'en serait-il pas de même pour d'autres parties de l'antique épopée?

Un auteur disposé à croire facilement, Dr F. Nagel, soutient la réalité historique des Amazones (Geschichte der Amazonen, Stuttgard, 1838). J'ajoute ici une explication différente de ce conte, donnée par un autre auteur, qui rejette la base historique, explication contenue dans un ouvrage savant et important (*Guhl, Ephesiaca*, Berlin, 1843, p. 132) : —

« Id tantum monendum videtur, Amazonas nequaquam historice accipiendas esse, sed e contrario totas ad mythologiam pertinere. Parum enim fabulas quum ex frequentium hierodularum gregibus in cultibus et sacris Asiaticis ortas esse ingeniose ostenderit Tolken, jam *inter omnes mythologiæ peritos constat*, Amazonibus nihil fere nisi peregrini cujusdam cultûs notionem expressum esse, ejusque cum Græcorum religione certamen frequentibus istis pugnis designatum esse, quas cum Amazonibus tot Græcorum heroes habuisse credebantur, Hercules, Bellerophon, Theseus, Achilles, et vel ipse, quem Ephesi cultum fuisse supra ostendimus, Dionysus. Quæ Amazonum notio primaria, quum paulatim Euemeristicâ (ut ita dicam) ratione ita transformaretur, ut Amazones pro vero feminarum populo haberentur, necesse quoque erat, ut omnibus fere locis, ubi ejusmodi religionum certamina locum habuerunt, Amazones habitasse, vel eo usque processisse, crederentur. Quod cum nusquam manifestius fuerit, quam in Asiâ Minore, et potissimum in eâ parte quæ Græciam versus vergit, haud mirandum est omnes fere ejus oræ urbes ab Amazonibus conditas putari. »

Je ne connais pas le document sur lequel repose cette explication conjecturale, mais l'exposé qui en est fait, bien qu'on se vante d'avoir tant d'adhérents parmi les critiques versés dans la mythologie, ne présente à mon esprit aucune apparence de probabilité. Priam combat contre les Amazones aussi bien que contre les héros grecs.

CHAPITRE XII

LÉGENDES KRÈTOISES. — MINÔS ET SA FAMILLE.

Minôs et Rhadamanthe, fils de Zeus. — Europê. — Pasiphaê et le Minôtaure. — Skylla et Nisos. — Mort d'Androgeos et colère de Minôs contre Athènes. — Victimes athéniennes réservées au Minôtaure. — Thêseus se dévoue. — Il tue le Minôtaure. — Ariadnê. — Cérémonies athéniennes commémoratives. — Famille de Minôs. — Minôs et Dædalos. — Fuite de ce dernier en Sicile. — Minôs va pour le reprendre, mais il est tué. — Établissements demi-krêtois dans d'autres contrées, se rattachant à ce voyage de Minôs. — Malheurs des Krêtois dans la suite, suscités par la colère de Minôs. — Portrait de Minôs. — Ses différences. — Affinité entre la Krête et l'Asie Mineure.

Pour faire comprendre les aventures de Thêseus en Krête, il sera nécessaire de dire quelques mots de Minôs et de la généalogie héroïque krêtoise.

Minôs et Rhadamanthe, selon Homère, sont fils de Zeus et d'Europê (1), fille de Phœnix, renommé au loin; ils sont nés en Krête. Minôs est le père de Deukaliôn, dont le fils Idomeneus, conjointement avec Mêrionês, conduit les troupes krêtoises à l'armée d'Agamemnôn devant Troie. Minôs est roi de Knôssos et le compagnon habituel du grand Zeus. On dit qu'il exerce sa domination en Krête, sans vouloir dire nécessairement qu'elle s'étende sur l'île entière; il est de plus décoré d'un sceptre d'or et établi juge des morts dans

---

(1) Europê était adorée dans l'île de Krête avec une solennité toute particulière (V. Dictys Cretensis, de Bello Trojano, I, c. 2).

On montrait encore, au temps de Théophraste, le vénérable platane sous lequel s'étaient reposés Zeus et Europê, tout près d'une fontaine, à Gortyne en Krête; on disait que c'était le seul platane dans le voisinage qui ne se dépouillât jamais de ses feuilles (Théoph. Hist. Plant. I, 9).

les Enfers pour arranger leurs disputes, fonction qu'il est en train de remplir quand Odysseus le rencontre, — fait reposant toutefois sur un passage interpolé dans l'Odyssée à une époque relativement moderne. Il avait aussi une fille nommée Ariadnè, pour laquelle l'artiste Dædalos fabriqua dans la ville de Knôssos la représentation d'une danse compliquée, et qui finit par être enlevée par Thêseus ; elle mourut dans l'île de Dia, abandonnée de Thêseus et livrée par Dionysos à la fatale colère d'Artemis. Rhadamanthe semble se rapprocher de Minôs et pour les fonctions judiciaires et pour la dignité posthume. Il est transporté expressément en Eubœa, par les Phæaciens, messagers de mer à moitié divins, pour inspecter le cadavre gigantesque de Tityos, né de la Terre, — le plus long voyage qu'ils aient jamais entrepris. De plus, après sa mort il obtient un séjour d'une félicité exempte de trouble dans les Champs-Élyséens, à l'extrémité de la Terre (1).

Selon des poëtes postérieurs à Homère, Europê est amenée par Zeus de Phénicie en Krète, où elle lui donne trois fils, Minôs, Rhadamanthe et Sarpêdôn. Celui-ci quitte la Krète et s'établit en Lykia, contrée dont la population, ainsi que celle de beaucoup d'autres parties de l'Asie Mineure, se rattache à la Krète par diverses généalogies mythiques, quoique le Sarpêdôn de l'Iliade n'ait pas de rapports avec cette île et ne soit pas le fils d'Europê. Sarpêdôn, devenu roi de Lykia, obtint de son père, Zeus, la faveur de vivre pendant trois générations (2). A la même époque le jeune

---

(1) Homère, Iliade, XIII, 249, 450; XIV, 321, Odyss. XI, 322-568; XIX, 179; IV, 564; VII, 321.

Le Minôs homérique dans les Enfers n'est pas juge de la vie antérieure des morts ; il n'est pas chargé de décider s'ils méritent récompense ou punition pour leur conduite sur la terre ; de telles fonctions ne lui sont pas attribuées avant l'époque de Platon. Il administre la justice *parmi* les morts, que l'on considère comme une sorte de société à laquelle un juge est nécessaire pour la présider : θεμιστεύοντα νεκύεσσι, se rapportant à Minôs, est dit tout à fait comme (Odyss. XI, 484) νῦν δ' αὖτε μέγα κρατέεις νεκύεσσι se rapportant à Achille. V. ce point démontré en partie dans l'Excursus XI de Heyne, au sujet du sixième livre de l'Enéide de Virgile.

(2) Apollod. III, 1, 2. Καὶ αὐτῷ δίδωσι Ζεὺς ἐπὶ τρεῖς γενεὰς ζῆν. Cette circonstance est évidemment imaginée par

Milètos, favori de Sarpêdôn, quittait la Krète et fondait sur la côte de l'Asie Mineure la ville qui porta son nom. Rhadamanthe devint souverain et législateur des îles de la mer Égée ; il vint dans la suite en Bœôtia, où il épousa Alkmènè, mère d'Hèraklès, alors veuve.

Europê trouve en Krète un roi Astèrios, qui l'épouse et adopte les enfants qu'elle a eus de Zeus : cet Astèrios est le fils de Krès, l'éponyme de l'île, ou (selon une autre généalogie par laquelle on essayait de prouver que Minôs était de race Dôrienne), il avait pour mère la fille de Krès, laquelle l'aurait eu de Tektamos, fils de Dôros, venu de Grèce pour s'établir dans cette île.

Minôs épousa Pasiphaê, fille du dieu Hèlios et de Perseïs, et il eut d'elle Katreus, Deukaliôn, Glaukos, Androgeos, — — noms marquants dans le récit légendaire, — ainsi que plusieurs filles, parmi lesquelles étaient Ariadnê et Phædra. Il offensa Poseidôn en négligeant d'accomplir un vœu fait solennellement, et le dieu mécontent, pour le punir, inspira à son épouse Pasiphaê une passion monstrueuse pour un taureau. Le grand artiste Dædalos, fils d'Eupalamos, qui s'était enfui d'Athènes, devint le confident de cet amour, dont le fruit fut le Minôtaure, être moitié homme et moitié taureau (1). Ce Minôtaure fut emprisonné par Minôs dans le labyrinthe, enceinte inextricable construite par Dædalos précisément dans ce but sur l'ordre de Minôs.

Minôs acquit une grande puissance sur mer et chassa les hàbitants kariens d'un grand nombre d'îles de la mer Égée, qu'il plaça sous le gouvernement de ses fils, en les mettant sur le pied de tributaires. Il entreprit plusieurs expéditions contre diverses villes de la côte, — l'une contre Nisos, fils de Pandjôn, roi de Megara, qui avait dans ses cheveux une

---

les logographes pour rendre compte de la présence de Sarpêdôn à la guerre de Troie, combattant contre Idomeneus, le petit-fils de Minôs. Nisos est l'éponyme de Nisæa, port de la ville de Megara : on montrait sa tombe à Athènes (Pausan. I, 19, 5). Minôs est l'éponyme de l'île de Minoa (vis-à-vis du port de Nisæa), où l'on affirmait que stationnait la flotte de Minôs (Pausan. I, 44, 5).

(1) Apollod. III, 1, 2.

boucle particulière de couleur pourpre : un oracle avait déclaré que ses jours et son trône ne seraient jamais en danger tant qu'il conserverait cette précieuse boucle. La ville serait restée inexpugnable, si la fille de Nisos, Skylla, n'eût conçu pour Minôs une violente passion. Pendant le sommeil de son père, elle coupa la boucle à laquelle était attaché son salut, de sorte que le roi krêtois fut bientôt victorieux. Au lieu de remplir la promesse qu'il avait faite d'emmener avec lui Skylla en Krête, il la précipita de la poupe de son vaisseau dans la mer (1) : Skylla et Nisos furent tous deux changés en oiseaux.

Androgeos, fils de Minôs, ayant déployé des talents si rares qu'il vainquit tous ses compétiteurs à la fête des Panathênæa à Athènes, fut envoyé par Ægeus, le roi athénien, pour combattre le taureau de Marathôn, — entreprise dans laquelle il périt, et Minôs fit la guerre à Athènes pour venger sa mort. Il ne put pendant longtemps s'emparer de la ville ; enfin il pria son père Zeus de l'aider à obtenir réparation des Athéniens, et Zeus leur envoya la peste et la famine. En vain s'efforcèrent-ils de détourner ces calamités en offrant comme sacrifices propitiatoires les quatre filles de Hyakinthos. Leurs maux continuèrent encore, et l'oracle les engagea à se soumettre à toutes les conditions que Minôs pourrait imposer. Il demanda qu'ils envoyassent périodiquement en Krête un tribut de sept jeunes garçons et de sept jeunes filles, pour être dévorés par le Minôtaure (2), — auquel on les offrait dans un labyrinthe construit par Dædalós, où se trouvaient une foule de passages différents, d'où personne ne pouvait s'échapper.

Tous les neuf ans on envoyait cette offrande. L'histoire la plus commune était que les jeunes garçons et les jeunes filles destinés ainsi à la mort étaient désignés par le sort : — mais

---

(1) Apollod. III, 15, 8. V. le Ciris de Virgile, poëme de jeune homme sur le sujet de cette fable ; et Hygin, f. 198 ; Schol. Eurip. Hippol. 1200. Properce (III, 19, 21) donne les traits de l'histoire avec une fidélité passable ; Ovide prend avec elle des libertés considérables (Metam. VIII, 5-150).

(2) Apollod. III, 15, 8.

le logographe Hellanicus dit que Minôs venait à Athènes et les choisissait lui-même (1). Le temps était arrivé d'envoyer les victimes pour la troisième fois, et Athènes était plongée dans l'affliction la plus profonde, quand Thèseus résolut de se dévouer comme l'une d'elles, et de mettre un terme à ce tribut sanguinaire ou de périr. Il implora le secours de Poseidôn, tandis que le dieu de Delphes lui assurait qu'Aphroditè le protégerait et le tirerait d'embarras. En arrivant à Knôssos, il fut assez heureux pour captiver le cœur d'Ariadnè, fille de Minôs, qui lui fournit une épée et un peloton de fil. Avec l'une il réussit à tuer le Minôtaure, l'autre servit à guider ses pas pour s'échapper du labyrinthe. Ayant remporté ce triomphe, il quitta la Krête avec son vaisseau et ses compagnons sains et saufs, enlevant Ariadnè, que cependant il abandonna bientôt dans l'île de Naxos. Dans son voyage pour retourner à Athènes, il s'arrêta à Dêlos, où il offrit à Apollon un sacrifice de reconnaissance pour avoir échappé au danger, et dansa, avec les jeunes gens et les jeunes filles qu'il avait délivrés du Minôtaure, une danse appelée Geranos, imitée des détours et des entrelacements du labyrinthe Krêtois. Il avait été convenu avec son père Ægeus que, s'il réussissait dans son entreprise contre le Minôtaure, à son retour il hisserait des voiles blanches, au lieu des noires que le navire portait habituellement quand il servait à cette triste ambassade. Mais Thèseus oublia de changer les voiles; aussi Ægeus, voyant revenir le vaisseau dont l'appareil de deuil n'avait pas été changé, fut frappé de la douloureuse conviction que son fils avait péri et se précipita dans la mer. Le vaisseau qui faisait ce voyage fut conservé par les Athéniens avec une vigilante sollicitude; il fut constamment réparé au moyen de nouveaux couples, jusqu'à l'époque de Dêmêtrius de Phalère : chaque année on l'envoyait d'Athènes à Dêlos pour

---

(1) V. sur le sujet de Thèseus et du Minôtaure, Eckermann, Lehrbuch der Religions Geschichte und Mythologie, vol. II, ch. 13, p. 133. Il soutient que le tribut de ces victimes humaines payé par Athènes à Minôs est un fait historique. Sur quoi repose cette opinion, c'est ce que je confesse ne point voir.

y porter un sacrifice solennel et des députés nommés spécialement pour cette ambassade. Le prêtre d'Apollon couvrait de guirlandes la poupe du vaisseau avant qu'il quittât le port, et pendant le temps qui s'écoulait jusqu'à son retour, il était entendu que la cité s'abstenait de tout acte entraînant avec soi une souillure publique ; de sorte qu'il était illégal de mettre à mort quelque personne que ce fût, eût-elle été formellement condamnée par le tribunal. Cette circonstance accidentelle devient particulièrement mémorable, pour avoir reculé de trente jours la mort du regrettable Socrate (1).

La légende concernant Thêseus, et l'héroïque délivrance des sept jeunes garçons et des sept jeunes filles de familles nobles sauvés de la gueule du Minôtaure étaient donc à la fois solennellement rappelés et attestés au public d'Athènes par la sainte cérémonie annuelle et par l'identité incontestée du vaisseau employé dans l'expédition. Il y avait, il est vrai, bien des différences dans la manière de raconter cet incident ; et quelques-uns des logographes athéniens essayèrent de s'expliquer la fable d'une manière naturelle en faisant du Minôtaure un général ou un puissant athlète, nommé Tauros, que Thêseus vainquit en Krête (2). Mais cette version défi-

---

(1) Platon, Phædon. c. 2, 3 ; Xenoph. Memor. IV, 8, 2. Platon mentionnait spécialement τοὺς δὶς ἑπτὰ ἐκείνους, les sept jeunes garçons et les sept jeunes filles que Thêseus transporta en Krête et ramena sains et saufs : ce nombre semble être dans la légende un trait ancien et constant, conservé par Sappho et par Bacchylide aussi bien que par Euripide (Herc. Fur. 1318). V. Servius ad Virgil. Æneid. VI, 21.

(2) Pour le récit en général et ses différences, v. Plutarque, Thês. c. 15-19 ; Diod. IV, 60-62 ; Pausan. I, 17, 3 ; Ovide, Epist. Ariadn. Thês. 104. Dans cette autre partie de l'ouvrage de Diodore qui a trait plus spécialement à la Krête et est empruntée de logographes et d'historiens Krêtois (V. 64-80), il ne mentionne absolument rien touchant la guerre de Minôs avec Athènes.

Dans le drame d'Euripide appelé Thêseus était introduite la véritable histoire des jeunes gens et des jeunes filles près d'être offerts comme nourriture au Minôtaure (Schol. Aristoph. Vesp. 312.

Ariadnê figure dans l'Odyssée avec Thêseus ; elle est fille de Minôs, elle est emmenée de Krête par Thêseus, et tuée par Artemis pendant le retour ; il n'est fait allusion ni au Minôtaure, ni au tribut, ni au dévouement de Thêseus (Odyss. XI, 324). C'est probablement la forme la plus ancienne et la plus simple — l'une des nombreuses (Cf. Theognis, 1232) aventures amoureuses de Thêseus ; le reste est ajouté par des poëtes postérieurs à Homère.

Le respect d'Aristote pour Minôs l'amène à adopter l'hypothèse que les jeunes Athéniens et les jeunes Athé-

gurée ne l'emporta jamais sur l'antique caractère, produit de l'imagination, que présentait le conte tel qu'il était conservé par les poëtes. Un grand nombre d'autres cérémonies et coutumes religieuses, ainsi que plusieurs chapelles ou enceintes sacrées élevées en l'honneur de différents héros, se rattachaient à différents actes et à des règlements spéciaux de Thêseus. Pour tout Athénien qui prenait part aux fêtes des Oschophoria, des Pyanepsia ou des Kybernêsia, le nom de ce grand héros était familier; tandis que les raisons de lui offrir un culte solennel à sa fête spéciale, les Thêseia, devinrent manifestes et puissantes.

Les mêmes légendes athéniennes qui rehaussaient et embellissaient le caractère de Thêseus, peignaient sous des couleurs repoussantes les attributs de Minôs; et les traits du vieux compagnon homérique de Zeus disparurent ensevelis sous ceux du conquérant et de l'oppresseur d'Athènes. Son histoire, comme celle des autres personnages légendaires de la Grèce, consiste presque entièrement en une suite de romans et de tragédies de famille. Son fils Katreus, père d'Aëropê, épouse d'Atreus, fut informé par un oracle qu'il périrait de la main de l'un de ses propres enfants : en conséquence, il les fit partir de l'île, et Althæmenês, son fils, s'établit à Rhodes. Katreus, devenu vieux, et s'imaginant qu'il avait dépassé par sa longue carrière le terme fatal annoncé par l'oracle, se rendit à Rhodes pour voir Althæmenês. Une dispute s'étant élevée accidentellement entre les gens de sa suite et les insulaires, Althæmenês s'en mêla par mégarde, et tua son père sans le connaître. Glaukos, le plus jeune fils de Minôs, poursuivant une souris, tomba dans un réservoir de miel et se noya. Personne ne savait ce qu'il était devenu, et son père était inconsolable; à la fin l'Argien Polyeidos, prophète merveilleusement doué par les dieux, découvrit l'enfant et le rendit à la vie, à la joie extrême de Minôs (1).

---

niennes ne recevaient pas la mort en Krète, mais vieillissaient dans la servitude (Arist. Fragm. Βοττιαίων Πολιτεία, p. 106, éd. Neumann, des fragments du traité Περὶ Πολιτειῶν, Plutarq. Quæst. Græc. p. 298).

(1) Apollod. III, cap. 2-3.

Celui-ci finit par trouver la mort dans une tentative empressée qu'il fit pour saisir Dædalos et le punir. Ce grand artiste, le héros éponyme de la famille ou dême attique du nom de Dædalidæ, et descendant d'Erechtheus par Mêtion, avait été jugé par le tribunal de l'Aréopage et banni pour avoir tué son neveu Talos, dont l'habileté croissant rapidement excitait son envie (1). Il se réfugia en Krête où il gagna la confiance de Minôs, et fut chargé (comme on l'a déjà dit) de construire le labyrinthe ; dans la suite cependant il encourut le déplaisir de Minôs, et fut confiné comme prisonnier au secret dans les inextricables détours de son propre édifice. Toutefois, son habileté et son industrie sans égales ne lui firent pas défaut. Il fabriqua pour lui et pour son fils Ikaros des ailes à l'aide desquelles ils s'envolèrent au-dessus de la mer. Le père arriva sain et sauf en Sicile à Kamikos, résidence du roi Sikanien Kokalos ; mais le fils, dédaignant l'exemple et le conseil de son père, vola si haut que ses ailes fondirent par l'action du soleil, et il tomba dans la mer qui d'après son nom fut appelée mer Ikarienne (2).

Dædalos resta quelque temps en Sicile, laissant dans différents endroits de l'île un grand nombre de preuves prodigieuses de son habileté dans la mécanique et l'architecture (3). A la fin Minôs, décidé à se remettre en possession de sa personne, entreprit une expédition contre Kokalos avec une flotte et une armée nombreuses. Kokalos affecta de montrer de l'empressement à rendre le fugitif, et reçut Minôs avec une amitié apparente ; mais il ordonna qu'un bain fût préparé pour lui par ses trois filles, qui, désirant vivement sauver Dædalos à tout prix, noyèrent le roi krêtois dans le bain avec de l'eau chaude (4). Un grand nombre des Krêtois

---

(1) Pherecyd. Fragm. 105 ; Hellanic. fr. 82 (Didot) ; Pausan. VII, 4, 5.

(2) Diodor. IV, 79 ; Ovide, Metam. VIII, 181. Ephore ainsi que Philiste mentionnait l'arrivée de Dædalos auprès de Kokalos en Sicile (Ephor. Fragm. 99 ; Philist. Fragm, 1, Didot) : probablement Anthiochus en parlait aussi (Diod. XII, 71). Kokalos était le point de départ des historiens siciliens.

(3) Diod. IV, 80.

(4) Pausan. VII, 4, 5 ; Schol. Pindar. Nem. IV, 95 ; Hygin. fab. 44 ; Conon, Narr. 25, Ovide, Ibis, 291.

« Vel tua maturet, sicut Minoia fata,

qui l'avaient accompagné restèrent en Sicile et fondèrent la ville de Minoa, qu'ils appelèrent ainsi d'après son nom. Mais, peu de temps après, Zeus excita tous les habitants de la Krète (à l'exception des villes de Polichnê et de Præsos) à entreprendre d'un commun accord une expédition contre Kamikos, dans le but de venger la mort de Minôs. Ils assiégèrent Kamikos en vain pendant cinq ans, jusqu'à ce qu'enfin la famine les contraignît à s'en retourner. Dans leur navigation le long de la côte d'Italie, dans le golfe de Tarente, une tempête terrible détruisit leur flotte et les obligea de s'établir dans le pays d'une manière permanente : ils fondèrent Hyria ainsi que d'autres cités et devinrent les Iapygiens Messapiens. D'autres colons, grecs pour la plupart, immigrèrent en Krète et se fixèrent dans les lieux que ce mouvement avait laissés vacants. Dans la seconde génération qui suivit Minôs, eut lieu la guerre de Troie. Minôs, quoique mort, fut excessivement blessé de ce que les Krètois avaient concouru à venger l'injure faite à Menelaos, vu que les Grecs en général n'avaient pas aidé les Krètois dans leur expédition contre la ville de Kamikos. Il frappa la Krète, après qu'Idomeneus fut revenu de Troie, d'une famine et d'une peste si terribles, que la population mourut de nouveau ou s'expatria, et fut remplacée par de nouvelles immigrations.

Les maux intolérables (1) suscités ainsi aux Krètois par la colère de Minôs pour avoir coopéré à l'expédition générale de la Grèce en faveur de Menelaos furent allégués par eux aux Grecs pour expliquer pourquoi ils ne pouvaient prendre part à la résistance organisée contre l'invasion de Xerxès ; et on prétend même que ce fut l'oracle de Delphes qui leur conseilla d'adopter cette raison pour excuse et les y encouragea (2).

Per caput infusæ fervidus humor
        [aquæ. »
Cette histoire formait le sujet du drame aujourd'hui perdu de Sophocle, Καμίκιοι ou Μίνως ; elle était aussi racontée par Callimaque, ἐν Αἰτίοις,

ainsi que par Philostephanos (Schol. Iliad. II, 145).

(1) Ce récit curieux et très-caractéristique est rapporté par Hérodote, VII, 169-171.

(2) Hérodote, VII, 169. La réponse

Tel est le Minôs des poëtes et des logographes, avec ses attributs légendaires et romanesques : le compagnon habituel du grand Zeus, — le juge des morts dans l'empire d'Hadês, — l'époux de Pasiphaê, fille du dieu Hêlios, — le père de la déesse Ariadnê, ainsi que d'Androgeos, qui périt et est adoré à Athènes (1), et de l'enfant Glaukos, qui est miraculeusement rendu à la vie par un prophète, — le personnage aimé par Skylla, et qui poursuit de son amour la nymphe ou déesse Britomartis (2), — le possesseur du Labyrinthe et du Minôtaure, qui lève sur Athènes un tribut périodique de jeunes garçons et de jeunes filles pour nourrir ce monstre, — enfin, celui qui poursuit l'artiste Dædalos réfugié à Kamikos, et périt dans un bain victime des dispositions hostiles des trois filles de Kokalos. Le Minôs de Thucydide et d'Aristote n'a presque que le nom de commun avec ce portrait si fortement marqué. Il est le premier qui acquiert la *thalassocratie*, ou empire sur la mer Ægée : il chasse les Kariens habitant les Cyclades, et y envoie de nouveaux colons sous ses propres fils ; il réprime la piraterie, pour pouvoir recevoir son tribut régulièrement ; enfin il tente de conquérir la Sicile, mais il échoue dans son entreprise et périt (3). Ici nous avons des

---

attribuée à l'oracle de Delphes, à propos de la question posée par les envoyés krêtois, à savoir s'il vaudrait mieux pour eux ou non aider les Grecs contre Xerxès, est fort expressive et très-poétique :
Ὦ νήπιοι, ἐπιμέμφεσθε ὅσα ὑμῖν ἐκ τῶν Μενελέω τιμωρημάτων Μίνως ἔπεμψε μηνίων δακρύματα, ὅτι οἱ μὲν οὐ ξυνεξεπρήξαντο αὐτῷ τὸν ἐν Καμίκῳ θάνατον γενόμενον, ὑμεῖς δὲ κείνοισι τὴν ἐκ Σπάρτης ἁρπαχθεῖσαν ὑπ' ἀνδρὸς βαρβάρου γυναῖκα.

Si une telle réponse a jamais été rendue, elle n'a pu l'être, à mon avis, que par quelque oracle de la Krête elle-même, et non par Delphes. L'oracle de Delphes ne pouvait jamais avoir oublié les obligations qui le liaient à la cause générale des Grecs, à ce moment critique, dont en outre dépendait la sûreté de tous les trésors, au point de détourner les Krêtois de prêter leur concours.

(1) Hésiode, Theog. 949 ; Pausan. I, 1, 4.

(2) Callim. Hymn. ad Dian. 189. Strabon. (X, p. 476) insiste aussi sur l'étrange contradiction des légendes concernant Minôs : j'admets avec Hoeckh (Kreta, II, p. 93) que δασμόλογος dans ce passage a trait au tribut exigé d'Athènes pour le Minôtaure.

(3) Thucyd. I, 4. Μίνως γὰρ, παλαίτατος ὧν ἀκοῇ ἴσμεν, ναυτικὸν ἐκτήσατο, καὶ τῆς νῦν Ἑλληνικῆς θαλάσσης ἐπὶ πλεῖστον ἐκράτησε, καὶ τῶν Κυκλάδων νήσων ἦρξέ τε καὶ οἰκιστὴς αὐτὸς τῶν πλείστων ἐγένετο, Κᾶρας ἐξελάσας καὶ τοὺς ἑαυτοῦ παῖδας ἡγεμόνας ἐγκαταστήσας · τό τε λῃστικὸν, ὡς εἰκὸς,

conjectures, tirées de l'analogie entre le pouvoir de Minôs et l'empire maritime d'Athènes dans les temps historiques, mises à la place des incidents de la fable et attachées au nom de Minôs.

Dans la fable, c'est un tribut de sept jeunes garçons et de sept jeunes filles qui lui est payé périodiquement par les Athéniens; dans le récit présenté avec les couleurs historiques, ce caractère de receveur de tribut est conservé, mais le tribut est de l'argent perçu dans des îles dépendantes (1); et Aristote nous montre combien la Krête est convenablement située pour exercer l'empire sur la mer Ægée. L'expédition contre Kamikos, au lieu d'être entreprise dans le but de reprendre le fugitif Dædalos, est une tentative faite par le grand thalassocrate pour conquérir la Sicile. Hérodote nous présente en général le caractère de Minôs sous le même aspect, il le montre comme un roi puissant sur mer; mais quand il parle de l'expédition contre Kamikos, il mentionne Dædalos comme l'objet même de l'entreprise (2). Ephore, en décrivant Minôs comme un législateur puissant et énergique, imposant ses lois sous la sanction de Zeus, le représentait comme l'imitateur d'un législateur plus ancien nommé Rhadamanthe, et aussi comme un immigrant venu en

---

καθήρει ἐκ' τῆς θαλάσσης, ἐφ' ὅσον ἠδύνατο, τοῦ τὰς προσόδους μᾶλλον ἰέναι αὐτῷ. V. aussi c. 8.

Arist. Polit. II, 7, 2. Δοκεῖ δ' ἡ νῆσος καὶ πρὸς τὴν ἀρχὴν τὴν Ἑλληνικὴν πεφυκέναι καὶ κεῖσθαι καλῶς... διὸ καὶ τὴν τῆς θαλάσσης ἀρχὴν κατέσχεν ὁ Μίνως, καὶ τὰς νήσους τὰς μὲν ἐχειρώσατο, τὰς δὲ ᾤκισε· τέλος δ' ἐπιθέμενος τῇ Σικελίᾳ τὸν βίον ἐτελεύτησεν ἐκεῖ περὶ Κάμικον.

Ephore (ap. Scymn. Chi. 542) répétait le même récit : il mentionnait aussi le roi indigène Krês.

(1) Il est curieux qu'Hérodote nie expressément ce fait, et dans des termes qui prouvent qu'il avait fait des recherches spéciales sur ce point : il dit que les Kariens ou Léléges dans les îles (qui furent, selon Thucydide, chassés par Minôs) ne payaient pas de tribut à celui-ci, mais fournissaient d'hommes sa marine, i. e., étaient vis-à-vis de Minôs à peu près dans le même rapport que Chios et Lesbos vis-à-vis d'Athènes (Herod. I, 171). On peut reconnaître ici l'influence de ces discussions qui devaient avoir dominé à cette époque au sujet de l'empire maritime d'Athènes.

(2) Hérod. VII, 170. Λέγεται γὰρ Μίνω κατὰ ζήτησιν Δαιδάλου ἀπικόμενον ἐς Σικανίην, τὴν νῦν Σικελίην καλουμένην, ἀποθανεῖν βιαίῳ θανάτῳ. Ἀνὰ δὲ χρόνον Κρῆτας, θεοῦ σφι ἐποτρύνοντος, etc.

Krête du mont Ida Æolien, avec les prêtres ou compagnons sacrés de Zeus appelés les Dactyles Idæens. Aristote l'indique aussi comme l'auteur des Syssitia, ou repas publics communs en Krête comme à Sparte, — autres explications qui s'éloignent de l'esprit des anciennes fables dans une direction nouvelle (1).

Les attributs contradictoires prêtés à Minôs, en même temps que les perplexités qu'éprouvaient ceux qui désiraient introduire dans ces événements légendaires un arrangement chronologique régulier, ont amené et dans les temps anciens et dans les temps modernes à supposer l'existence de deux rois nommés Minôs, l'un petit-fils de l'autre, — Minôs I, le fils de Zeus, législateur et juge, — Minôs II, le thalassocrate, — conjecture gratuite qui, sans résoudre le problème proposé, ne fait qu'augmenter le nombre de ces mille expédients employés pour donner au fond disparate de la légende l'apparence de l'histoire. Les Krêtois furent à toutes les époques, depuis le temps d'Homère, des marins habiles et exercés. Mais ont-ils jamais été réunis sous un seul gouvernement ou ont-ils jamais régné en maîtres sur la mer Ægée, c'est là un fait que nous ne sommes en état ni d'affirmer ni de nier. L'Odyssée, en tant qu'elle justifie une conclusion quelconque, s'oppose à une telle supposition, puisqu'elle reconnaît une grande diversité et d'habitants et de langues dans l'île, et désigne Minôs comme roi spécialement de Knôssos: elle réfute d'une manière encore plus positive l'idée que Minôs réprima la piraterie que les Krêtois homériques, aussi bien que d'autres, continuent à exercer sans scrupule.

Bien qu'Hérodote, dans quelques endroits, parle de Minôs comme d'un personnage du ressort de l'histoire, cependant

---

(1) Arist. Polit. II, 7, 1; VII, 9, 2. Ephor. Fragm. 63, 64, 65. Il a mis tout à fait de côté la généalogie homérique de Minôs, qui le dit frère de Rhadamanthe et né en Krête.

Strabon, en signalant les nombreuses contradictions touchant Minos, fait remarquer : Ἔστι δὲ καὶ ἄλλος λόγος οὐχ ὁμολογούμενος, τῶν μὲν ξένον τῆς νήσου τὸν Μίνω λεγόντων, τῶν δὲ ἐπιχώριον.

Parmi les premiers, il comprend sans doute Ephore, bien qu'il ne l'ait pas désigné ici spécialement (X, p. 477).

dans un passage il le sépare formellement de la race humaine. Le tyran de Samos « Polykratès (nous dit-il) fut le premier qui songea à acquérir l'empire maritime, excepté Minôs de Knôssos, et d'autres avant lui (s'il y en a jamais eu) qui peuvent avoir régné sur la mer ; mais Polykratès est le premier de ce qui est appelé *la race humaine* qui aspira avec de grandes chances de succès à gouverner l'Ionie et les îles de la mer Ægée (1). » Ici il est évidemment donné à entendre que Minôs n'appartenait pas à la race humaine, et le conte rapporté par l'historien au sujet des terribles calamités dont Minôs après sa mort frappa la Krête dans sa colère confirme cette impression. Le roi de Knôssos est un dieu ou un héros, mais non un homme ; il appartient à la légende, non à l'histoire. Il est le fils ainsi que le compagnon habituel de Zeus ; il épouse la fille de Hèlios, et Ariadnè est comptée dans sa progéniture. C'est à ce personnage surhumain qu'on attribue les institutions les plus anciennes et les plus révérées de l'île, institutions religieuses et politiques, ainsi qu'une période de domination antéhistorique supposée. Qu'il y ait beaucoup des idées et des coutumes religieuses des Krêtois incorporées dans les fables touchant Minôs, c'est ce dont on peut à peine douter : il n'est pas non plus improbable que le conte des jeunes garçons et des jeunes filles envoyés d'Athènes ait pour fondement quelque sacrifice expiatoire offert à une divinité krêtoise. Le culte *orgiastique* de Zeus, célébré par les prêtres armés avec des mouvements passionnés et un violent délire, était d'ancienne date dans l'île, ainsi que le lien qui le rattachait au culte d'Apollon et à Delphes et à Dêlos. Analyser les fables et en tirer quelques faits particuliers dignes de foi me paraît être une tentative

---

(1) Hérod. III, 122. Πολυκράτης γάρ ἐστι πρῶτος τῶν ἡμεῖς ἴδμεν Ἑλλήνων, ὃς θαλασσοκρατέειν ἐπενοήθη, παρὲξ Μίνωός τε τοῦ Κνωσσίου, καὶ εἰ δή τις ἄλλος πρότερος τούτου ἦρξε τῆς θαλάττης · τῆς δὲ ἀνθρωπηίης λεγομένης γενεῆς Πολυκράτης ἐστὶ πρῶτος ἐλπίδας πολλὰς ἔχων Ἰωνίης τε καὶ νήσων ἄρξειν.

L'expression correspond exactement à celle de Pausanias, IX, 5, 1, ἐπὶ τῶν καλουμένων Ἡρώων, pour l'époque précédant la ἀνθρωπηίη γενέη; et VIII, 2, 1, ἐς τὰ ἀνωτέρω τοῦ ἀνθρώπων γένους.

stérile. Les souvenirs religieux, l'invention romanesque et les faits positifs, s'il y en avait, doivent pour toujours rester amalgamés d'une manière indissoluble, tels que le poëte les confondait primitivement, pour l'amusement ou l'édification de ses auditeurs. Hoeckh, dans son instructif et savant recueil de faits touchant l'ancienne Krête, explique la généalogie mythique de Minôs de manière à montrer une combinaison du culte orgiastique de Zeus, indigène parmi les Eteokrètes, avec le culte de la lune importé de Phénicie, et représenté par les noms Europê, Pasiphaê et Ariadnê (1). Ceci est spécieux comme conjecture ; mais je ne me hasarde pas à en parler dans des termes montrant une confiance plus grande.

Ce culte religieux et ces contes légendaires, lien qui unissait la Krête et diverses parties de l'Asie Mineure, — la Troade, la côte de Milêtos et de Lykia, particulièrement le mont Ida en Krête et le mont Ida en Æôlis, — semblent permettre de supposer avec raison une parenté ou relation ethnographique entre les habitants, antérieure à la période de l'occupation hellénique. Les récits d'un établissement krêtois à Minoa et à Engyiôn sur la côte sud-ouest de la Sicile, et en Iapygie sur le golfe de Tarente, nous conduisent à une présomption semblable, bien que le manque de preuves nous interdise de la poursuivre plus loin. Du temps d'Hérodote, les Eteokrètes, ou habitants primitifs de l'île, étaient confinés à Polichnê et à Præsos ; mais à une époque antérieure, avant les empiétements des Hellênes, ils avaient occupé la plus grande partie, sinon toute l'étendue de l'île. Minôs dans l'origine était leur héros ; dans la suite il fut adopté par les Hellênes immigrants, — du moins Hérodote le considère comme barbare, et non comme hellénique (2).

---

(1) Hoeckh, Kreta, vol. II, p. 56-67. K. O. Müller aussi (Dorier, II, 2, 14) donne une interprétation religieuse à ces légendes krêto-attiques, mais il les explique d'une manière qui diffère complétement de celle de Hoeckh.

(2) Hérod. I, 173.

CHAPITRE XIII

EXPÉDITION DES ARGONAUTES.

Le vaisseau Argô dans l'Odyssée. — Dans Hésiode et dans Eumêle. — Jasôn et ses héroïques compagnons. — Lêmnos. — Aventures à Kyzikos, en Bithynia, etc. — Hêraklês et Hylas. — Phineus. — Dangers des Symplêgades. — Arrivée en Kolchis. — Conditions imposées par Æêtês. — Perfidie d'Æêtês. — Fuite des Argonautes et de Mêdea avec la toison. — Poursuite d'Æêtês. — Les Argonautes sauvés par Mêdea. — Retour des Argonautes, plein de circuits et de périls. — Monuments nombreux et répandus au loin, se rapportant au voyage. — Légende des Argonautes en général. — Géographie fabuleuse — modifiée graduellement, à mesure que la science géographique réelle grandit. — Transposition des localités épiques. — Comment et à quelle époque le voyage des Argonautes fut rattaché à la Kolchis. — Æêtês et Circê. — Retour des Argonautes. — Versions différentes. — Foi continue dans le voyage. — Base de vérité déterminée par Strabon.

Le vaisseau Argô fut le sujet d'une foule de chants aux époques les plus reculées de l'épopée grecque, même antérieures à l'Odyssée. Le roi Æêtês, dont ce vaisseau s'éloigne, le héros Jasôn, qui le commande, et la déesse Hêrê, qui veille sur son chef, et qui met l'Argô en état de franchir des distances et d'échapper à des dangers qu'aucun vaisseau n'avait encore jamais affrontés auparavant, sont toutes les circonstances qu'Odysseus touche brièvement dans le récit qu'il fait à Alkinoos. De plus, Eunêos, fils de Jasôn et d'Hypsipylê, gouverne Lemnos pendant le siége de Troie par Agamemnôn, et entretient un commerce amical avec le camp des Grecs, en leur achetant leurs prisonniers troyens (1).

---

(1) Odyss. XII, 69.
Οἴη δὴ κείνη γε παρέπλει ποντόπορος [νηῦς,
Ἀργὼ πασιμέλουσα, παρ' Αἰήταω [πλέουσα·

La légende d'Halos dans l'Achaia Phthiôtis, concernant les solennités religieuses rattachées à la famille d'Athamas et de Phryxos (racontée dans un précédent chapitre) est aussi mêlée au voyage des Argonautes; et la légende ainsi que les solennités semblent évidemment remonter à une haute antiquité. Nous savons de plus que les aventures de l'Argô étaient racontées non-seulement par Hésiode et dans les poëmes hésiodiques, mais encore par Eumêle et par l'auteur des vers naupaktiens,—et dans ces derniers vraisemblablement elles avaient une longueur considérable (1). Mais par malheur ces poëmes sont perdus, et nous n'avons pas non plus de moyen pour déterminer ce qu'était l'histoire primitive; car le récit, tel que nous l'avons, emprunté de sources plus récentes, est augmenté de contes locaux venus des colonies grecques postérieures, Kyzikos (Cyzique), Herakleia, Sinopê et autres.

Jasôn, ayant reçu de Pelias l'ordre de partir à la recherche de la toison d'or appartenant au bélier parlant qui avait emporté Phryxos et Hellê, fut encouragé par l'oracle à ap-

---

Καί νύ κε τὴν ἔνθ' ὦκα βάλεν μεγάλας
[ποτὶ πέτρας,
Ἀλλ' Ἥρη παρέπεμψεν, ἐπεὶ φίλος
[ἦεν Ἰήσων.
V. aussi Iliade, VII, 470.

(1) Hésiod. Fragm. *Catal.* Fragm. 6, p. 33, Düntz.; *Eoiai*, Fragm. 36, p. 39; Fragm. 72, p. 47. Cf. Schol. ad Apoll. Rhod, I, 45; II, 178-297, 1125; IV, 254-284.

Autres sources poétiques :

Le vieux poëme épique *Ægimius*, Fragm. 5, p. 57, Düntz.

Kinœthôn dans le poëme *Herakleia* parlait de la mort d'Hylas près de Kios en Mysia (Schol. Apoll. Rhod. I, 1357).

Le poëme épique *Naupaktia*, Fragm. 1 à 6. Düntz. p. 61.

Eumélus, Fragm. 2, 3, 5, p. 65, Düntz.

Epimenidés, le prophète et le poëte krêtois, composa un poëme de 6,500 vers, Ἀργοῦς ναυπηγίαν τε, καὶ Ἰάσονος εἰς Κόλχους ἀπόπλουν (Diogen. Laër. I, 10, 5), qui est mentionné plus d'une fois dans les Schol. ad Apoll. à propos de sujets se rattachant au poëme (II, 1125; III, 42). V. Mimnerm. Fragm. 10, Schneidewin, p. 15.

Antimachus, dans son poëme *Lydé*, parlait de l'expédition des Argonautes, et a été copié en partie par Apoll. Rhod. (Schol. Ap. Rh. I, 1290; II, 296; III, 410; IV, 1153).

Les logographes Phérécyde et Hecatée semblent avoir raconté l'expédition dans un récit d'une longueur considérable.

La Bibliothek der alten Literatur und Kunst (Goetting. 1786, 2tes Stück, p. 61), renferme une Dissertation instructive de Groddeck, Ueber die Argonautika, résumé des diverses autorités concernant cette expédition.

peler à son aide la plus noble jeunesse de la Grèce; et cinquante des plus distingués répondirent à son appel. De ce nombre étaient Hêraklês, Thêseus, Telamôn et Pêleus, Kastôr et Pollux, Idas et Lynkeus, — Zêtês et Kalaïs, les fils ailés de Boreas, Meleagros, Amphiaraos, Kêpheus, Laertês, Autolykos, Menœtios, Aktôr, Erginos, Euphêmos, Ankæos, Pœas, Periklymenos, Augeas, Eurytos, Admêtos, Akastos, Kæneus, Euryalos, Pêneleôs et Lêitos, Askalaphos et Ialmenos. Argos, fils de Phryxos, dirigé par les inspirations d'Athênê, fabriqua le vaisseau, et fit entrer dans la construction de la proue une pièce de bois venant du célèbre chêne de Dôdônê, et qui était douée de la faculté de parler (1): Tiphys était le timonier, Idmôn (fils d'Apollon) et Mopsos les accompagnaient en qualité de prophètes, tandis qu'Orpheus vint pour les distraire de leurs fatigues et apaiser leurs querelles par les sons de sa harpe (2).

---

(1) Apollon. Rhod. I, 525; IV, 580. Apollod. I, 9, 16. Valerius Flaccus (I, 300) réduit le langage du vaisseau Argô à un songe de Jasôn. Alexandre Polyhistor disait quel bois était employé (Plin. H. N. XIII, 22).

(2) Apollonius de Rhodes, Apollodore, Valerius Flaccus, les Argonautica orphiques et Hygin ont tous donné des catalogues des héros argonautes (il y en avait un aussi dans la tragédie aujourd'hui perdue appelée Λήμνιαι de Sophocle, V. Welcker, Gr. Trag. I, 327). Les différences y étaient nombreuses et inconciliables. Burmann, dans le Catalogus Argonautarum, mis en tête de son édition de Valerius Flaccus, les a amplement discutées. Je transcris une ou deux remarques de ce consciencieux et laborieux critique, parmi beaucoup d'autres d'un sens analogue, sur l'impossibilité d'une chronologie fabuleuse. Immédiatement avant le premier article, *Acastus* — « Neque enim in ætatibus Argonautarum ullam rationem temporum constare, neque in stirpe et stemmate deducendâ ordinem ipsum naturæ congruere videbam. Nam et huic militiæ adscribi videbam Heroas, qui per naturæ leges et ordinem fati eo usque vitam extrahere non potuere, ut aliis ab hac expeditione remotis Heroum militiis nomina dedisse narrari deberent a Poetis et Mythologis. In idem etiam tempus avos et nepotes conjici, consanguineos ætate longe inferiores prioribus ut æquales adjungi, concoquere vix posse videtur. » — Art. *Ancæus.* « Scio objici posse, si seriem illam majorem respiciamus, hunc Ancæum simul cum proavo suo Talao in eamdem profectum fuisse expeditionem. Sed similia exempla in aliis occurrent, et in fabulis rationem temporum non semper accuratam licet deducere. » — Art. *Jasón.* « Herculi enim jam provectâ ætate adhæsit Theseus juvenis, et in Amazoniâ expeditione socius fuit, interfuit huic expeditioni, venatui apri Calydonii, et rapuit Helenam, quæ circa Trojanum bellum maxime floruit; quæ omnia si Theseus tot temporum intervallis distincta egit, secula duo vel tria vixisse

Ils touchèrent d'abord à l'île de Lêmnos, où à ce moment il n'y avait pas d'hommes; car les femmes, rendues furieuses par la jalousie et les mauvais traitements, avaient mis à mort pères, époux et frères. Les Argonautes, après quelque difficulté, furent reçus amicalement, et même admis dans la plus grande intimité. Ils s'arrêtèrent quelques mois, et la population suivante de l'île fut le fruit de leur visite. La reine Hypsipylê donna à Jasôn deux fils (1).

Ils avancèrent alors le long de la côte de Thrace, et remontèrent l'Hellespont jusqu'à la côte méridionale de la Propontis, habitée par les Doliones et leur roi Kyzikos. Ici ils furent accueillis avec bienveillance; mais après leur départ ils furent ramenés au même endroit par une tempête; et comme il faisait nuit quand ils abordèrent, les habitants ne les reconnurent pas. Il s'engagea une bataille dans laquelle le chef Kyzikos fut tué par Jasôn; ce qui occasionna une grande douleur aussitôt que les faits réels furent connus. Après que Kyzikos eut été enterré avec toutes les démonstrations du deuil et tout l'appareil de la solennité, les Argonautes s'avancèrent le long de la côte de Mysia (2). Dans cette partie du voyage, ils laissèrent Hèraklès derrière. Car Hylas, son jeune compagnon favori, avait été enlevé par les nymphes d'une fontaine, et Hèraklès, errant çà et là à sa recherche, négligea de revenir. Il finit par se retirer plein de chagrin, exigeant des otages des habitants de la ville voisine de

---

debuit. Certe Jason Hypsipylem neptem Ariadnes, nec videre, nec Lemni cognoscere potuit. » — Art. *Meleager*. « Unum est quod alicui longum ordinem majorum recensenti scrupulum movere possit : nimis longum intervallum inter Æolum et Meleagrum intercedere, ut potuerit interfuisse huic expeditioni : cum nonus fere numeretur ab Æolo, et plurimi, ut Jason, Argus, et alii tertiâ tantum ab Æolo generatione distent. Sed sæpe jam notavimus, frustra temporum concordiam in fabulis quæri. » Lire aussi les articles Castôr et Pollux, Nestôr, Pêleus, Staphylos, etc.

On pourra nous excuser si nous n'accueillons pas une chronologie qui n'est féconde qu'en difficultés, et qui ne finit que par des illusions.

(1) Apollod. I, 9, 17; Apoll. Rhod. I, 609-915; Hérod. IV, 145. Théocrite (Idylle, XIII, 29) ne parle nullement de Lêmnos, et représente l'Argô comme arrivant en trois jours d'Iôlkos à l'Hellespont. Diodore (IV, 41) omet aussi Lêmnos.

(2) Apoll. Rhod. 940-1020; Apollod. I, 9, 18.

Kios pour s'assurer qu'ils continueraient la recherche (1).

Ils s'arrêtèrent ensuite dans le pays des Bébrykiens (Bébryces), où eut lieu la lutte au pugilat entre le roi Amykos et l'Argonaute Pollux (2) : alors ils s'avancèrent vers la Bithynia, résidence du poëte aveugle Phineus. Sa cécité lui avait été infligée par Poseidôn comme châtiment pour avoir fait connaître à Phryxos la route vers la Kolchis. On lui avait donné à choisir entre la mort et la cécité, et il avait préféré ce dernier état (3). Il fut aussi tourmenté par les harpies, monstres ailés qui descendaient des nuages partout où sa table était mise, lui arrachaient la nourriture des lèvres en l'imprégnant d'une odeur mauvaise et intolérable. Au milieu de cette détresse, il salua les Argonautes comme ses libérateurs, — ses pouvoirs prophétiques l'ayant mis à même de prévoir leur arrivée. Le repas étant préparé pour lui, les harpies approchèrent comme de coutume; mais Zètès et Kalaïs, les fils ailés de Boreas, les repoussèrent et les poursuivirent. Ils déployèrent toute leur célérité et prièrent

---

(1) Apollod. I. 9, 19. Telle était la légende religieuse qui explique une cérémonie accomplie pendant bien des siècles par le peuple de Prusa ; ils couraient autour du lac Askanios, criant et appelant Hylas, — « ut littus Hyla, Hyla omne sonaret » (Virgil. Eclog.), «... in cujus memoriam adhuc solemni cursatione lacum populus circuit et Hylam voce clamat. » Solin. c. 42.

Il y a une différence qui sera éternelle au sujet de la part que prit Hêraklês à l'expédition des Argonautes. Il est fait dans Aristote (Politic. III, 9) allusion à une histoire disant que le vaisseau Argô lui-même refusa de le prendre à bord, parce qu'il était bien supérieur en taille et en pouvoir à tous les autres héros : — οὐ γὰρ ἐθέλειν αὐτὸν ἄγειν τὴν Ἀργὼ μετὰ τῶν ἄλλων, ὡς ὑπερβάλλοντα πολὺ τῶν πλωτήρων. Tel était le récit de Phérécyde (Fragm. 67, Didot) aussi bien que d'Antimaque Schol. Apoll. Rhod. I, 1290 ; c'est probablement une très-ancienne partie de la légende, en ce qu'elle attribue au vaisseau la faculté de sentir, qui s'accorde avec ses autres propriétés miraculeuses. L'étymologie d'Aphetæ en Thessalia se rattachait au conte disant qu'Hêraklês y avait été débarqué de l'Argô (Hérod. VII, 193); Ephore prétendait qu'il s'y arrêta volontairement, par tendresse pour Omphalê (Fragm. 9, Didot). Le vieux poëte épique Kinæthôn disait qu'Hêraklês avait placé à Trachin les otages de Kios, et que toujours dans la suite les habitants de Kios conservèrent avec cette ville de respectueux rapports (Schol. Ap. Rhod. I, 1357). Telle est la légende explicative se rattachant à quelque coutume existante, et dans laquelle nous ne pouvons pas pénétrer davantage.

(2) V. plus haut, ch. VIII.

(3) Tel était l'ancien récit du Catalogue hésiodique et des Eoiai. V. Schol. Apoll. Rhod. II, 181-296.

Zeus de les mettre en état d'atteindre les monstres, quand Hermès apparut et leur enjoignit de renoncer à leur poursuite, les harpies ayant reçu la défense de molester désormais Phineus (1), et se retirant dans le lieu de leur naissance, qui était une caverne en Krête (2).

Phineus, reconnaissant du secours que lui avaient fourni les Argonautes, les prévint des dangers de leur voyage et des précautions nécessaires pour assurer leur salut; et ses conseils les mirent à même de passer entre les redoutables écueils appelés Symplêgades. C'étaient deux rochers qui s'ouvraient et se fermaient alternativement, avec un choc rapide et violent, au point qu'il était difficile même pour un oiseau de passer au vol pendant ce court intervalle. Lorsque l'Argô arriva à l'endroit dangereux, Euphêmos lâcha une colombe, qui passa en volant et put à peine se sauver en perdant quelques plumes de sa queue. C'était, d'après la prédiction de Phineus, pour les Argonautes un signal indiquant qu'ils pouvaient tenter le passage avec confiance. En conséquence ils firent force de rames et passèrent sains et saufs : les écueils en se fermant, retenus un moment écartés par les puissants bras d'Athênê, n'écrasèrent que les ornements de l'arrière de leur vaisseau. Les dieux avaient décidé qu'aussitôt qu'un vaisseau quelconque aurait franchi ces rochers, le passage serait pour toujours désormais facile et sans danger pour tous. Les rochers séparés furent fixés à leurs places respectives et ne se refermèrent jamais (3).

Après s'être arrêtés de nouveau sur la côte des Marian-

---

(1) Ceci était encore la vieille histoire hésiodique (Schol. Apoll. Rhod. II, 296), —

Ἔνθ' οἵγ' εὐχέσθον Αἰνήιῳ ὑψιμέ-
[δοντι.

Apollodore (I, 9, 21), Apollonius (178-300) et Valerius Flaccus (IV, 428-530) sont d'accord pour la plupart des circonstances.

(2) Tel fut le destin des harpies, comme il est rapporté dans les anciens vers naupaktiens (V. Fragm. Ep. Græc. Düntzer, Naupakt. Fragm. 2, p. 61).

L'aventure des Argonautes avec Phineus est donnée par Diodore d'une manière tout à fait différente (Diod. IV, 44) : il semble suivre Denys de Mitylênê (V. Schol. Apoll. Rhod. II, 207).

(3) Apollod. I, 9, 22. Apollon. Rhod. II, 310-615.

dyniens, où mourut leur timonnier Tiphys, ainsi que dans la contrée des Amazones, et après avoir recueilli les fils de Phryxos, qui avaient été jetés à la côte par Poseidôn dans la tentative qu'ils firent pour retourner de Kolchis en Grèce, ils arrivèrent en sûreté au fleuve Phasis (Phase) et au lieu où résidait Æêtès. En passant par le mont Caucase, ils virent l'aigle qui rongeait le foie de Promêtheus cloué au rocher, et entendirent les gémissements de la victime elle-même. Les fils de Phryxos furent reçus avec cordialité par leur mère Chalkiopê (1).

Demande fut faite à Æêtès qu'il voulût bien mettre les Argonautes, héros d'extraction divine et venus sur l'ordre des dieux, en possession de la toison d'or : en retour on lui offrit leur aide contre l'un de ses ennemis ou contre tous. Mais le roi se mit en colère et fit un refus péremptoire, seulement il posa des conditions qui semblaient impraticables (2). Hêphæstos lui avait donné deux taureaux féroces et indomptables, aux pieds d'airain, qui soufflaient la flamme de leurs naseaux. On engagea Jasôn, pour fournir une preuve et de son illustre origine et de la sanction donnée par les dieux à son voyage, à soumettre ces animaux au joug, afin de labourer un vaste champ et d'y semer des dents de dragon (3). Quelque périlleuse que fût la condition, chacun des héros s'offrit pour tenter l'aventure. Idmôn particulièrement encouragea Jasôn à entreprendre l'affaire (4), et les déesses Hêrê et Aphroditê lui aplanirent la route (5). Mêdea, fille d'Æêtès et d'Eidyia, qui avait vu le jeune héros pendant son entrevue avec son père, avait conçu pour lui une passion qui la disposa à employer tous les moyens pour assurer son salut et son succès. Elle avait reçu d'Hekatê des pou-

---

(1) Apollod. I, 9, 23. Apollon. Rhod. II, 850-1257.

(2) Apollon. Rhod. III, 320-385.

(3) Apollon. Rhod. III, 410. Apollod. I, 9, 23.

(4) Tel était le récit des vers naupaktiens (Schol. Apollon. Rhod. III, 515-525) : Apollonius et d'autres le changeaient. Idmôn, d'après eux, mourut dans le voyage avant l'arrivée en Kolchis.

(5) Apollon. Rhod. III, 50-200. Valer. Flacc. VI, 440-480. Hygin. fab. 22.

voirs magiques supérieurs, et elle prépara pour Jasôn le puissant onguent de Promêtheus, extrait d'une herbe qui avait poussé là où tombaient les gouttes du sang de cette victime.

Le corps de Jasôn ayant été imprégné ainsi à l'avance de cette drogue devint invulnérable (1), soit au feu, soit aux armes de guerre. Il se chargea de l'entreprise, soumit les taureaux au joug sans recevoir aucun mal et laboura le champ : quand il eut semé les dents du dragon, des hommes armés sortirent des sillons. Mais Mêdea lui avait conseillé d'avance de lancer un gros rocher au milieu d'eux ; alors ils se mirent à se battre entre eux, de sorte qu'il fut facile de les vaincre tous (2).

La tâche prescrite avait été ainsi accomplie d'une manière triomphante. Cependant Æêtês non-seulement refusa de livrer la toison d'or, mais même il prit des mesures pour détruire en secret les Argonautes et brûler leur navire. Il résolut de les massacrer pendant la nuit après un banquet de fête ; mais Aphroditê, qui veillait au salut de Jasôn (3), inspira au roi de Kolchis à l'instant critique un désir irrésistible de se rendre à son lit nuptial. Pendant son sommeil, le sage Idmôn conseilla aux Argonautes d'opérer leur fuite, et Mêdea consentit à les accompagner (4). Elle endormit par une potion magique le dragon qui gardait la toison d'or, plaça ce prix tant désiré à bord du vaisseau et accompagna dans leur fuite Jasôn et ses compagnons, emmenant avec elle le jeune Apsyrtos, son frère (5).

Æêtês, profondément exaspéré de la fuite des Argonautes

---

(1) Apollon. Rhod. III, 835. Apollod. I, 9, 23. Valer. Flacc. VII, 356. Ovid. Epist. XII, 15.

« Isset anhelatos non præmedicatus [in ignes
Immemor Æsonides, oraque a-[dunca boum. »

(2) Apollon. Rhod. III, 1230-1400.

(3) C'est ce qu'affirmaient les vers naupaktiens (V. le Fragm. 6, éd. Düntzer, p. 61), ap. Schol. Apollon. Rhod. IV, 59-86.

(4) Tel était le récit des vers naupaktiens (V. Fragm. 6, p. 61, Düntzer ap. Schol. Apollon. Rhod. IV, 59, 86, 87).

(5) Apollod. I, 9, 23. Apoll. Rhod. IV, 220.

Phérécyde disait que Jasôn tua le dragon (Fragm. 74, Did.).

avec sa fille, assembla sur-le-champ ses forces et mit à la mer pour les poursuivre. Ses efforts furent si énergiques qu'il rejoignit bientôt le vaisseau fugitif, lorsque les Argonautes durent une seconde fois leur salut au stratagème de Mêdea. Elle tua son frère Apsyrtos, coupa son corps en morceaux et dispersa ses membres tout à l'entour dans la mer. Æêtês, arrivant à cet endroit, trouva ces lamentables traces du meurtre de son fils; mais pendant qu'il s'arrêtait à recueillir ces membres épars et à donner au corps une sépulture honorable, les Argonautes s'échappèrent (1). L'endroit où le malheureux Apsyrtos fut mis en morceaux reçut le nom de Tomes (2).

Ce fratricide de Mêdea, cependant, excita à un si haut degré l'indignation de Zeus, qu'il condamna l'Argô et son équipage à un voyage pénible, plein de difficultés et de privations, avant d'être autorisé à atteindre la patrie. Les héros dans leur retour traversèrent une longueur incommensurable et de mer et de fleuves : d'abord par le fleuve Phasis ils remontèrent jusqu'à l'océan qui coule autour de la terre. Puis, suivant la direction de ce courant jusqu'à sa jonction

---

(1) Tel est le récit d'Apollodore (I, 9, 24), qui semble suivre Phérécyde (Fragm. 73, Didot). Apollonius (IV, 225-480) et Valerius Flaccus (VIII, 262 seq.) rapportent des circonstances totalement différentes touchant la mort d'Apsyrtos ; mais le récit de Phérécyde semble le plus ancien : une histoire aussi révoltante que celle d'un petit enfant mis en morceaux ne peut pas avoir été imaginée dans des temps plus récents. Sophocle composa deux tragédies sur les aventures de Jasôn et de Mêdea, toutes deux perdues — les Κολχίδες et les Σκύθαι. Dans la première il représentait le meurtre de l'enfant Apsyrtos comme ayant eu lieu dans la maison d'Æêtês ; dans la seconde, il introduisait cette circonstance atténuante, qu'Apsyrtos était fils d'Æêtês et d'une autre mère que Mêdea (Schol. Ap. Rhod. IV, 223).

(2) Apollod. I, 9, 24, τὸν τόπον προσηγόρευσε Τόμους. Ovide, Trist. III, 9. L'histoire d'Apsyrtos coupé en morceaux est la légende étymologique servant à expliquer le nom de Tomes.
Il y avait cependant un lieu nommé Apsaros, sur la côte méridionale du Pont-Euxin, à l'ouest de Trapézonte, où l'on montrait la tombe d'Apsyrtos, et où l'on affirmait qu'il avait été mis à mort. Il était l'éponyme de la ville, dont le nom, disait-on, avait été jadis Apsyrtos, corrompu seulement par une prononciation barbare (Arrien, Periplus Euxin. p. 6 ; Geogr. Min. V, 1). Cf. Procop. Bell. Goth. IV, 2.
Strabon rattache la mort d'Apsyrtos aux Apsyrtides, îles à la hauteur des côtes de l'Illyrie, dans l'Adriatique (VII, p. 315).

avec le Nil (1), ils descendirent le Nil jusqu'en Egypte, d'où ils transportèrent l'Argô sur leurs épaules dans un pénible voyage par terre jusqu'au lac Tritônis en Libya. Là, réduits à l'extrémité par le besoin et l'épuisement, ils furent sauvés grâce à la bonté du dieu local Tritôn, qui les traita d'une façon hospitalière, et présenta même à Euphêmos une motte de terre, comme promesse symbolique annonçant que ses descendants fonderaient un jour une ville sur le rivage libyen. La promesse fut amplement réalisée par la florissante et puissante ville de Kyrênê (2) (Cyrène), dont les princes les Battiades se vantaient d'être les descendants directs d'Euphêmos.

Refaits par l'hospitalité de Tritôn, les Argonautes se retrouvèrent sur les eaux de la Méditerranée en route pour leur patrie. Mais, avant d'arriver à Iôlkos, ils visitèrent Circê, dans l'île d'Æœa, où Mêdea fut purifiée pour le meurtre d'Apsyrtos : ils s'arrêtèrent aussi à Korkyra (Corcyre), appelée alors Drepanê, où Alkinoos les reçut et les protégea. On montrait encore du temps de l'historien Timée la grotte dans l'île où avait été consommé le mariage de Mêdea et de Jasôn, ainsi que les autels qu'elle avait élevés à Apollon, et les rites et les sacrifices qu'elle avait institués la première (3).

---

(1) Le récit primitif était que l'Argô retourna en naviguant sur l'océan coulant autour de la terre. Ce fait serait presque certain, même sans témoignage positif, d'après les anciennes idées qu'avaient les Grecs touchant la géographie; mais nous savons de plus que c'était ainsi qu'était présenté ce retour dans les poëmes hésiodiques, aussi bien que dans Mimnerme, Hécatée et Pindare, et même dans Antimaque. Schol. Parisin. Ap. Rhod. IV, 254. Ἑκαταῖος ὁ Μιλήσιος διὰ τοῦ Φάσιδος ἀνελθεῖν φησὶν αὐτοὺς εἰς τὸν Ὠκεανόν · διὰ δὲ τοῦ Ὠκεανοῦ κατελθεῖν εἰς τὸν Νεῖλον · ἐκ δὲ τοῦ Νείλου εἰς τὴν καθ' ἡμᾶς θάλασσαν. Ἡσίοδος δὲ καὶ Πίνδαρος ἐν Πυθιονίκαις καὶ Ἀντίμαχος ἐν Λυδῇ διὰ τοῦ Ὠκεανοῦ φασὶν ἐλθεῖν αὐτοὺς εἰς τὴν Λιβύην · εἶτα βαστάσαντας τὴν Ἀργὼ εἰς τὸ ἡμέτερον ἀφικέσθαι πέλαγος. Cf. les Schol. ad IV, 259.

(2) V. la quatrième Pythique de Pindare, et Apollon. Rhod. IV, 1551-1756.

Le trépied de Jasôn était conservé par les Euesperitæ en Libye, Diod. IV, 56; mais la légende rattachant les Argonautes au lac Tritônis en Libye est donnée dans Hérodote avec quelques différences considérables, IV, 179.

(3) Apollon. Rhod. IV, 1153-1217. Timæus, Fragm. 7-8, Didot. Τίμαιος ἐν Κερκύρᾳ λέγων γενέσθαι τοὺς γάμους, καὶ περὶ τῆς θυσίας ἱστορεῖ, ἔτι καὶ νῦν λέγων ἄγεσθαι αὐτὴν κατ' ἐνιαυτόν, Μηδείας πρῶτον θυσάσης ἐν τῷ τοῦ Ἀπολ-

Après avoir quitté Korkyra, l'Argô fut assailli par une dangereuse tempête près de l'île de Thèra. Les héros furent sauvés d'un péril imminent par l'aide surnaturelle d'Apollon; le dieu lançant de son arc d'or une flèche qui perça les nuages comme un trait de lumière, fit surgir soudainement sur leur route une île nouvelle, et ce fut pour eux un port de refuge. L'île fut appelée Anaphê; et les Argonautes reconnaissants y établirent, en l'honneur d'Apollon Æglêtês, un autel et des sacrifices qui y furent toujours continués dans la suite et rapportés par les habitants à cette aventure à laquelle était due leur origine (1).

En approchant de la côte de Krête, les Argonautes ne purent aborder, en étant empêchés par Talôs, homme d'airain, fabriqué par Hephæstos, qui en fit présent à Minôs pour la défense de l'île (2). Cette vigilante sentinelle lança contre le vaisseau qui approchait des quartiers de roc, et menaça les héros de destruction. Mais Mêdea le trompa par un stratagème et le tua en découvrant et en frappant le seul point vulnérable de son corps. Les Argonautes purent alors aborder et se refaire. Ils s'avancèrent ensuite vers Ægina, où cependant ils éprouvèrent encore de la résistance avant de pouvoir obtenir de l'eau; puis le long de la côte de l'Eubœa et de la Lokris jusqu'à Iôlkos dans le golfe de Pagasæ, lieu d'où ils étaient partis. La conduite de Pêlias pendant leur absence et la vengeance signalée que tira de lui Mêdea après leur retour, ont déjà été racontées dans un précédent chapitre (3). Le vaisseau Argô lui-même, dans lequel l'élite des héros grecs avait accompli un si long voyage et bravé tant de dangers, fut consacré par Jasôn à Poseidôn à l'isthme de Corinthe. D'après un autre récit, il fut transporté parmi les étoiles par Athênê, et devint une constellation (4).

λῶνος ἱερῷ. Καὶ βωμοὺς δέ φησι μνημεῖα τῶν γάμων ἱδρύσασθαι συνεγγὺς μὲν τῆς θαλάσσης, οὐ μακρὰν δὲ τῆς πόλεως. Ὀνομάζουσι δὲ τὸν μέν, Νυμφῶν· τὸν δέ, Νηρηΐδων.

(1) Apollod. I, 9, 25. Apollon. Rhod. IV, 1700-1725.

(2) Quelques-uns appelaient Talôs un reste de la race d'airain (Schol. Apoll. Rhod. IV, 1641).

(3) Apollod. I, 9, 26. Apollon. Rhod. IV, 1638.

(4) Diod. IV, 53. Eratosth. Catasterism. c. 35.

On trouvait des traces de la présence des Argonautes non-seulement dans les contrées situées entre Iôlkos et la Kolchis, mais encore dans la partie occidentale du monde grec, — plus ou moins réparties sur tous les lieux visités par des marins grecs ou peuplés par des colons grecs, et à peine moins nombreuses que les courses errantes des Grecs et des Troyens dispersés après la prise de Troie. Le nombre des Jasonia, ou temples consacrés au culte héroïque de Jasôn, était très-grand, d'Abdèra en Thrace (1), vers l'est, le long de la côte du Pont-Euxin, jusqu'en Armenia et en Mèdia. Les Argonautes avaient laissé la pierre qui leur servait d'ancre sur la côte de Bébrykia, près de Kyzikos, et elle y était conservée durant les temps historiques dans le temple d'Athênê Jasonienne (2). Ils avaient fondé le grand temple de la mère Idæenne sur le mont Dindymon, près de Kyzikos, et le Hieron de Zeus Urios sur la pointe Asiatique, à l'entrée du Pont-Euxin, près de laquelle se trouvait aussi le port de Phryxos (3). Idmôn, le prophète de l'expédition, qui, selon l'opinion commune, était mort d'une blessure faite par un sanglier sauvage sur la côte mariandynienne, était adoré par les habitants d'Hèrakleia, du Pont, avec une grande solennité, comme leur héros Poliuchos (protecteur de la cité), et cela aussi sur le conseil spécial du dieu de Delphes ; Autolykos, autre compagnon de Jasôn, était adoré comme Œkistès (fondateur) par les habitants de Sinopê. De plus, les historiens d'Hèrakleia mentionnaient l'existence d'un temple d'Hekatê dans la contrée voisine de la Paphlagonia, fondé

---

(1) Strabon, XI, p. 526-531.
(2) Apollon. Rhod. I, 955-960, et les Scholies.
Il y avait à Kyzikos un temple d'Apollon sous différentes ἐπικλήσεις ; quelques-uns l'appelaient le temple d'Apollon Jasonien.
Une autre ancre cependant était conservée dans le temple de Rhea sur les bords du Phasis, et on affirmait que c'était l'ancre du vaisseau Argô. Arrien l'y vit, mais il semble avoir douté de son authenticité (Periplus Euxin. Pont. p. 9. Geogr. Min. V, 1).
(3) Neanthês ap. Strab. I, p. 45. Apoll. Rhod. I, 1125, et Schol. Steph. Byz. v. Φρίξος.
Apollonius mentionne la fontaine appelée Jasoneæ sur la colline de Dindymon. Apoll. Rhod. II, 532, et les citations extraites de Timosthène et d'Hérodote dans les Scholies. V. aussi Appien, Syriac. c. 63.

par Mèdea (1); et la ville importante de Pantikapæon (Panticapée), sur le côté européen du Bosphore Cimmérien, attribuait son premier établissement à un fils d'Æètês (2). Quand les dix mille Grecs dans leur retour longèrent par mer la côte appelée rivage Jasonien, de Sinopê à Hêrakleia, on leur dit que le petit-fils d'Æètês était le roi régnant sur la contrée, à l'embouchure du Phasis, et on leur montra spécialement les endroits où l'Argô avait jeté l'ancre et s'était arrêté (3). Dans les hautes régions des Mosques, près de la Kolchis, se trouvait le temple de Leukothea, fondé par Phryxos, qui resta et riche et respecté jusqu'au temps des rois de Pont, et où il existait une règle inviolable de ne pas offrir un bélier (4). La ville de Dioskurias, au nord du fleuve Phasis, avait, selon l'opinion générale, été sanctifiée par la présence de Kastôr et de Pollux sur l'Argô, et avait reçu d'eux son nom (5). Même l'intérieur de la Mèdia et de l'Armenia était rempli de souvenirs de Jasôn et de Mèdea, et de leur fils Mèdos, ou d'Armenos le fils de Jasôn, que les Grecs considéraient comme les fondateurs des Mèdes et des Arméniens qui, selon eux, leur devaient leurs noms, mais auxquels ils attribuaient aussi la grande opération de l'ouverture d'un canal à travers les montagnes pour l'écoulement du fleuve Araxès, qu'ils comparaient à celui du Peneios en Thessalia (6). Et le général romain Pompée, après avoir vaincu

---

(1) V. les historiens d'Hêrakleia, Nymphis et Promathidas, Fragm. Orelli, p. 99, 100-101. Schol. ad Apollon. Rhod. IV, 247. Strabon, XII, p. 546. Autolykos, qu'il appelle compagnon de Jasôn, était, selon une autre légende, le frère d'armes d'Hêraklês dans son expédition contre les Amazones.
(2) Stephan. Byz. v. Παντικαπαῖον, Eustath. ad Dionys. Perieget. 311.
(3) Xenoph. Anab. VI, 2, 1; V, 7, 37.
(4) Strab. XI, p. 499.
(5) Appien, Mithridat. c. 101.
(6) Strabon, XI, p. 499, 503, 526,

531; I, p. 45-48. Justin, XLII, 3, dont les récits démontrent la manière dont à son époque on trouvait pour les vieilles fables un lieu et une patrie auxquels on pût les appliquer. « Jason, primus humanorum post Herculem et Liberum, qui reges Orientis fuisse traduntur, eam cœli plagam domuisse dicitur. Cum Albanis fœdus percussit, qui Herculem ex Italia ab Albano monte, cum, Geryone extincto, armenta ejus per Italiam duceret, secuti dicuntur; quique, memores Italicæ originis, exercitum Cn. Pompeii bello Mithridatico fratres consalutavêre. Itaque Jasoni totus fere Oriens, ut condi-

complétement et chassé Mithridate, fit de longues marches à travers la Kolchis jusqu'aux régions du Caucase, dans le dessein formel de contempler les lieux qui avaient été illustrés par les exploits des Argonautes, des Dioskures et d'Hèraklès (1).

Dans l'ouest, on montrait des souvenirs, soit des Argonautes, soit des gens de Kolchis qui les poursuivaient, à Korkyra, en Krète, en Epiros, près des monts Acrocérauniens, dans les îles appelées Apsyrtides, près de la côte d'Illyrie, à la baie de Caïeta aussi bien qu'à Poseidônia sur la côte méridionale de l'Italie, dans l'île d'Æthalia ou Elbe, et en Libye (2).

Voilà une courte esquisse de l'expédition des Argonautes, qui, parmi les anciens contes de la Grèce, est l'un des plus célèbres et des plus répandus. Puisque tant d'hommes habiles l'ont regardée comme une réalité incontestable, et même en ont fait le pivot de calculs chronologiques systématiques, je puis répéter ici l'opinion exprimée il y a longtemps par Heyne, et même indiquée par Burmann, à savoir que c'est un procédé complétement stérile, que de disséquer l'histoire

---

tori, divinos honores templaque constituit; quæ Parmenio, dux Alexandri Magni, post multos annos dirui jussit, ne cujusquam nomen in Oriente venerabilius quam Alexandri esset. » Les compagnons thessaliens d'Alexandre le Grand, mis par ses victoires en possession de riches domaines dans ces contrées, se plaisaient à faire revivre et à multiplier toutes ces vieilles fables, en prouvant une ancienne parenté entre les Mèdes et les Thessaliens. V. Strabon, XI, p. 530. Les temples de Jasôn étaient τιμώμενα σφόδρα ὑπὸ τῶν βαρβάρων (ib. p. 526).

L'habile géographe Eratosthène, qui avait l'esprit si investigateur, était de ceux qui croyaient pleinement que Jasôn avait laissé ses navires dans le Phasis, pour aller entreprendre par terre dans l'intérieur du pays une ex-

pédition, dans laquelle il avait conquis la Mêdia et l'Armenia (Strabon, I, p. 48).

(1) Appien, Mithrid. 103 : τοὺς Κόλχους ἐπῄει, καθ' ἱστορίαν τῆς Ἀργοναυτῶν καὶ Διοσκούρων καὶ Ἡρακλέους ἐπιδημίας, καὶ μάλιστα τὸ πάθος ἰδεῖν ἐθέλων, ὃ Προμηθεῖ φασὶ γενέσθαι περὶ τὸ Καύκασον ὄρος. Le pic élevé du Caucase, appelé Strobilos, auquel Promêtheus avait été attaché, fut montré à Arrien lui-même dans son Périple (p. 12, Geogr. Minor. vol. I).

(2) Strabon, I, p. 21, 45, 46; V. 224-252. Pompon. Mel. II, 3. Diod. IV, 56. Apoll. Rhod. IV. 656. Lycophron, 1273.

Τύρσιν μακεδνὰς ἀμφὶ Κιρκαίου
[νάπας
Ἀργοῦς τε κλεινὸν ὅρμον Αἰήτην
[μέγαν.

en vue de trouver une base réelle (1). Non-seulement il nous est impossible de déterminer la date, de connaître l'équipage ou de déchiffrer le livre de loch de l'Argô, mais encore nous n'avons pas le moyen d'établir même la question préliminaire de savoir si le voyage est un fait positif mal rapporté, ou une légende dès le début. Les endroits séparés par une si grande distance, où l'on montrait les monuments du voyage, non moins que les incidents du voyage lui-même, ne font pas supposer d'autre origine que l'imagination épique. Le romanesque et le surnaturel non-seulement constituent une portion inséparable du récit, mais même embrassent tous les traits saillants et caractéristiques ; s'ils ne comprennent pas tout l'ensemble de la légende, et s'il s'y trouve mêlée une petite quantité de faits historiques ou géographiques, — question insoluble pour nous, — il n'y a pas du moins de résolvant à l'aide duquel on puisse l'en dégager, ni de critérium qui puisse aider à la faire reconnaître. Partout où allait le marin grec, il emportait avec lui ses mythes religieux et nationaux. Son imagination et sa foi étaient également pleines des longues courses errantes de Jasôn, d'Odysseus,

---

(1) Heyne, Observ. ad Apollod. I, 9, 16, p. 72. « Mirum in modum fallitur, qui in his commentis certum fundum historicum vel geographicum aut exquirere studet, aut se reperisse, atque historicam vel geographicam aliquam doctrinam, systema nos dicimus, inde procudi posse, putat, » etc.

V. aussi les observations semées çà et là dans le Catalogus Argonautarum de Burmann, placé en tête de son édition de Valerius Flaccus.

Les antiquaires perses, que cite Hérodote au commencement de son histoire (I, 2-4. — Il est très-regrettable qu'Hérodote ne nous apprenne pas qui ils étaient, et s'ils étaient les mêmes que ceux qui disaient que Perseus était Assyrien de naissance, et était devenu Grec, VI, 54), réunissaient les enlèvements d'Iô et d'Europê, de Mêdea et d'Hélène, comme des actes se rattachant entre eux deux à deux, la seconde injure étant faite en représaille de la première ; — ils dressaient un doit et avoir d'enlèvements entre l'Asie et l'Europe. Le roi de Kolchis (disaient-ils) avait envoyé en Grèce un héraut pour demander réparation du tort qui lui avait été fait par Jasôn et pour réclamer sa fille Mêdea ; mais il lui fut répondu que les Grecs n'avaient reçu aucune satisfaction pour le rapt antérieur d'Iô.

Il y avait quelque habileté à réunir ainsi les anciennes fables, de manière à représenter les invasions de la Grèce par Darius et Xerxès comme des représailles exercées pour la destruction inexpiée de Troie, œuvre d'Agamemnôn.

de Perseus, d'Hêraklês, de Dionysos, de Triptolemos ou d'Iô ; c'était pour lui un charme dans le succès, et une consolation dans les difficultés, de penser que leurs voyages les avaient fait passer par les lieux qu'il traversait lui-même. Il n'y avait pas dans la vaste série des poëmes épiques grecs de conte mieux calculé pour être populaire parmi les hommes de mer, que l'histoire du navire primitif Argô et de son équipage d'élite, comprenant des héros de toutes les parties de la Grèce, et particulièrement les Tyndarides Kastôr et Pollux, les protecteurs célestes invoqués pendant la tempête et le péril. Le marin localisait de nouveau la légende partout où il allait, souvent avec quelques circonstances nouvelles suggérées, soit par ses propres aventures, soit par la scène qu'il avait sous les yeux. Par une sorte de prise de possession religieuse du lieu, il le rattachait à sa terre natale par un lien de foi, et y érigeait un temple ou un autel avec des solennités commémoratives appropriées. Le Jasonium ainsi établi, et à vrai dire tout objet visible appelé du nom du héros, non-seulement servirent à faire vivre la légende d'Argô dans les esprits d'arrivants ou d'habitants futurs, mais encore furent acceptés comme preuve manifeste et satisfaisante que ce merveilleux vaisseau avait réellement touché là dans son voyage.

Les poëtes épiques, se fondant à la fois sur l'amour général du peuple pour les incidents fabuleux et sur sa foi facile, traitèrent les pays éloignés et inconnus de la même manière que les temps passés dont il n'est pas fait mention dans l'histoire. Ils créèrent une géographie mythique pour les uns, et une histoire mythique pour les autres. Mais il y avait entre les deux choses cette différence essentielle : tandis que le temps non mentionné dans les annales échappait à toute vérification, l'espace inconnu fut peu à peu parcouru et examiné. A mesure que la connaissance locale authentique se développa, il devint nécessaire de modifier la géographie ou de déplacer la scène de l'action, c'est-à-dire des vieux mythes ; et ce problème embarrassant fut abordé par quelques-uns des historiens et des géographes les plus habiles de l'antiquité ; car il leur était pénible d'abandonner une portion quelconque de l'ancienne épopée, comme si elle était dépourvue d'une base de vérité qu'on pût déterminer.

C'est dans Homère, dans Hésiode et les autres poëtes et logographes grecs que l'on peut trouver beaucoup de ces localités fabuleuses — Erytheia, le jardin des Hespérides, le jardin de Phœbos (1), où Boreas transporta la vierge attique Orithyia, la délicieuse contrée des Hyperboréens, les Champs-Elyséens (2), l'île flottante d'Æolos, Thrinakia, le pays des Ethiopiens, les Læstrygons, les Cyclôpes, les Lotophages, les Sirènes, les Cimmériens et les Gorgones (3), etc. Ce sont des lieux dont (pour employer l'expression de Pindare au sujet des Hyperboréens) vous ne pouvez approcher ni par mer ni par terre (4); les ailes seules du poëte peuvent vous y transporter. Ils n'étaient pas introduits dans l'esprit grec par des rapports géographiques inexacts; mais, au contraire, ils avaient leur origine dans la légende et passaient de là dans les réalités de la géographie, où ils contribuaient beaucoup à jeter le trouble et la confusion (5). En effet, le navigateur ou l'émigrant, partant avec

---

(1) Sophocle, ap. Strab. VII, p. 295.
Ὑπέρ τε πόντον πάντ' ἐπ' ἔσχατα
[χθονὸς,
Νυκτός τε πηγὰς οὐρανοῦ τ' ἀναπ-
[τυχὰς,
Φοίβου τε παλαιὸν κῆπον.
(2) Odyss. IV, 562. Les îles des Bienheureux, dans Hésiode, sont près de l'Océan (Opp. Di. 169).
(3) Hésiode, Theog. 275-290. Homère, Iliade, I, 423. Odyss, I, 23; IX, 86-206; X, 4-83; XII, 135. Mimnerm. Fragm. 13, Schneidewin.
(4) Pindare, Pyth. X, 29.
Ναυσὶ δ' οὔτε πεζὸς ἰὼν ἂν εὕροις
Ἐς Ὑπερβορέων ἀγῶνα θαυματὰν
[ὁδόν.
Παρ' οἷς ποτε Περσεὺς ἐδαίσατο λα-
[γέτας, etc.
Hésiode et le vieux poëme épique appelé les Epigones mentionnaient tous deux les Hyperboréens (Hérod. IV, 32-34).

(5) Cette idée est bien établie et soutenue par Woelcker (Mythische Geographie der Griechen und Roemer, cap. I, p. 11), et par Nitzsch dans ses commentaires sur l'Odyssée. Introduct. Remarques sur le liv. IX, p. xij-xxxiij Le douzième et le treizième chapitre de l'histoire d'Orchomenos, par O. Müller, sont remplis aussi de bonnes remarques sur la géographie du voyage des Argonautes (p. 274-299).
La preuve la plus frappante de cette disposition des Grecs peut être trouvée dans les découvertes légendaires d'Alexandre et de ses compagnons, quand ils traversaient les contrées vierges à l'est de l'empire des Perses (V. Arrien, Hist. Al. V, 3; Cf. Lucien, Dialog. Mortuor. XIV, vol. I, p. 212, Tauch.), parce que ces idées furent émises pour la première fois à une époque où la science géographique était assez avancée pour les discuter et les critiquer.

une foi absolue en leur existence réelle, les cherchait dans ses lointains voyages, et s'imaginait constamment qu'il les avait vus ou qu'il avait entendu parler d'eux, de manière à pouvoir déterminer leur situation exacte. Les rapports les plus contradictoires, en effet, comme on devait s'y attendre, furent souvent donnés sur la latitude et la longitude de ces endroits imaginaires, mais sans mettre fin à la croyance générale que l'on avait de leur existence réelle.

Dans l'état avancé où se trouve actuellement la science géographique, l'histoire de cet homme qui, après avoir lu les voyages de Gulliver, se mit à chercher Lilliput sur sa carte paraît une absurdité. Mais ceux qui déterminaient la place exacte de l'île flottante d'Æolos ou des rochers des Sirènes faisaient tout à fait la même chose (1); et avec leur ignorance de la géographie et leur manière imparfaite d'apprécier une preuve historique, il était difficile d'éviter l'erreur. L'ancienne opinion qui plaçait les Sirènes dans les îles Sirenusæ à la hauteur de la côte de Naples; — les Cyclôpes, Erytheia et les Læstrygons en Sicile; — les Lotophages dans l'île de Mêninx (2), près de la petite Syrte; — les Phæakiens à Korkyra, — et la déesse Circê au promontoire de Circeium, — prit naissance à une époque où ces régions furent pour la première fois occupées par des Hellènes et étaient relativement peu visitées. Une fois incorporée dans les légendes locales et attestée par des monuments et des cérémonies visibles, elle continua pendant un long temps sans être attaquée; et Thucydide semble l'adopter, par rapport à Korkyra et à la Sicile avant la colonisation hellé-

---

Les anciens colons en Italie, en Sicile et dans le Pont-Euxin s'abandonnaient aux rêves de leur imagination sans craindre un pareil avertissement : il n'y avait rien qui ressemblât à une carte avant le temps d'Anaximandre, disciple de Thalès.

(1) V. M. Payne Knight, Prolegg. ad Homer. c. 49. Cf. Spohn — « De extremâ Odysseæ parte, » — p. 97.

(2) Strab. XVII, p. 834. On montrait dans l'île un autel d'Odysseus, ainsi que d'autres preuves (σύμβολα) de sa visite en ce lieu.

Apollonius de Rhodes copie l'Odyssée en parlant de l'île de Thrinakia et du bétail de Hêlios (IV, 965, et Schol.) Pour lui la Sicile est Thrinakia, nom changé plus tard en Trinakria. Le Scholiaste ad Apoll. (l. c.) parle de Trinax, roi de Sicile. Cf. IV, 291 avec les Scholies.

nique, comme étant un fait positif en général incontestable (1), bien que peu prouvé quant aux détails. Mais quand les connaissances géographiques prirent de l'extension, et que la critique des anciens poëmes épiques fut plus ou moins réduite en système par les lettrés d'Alexandrie et de Pergame, il parut impossible à beaucoup d'entre eux qu'Odysseus pût avoir vu tant de merveilles et affronté des dangers si extraordinaires, dans des espaces si étroits, et dans le parcours bien connu entre le Nil et le Tibre. Le théâtre de ses courses, où il est le jouet de la tempête, fut alors déplacé et mis tout à fait à l'ouest. On découvrit, et ce fut particulièrement Asklépiade de Myrlea, des preuves convaincantes attestant qu'il avait visité divers lieux en Iberia (2); quelques critiques

---

(1) Thucyd. I, 25; VI, 2. Ces légendes locales sont aux yeux de Strabon une preuve convaincante (I. p. 23-26), la tombe de la Sirène Parthenopê à Naples, les récits faits à Cumes et à Dikæarchia au sujet du νεκυομαντεῖον de l'Averne, et l'existence d'endroits portant les noms de Baios et de Misênos, compagnons d'Odysseus, etc.

(2) Strabon, III, p. 150-157. Οὐ γὰρ μόνον οἱ κατὰ τὴν Ἰταλίαν καὶ Σικελίαν τόποι καὶ ἄλλοι τινὲς τῶν τοιούτων σημεῖα ὑπογράφουσιν, ἀλλὰ καὶ ἐν τῇ Ἰβηρίᾳ Ὀδύσσεια πόλις δείκνυται, καὶ Ἀθηνᾶς ἱερόν, καὶ ἄλλα μύρια ἴχνη τῆς ἐκείνου πλάνης, καὶ ἄλλων τῶν ἐκ τοῦ Τρωϊκοῦ πολέμου περιγενομένων (J'adopte la correction du texte de γενομένων en περιγενομένων donnée par Grosskurd dans la note de sa traduction allemande de Strabon.)

Asklépiade (de Myrlea en Bithynia, vers 170 av. J.-C.) résida quelque temps en Turditania, contrée au S. O. de l'Espagne, le long du Guadalquivir, comme maître de littérature grecque (παιδεύσας τὰ γραμματικά), et composa une périégèse des tribus ibériennes, qui par malheur n'a pas été conservée. Il fit diverses découvertes en archéologie, et rattacha avec succès ses anciennes légendes à plusieurs portions du territoire qu'il avait sous les yeux. Ses découvertes furent : — I. Dans le temple d'Athênê, dans cette ville ibérienne d'Odysseia, il y avait des boucliers et des éperons de vaisseaux attachés aux murs, monuments de la visite d'Odysseus lui-même. — II. Parmi les Kallæki, dans la partie septentrionale du Portugal, plusieurs des compagnons de Teucros s'étaient établis et avaient laissé des descendants : il y avait dans cette région deux cités grecques, l'une appelée Hellenês, l'autre Amphilochi ; car Amphilochos, fils d'Amphiaraos, était mort aussi en Iberia, et beaucoup de ses soldats s'étaient fixés d'une manière permanente dans l'intérieur. — III. Un grand nombre de nouveaux habitants étaient venus en Iberia avec l'expédition d'Hêraklês ; quelques-uns aussi après la conquête de Messênê par les Lacédæmoniens. — IV. Chez les Cantabres, sur la côte septentrionale de l'Espagne, il y avait une ville et un pays de colons Lacédæmoniens. — V. Dans la même partie de la contrée, il y avait la ville d'Opsikella, fondée par Opsikellas, un des compagnons d'Antenor, quand celui-ci émigra de Troie (Strabon, III, p. 157).

C'est là un spécimen de la manière

ont imaginé qu'il avait erré dans l'océan Atlantique au delà du détroit de Gibraltar (1), et ils reconnurent une section de Lotophages sur la côte de la Mauritanie, outre ceux qui habitaient dans l'île de Mêninx (2). D'un autre côté, Eratosthène et Apollodore traitaient les lieux visités par Odysseus comme n'ayant absolument rien de réel, et ce scepticisme les exposait à beaucoup de reproches (3).

L'île fabuleuse d'Erytheia, résidence de Geryôn aux trois têtes avec son magnifique troupeau de bœufs, sous la garde du chien à deux têtes Orthros, décrite par Hésiode, ainsi que le jardin des Hespérides, comme étant en dehors de la terre, sur le côté le plus éloigné de l'océan coulant autour d'elle; cette île, les interprètes du poëte Stésichore supposaient qu'il la nommait à la hauteur de la région sud-ouest de l'Espagne appelée Tartêssos, et dans le voisinage immédiat de Gadès. Mais l'historien Hécatée, dans son désir de donner à la vieille fable une couleur historique, prit sur lui d'éloigner Erytheia de l'Espagne pour la rapprocher plus près de sa patrie jusqu'à l'Epiros. Il regarda comme incroyable qu'Hèraklès eût traversé l'Europe de l'est à l'ouest, dans le but d'amener le bétail de Geryôn à Eurystheus, à Mykênæ, et il affirma que Geryôn avait été un roi d'Epiros, près du golfe

---

dont les germes du mythe grec en vinrent à être répandus sur une si vaste surface. Pour un lecteur grec ordinaire, ces découvertes légendaires d'Asklépiade auraient probablement été plus intéressantes que les faits positifs qu'il communiquait touchant les tribus ibériennes; et quand il déclamait et expliquait à ses auditeurs de la Turditania le passage animé de l'Iliade, où Agamemnon vante la valeur inestimable de l'arc de Teukros (VIII, 281), ils devaient être ravis d'apprendre que l'héroïque archer et ses compagnons avaient réellement mis pied dans la Péninsule ibérique.

(1) C'était l'opinion de Cratês de Mallos, un des plus distingués parmi les critiques d'Homère : c'était le sujet d'une controverse animée entre lui et Aristarque (Aulu-Gelle, N. A. XIV, 6; Strabon, III, p. 157). V. le traité instructif de Lehrs, De Aristarchi Studiis c. V, § 4, p. 251. Il y eut aussi de grandes discussions parmi les critiques au sujet du théâtre des courses errantes de Menelaos (Odyss. IV). Kratês affirmait qu'il avait navigué autour de l'extrémité méridionale de l'Afrique et gagné l'Inde : le critique Aristonique, contemporain de Strabon, énumérait toutes les différentes opinions (Strab. I, p. 38).

(2) Strabon, III, p. 157.
(3) Strab. I, p. 22-44; VII, p. 299.

d'Ambrakia. Les bœufs élevés dans ce voisinage avaient une beauté proverbiale, et les enlever de là pour les amener à Mykênæ (prétendait-il) n'était pas une tâche peu considérable. Arrien, qui cite ce passage d'Hécatée, partage la même opinion, exemple de la licence avec laquelle les auteurs anciens donnaient leurs noms géographiques fabuleux à la terre réelle, et rabaissaient la matière éthérée de la légende à l'atmosphère moins élevée de l'histoire (1).

Le cours ainsi que le terme du voyage des Argonautes paraît, dans les plus anciennes épopées, aussi peu dans les conditions du réel que les couples parlants ou l'équipage demi-divin du vaisseau. Dans l'Odyssée, Æêtês et Circê (Hésiode nomme aussi Mêdea) sont frère et sœur, enfants de Hêlios. L'île d'Ææa, attenant à l'océan coulant autour de la terre, « où sont situés la demeure et le terrain de danse d'Eôs, et où Hêlios se lève, » sert de résidence à Circê et à Æêtês, en admettant qu'Odysseus, en s'éloignant de chez la première, suive la même route que l'Argô avait prise antérieurement en revenant de chez le second (2). Même dans la pensée de Mimnerme, vers 600 ans avant J.-C. Ææa conser-

---

(1) Stesichori, Fragm. éd. Kleine; Geryonis, Fragm. 5, p. 60; ap. Strab. III, p. 148; Hérod. IV, 8. Il semble bien douteux que Stésichore ait voulu désigner une île voisine telle qu'Erytheia, si nous comparons Fragm. 10, p. 67 de la Gerionys, et les passages d'Athénée et d'Eustathe qui y sont cités. Il semble s'être attaché à la vieille fable qui plaçait Eritheia sur le côté opposé du courant océanique, puisque Hêraklês traverse l'Océan pour y arriver.

Hécatée, ap. Arrian. Histor. Alex. II, 16. Scylax place Erytheia « où Géryon, dit-on, est venu pour faire paître ses bœufs, » dans le territoire de Kastis près de la ville grecque d'Apollônia, sur le golfe Ionien, au nord des monts Cérauniens. Il y avait de magnifique bétail consacré à Hêlios, près d'Apollônia, gardé par les citoyens de la ville avec grand soin (Hérod. IX, 93; Scylax, c. 26).

Au sujet d'Erytheia, Cellarius fait cette remarque (Geogr. Ant. II, 1, 127) : « Insula Erytheia, quam veteres adjungunt Gadibus, vel demersa est, vel in scopulis quærenda, vel pars est ipsarum Gadium, neque hodie ejus formæ aliqua, uti descripta est, fertur superesse. » Pour compléter ce catalogue plein de contradictions, il aurait dû ajouter, « ou elle n'a jamais existé réellement, » — ce qui n'est pas la supposition la moins probable de toutes.

(2) Hésiod. Theog. 956-992; Hom. Odyss. XII, 3-69.

Νῆσον ἐς Αἰαίην, ὅθι τ' Ἠοῦς ἠριγε-
[νείης
Οἰκία καὶ χόροι εἰσὶ, καὶ ἀντολαὶ
[ἠελίοιο.

vait encore ses attributs fabuleux la rattachant à l'Océan et à Hèlios, sans avoir encore été identifiée avec aucune portion connue de la terre solide (1); et c'était une remarque juste de Dèmètrius de Skêpsis dans l'antiquité (2) (quoique Strabon essaye en vain de le réfuter) que ni Homère ni Mimnerme ne désignent la Kolchis soit comme résidence d'Æêtês, soit comme terme du voyage des Argonautes. Hésiode amenait les Argonautes dans leur retour par le fleuve Phasis jusqu'à l'océan. Mais quelques-uns des poëmes attribués à Eumêle furent les premiers qui mentionnèrent Æêtês et la Kolchis, et les firent entrer tous deux dans la trame de la généalogie mythique corinthienne (3). Ces poëmes semblent avoir été composés postérieurement à la fondation de Sinopê et au commencement de l'établissement grec sur le Borysthêne, entre 600 et 500 avant J.-C. Les marins grecs qui explorèrent et colonisèrent la côte méridionale du Pont-Euxin trouvèrent, au bout de leur voyage, le fleuve Phasis et ses habitants barbares : c'était le point extrême à l'orient que la navigation grecque (avant l'époque d'Alexandre le Grand) eût jamais atteint, et il était en vue de l'infranchissable barrière du Caucase (4). Ils croyaient assez naturellement qu'ils y avaient trouvé « la demeure d'Eôs (le Matin) et le

---

(1) Mimnerm. Fragm. 10-11, Schneidewin; Athenæ. VII, p. 277.

Οὐδέ κοτ' ἂν μέγα κῶας ἀνήγαγεν αὐτὸς
[Ἰήσων
Ἐξ Αἴης τελέσας ἀλγινόεσσαν ὁδὸν,
Ὑβρίστῃ Πελίῃ τελέων χαλεπῆρες
[ἄεθλον,
Οὐδ' ἂν ἐπ' Ὠκεανοῦ καλὸν ἵκοντο
[ῥόον.

. . . .
Αἰήταο πόλιν, τόθι τ' ὠκέος Ἡελίοιο
Ἀκτῖνες χρυσέῳ κείαται ἐν θα-
[λάμῳ,
Ὠκεανοῦ παρὰ χείλεσ' ἵν' ᾤχετο θεῖος
[Ἰήσων.

(2) Strabon, I, p. 45-46. Δημήτριος ὁ Σκήψιος... πρὸς Νεάνθη τὸν Κυζικηνὸν φιλοτιμοτέρως ἀντιλέγων, εἰπόντα, ὅτι οἱ Ἀργοναῦται πλέοντες εἰς Φᾶσιν τὸν ὑφ' Ὁμήρου καὶ τῶν ἄλλων ὁμολογούμενον πλοῦν, ἱδρύσαντο τὰ τῆς Ἰδαίας μητρὸς ἱερὰ ἐπὶ Κύζικον..... ἀρχὴν φησὶ μηδ' εἰδέναι τὴν εἰς Φᾶσιν ἀποδημίαν τοῦ Ἰάσονος Ὅμηρον.

Et, p. 46, παραλαβὼν μάρτυρα Μίμνερμον, ὃς ἐν τῷ Ὠκεανῷ ποιήσας οἴκησιν Αἰήτου, etc.

L'adverbe φιλοτιμοτέρως nous révèle la rivalité et la lutte municipales entre la petite ville de Skêpsis et sa puissante voisine Kyzikos, touchant des points d'archéologie comparative.

(3) Eumêlus, Fragm. Εὐρωπία 7, Κορινθιακὰ 2-5, p. 63-68, Düntzer.

(4) Arrien, Periplus Pont. Euxin. p. 12; ap. Geogr. Minor. vol. I. Il vit le Caucase de Dioskurias.

lieu où le soleil se lève, » et que le fleuve Phasis, s'ils pouvaient le suivre jusqu'à son point de départ inconnu, les conduirait à l'océan coulant autour de la terre. Ils donnèrent à l'endroit le nom d'Æa, et le titre fabuleux et le titre réel furent graduellement associés dans une dénomination composée — Æa Kolkienne ou Æa de Kolchis (1). — Pendant que la Kolchis était ainsi entrée sur la carte comme représentant convenablement la « demeure du Matin, » comme dit Homère, le détroit resserré du Bosphore de Thrace donna lieu à la poétique fiction des Symplêgades, ou rochers se heurtant l'un contre l'autre, entre lesquels Argô, le vaisseau protégé du ciel, avait passé le premier. Les puissantes cités grecques de Kyzikos, d'Hêrakleia et de Sinopè, fertiles chacune en légendes locales, contribuèrent encore bien plus à donner cette direction à ce voyage ; de sorte que du temps d'Hécatée, c'était une opinion établie que le vaisseau Argô était parti de Iôlkos pour se rendre en Kolchis.

Æêtês dut ainsi sa patrie à la foi et à l'imagination légendaires des Grecs naviguant à l'orient ; sa sœur Circê, dans l'origine résidant avec lui, reçut une place de ceux qui naviguaient à l'occident. Les poëmes hésiodiques et autres, donnant une expression aux produits de l'imagination des habitants de Cumæ et des autres premiers colons grecs en Italie et en Sicile (2), avaient rapporté les courses errantes d'Odysseus à la mer Occidentale ou Tyrrhénienne, et établi les Cyclôpes, les Læstrygons, l'île flottante d'Æolos, les Lotophages, les Phæakiens, etc., à l'entour des côtes de Sicile, d'Italie, de Libye et de Korkyra. Par ce moyen l'île d'Æa — résidence de Circê, et le point extrême des courses d'Odysseus, d'où il passe seulement dans l'océan et dans le

---

(1) Hérod. I, 2 ; VII, 193-197. Eurip. Med. 2. Valer. Flacc. V, 51.

(2) Strabon, I, p. 23. Voelcker (Ueber Homerische Geographie, V, 66) est instructif sur ce point, comme sur la géographie des poëtes grecs en général. Il reconnaît le caractère purement mythique d'Æa dans Homère et dans Hésiode, mais il essaye de prouver, — sans y réussir à mon avis, — qu'Homère place Æêtês dans l'est, tandis que Circê est dans l'ouest, et qu'Homère rapporte le voyage des Argonautes au Pont-Euxin.

royaume d'Hadès — finit par être placée à l'extrême occident, tandis que l'Æa d'Æètès était à l'extrême orient — à peu près comme nos Indes orientales et occidentales. Le frère et la sœur homériques furent séparés et envoyés aux extrémités opposées de l'horizon terrestre grec (1).

La route de Iôlkos jusqu'en Kolchis, bien que plausible jusqu'à son terme, ne réalisa pas toutes les conditions du voyage fabuleux véritable; elle n'expliqua pas les preuves de la visite de ces héros de mer qu'on put trouver en Libye, en Krète, à Anaphê, à Korkyra, dans le golfe Adriatique, en Italie et en Æthalia. Il devint nécessaire d'inventer une autre route pour rendre compte de leur retour, et selon le récit hésiodique (comme je l'ai fait remarquer plus haut), ils revinrent par l'océan coulant autour de la terre : d'abord ils remontèrent le Phasis jusqu'à cet océan; puis ils suivirent ce courant profond et doux jusqu'à ce qu'ils entrassent dans le Nil, dont ils descendirent le cours jusqu'à la côte de Libye. Telle semble aussi avoir été l'opinion d'Hécatée (2).

---

(1) Strabon (ou Polybe, qu'il n'a fait que citer) prétend qu'Homère connaissait l'existence d'Æètès en Kolchis, et de Circê à Circeium, comme personnages historiques, aussi bien que le voyage de Jasôn à Æa comme un fait historique. Sur ce fondement, il (Homère) éleva un nouvel échafaudage de fiction (προσμύθευμα) : il représenta ces deux personnages comme étant frère et sœur, et les plaça l'un et l'autre dans l'Océan extérieur (συγγενείας τε ἔπλασε τῶν οὕτω διωκισμένων, καὶ ἐξωκεανισμὸν ἀμφοῖν, I, p. 20); peut-être aussi Jasôn pouvait-il avoir erré aussi loin que l'Italie, comme on montre des preuves (σημεῖά τινα) attestant qu'il le fit. (Ibid.)

Mais l'idée qu'Homère concevait Æètès à l'extrême Orient, et Circê à l'extrême Occident, n'est pas conciliable avec l'Odyssée. La supposition de Strabon est aussi forcée que peu satisfaisante.

Circê était adorée comme déesse à Circeii (Cicéron, Nat. Deor. III, 19). Hésiode, dans la Théogonie, représente les deux fils de Circê et d'Odysseus comme régnant sur tous les belliqueux Tyrrhéniens (Théog. 1012), souveraineté occidentale illimitée. La grande gens Mamilia à Tusculum faisait remonter son origine à Odysseus et à Circê (Dionys. Hal. IV, 45).

(2) Il y a une opinion d'Hécatée citée dans Schol. Apoll. Rhod. IV, 284, et contraire à celle-ci, opinion donnée par le même scholiaste, IV, 259. Mais, malgré les remarques de Klausen (ad Fragm. Hekatæi, 187, p. 98), je crois que le Schol. ad IV, 284, s'est trompé en citant Hécatée, d'autant plus que le Scholiaste, tel qu'il est imprimé d'après le Codex Parisinus, cite la même opinion sans mentionner Hécatée. Selon la vieille idée homérique, le courant océanique coulait tout autour de la terre, et était la source de tous les principaux fleuves qui se jetaient dans la grande

Mais bientôt plusieurs Grecs (au nombre desquels était Hérodote) commencèrent à écarter l'idée du courant océanique autour de la terre, qui avait envahi leurs vieilles fables géographiques et astronomiques, et qui expliquait la facile communication supposée entre l'une des extrémités de la terre et l'autre. On vit naître alors une autre idée destinée à expliquer le retour des Argonautes. On supposa que le fleuve Ister, ou Danube, descendant des monts Rhipées vers le nord-ouest de l'Europe, se divisait en deux bras, dont l'un se jetait dans le Pont-Euxin, et l'autre dans l'Adriatique.

Les Argonautes, fuyant la poursuite d'Æêtês, avaient été obligés d'abandonner la route régulière pour retourner dans leur patrie, et en quittant le Pont-Euxin avaient remonté l'Ister; alors, descendant l'autre bras de ce fleuve, ils étaient entrés dans l'Adriatique, toujours poursuivis par leurs ennemis de Kolchis. Telle est l'histoire donnée par Apollonius de Rhodes, qui l'emprunte de Timagète, et acceptée même par un géographe aussi habile qu'Eratosthène — qui le précéda d'une seule génération, et qui, bien que sceptique au sujet des lieux visités par Odysseus, semble avoir cru fermement à la réalité du voyage des Argonautes (1). D'autres historiens encore, parmi lesquels était Timée, bien qu'ils regardassent l'Océan comme une mer extérieure, et n'admissent plus l'existence de l'antique courant océanique

---

mer intérieure ou Méditerranée (V. Hekataeus, Fragm. 349; Klausen, ap. Arrian. II, 16, où il parle de la Méditerranée comme de la μεγάλη θάλασσα). Conservant cette ancienne idée du courant océanique, Hécatée devait naturellement croire que le Phasis le rejoignait : je ne puis pas non plus concéder à Klausen (ad Fragm. 187) que ceci suppose un degré d'ignorance trop grossière pour pouvoir le lui imputer.

(1) Apollon. Rhod. IV, 287; Schol. ad IV, 284; Pindare, Pyth. IV, 447, et Schol.; Strabon, I, p. 46-57; Aristote, Mirabil. Auscult. c. 105. On montrait dans l'Adriatique des autels qui avaient été érigés et par Jasôn et par Mêdea (*Ib.*).

Aristote croyait au cours bifurqué de l'Ister, avec une embouchure dans le Pont-Euxin et une autre dans l'Adriatique; il mentionne certains poissons appelés τρίχιαι, qui entraient dans le fleuve (comme les Argonautes) en quittant le Pont-Euxin, le remontaient jusqu'au point de bifurcation et descendaient jusqu'à l'Adriatique (Histor. Animal. VIII, 15). Cf. Ukert, Geographie des Griech. und Roemer, vol. III, p. 145-147, au sujet du cours supposé de l'Ister.

d'Homère, imaginèrent une nouvelle histoire du retour des Argonautes ressemblant un peu au vieux conte d'Hésiode et d'Hécatée. Ils avançaient que le vaisseau Argô, après être entré dans le Palus Mæotis, avait remonté le cours du fleuve Tanaïs ; qu'il avait été ensuite transporté par terre et lancé dans un fleuve qui avait son embouchure dans l'océan ou grande mer extérieure. Une fois dans l'océan, il avait longé les côtes au nord et à l'ouest de l'Europe, jusqu'à ce qu'il eût atteint Gadès et le détroit de Gibraltar, où il pénétra dans la Méditerranée, et là visita les différents endroits désignés dans la fable. On affirmait qu'il existait le long des côtes de l'océan (1) de nombreuses traces de ce long voyage, dans la mer extérieure au nord et à l'ouest de l'Europe. Il y avait encore une troisième version, d'après laquelle les Argonautes revinrent comme ils étaient allés, par le Bosphore de Thrace et par l'Hellespont. De cette manière, il est vrai, on conservait la plausibilité géographique ; mais on jetait à la mer une grande portion du fond fabuleux (2).

Telles furent les diverses tentatives faites pour concilier la légende des Argonautes avec le développement des connaissances géographiques et les progrès de la critique historique. Le problème resta sans solution, mais la foi dans la légende ne laissa pas de persévérer. C'était une foi née dans l'origine à une époque où le récit du poëte inspiré, qui ne recevait aucun autre secours, suffisait pour convaincre ses auditeurs ; elle consacrait un des exploits capitaux de cette race héroïque et surhumaine que le Grec était accoutumé à la fois à regarder comme ses ancêtres, et à hono-

---

(1) Diod. IV, 56 ; Timæus, Fragm. 53. Goeller. Scymnus le géographe adoptait aussi cette opinion (Schol. Apoll. Rhod. 284-287). Le pseudo-Orpheus, dans le poëme appelé Argonautica semble donner un mélange confus de toutes les histoires différentes.

(2) Diod. IV, 49. C'était le récit et de Sophocle et de Callimaque (Schol. Apoll. Rhod. IV, 284).

V. la dissertation d'Ukert, Beylage IV, vol. I, part. 2, p. 320 de sa Geographie der Griechen und Roemer, qui traite du voyage des Argonautes avec quelque longueur ; et J. H. Voss, Alte Weltkunde über die Gestalt der Erde, publiée dans le second volume des Kritische Blaetter, pp. 162, 314-326 ; enfin Forbiger, Handbuch der Alten Geographie, Einleitung, p. 8.

rer conjointement avec ses dieux. Elle avait pénétré trop profondément son esprit pour qu'une preuve historique à l'appui fût nécessaire, ou pour qu'elle fût détruite par des difficultés géographiques telles qu'on les appréciait alors. Des traces supposées de l'événement passé, ou conservées dans les noms des lieux, ou incorporées dans des coutumes religieuses existantes avec des commentaires explicatifs, suffisaient aux yeux de l'investigateur curieux pour donner au récit un caractère d'authenticité. Et même des hommes élevés à une école plus sévère de critique se contentaient d'éliminer les contradictions palpables et d'adoucir les événements surnaturels et romanesques, de manière à présenter une expédition des Argonautes de leur propre invention comme l'histoire vraie et accréditée. Strabon, bien qu'il ne pût ni écarter ni expliquer les impossibilités géographiques du récit, s'imagine avoir découvert la base du fait réel, que les poëtes primitifs avaient embelli ou exagéré. La toison d'or était le symbole de la grande richesse de la Kolchis, provenant de la poudre d'or charriée par les fleuves ; et le voyage de Jasôn fut en réalité une expédition à la tête d'une armée considérable, avec laquelle il ravagea cette opulente contrée et fit de vastes conquêtes à l'intérieur (1). Strabon n'a indiqué nulle part ce qu'il suppose avoir été la mesure et la direction exactes de la marche de Jasôn ; mais il doit l'avoir regardée comme très-longue, puisqu'il classe Jasôn avec Dionysos et Hèraklès, et les dépeint tous les trois comme ayant traversé de plus vastes espaces de terres qu'aucun homme des temps plus récents ne pouvait le faire (2). Tel

---

(1) Strabon, I, p. 45. Il parle ici du voyage de Phryxos, ainsi que de celui de Jasôn, comme ayant été une entreprise militaire (στρατεία) ; de même encore, III, p. 149, il mentionne l'expédition militaire d'Odysseus, — ἡ τοῦ Ὀδυσσέως στρατία, et ἡ Ἡρακλέους στρατία (ib.) et XI, p. 498. Οἱ μῦθοι, αἰνιττόμενοι τὴν Ἰάσονος στρατείαν προελθόντος μέχρι καὶ Μηδίας · ἔτι δὲ πρότερον τὴν Φρίξου. Cf. aussi Justin, XLII, 2-3 ; Tacite, Ann. VI, 34.

Strabon ne peut parler des vieilles fables avec une fidélité littérale : sans en avoir conscience, il les transforme en incidents presque historiques de sa propre imagination. Diodore donne un récit de la même sorte, en substituant des éléments convenables aux éléments fabuleux (IV, 40-47-56).

(2) Strabon, I, p. 48. Les lointaines expéditions entreprises dans les contrées

était le compromis qu'un esprit comme celui de Strabon faisait avec les anciennes légendes. Il les façonnait ou les taillait au niveau de sa propre croyance, et dans ce chaos de critiques historiques, sans avoir aucune preuve positive, il s'attribua le mérite d'une plus grande pénétration que ceux qui croyaient littéralement les récits, tandis qu'il échappait à la nécessité de rompre formellement avec le monde héroïque passé.

---

orientales par Dionysos et Hêraklês étaient sans cesse présentes à l'esprit d'Alexandre le Grand comme objets de comparaison avec lui-même : il imposait à ses compagnons des marches périlleuses et pleines d'épreuves, dans son ardent désir d'égaler ou de surpasser les exploits attribués Sémiramis, à Cyrus, à Perseus et à Hêraklês (Arrien, V, 2, 3; VI, 24, 3; VII, 10, 12. Strabon, III, p. 171; XV, p. 686; XVII, p. 81).

CHAPITRE XIV

LÉGENDES DE THÈBES

Riches légendes de Thèbes. — Amphiôn et Zethos, fondateurs homériques de Thèbes. — Kadmos et Bœôtos. — Deux légendes distinctes. — Comment Thèbes fut fondée par Kadmos. — Cinq familles primitives à Thèbes, appelées Sparti. — Les quatre filles de Kadmos : 1. Inô; 2. Semelê; 3. Autonoê et son fils Aktæôn; 4. Agavê et son fils Pentheus. — Il résiste au dieu Dionysos. — Sa fin misérable. — Labdakos, Antiopê, Amphiôn et Zêthos. — Laïos. — Œdipe. — Célébrité légendaire d'Œdipe et de sa famille. — Le Sphinx. — Eteoklês et Polynikês. — Anciens poëmes épiques sur les siéges de Thèbes. — Malédiction prononcée par Œdipe maudit contre ses fils. — Nouveautés introduites par Sophocle. — Mort d'Œdipe. — Querelle d'Eteoklês et de Polynikês au sujet du sceptre. — Polynikês se retire à Argos. — Il reçoit l'aide d'Adrastos. — Amphiaraos et Eriphylê. — Les sept chefs de l'armée contre Thèbes. — Défaite des Thébains dans le combat. — Dévouement héroïque de Menœkeus. — Combat singulier d'Eteoklês et de Polynikês, dans lequel ils périssent tous deux. — Les chefs argiens sont repoussés et tués — tous, excepté Adrastos; Amphiaraos est englouti dans la terre. — Kreôn, roi de Thèbes, défend d'enterrer Polynikês et les autres chefs argiens tombés sur le champ de bataille. — Dévouement et mort d'Antigonê. — Les Athéniens interviennent pour procurer la sépulture aux restes des chefs. — Second siége de Thèbes par Adrastos et les Epigones, ou fils des chefs tués dans le premier. — Victoire des Epigones. — Prise de Thèbes. — Culte d'Adrastos à Sikyôn. — Comment il est abrogé par Kleisthenês. — Alkmæôn. — Son matricide et son châtiment. — Collier fatal d'Eriphylê.

Les Bœôtiens en général, pendant toute l'époque historique, quoique bien doués de force corporelle et de courage (1), sont représentés comme dénués d'intelligence, de

---

(1) L'éponyme Bœôtos est fils de Poseidôn et d'Arnê (Euphorion ap. Eustath. ad Iliad. II, 507). C'était d'Arnê, en Thessalia que les Bœôtiens étaient venus, disait-on, quand ils envahirent et occupèrent la Bœôtia. Euripide le faisait fils de Poseidôn et de Melanippê. Une autre légende disait Bœôtos et Hellên fils de Poseidôn et d'Antiopê (Hygin, f. 157-186).

goût et d'imagination, ce qui avait passé en proverbe. Mais la population légendaire de Thèbes, c'est-à-dire les Kadméens, est riche en antiquités mythiques, divines aussi bien qu'héroïques. Dionysos et Hèraclès reconnaissent également Thèbes comme leur ville natale. De plus, les deux siéges de Thèbes par Adrastos, même abstraction faite de Kadmos, d'Antiopê, d'Amphiôn et de Zèthos, etc., sont les exploits les plus saillants et les plus caractéristiques, après le siége de Troie, de cette race préexistante de héros qui vivaient dans l'imagination des Hellènes historiques.

Ce n'est pas Kadmos, mais les frères Amphiôn et Zèthos, que l'Odyssée nous donne comme les premiers fondateurs de Thèbes et les premiers constructeurs de ses célèbres murs. Ils sont fils de Zeus et d'Antiopê, fille d'Asôpos. Les scholiastes, qui désirent concilier ce conte avec le récit plus répandu de la fondation de Thèbes par Kadmos, nous disent qu'après la mort d'Amphiôn et de Zèthos, Eurymachos, le belliqueux roi des Phlegyæ, envahit et ruina la ville nouvellement établie, de sorte que Kadmos en arrivant fut obligé de la fonder de nouveau (1). Mais Apollodore et vraisemblablement les logographes plus anciens avant lui plaçaient Kadmos à la tête de la généalogie, et intercalaient les deux frères à un point plus bas dans la série. D'après eux, Bèlos et Agènôr étaient fils d'Epaphos (fils de l'Argienne Iô) et de Libya. Agènôr alla en Phénicie et là devint roi; il eut pour enfants : Kadmos, Phœnix, Kilix et une fille, Eurôpê, bien que dans l'Iliade Eurôpê soit appelée fille de Phœnix (2). Zeus ressentit de l'amour pour Eurôpê, et, prenant la forme d'un taureau, il l'emporta sur son dos, à travers la mer d'Egypte, en Krête, où elle lui donna pour fils

---

La poëtesse de Tanagra, Korinna (rivale de Pindare, dont par malheur les compositions en dialecte bœôtien sont perdues) semble avoir insisté sur cette généalogie bœôtienne primitive : elle attribuait les portes ogygiennes de Thèbes à Ogygos, fils de Bœôtos (Schol. Apollon. Rhod. III, 1178), et les Fragm. de Korinna dans l'édition de Schneidewin, Fragm. 2, p. 432.

(1) Homère, Odyss. XI, 262, et Eustath. ad. loc. Cf. Schol. ad Iliad. XIII, 301.

(2) Iliad. XIV, 321. Iô est la κεροέσσα προμάτωρ des Thèbains. Eurip. Phœniss. 247-676.

Minôs, Rhadamanthe et Sarpêdôn. Deux des trois fils, envoyés par Agênôr à la recherche de leur sœur enlevée par le dieu, rebutés d'un voyage prolongé et sans résultat, renoncèrent à l'idée de retourner dans leur patrie; Kilix s'établit en Kilikia et Kadmos en Thrace (1). Thasos, frère ou neveu de Kadmos, qui les avait accompagnés dans le voyage, se fixa dans l'île de Thasos, à laquelle il donna son nom.

Hérodote et Euripide représentent tous deux Kadmos comme un émigrant de Phénicie, conduisant une troupe de compagnons à la recherche d'Eurôpê. Le récit d'Apollodore le dépeint comme étant venu dans l'origine de Libye ou d'Égypte en Phénicie; nous pouvons présumer que telle était l'assertion des logographes plus anciens, Phérécyde et Hellanicus. Conôn, qui donne à toute la légende une couleur historique et politique, semble avoir trouvé deux récits différents, l'un rattachant Kadmos à l'Égypte, l'autre l'amenant en Phénicie. Il essaye de fondre les deux en un seul, en représentant que les Phéniciens, qui envoyèrent Kadmos, avaient acquis un grand pouvoir en Égypte; que le siége de leur royaume était Thêbes l'Égyptienne; que Kadmos fut envoyé sous prétexte, il est vrai, de trouver la sœur qui avait été enlevée, mais en réalité dans un but de conquête; et que le nom de Thêbes, qu'il donna à son nouvel établisssement en Bœôtia, fut emprunté de Thêbes en Egypte, séjour de ses ancêtres (2).

Kadmos vint de Phénicie en Thrace, et de Thrace à Del-

---

(1) Apollod. II, 1, 3; III, 1, 8. Dans les poëmes hésiodiques (ap. Schol. Apoll. Rhod. II, 178), Phœnix était reconnu comme fils d'Agênôr (Pherecyd. Fragm. 40. Didot). Cf. Servius ad Virgil. Æneid. I, 338. Phérécyde mentionnait expressément Kilix (Apollod. ib.). Outre l'Εὐρώπεια de Stésichore (V. Stesich. Fragm. XV, p. 73, éd. Kleine), il y avait plusieurs autres anciens poëmes sur les aventures d'Eurôpê, un particulièrement d'Eumêle (Schol. ad Iliad. VI, 138) qui, cependant, ne peut être le même que les τὰ ἔπη τὰ εἰς Εὐρώπην dont parle Pausanias (IX, 5, 4). V. Wüllner de Cyclo Epico, p. 57 (Münster, 1825).

(2) Conôn. Narrat. 37. Ce qu'il y a peut-être de plus remarquable, c'est le ton de confiance illimitée en lui-même avec lequel Conôn termine ce tissu de suppositions dénuées de preuves — περὶ μὲν Κάδμου καὶ Θηβῶν οἰκήσεως οὗτος ὁ ἀληθὴς λόγος · τὸ δὲ ἄλλο μῦθος καὶ γοητεία ἀκοῆς.

phes pour se procurer des renseignements au sujet de sa sœur Europê ; mais le dieu l'engagea à ne plus s'inquiéter d'elle : il devait suivre une vache qui lui servirait de guide, et fonder une ville à l'endroit où l'animal se coucherait. La condition fut remplie sur l'emplacement de Thêbes. La fontaine voisine, Areia, était gardée par un dragon féroce, rejeton d'Arès, qui faisait périr toutes les personnes qu'on y envoyait pour puiser de l'eau. Kadmos tua le dragon, et, à l'instigation d'Athênê, il sema les dents de l'animal dans le sol (1) ; il en sortit aussitôt les hommes armés appelés Sparti, au milieu desquels il jeta des pierres, et immédiatement ils se mirent à s'attaquer les uns les autres jusqu'à ce qu'ils fussent tous tués excepté cinq. Arès, indigné de ce meurtre, était sur le point de tuer Kadmos ; mais Zeus l'apaisa et condamna Kadmos à une servitude expiatoire de huit années ; après ce temps il épousa Harmonia, fille d'Arès et d'Aphroditê, et il lui fit don du magnifique collier fabriqué de la main d'Hêphæstos et qui avait été donné par Zeus à Europê (2). Tous les dieux vinrent à la Kadmeia (Cadmée), citadelle de Thêbes, pour offrir des félicitations et des présents à l'occasion de ces noces, qui ne semblent guère avoir été moins célèbres dans le monde mythique que celles de Pêleus et de Thetis. De ce mariage naquirent un fils, Polydôros, et quatre filles, Autonoê, Inô, Semelê et Agavê (3).

---

(1) Stesich. (Fragm. 16 ; Kleine) ap. Schol. Eurip. Phœniss. 680. On montrait encore du temps de Pausanias l'endroit où la génisse s'était couchée (IX, 12, 1).

Lysimaque, auteur aujourd'hui perdu, qui écrivit des Thebaïca, mentionnait Europê comme étant venue avec Kadmos à Thêbes, et racontait l'histoire d'une manière toute différente sous beaucoup d'autres rapports (Schol. Apoll. Rhod. III, 1179).

(2) Apollodor. III, 4, 1-3. Phérécyde donnait cette relation du collier, qui semble impliquer que Kadmos devait avoir trouvé sa sœur Europê. Le récit présenté ici est d'Hellanicus ; celui de Phérécyde en différait à quelques égards. Cf. Hellanic. Fragm. 8 et 9, et Pherecyd. Fragm. 44. La ressemblance de cette histoire avec celle de Jason et d'Æêtês (v. plus haut, c. 13) frappera tout le monde. Il est curieux de remarquer comment le vieux logographe Phérécyde expliquait cette analogie dans son récit ; il disait qu'Athênê avait donné la moitié des dents du dragon à Kadmos, et l'autre moitié à Æêtês (V. Schol. Pind. Isthm. VI, 13).

(3) Hésiode, Theog. 976. Leukothea, la déesse de la mer, fille de Kadmos, est mentionnée dans l'Odyssée, V, 334 ; Diod. IV, 2.

Des guerriers nés des dents du dragon, les cinq qui survécurent seuls donnèrent naissance à cinq grandes familles ou gentes à Thêbes, les plus anciens et les plus nobles de ses habitants, contemporains de la fondation de la ville. On les appelait Sparti, et leur nom semble avoir fait naître, non-seulement la fable des dents semées, mais encore d'autres récits étymologiques (1).

Les filles de Kadmos sont illustres toutes les quatre dans l'histoire fabuleuse. Inô, épouse d'Athamas, fils d'Æolos, a déjà été comprise dans les légendes des Æolides. Semelê devint la maîtresse de Zeus, et inspira de la jalousie à Hêrê. Abusée par les suggestions perfides de cette déesse, elle sollicita Zeus de la venir voir avec toute la solennité et les terreurs qui l'entouraient quand il approchait d'Hêrê elle-même. Le dieu y consentit contre son gré, et vint monté sur son char au milieu du tonnerre et des éclairs, appareil redoutable sous lequel le corps mortel de Semelê périt. Zeus en retira l'enfant dont elle était enceinte et le cousit dans sa propre cuisse; après l'intervalle convenable l'enfant en fut retiré et mis au monde pour devenir le grand dieu Dionysos ou Bacchus. Hermès le porta à Inô et à Athamas pour le mettre sous leur protection. Dans la suite cependant, Zeus l'ayant transformé en chevreau pour le soustraire à la persécution de Hêrê, les nymphes de la montagne Nysa devinrent ses nourrices (2).

Autonoê, la troisième fille de Kadmos, épousa le héros ou dieu berger Aristæos, et fut mère d'Aktæôn, ardent chasseur et compagnon favori de la déesse Artemis. Cependant il encourut son déplaisir, soit parce qu'il la regarda dans une fontaine pendant qu'elle se baignait et qu'il la vit nue, soit, selon la légende exposée par le poëte

---

(1) Eurip. Phœniss. 680, avec les Scholies; Pherecyd. Fragm. 44 ; Androtion, ap. Schol. Pindar. Isthm. VI, 13. Dionysius (?) appelait les Sparti une ἔθνος Βοιωτίας (Schol. Phœniss. l. c.). Même à l'époque de Plutarque il existait encore des personnes qui faisaient remonter leur généalogie jusqu'aux Sparti de Thêbes (Plutar. Ser. Num. Vindict. p. 563).

(2) Apollod. III, 4, 2-9; Diodor. IV, 2.

Stésichore, parce qu'il aima et courtisa Semelê, ou, selon Euripide, parce qu'il se vanta d'un ton présomptueux de lui être supérieur à la chasse. Elle le métamorphosa en cerf, de sorte que ses chiens se jetèrent sur lui et le dévorèrent. On montra à Pausanias, près de Platée, sur la route de Megara, le rocher sur lequel Aktæôn avait coutume de dormir quand il était fatigué de la chasse, et la source dont les eaux transparentes avaient trop clairement révélé les formes de la déesse (1).

---

(1) V. Apollod. III, 4, 3; Stesich. Fragm. 17. Kleine; Pausan. IX, 2, 3; Eurip. Bacch. 337 ; Diodor. IV, 81. Le vieux logographe Acusilas copiait Stésichore.

Au sujet de cette histoire bien connue, il n'est pas nécessaire de multiplier les citations. Cependant je mentionnerai brièvement les remarques qu'ont faites sur elle Diodore et Pausanias, comme un exemple de la manière dont les Grecs lettrés d'une époque plus récente agissaient avec leurs vieilles légendes nationales.

Tous deux ils paraissent implicitement croire le fait, qu'Aktæôn fut dévoré par ses propres chiens, mais ils diffèrent essentiellement dans l'explication qu'ils en donnent.

Diodore accepte et soutient la miraculeuse intervention de la déesse irritée dans le but de punir Aktæôn, qui, selon un récit, s'était vanté de sa supériorité sur Artemis à la chasse, — selon un autre récit, avait osé demander la déesse en mariage, enhardi par le grand nombre de pieds d'animaux tués à la chasse qu'il avait suspendus comme offrandes dans son temple. Il n'est pas improbable, fait observer Diodore, que la déesse ait été irritée pour ces deux raisons. Car, soit qu'Aktæôn abusât de ces présents de chasse au point d'en faire un moyen pour satisfaire ses propres désirs qui l'entraînaient vers une divinité inabordable au point de vue du mariage, soit qu'il eût la présomption de s'appeler plus habile chasseur que celle avec laquelle les dieux eux-mêmes ne voulaient pas lutter sur ce terrain ; dans l'un ou l'autre cas, la colère de la déesse contre lui était juste et légitime (ὁμολογουμένην καὶ δικαίαν ὀργὴν ἔσχε πρὸς αὐτὸν ἡ θεός). C'est donc bien justement (Καθόλου δὲ πιθανῶς) qu'il fut transformé en un animal semblable à ceux qu'il avait chassés, et qu'il fut mis en pièces par les mêmes chiens qui les avaient tués. (Diod. IV, 80.)

Pausanias, homme d'une piété exemplaire, et généralement moins enclin au scepticisme que Diodore, regarde l'occasion comme peu convenable pour un miracle ou une intervention spéciale. Après avoir parlé des deux causes attribuées au déplaisir d'Artemis (ce sont les deux premières mentionnées dans mon texte, et distinctes des deux que signale Diodore), il en vient à dire : « Mais je crois que les chiens d'Aktæôn devinrent fous, sans que la déesse s'en soit mêlée : dans cet état de folie, ils auraient indistinctement mis en pièces tous ceux qu'ils auraient rencontrés (Pausan. IX, 2, 3. Ἐγὼ δὲ καὶ ἄνευ θεοῦ πείθομαι νόσον λύσσαν ἐπιβαλεῖν τοῦ Ἀκταίωνος τοὺς κύνας). » Il conserve la vérité de la catastrophe finale, mais il lui enlève son caractère surnaturel, en excluant l'intervention spéciale d'Artemis.

Agavê, la fille de Kadmos dont il reste à parler, épousa Echiôn, un des Sparti. De ce mariage naquit Pentheus, qui, lorsque Kadmos devint vieux, lui succéda comme roi de Thêbes. C'est sous son règne que Dionysos parut comme dieu, Dionysos qui inventa ou découvrit le vin avec tous ses bienfaits. Il avait erré en Asie, en Inde et en Thrace, à la tête d'une troupe en délire de femmes enthousiastes, — communiquant et inculquant partout les cérémonies bachiques, et excitant dans l'esprit des femmes cette émotion religieuse passionnée qui les poussait à errer dans les montagnes solitaires à des époques particulières, à s'y livrer à de violents transports fanatiques, séparées des hommes, couvertes de peaux de faons et armées de thyrses. L'intrusion d'un spectateur mâle dans ces solennités était regardée comme sacrilége. Bien que ces rites eussent été rapidement disséminés et admis avec faveur dans beaucoup de parties de la Thrace, il y avait cependant quelques endroits où on les avait obstinément repoussés et où l'on avait traité durement leurs sectateurs, surtout Lykurgos, roi des Thraces Edoniens, auquel Dionysos infligea un châtiment cruel et exemplaire.

Thêbes fut la première ville de la Grèce où vint Dionysos, à la tête de sa troupe asiatique de femmes, pour obtenir les honneurs divins et établir ses rites particuliers dans sa cité natale. Le vénérable Kadmos, et avec lui ses filles et le prophète Tiresias, reconnurent aussitôt la divinité du nouveau dieu, et se mirent à lui offrir leur culte et à le glorifier, accomplissant les cérémonies qu'il ordonnait. Mais Pentheus s'opposa avec véhémence aux cérémonies nouvelles ; il blâma et maltraita le dieu qui les introduisait : et son incrédulité ne fut nullement modifiée par les miracles qu'opéra Dionysos pour se protéger lui-même ainsi que les personnes qui l'accompagnaient. Sa mère, Agavê, avec ses sœurs et une troupe nombreuse d'autres femmes de Thêbes, s'étaient rendues de cette ville au mont Kithærôn pour y célébrer leurs solennités sous l'influence de la frénésie bachique. Pentheus les y suivit pour veiller sur elles, et c'est là que l'atteignit la punition due à son impiété. Le contact vengeur du dieu lui ayant enlevé ses sens, il grimpa sur un pin élevé dans le but de voir d'en haut la foule des femmes; mais elles le découvrirent dans cette position, renversèrent l'arbre et mirent Pentheus en pièces. Agavê, folle et privée de la conscience de ses actes, se mit la première dans cette attaque et rapporta en triomphe à Thèbes la tête de son fils égorgé. Le vieux Kadmos et son épouse Harmonia se retirèrent chez les Illyriens, et, à la fin de leur vie, furent changés en serpents, Zeus leur permettant d'être transférés dans les Champs-Élyséens (1).

Polydôros et Labdakos devinrent successivement rois de Thèbes : le dernier à sa mort laissa un fils tout jeune, Laïos, qui fut dépouillé de son trône par Lykos. Et ici nous approchons de la légende d'Antiopê, de Zêthos et d'Amphiôn, que

---

(1) Apollod. III, 5, 3-4; Théocr. Idyll. XXVI. Euripid. Bacch. *passim*. Telle est l'intrigue tragique de ce mémorable drame. Une preuve frappante du profond respect qu'avait le peuple d'Athènes pour la sainteté des cérémonies bachiques, c'est qu'il avait pu supporter le spectacle d'Agavê sur la scène avec la tête de son fils égorgé, et les expressions de triomphante sympathie pour son action prononcées par le chœur (1168), Μάκαιρ' Ἀγαύη! Ce drame, écrit vers la fin de la vie d'Euripide et représenté après sa mort par son fils (Schol. Aristoph. Ran. 67), contient des passages qui inculquent fortement la nécessité d'une déférence implicite pour l'autorité des ancêtres en matière religieuse, et qui mettent dans un contraste favorable la foi simple et absolue du vulgaire avec les tendances qu'avaient les esprits supérieurs à s'écarter de la religion dominante et à en faire l'objet de leurs recherches. V. 196; cf. v. 389 et 422.

Οὐδὲν σοφιζόμεσθα τοῖσι δαίμοσιν.
Πατρίους παραδοχάς, ἅς θ' ὁμήλικας [χρόνῳ

Κεκτήμεθ', οὐδεὶς αὐτὰ καταβαλεῖ [λόγος,
Οὐδ' ἦν δι' ἄκρων τὸ σοφὸν εὕρηται [φρενῶν.

Ces reproches « insanientis sapientiæ » certainement ne s'accordent pas avec l'intrigue du drame elle-même, puisque Pentheus y paraît comme un conservateur, résistant à l'introduction de nouveaux rites religieux. Rapprochés de l'humble et vive piété qui règne dans tout le drame, ils confirment la supposition de Tyrwhitt, selon laquelle Euripide aurait été jaloux de repousser les imputations, qu'on lui adressait si souvent, de fréquenter les philosophes et de partager diverses opinions hérétiques.

Pacuvius dans son *Pentheus* semble avoir exactement copié Euripide ; V. Servius ad Virg. Æneid. IV, 469.

Le vieux Thespis avait composé une tragédie sur le sujet de Pentheus: Suidas, Θέσπις; ainsi qu'Eschyle. Cf. ses Euménides, 25.

Selon Apollodore (III, 5, 5), Labdakos aussi périt de la même manière que Pentheus, et à cause de la même impiété — ἐκείνῳ φρονῶν παραπλήσια.

les fabulistes intercalent à ce point de la généalogie thébaine. Antiopê est ici la fille de Nykteus, frère de Lykos. Elle est déflorée par Zeus, et alors, enceinte, elle s'enfuit chez Epôpeus, roi de Sikyôn : Nykteus, en mourant, supplie son frère de venger cette injure, et en conséquence Lykos envahit Sikyôn, défait et tue Epôpeus, et ramène à Thèbes Antiopê prisonnière. Pendant son retour, dans une caverne près d'Eleutheræ, que l'on montra à Pausanias (1), elle met au monde les deux fils jumeaux de Zeus, Amphiôn et Zêthos — qui, exposés pour périr, sont recueillis et nourris par un berger, et passent leur jeunesse au milieu des pâtres, ignorant leur glorieuse origine.

Antiopê est transportée à Thèbes, d'où, après avoir subi une longue persécution de la part de Lykos et de sa cruelle épouse Dirkê, elle finit par se sauver, et se réfugie dans la demeure pastorale de ses fils, maintenant devenus hommes. Dirkê la poursuit et la réclame; mais les fils, reconnaissant leur mère, la protégent et tirent de ses persécuteurs pleine vengeance. Lykos est tué, et Dirkê, attachée aux cornes d'un taureau, est traînée par lui jusqu'à ce qu'elle meure (2). Amphiôn et Zêthos, ayant banni Laïos, deviennent rois de Thèbes. Le premier, disciple d'Hermês, et possédant un talent

---

(1) Pausan. I, 38, 9.

(2) Pour les aventures d'Antiopê et de ses fils, V. Apollod. III, 5 ; Pausan. II, 6, 2 ; IX, 5, 2.

Le récit relatif à Epôpeus donné dans les anciens vers cypriens semble avoir été tout à fait différent de celui-ci, autant que nous en pouvons juger d'après la courte mention qui se trouve dans l'argument de Proclus, — ὡς Ἐπωπεὺς φθείρας τὴν Λυκούργου (Λύκου) γυναῖκα ἐξεπορθήθη ; il se rapproche davantage de l'histoire donnée dans la septième fable d'Hygin, et suivie par Properce (III, 15) ; la huitième fable d'Hygin renferme le conte d'Antiopê tel qu'il est présenté par Euripide et par Ennius. L'histoire de Pausanias diffère de celle de ces deux auteurs.

Le Scholiaste ad Apollon. Rhod. I, 735, dit qu'il y avait deux personnes nommées Antiopê : l'une, fille d'Asôpos, l'autre, fille de Nykteus. Pausanias se contente de n'en supposer qu'une seule, réellement fille de Nykteus ; mais il y avait une φήμη la disant fille d'Asôpos (II, 6, 2). Asius faisait Antiopê fille d'Asôpos et mère de Zêthos et d'Amphiôn (qu'elle avait eus de Zeus et d'Epôpeus : une telle réunion de paternité divine et humaine se rencontre souvent dans les légendes grecques). (ap. Paus. *l. c.*).

Les versions contradictoires du récit sont rassemblées, bien que non très-complétement, dans l'Essai de Sterk, De Labdacidarum Historiâ, p. 38-43 (Leyden, 1829).

consommé sur la lyre, l'applique à fortifier la ville; les pierres des murs, dociles au rhythme de son chant, s'arrangeaient spontanément (1).

Zèthos épouse Aêdôn, qui, dans les ténèbres et par une fatale méprise, tue son fils Itylos : elle est métamorphosée en rossignol, pendant que Zèthos meurt de chagrin (2). Amphiôn devient l'époux de Niobê, fille de Tantalos, et le père d'une nombreuse famille, dont on a déjà raconté dans ces pages la destruction complète consommée par Apollon et par Artemis.

Ici finit la légende de la belle Antiopê et de ses deux fils jumeaux — le rude et inculte, mais énergique Zèthos — et le poli et aimable, mais rêveur Amphiôn. Car c'est ainsi qu'Euripide, dans le drame d'Antiopê, malheureusement perdu, présentait les deux frères, dans une tendre union aussi bien que dans un frappant contraste (3). Il est évident que toute l'histoire était, dans l'origine, tout à fait séparée de la famille kadméenne, et c'est dans cet état que ses éléments se trouvent encore dans l'Odyssée; mais les logogra-

---

(1) Cette histoire au sujet de la lyre d'Amphiôn n'est pas mentionnée dans Homère, mais elle était racontée dans les anciens ἔπη ἐς Εὐρώπην que Pausanias avait lus : les bêtes sauvages aussi bien que les pierres étaient dociles à ses accents (Pausan. IX, 5, 4). Phérécyde la rapportait aussi (Pherecyd. Fragm. 102, Didot). La tablette d'inscription (Ἀναγραφή), à Sikyôn, reconnaissait Amphiôn comme le premier qui eût composé de la musique pour la poésie et la harpe (Plutarque, de Musicâ, c. 3, p. 1132).

(2) Le conte de l'épouse et du fils de Zèthos est aussi vieux que l'Odyssée (XIX, 525). Pausanias ajoute ce fait que Zèthos mourut de douleur (IX, 5, 5; Pherecyd. Fragm. 102, Didot). Pausanias cependant, aussi bien qu'Apollodore, nous dit que Zèthos épousa Thêbê, de qui la ville de Thèbes tira son nom. Pour concilier les prétentions rivales de Zèthos et d'Amphiôn avec celles de Kadmos, comme fondateurs de Thêbes, Pausanias suppose que celui-ci fut le premier qui s'établit sur la colline de la Kadmeia, tandis que les deux autres étendirent l'établissement dans la ville basse (IX, 5, 1-3).

(3) V. Valckenaer, Diatribê in Eurip. Reliq. cap. 7, p. 58 ; Welcker, Griechisch. Tragoed. II, p. 811. Il y a une ressemblance frappante entre l'Antiopê d'Euripide et la Tyrô de Sophocle en beaucoup de points.

Platon dans son Gorgias a conservé un petit nombre de fragments et une idée générale passablement claire des caractères de Zèthos et d'Amphiôn (Gorg. 90-92); V. aussi Horace, Épitr. I, 18, 42.

Livius et Pacuvius avaient composé tous deux des tragédies sur le plan de celle d'Euripide; celle du premier était vraisemblablement une traduction.

phes, avec leurs artifices ordinaires de combinaison, lui ont ouvert une place vacante dans la série descendante des mythes thébains. Et ici ils ont procédé d'une manière qui ne leur est pas habituelle; car, tandis qu'ils aiment en général à multiplier les entités et à supposer différents personnages historiques du même nom, en vue d'introduire une égalité apparente dans la chronologie, — ils ont ici réuni en une seule personne Amphiôn le fils d'Antiopê et Amphiôn le père de Chlôris, qui semblent clairement distincts l'un de l'autre dans l'Odyssée. Ils ont de plus attribué à la même personne toutes les circonstances de la légende de Niobê, qui semble avoir été composée dans l'origine complétement en dehors des fils d'Antiopê.

Amphiôn et Zêthos étant écartés, Laïos devint roi de Thêbes. Avec lui commence la série à jamais célèbre des aventures d'Œdipe et de sa famille. Laïos, averti par l'oracle qu'il serait tué par tout fils qu'il pourrait avoir, fit exposer Œdipe sur le mont Kithærôn aussitôt qu'il fut né. C'est là que les pâtres de Polybe, roi de Corinthe, le trouvèrent par hasard et le portèrent à leur maître, qui l'éleva comme son propre enfant. Cependant, malgré les traitements les plus tendres, Œdipe, quand il eut grandi, se trouva exposé aux sarcasmes au sujet de ses parents inconnus, et alla à Delphes pour demander au dieu le nom de son père réel. Il reçut pour réponse le conseil de ne pas retourner dans son pays; s'il le faisait, sa destinée était de tuer son père et de devenir l'époux de sa mère. Ne connaissant pas d'autre patrie que Corinthe, il résolut, en conséquence, de s'éloigner de cette ville, et quitta Delphes par le chemin qui conduit en Bœôtia et en Phôkis. Précisément à l'endroit où les routes menant à ces deux contrées se bifurquaient, il rencontra Laïos monté sur un char que traînaient des mules, quand l'insolence de l'un des serviteurs amena une violente querelle, dans laquelle Œdipe tua Laios, ne sachant pas qu'il fût son père (1).

---

(1) Le lieu appelé σχιστὴ ὁδός (la route qui se partage), où eut lieu cet événement, était mémorable aux yeux de tous les Grecs lettrés, et est men-

A la mort de Laïos, Kreôn, frère de Iokastê, lui succéda comme roi de Thêbes. A cette époque, le pays, sous le coup de la colère des dieux, était désolé par un monstre terrible, qui avait le visage d'une femme, les ailes d'un oiseau, et la queue d'un lion ; on l'appelait le Sphinx (1) ; il était envoyé par le courroux de Hêrê, et occupait la montagne voisine, Phikion. Le Sphinx avait appris des Muses une énigme, qu'il proposait à résoudre aux Thêbains : toutes les fois qu'un des citoyens échouait, il le saisissait et le dévorait. Personne encore n'avait pu deviner l'énigme ; et les maux qui en résultaient étaient si grands, que Kreôn fut obligé d'offrir la couronne et la main de sa sœur Iokastê à quiconque pourrait accomplir la délivrance de la ville. Sur ces entrefaites arriva Œdipe, qui devina l'énigme ; alors le Sphinx se précipita immédiatement de l'acropolis et disparut. En récompense de ce service, Œdipe fut fait roi de Thêbes, et épousa Iokastê, sans savoir qu'elle fût sa mère.

Ces circonstances tragiques capitales, à savoir qu'Œdipe dans son ignorance avait tué son père et épousé sa mère, appartiennent à la forme la plus ancienne de la légende telle qu'elle se trouve dans l'Odyssée. Les dieux (est-il ajouté dans ce poëme) firent bientôt connaître les faits aux hommes.

---

tionné spécialement par le voyageur Pausanias, qui y vit encore (X, 5, 2) les tombes de Laïos et de son serviteur. C'est de plus en soi un endroit très-remarqué, où la vallée qui court du nord au sud, de Daulis à Ambrysos et Antikyra, est rencontrée à mi-chemin du côté de l'ouest à angle droit, mais non traversée, par le ravin, qui monte de la plaine de Krissa, passe au-dessous de Delphes, atteint son point le plus élevé à Arakhova au-dessus de Delphes, et alors descend vers l'est. Les voyageurs allant de Delphes dans la direction de l'est devaient toujours avoir été arrêtés à cet endroit par les précipices de l'Helikôn, et devaient avoir tourné à droite ou à gauche. Si c'était à droite, ils descendaient vers le golfe, ou ils pouvaient s'avancer jusqu'en Bœôtia par les défilés du sud, comme le fit Kleombrotos avant la bataille de Leuktra ; si c'était à gauche, ils tournaient à l'angle sud-est du Parnassos et se dirigeaient par Daulis vers la vallée de Chæroneia et d'Elateia. Cf. la description dans K. O. Müller, Orchomenos, c. 1, p. 37.

(1) Apollod. III, 5, 8. Un auteur nommé Lykus, dans son ouvrage intitulé Thêbaïca, attribuait ce châtiment à la colère de Dionysos (Schol. Hésiod. Theog. 326). Le Sphinx (ou Phix du mont Bœôtien Phikion) est aussi ancien que la Théogonie hésiodique, — Φῖx' ὁλόην τέκε, Καδμείοισιν ὄλεθρον (Theog. 326).

Epikastê (c'est ici le nom que porte Iokastê) se pendit dans les angoisses de la douleur : Œdipe resta roi des Kadméens, mais subit de nombreuses et grandes misères, telles qu'en infligent les Erinnyes, qui vengent une mère outragée (1). Un passage de l'Iliade fait supposer qu'il mourut à Thèbes, puisqu'il mentionne les jeux funèbres qui furent célébrés en son honneur. Ses malheurs étaient racontés par Nestôr, dans les anciens vers Cypriens, parmi les histoires d'autrefois (2). Une malédiction fatale était suspendue au-dessus de sa tête et au-dessus de celles de ses enfants, Eteoklês, Polynykês, Antigonê et Ismênê. Selon ce récit, que les tragiques athéniens avaient répandu universellement, ils étaient enfants de lui et de Iokastê, la découverte de la véritable position dans laquelle elle se trouvait vis-à-vis de lui ayant été longtemps différée. Mais l'ancien poëme épique appelé Œdipodia, suivant de plus près les traces d'Homère, le représentait comme ayant épousé, après la mort de Iokastê, une autre femme, Eurygeneia, de qui il eut ces quatre enfants; et le peintre Onathas adopta cette histoire de préférence à celle de Sophocle (3).

---

(1) Odyss. XI, 270, Odysseus, décrivant ce qu'il a vu dans les Enfers, dit :
Μητέρα τ' Οἰδιπόδαο ἴδον, καλὴν
 [Ἐπικάστην,
Ἣ μέγα ἔργον ἔρεξεν ἀιδρείῃσι νόοιο·
Γημαμένη ᾧ υἱεῖ· ὁ δ' ὅν πατέρ' ἐξενα-
 [ρίξας
Γῆμεν· ἄφαρ δ' ἀνάπυστα θεοὶ θέσαν
 [ἀνθρώποισι.
Ἀλλ' ὁ μὲν ἐν Θήβῃ πολυηράτῳ ἄλγεα
 [πάσχων,
Καδμείων ἤνασσε, θεῶν ὀλοὰς διὰ
 [βουλάς·
Ἡ δ' ἔβη εἰς Ἀΐδαο πολυάρταο κρατε-
 [ροῖο
Ἁψαμένη βρόχον αἰπὺν ἀφ' ὑψηλοῖο
 [μελάθρου,
Ὧ ἄχεϊ σχομένη· τῷ δ' ἄλγεα κάλλιπ'-
 [ὀπίσσω
Πολλὰ μάλ', ὅσσα τε μητρὸς Ἐριννύες
 [ἐκτελέουσιν.
(2) Iliade, XXIII, 680, avec le Scholiaste qui cite Hésiode. Proclus, Argum. ad Cypria, ap. Düntzer. Fragm. Epic. Græc. p. 10. Νέστωρ δὲ ἐν παρεκβάσει διηγεῖται..... καὶ τὰ περὶ Οἰδίπουν, etc.
(3) Pausan. IX, 5, 5. Cf. le récit de Pisandre dans Schol. ad Euripid. Phœniss. 1773, où la cécité d'Œdipe semble avoir été interpolée involontairement, empruntée des tragiques. Dans le vieux récit de la Thebaïs cyclique, Œdipe ne semble pas être représenté comme aveugle (Leutsch, Thebaïdi Cyclicæ Reliquiæ, Gœtting, 1830, p. 42).
Phérécyde (ap. Schol. Eurip. Phœniss. 52) nous dit qu'Œdipe eut de Iokastê trois enfants, qui furent tous tués par Erginos et les Minyæ (ceci doit avoir trait à des incidents contenus dans les anciens poëmes, et que nous ne pouvons maintenant retrouver ; puis d'Euryganeia les quatre enfants célèbres ; enfin, qu'il épousa une troisième femme,

Les disputes qui s'élevèrent entre Eteoklês et Polynikês pour le trône de leur père donnèrent lieu non-seulement à une série d'incidents tragiques de famille, mais encore à l'un des plus grands événements quasi historiques de la Grèce légendaire :—les deux siéges de Thèbes par Adrastos, roi d'Argos. Les deux anciens poëmes épiques appelés la Thêbaïs et les Epigones (si en vérité ils n'étaient pas tous deux des parties d'un seul poëme très-étendu) détaillaient ces événements très-longuement, mais, à ce qu'il paraît, avec un mérite poétique distingué; car Pausanias déclare la Thêbaïs cyclique (les critiques postérieurs l'appelèrent ainsi pour la distinguer d'une Thêbaïs plus moderne d'Antimaque) inférieure seulement à l'Iliade et à l'Odyssée; et l'ancien poëte élégiaque Kallinus en parlait comme d'une composition homérique (1).

De ce poëme jadis si prisé nous ne possédons par malheur qu'un petit nombre de chétifs fragments. L'Iliade parle brièvement des principaux points de la légende, mais la connaissance des détails nous vient particulièrement des tragiques athéniens, qui transformaient à leur gré les récits de leurs prédécesseurs, et dont la popularité éclipsait constamment et faisait oublier l'ancienne version. Antimaque de Kolophôn, contemporain d'Euripide, dans sa longue épopée, ne prit vraisemblablement pas moins de libertés avec l'ancien récit. La Thêbaïs ne devint jamais populaire en général,

---

Astymedusa. Apollodore suit le récit des tragiques, mais il fait allusion à la version différente touchant Euryganeia, — εἰσὶ δ' οἵ φασιν, etc. (III, 5, 8).

Hellanicus (ap. Schol. Eur. Phœniss. 50) mentionnait la cécité qu'Œdipe s'était infligée lui-même ; mais il semble douteux que le récit de Phérécyde renfermât cette circonstance.

(1) Pausan. IX, 9, 3. Ἐποιήθη δὲ ἐς τὸν πόλεμον τοῦτον καὶ ἔπη, Θηβαΐς· τὰ δὲ ἔπη ταῦτα Καλλῖνος, ἀφικόμενος αὐτῶν ἐς μνήμην, ἔφησεν Ὅμηρον τὸν ποιήσαντα εἶναι. Καλλίνῳ δὲ πολλοί τε καὶ ἄξιοι λόγου κατὰ ταῦτα ἔγνωσαν·

ἐγὼ δὲ τὴν ποίησιν ταύτην μετά γε Ἰλιάδα καὶ τὰ ἔπη τὰ ἐς Ὀδυσσέα ἐπαινῶ μάλιστα. Le nom dans le texte de Pausanias est Καλαῖνος, personnage inconnu : la plupart des critiques reconnaissent qu'il est à propos de substituer Καλλῖνος, et Leutsch et Welcker ont donné des raisons très-suffisantes pour agir ainsi.

La Ἀμφιάρεω ἐξελασία ἐς Θήβας, dont il est parlé dans la vie d'Homère faussement attribuée à Hérodote, semble être une description d'un passage spécial de cette Thêbaïs.

mais elle présentait des marques d'étude et de travail qui la recommandèrent à l'estime des critiques alexandrins, et probablement contribuèrent à déconsidérer à leurs yeux le vieux poëme cyclique.

Il y avait pour les logographes, qui donnaient une histoire continue de ce siége de Thèbes, au moins trois poëmes épiques préexistants : la Thèbaïs, l'Œdipodia et l'Alkmæônis, auxquels ils pouvaient faire des emprunts. Le sujet était aussi traité dans quelques-uns des poëmes hésiodiques, mais nous ne savons pas dans quelle mesure (1). La Thèbaïs était composée plutôt en l'honneur d'Argos qu'en l'honneur de Thèbes, comme l'indique le premier vers du poëme, un des fragments peu nombreux qui sont encore conservés (2).

SIÉGES DE THÈBES

La légende, qui va raconter une discorde fraternelle de la nature la plus implacable, comprenant dans ses résultats non-seulement les relations immédiates des frères furieux, mais en même temps beaucoup de compagnons d'élite de la race héroïque, a son point de départ dans la malédiction paternelle d'Œdipe, qui est suspendue au-dessus de toute la sombre suite et qui la détermine.

Œdipe, quoique roi de Thèbes et père de quatre enfants qu'il avait eus d'Euryganeia, selon l'Œdipodia, est devenu la victime vouée aux Erinnyes, par suite de la mort que sa mère s'était donnée elle-même, et dont il avait été la cause inconsciente, aussi bien que pour son parricide involontaire. Bien qu'il se fût depuis longtemps interdit l'usage de tous les ornements et de tout le luxe que son père avait hérités

---

(1) Hésiode, ap. Schol. Iliade, XXIII, 680, passage qui ne me semble pas autant en désaccord avec les incidents énoncés dans d'autres poëtes que se l'imagine Leutsch..

(2) Ἄργος ἄειδε, θεά, πολυδίψιον, ἔνθεν ἄνακτες (V. Leuts., ib..c. 4, p. 29).

de ses augustes ancêtres, cependant, quand l'âge l'eut mis sous la dépendance de ses deux fils, Polynikès un jour enfreignit cette défense et plaça devant lui la table d'argent et la magnifique coupe de Kadmos, dont Laïos avait toujours l'habitude de se servir. Le vieux roi n'eut pas plus tôt vu ces précieux accessoires de la vie royale de son père, que son esprit fut envahi par une affreuse frénésie, et il prononça de terribles malédictions contre ses fils, leur prédisant qu'il y aurait entre eux une lutte acharnée et éternelle. La déesse Erinnys entendit ses paroles et les grava dans sa mémoire; et il répéta encore la malédiction dans une autre occasion, quand ses fils, qui avaient toujours eu l'habitude de lui envoyer l'épaule des victimes sacrifiées sur l'autel, lui firent servir la hanche à la place (1). Il ressentit ce procédé comme une insulte, et demanda aux dieux que ses fils pussent périr de la main l'un de l'autre. Chez les auteurs tragiques aussi bien que dans l'ancienne épopée, on voit la malédiction paternelle jaillissant immédiatement de l'égarement d'Œdipe lui-même, mais amenée de loin par le parricide et l'inceste dont il a souillé sa race, dominer sur tout le cours des évene-

---

(1) Fragm. de la Thêbaïs, ap. Athenæ. XII, p. 465. Ὅτι αὐτῷ παρέθηκαν ἐκπώματα ἃ ἀπηγορεύκει, λέγων οὕτως.

Αὐτὰρ ὁ διογένης ἥρως ξανθὸς Πολυ-
[νείκης
Πρῶτα μὲν Οἰδίποδι καλὴν παρέθηκε
[τράπεζαν
Ἀργυρέην Κάδμοιο θεόφρονος· αὐτὰρ
[ἔπειτα
Χρύσεον ἔμπλησεν καλὸν δέπας ἥδεος
[οἴνου·
Αὐτὰρ ὅγ' ὡς φράσθη παρακείμενα πα-
[τρὸς ἑοῖο
Τιμήεντα γέρα, μέγα οἱ κακὸν ἔμπεσε
[θυμῷ.
Αἶψα δὲ παισὶν ἑοῖσι μετ' ἀμφοτέροισιν
ἐπαρὰς
Ἀργαλέας ἠρᾶτο· θεὸν δ' οὐ λάνθαν'
Ἐρινύν·
Ὡς οὐ οἱ πατρῷα γ' ἐνὶ φιλότητι δά-
[σαιντο,

Εἶεν δ' ἀμφοτέροις αἰεὶ πόλεμοί τε
[μάχαί τε.
V. Leutsch, Thebaïd. Cycl. Reliq. p. 38.

L'autre fragment de la même Thêbaïs est cité par le Schol. ad Soph. Œdip. Colon. 1378.

Ἴσχιον ὡς ἐνόησε, χαμαὶ βάλεν, εἶπέ
[τε μῦθον.
Ὤ μοι ἐγώ, παῖδές μοι ὀνειδείοντες
[ἔπεμψαν.
Εὔκτο Διὶ βασιλῆϊ καὶ ἄλλοις ἀθανά-
[τοισι,
Χερσὶν ὑπ' ἀλλήλων καταθήμεναι
[Ἄϊδος εἴσω.

Τὰ δὲ παραπλήσια τῷ ἐποποιῷ καὶ Αἰσχυλος ἐν τοῖς Ἕπτα ἐπὶ Θήβας. Malgré la protestation de Schutz dans sa note, je pense que le Scholiaste a compris les mots ἐπίκοτος τροφᾶς (Sept. ad Theb. 787) dans leur simple et juste sens.

ments, l'Erinnys qui exécute cette malédiction étant l'agent irrésistible, bien que caché. Non-seulement Eschyle conserve la fatale influence de la malédiction paternelle, mais même il indique brièvement les causes qui en sont données dans la Thêbaïs, sans ajouter aucun motif nouveau. Aux yeux de Sophocle ou de son auditoire, la conception d'un père maudissant ses fils sur des raisons aussi frivoles en apparence était odieuse; et ce grand poëte introduisit plus d'une circonstance aggravante, en décrivant le vieux père aveugle comme ayant été chassé avec barbarie par ses fils et condamné à errer à l'étranger dans l'exil et la pauvreté. Bien que par ce changement il donnât à son poëme plus de cohérence et que sa fable se justifiât elle-même, cependant il s'éloignait de l'esprit de la vieille légende, d'après laquelle Œdipe avait, par ses méfaits involontaires, contracté une souillure incurable destinée à passer à tous ses descendants. Son esprit est aliéné, et il les maudit, non parce qu'il a souffert sérieusement par leur faute, mais parce qu'il n'est plus que l'instrument aveugle d'une Erinnys vengeresse, destiné à accomplir la ruine de la maison de Laïos (1).

Après la mort d'Œdipe et la célébration de ses jeux funèbres, auxquels assistait, entre autres, Argeia, fille d'Adrastos, plus tard l'épouse de Polynikês (2), ses deux fils aussitôt se querellèrent au sujet de la succession. Les circonstances sont différemment rapportées; mais il paraît que, d'après le récit primitif, le tort et l'injustice étaient du côté de Poly-

---

(1) Eschyle et Sophocle insistaient très-souvent et très-expressément sur les malédictions d'Œdipe (Sept. ad Theb. 70-586, 655-697, etc.; Œdip. Colon. 1293-1378). Le premier reste au même point de vue que la Thêbaïs, quand il mentionne
Τὰς περιθύμους
Κατάρας βλαψίφρονος Οἰδίποδα (727);
ou, λόγου τ' ἄνοια καὶ φρενῶν Ἐριννύς (Soph. Antig. 584).

Le Scholiaste ad Soph. (Œd. Col. 1378) traite de triviale et de plaisante la cause alléguée par l'ancienne Thêbaïs pour la malédiction qu'exhale Œdipe.

Les Ægides à Sparte, qui faisaient remonter leur origine à Kadmos, souffrant de maladies terribles qui causaient la mort de leurs enfants, reçurent d'un oracle le conseil d'apaiser les Erynnies de Laïos et d'Œdipe en élevant un temple, et les maladies cessèrent bientôt (Hérod. IV).

(2) Hésiod. ap. Schol. Iliad. XXIII, 680.

nykès, qui cependant fut obligé de quitter Thèbes et de chercher un asile chez Adrastos, roi d'Argos. Là il rencontra Tydeus, qui s'était enfui d'Ætôlia à la même époque : il faisait nuit quand ils arrivèrent, et une dispute eut lieu entre les deux exilés; mais Adrastos sortit et les sépara. Un oracle lui avait enjoint de donner ses deux filles en mariage à un lion et à un sanglier, et il pensa que le moment était alors venu, puisque l'un des combattants portait sur son bouclier un lion, et l'autre un sanglier. En conséquence, il accorda la main de Deipylê à Tydeus, et celle d'Argeia à Polynikès; de plus il résolut de rétablir par un secours armé ses deux gendres dans leurs patries respectives (1).

Quand il proposa l'expédition aux chefs argiens qui l'entouraient, il trouva la plupart d'entre eux disposés à être ses auxiliaires; mais Amphiaraos — naguère son adversaire acharné, bien que maintenant réconcilié avec lui et époux de sa sœur Eriphylê — lui fit une énergique résistance (2), déclarant l'entreprise injuste et contraire à la volonté des dieux. De plus, comme il était de race prophétique et descendait de Mélampe, il prédit la mort certaine et de lui-même et des principaux chefs, s'ils se mêlaient comme complices à la violence insensée de Tydeus ou à la criminelle ambition de Polynikès. Amphiaraos, déjà distingué et dans la chasse du sanglier de Kalydôn et dans les jeux funèbres de Pelias, fut, dans la guerre contre Thèbes, le plus remarquable de tous les héros, et absolument indispensable à son succès. Mais le refus qu'il faisait de s'y engager était invincible, et il ne fut possible d'en triompher que par l'influence de son épouse Eriphylê. Polynikès avait apporté avec lui de

---

(1) Apollod. III, 5, 9; Hygin. f. 69; Æschy. Sept. ad Theb. 573. Hygin dit que Polynikès vint revêtu de la peau d'un lion, et Tydeus de celle d'un sanglier; peut-être d'après Antimaque, qui disait que Tydeus avait été élevé par des porchers (Antim. Fragm. 27, éd. Düntzer; ap. Schol. Iliad. IV, 400). Très-probablement, cependant, l'ancienne Thêbaïs comparait Tydeus et Polynikès à un lion et à un sanglier, à cause de leur courage et de leur caractère farouche; comparaison tout à fait dans le caractère homérique. Mnaseas donnait les mots de l'oracle (ap. Schol. Eurip. Phœniss. 411).

(2) V. Pindare, Nem. IX, 30 avec l'instructive Scholie.

Thèbes la robe et le collier magnifiques donnés par les dieux à Harmonia à l'occasion de son mariage avec Kadmos ; il les offrit comme présent à Eriphylê, à condition qu'elle influerait sur la détermination d'Amphiaraos. La sordide épouse, séduite par ce don incomparable, découvrit le lieu où se cachait son époux, et l'engagea dans la fatale expédition (1). Amphiaraos, arraché de sa retraite malgré sa résistance, et prévoyant l'issue désastreuse de l'expédition et pour lui et pour ses associés, au moment de monter sur son char, adressa ses dernières injonctions à ses fils Alkmæôn et Amphilochos, leur commanda de venger sa mort prochaine en tuant Eriphylê à l'âme vénale, et en entreprenant une seconde expédition contre Thèbes.

Les auteurs dramatiques athéniens décrivent cette expédition comme ayant été conduite par sept chefs, un pour chacune des sept célèbres portes de Thèbes. Mais la Thêbaïs cyclique lui donnait un caractère beaucoup plus étendu, en mentionnant des auxiliaires venus de l'Arcadia, de Messêné et de diverses parties du Peloponèse (2) ; et l'Iliade mentionne la démarche de Tydeus et de Polynikês à Mykênæ dans le cours de la tournée qu'ils firent pour réunir des alliés. Ils furent bien reçus à Mykênæ ; et les signes donnés comme avertissements par les dieux furent si terribles, que pas un habitant de Mykênæ n'osa les accompagner (3). Les sept principaux chefs toutefois furent Adrastos, Amphiaraos, Kapaneus, Hippomedôn, Parthenopæos, Tydeus et Polynikês (4).

---

(1) Apollod. III, 6, 2. La trahison de « l'odieuse Eriphylê » est mentionnée dans l'Odyssée, XI, 327 : Odysseus la voit aux enfers dans la foule des épouses et des filles des héros.

(2) Pausan. II, 20, 4 ; IX, 9, 1. Son témoignage sur ce point, comme il avait lu et admiré la Thêbaïs cyclique, semble tout à fait suffisant, malgré l'opinion de Welcker qui pense le contraire (Æschylische Trilogie, p. 375).

(3) Iliad. IV, 376.

(4) Il y a des différences par rapport aux noms des sept ; Eschyle (Sept. ad Theb. 461) omet Adrastos comme un des sept, et comprend Eteoklês à sa place ; d'autres négligent Tydeus et Polynikês, et introduisent Eteoklês et Mekisteus (Apollod. III, 6, 3). Antimaque, dans sa poétique *Thébaïs*, appelait Parthenopæos Argien, non Arcadien (Schol. ad Æschyl. Sept. ad Theb. 532).

Les Kadméens, secourus par leurs alliés les Phôkiens et les Phlegyæ, sortirent de Thèbes pour résister aux envahisseurs, et engagèrent près de la colline Isménienne une bataille, dans laquelle ils furent défaits et forcés de se retirer dans leurs murs. Le prophète Tirésias leur annonça que si Menœkeus, fils de Kreôn, consentait à s'offrir comme victime à Arês, la victoire serait assurée à Thèbes. Le généreux jeune homme, dès qu'il apprit qu'il achèterait de sa vie le salut de sa patrie, alla se tuer lui-même devant les portes. Les héros, avec Adrastos, firent alors une vigoureuse attaque contre la ville, chacun des sept choisissant une des portes pour l'assaillir. La lutte fut longue et énergiquement soutenue ; mais le dévouement de Menœkeus avait assuré aux Thêbains la protection des dieux. Parthenopæos fut tué d'une pierre par Periklymenos; et quand le furieux Kapaneus, ayant planté une échelle de siége, eut escaladé les murailles, il fut frappé d'un coup de tonnerre par Zeus, et précipité mort sur le sol. Cet événement remplit les Argiens de terreur, et Adrastos rappela ses troupes de l'assaut. Alors les Thêbains firent une sortie pour les poursuivre, quand Eteoklês, arrêtant la bataille, proposa de décider le débat par un combat singulier avec son frère. Le défi, accepté avec empressement par Polynikês, fut approuvé par Adrastos : alors eut lieu entre les deux frères un combat singulier, dans lequel tous deux irrités jusqu'à la fureur finirent par se tuer mutuellement. Cette fin pareille laissa encore indécis le résultat de la lutte générale, et le gros des deux armées recommença la bataille. Dans l'engagement sanglant qui suivit, les fils d'Astakos du côté des Thêbains déployèrent la valeur la plus remarquable et la plus heureuse. L'un d'eux (1), Melanippos, blessa Tydeus mortellement, tandis

---

(1) L'histoire racontait qu'on porta la tête de Melanippos à Tydeus près d'expirer de sa blessure et qu'il la rongeait avec ses dents, histoire dont Sophocle parle incidemment (ap. Herodian in Rhetor. Græc. t. VIII, p. 601, Walz).

Le poëte lyrique Bacchylide (ap. Schol. Aristoph. Aves, 1535) semble avoir traité l'histoire même avant Sophocle.

Nous trouvons la même allégation comprise dans des charges dirigées

que deux autres, Leadès et Amphidikos, tuaient Eteoklès et Hippomedôn. Amphiaraos vengea Tydeus en tuant Melanippos ; mais, ne pouvant arrêter la déroute de l'armée, il s'enfuit avec le reste, poursuivi de près par Periklymenos. Celui-ci était sur le point de le percer de sa lance, quand la bonté de Zeus le sauva de ce malheur, en ouvrant miraculeusement la terre sous lui, de sorte qu'Amphiaraos, avec son char et ses chevaux, fut reçu intact dans son sein (1). Le lieu exact où arriva ce mémorable incident fut indiqué par un monument funèbre, et les Thêbains le montraient encore à l'époque de Pausanias, — sa sainteté étant attestée par ce fait, qu'aucun animal ne voulait toucher à l'herbe qui croissait dans l'enceinte sacrée. Amphiaraos, auquel Zeus donna l'immortalité, était adoré comme un dieu à Argos, à Thêbes, et à Orôpos, — et pendant bien des siècles il donnait des réponses aux questions que les pieux postulants adressaient à son oracle (2).

---

contre des hommes d'une réalité historique : l'invective de Montanus contre Aquilius Regulus, au commencement du règne de Vespasien, affirmait « datam interfectori Pisonis pecuniam a Regulo appetitumque morsu Pisonis caput. » (Tacit. Hist. IV, 42).

(1) Apollod. III. 6, 8. Pindar. Olymp. VI, 11 ; Mem. IX, 13-27. Pausan. IX, 8, 2 ; 18, 2-4.

Euripide, dans les Phœnissæ (1122 seqq.), décrit la bataille en général. V. aussi Æsch. S. Th. 392. Il paraît, d'après Pausanias, que les Thêbains avaient des poëmes ou des légendes particulières relatives à cette guerre : ils différaient sur divers points de la Thêbaïs cyclique (IX, 18, 4).

La Thêbaïs disait que Periklymenos avait tué Parthenopæos : les Thêbains attribuaient cet exploit à Asphodikos, guerrier que ne mentionne aucun des poëtes que nous connaissons.

Quelques-uns affirmaient que le village de Harma, entre Tanagra et Mykalêssos, avait été le lieu où Amphiaraos finit sa vie (Strabon, IX, p. 404) ; Sophocle plaçait la scène à l'Amphiaræion près d'Orôpos (ap. Strab. IX, p. 399).

(2) Pindar. Olymp. VI, 16. Ἔπτα δ' ἔπειτα πυρᾶν νέκρων τελεσθέντων Ταλαϊονίδας Εἶπεν ἐν Θήβαισι τοιοῦτόν τι ἔπος · Ποθέω στρατιᾶς ὀφθαλμὸν ἐμᾶς Ἀμφότερον, μάντιν τ' ἀγαθὸν καὶ δουρὶ μάχεσθαι.

Le Scholiaste affirme que Pindare emprunte ces deux dernières expressions de la Thêbaïs cyclique.

Le temple d'Amphiaraos (Pausan. II, 23, 2), son oracle semblent avoir été estimés autant que tous les autres, à l'exception de ceux de Delphes (Hérod. I, 52 ; Pausan. I, 34 ; Cicer. Divin. I, 40). Crésus envoya un riche présent à Amphiaraos, πυθόμενος αὐτοῦ τήν τε ἀρετὴν καὶ τὴν πάθην (Hérod. *l. c.*) ; ce qui prouve d'une manière frappante combien on racontait et on croyait ces intéressantes légendes comme des faits

Adrastos, privé ainsi du prophète et du guerrier qu'il regardait comme « l'œil de son armée, » et ayant vu les autres chefs tués dans ce désastreux combat, fut forcé de s'enfuir seul, et dut son salut à la légèreté incomparable de son cheval Areiôn, rejeton de Poseidôn. Il atteignit Argos à son retour, n'ayant avec lui que « son vêtement de malheur et son coursier à la noire crinière (1). »

Kreôn, père du jeune et héroïque Menœkeus, succédant au gouvernement de Thèbes après la mort des deux frères ennemis et l'échec d'Adrastos, fit enterrer Eteoklês avec des honneurs remarquables, mais rejeta ignominieusement le corps de Polynikês comme traître à son pays, défendant sous peine de mort de l'enfermer dans le tombeau. Il refusa également à Adrastos la permission d'enterrer les corps de ses compagnons tombés en combattant. Cette conduite, si blessante pour le sentiment grec, donna naissance à deux autres récits, l'un d'eux du moins réunissant le plus touchant pathétique à l'intérêt le plus élevé. Antigonê, sœur de Polynikês, entendit avec indignation l'édit révoltant qui condamnait le corps de son frère aux chiens et aux vautours et le privait de ces rites considérés comme essentiels au repos des morts. Insensible au conseil d'une sœur affectionnée, mais timide, qui la dissuadait, et ne pouvant se procurer aucune aide,

---

historiques véritables. D'autres aventures d'Amphiaraos dans l'expédition contre Thèbes étaient rappelées dans les sculptures sur le Thronos à Amyklæ (Pausan. III, 18, 4).

Eschyle (Sept. ad Theb. 611) semble entrer dans la pensée thébaine, sans doute pleine d'un grand respect pour Amphiaraos, quand il met dans la bouche du roi kadméen Eteoklês un si haut éloge d'Amphiaraos, et un contraste si marqué avec les autres chefs d'Argos.

(1) Pausan. VIII, 25, 5, emprunte ces mots de la Thebaïs cyclique : Εἵματα λυγρὰ φέρων σὺν Ἀρείονι κυανοχαίτῃ; et Apollod. III, 6, 8.

La célérité du cheval Areiôn était vantée dans l'Iliade (XXIII, 346), dans la Thebaïs cyclique, et aussi dans la Thêbaïs d'Antimaque (Pausan. l. c.). Les Arcadiens de Thelpusia disaient qu'il était né de Dêmêtêr et de Poseidôn, lui et une fille dont Pausanias ne veut pas communiquer le nom, excepté aux initiés (ἧς τὸ ὄνομα ἐς ἀτελέστους λέγειν οὐ νομίζουσι, l. c.). Une histoire différente se trouve dans les Schol. Iliad. XXIII, 346 ; et dans Antimaque, qui affirmait que « Gœa elle-même l'avait produit comme une merveille aux yeux des hommes mortels. » (V. Antim. Fragm. 16, p. 102; Epic. Græc. Fragm. éd. Düntzer).

elle se décida à braver le hasard et à enterrer le corps de ses propres mains. Elle fut prise sur le fait ; et Kreôn, bien que prévenu des conséquences par Tirésias, ordonna qu'elle fût ensevelie vivante, pour avoir de propos délibéré bravé l'édit solennel de la cité. Son fils Hæmôn, avec qui elle était fiancée, intercéda en vain pour sa vie. Poussé par un accès de désespoir, il se tua dans le tombeau où Antigonê avait été enfermée vivante ; et sa mère Eurydikê, épouse de Kreôn, inconsolable de la perte de son fils, se donna elle-même la mort. Et c'est ainsi que la nouvelle lumière qui semblait se lever sur le dernier rejeton restant de la famille maudite d'Œdipe, s'éteint au milieu des ténèbres et des horreurs, — qui couvraient aussi de leur ombre la maison et la dynastie de Kreôn (1).

L'autre récit diffère plus de la légende primitive, et semble avoir eu son origine dans l'orgueil patriotique des Athéniens. Adrastos, ne pouvant obtenir des Thêbains la permission d'enterrer les chefs morts, se présenta sous le costume de suppliant, accompagné de leurs mères inconsolables, à Thêseus, à Eleusis. Il priait avec instance le guerrier athénien d'arracher aux Thêbains pervers ce triste et dernier privilége que ne songeait jamais à refuser aucun Grec honnête ou pieux, et de se poser ainsi comme le champion de la moralité publique grecque dans l'un de ses points les plus essentiels, non moins que des droits des dieux souterrains. Comme les Thêbains persistaient obstinément dans leur refus, Thêseus entreprit une expédition contre leur ville, les vainquit dans le combat, et les contraignit par la force des armes à autoriser la sépulture de leurs ennemis morts. Cette intervention chevaleresque, célébrée dans un des drames

---

(1) Sophocle, Antigon. 581. Νῦν γὰρ ἐσχάτας ὑπὲρ ῾Ρίζας ἐτέτατο φάος ἐν Οἰδίπου δόμοις, etc.

Le récit pathétique raconté ici brièvement est traité dans cette belle tragédie de Sophocle dont Boeckh suppose que le sujet a été emprunté dans ses éléments primitifs de la Thêbaïs cyclique ou de l'Œdipodia (Boeckh. Dissertation ajoutée à sa traduction d'Antigonê, c. 17, p. 146); V. Apollod. III, 7, 1.

Eschyle aussi parle incidemment de l'héroïsme d'Antigonê (Sept. ad Theb. 984).

d'Euripide qui ont été conservés, fut l'objet d'un glorieux souvenir pour les Athéniens durant toute l'époque historique. Leurs orateurs insistaient sur cet événement avec des termes animés d'éloge, et il paraît avoir été accepté comme un fait réel du passé, avec une conviction non moins implicite que la bataille de Marathôn (1). Mais les Thêbains, bien qu'également persuadés de la vérité du récit principal, différaient de la version qu'en donnaient les Athéniens, en soutenant qu'ils avaient livré les corps volontairement et de leur propre consentement pour être enterrés. On montrait, près d'Eleusis, le tombeau des chefs même du temps de Pausanias (2).

La défaite des sept chefs devant Thêbes fut amplement vengée par leurs fils, conduits encore par Adrastos : Ægialeus, fils d'Adrastos; Thersandros, fils de Polynikès; Alkmæôn et Amphilochos, fils d'Amphiaraos; Diomêdês, fils de Tydeus; Sthenelos, fils de Kapaneus; Promachos, fils de Parthenopæos, et Euryalos, fils de Mekistheus, se réunirent pour cette expédition. Bien que tous ces jeunes guerriers, appelés les Epigones, y prissent part, la place principale et saillante semble avoir été occupée par Alkmæôn, fils d'Amphiaræos. Ils trouvèrent assistance à Corinthe et à Megara, aussi bien qu'à Messênê et en Arcadia, tandis que Zeus manifestait ses dispositions favorables par des signes non équivoques (3). A la rivière Glisas, les Thêbains en armes rencontrèrent les Epigones, et il s'engagea une bataille dans laquelle les premiers furent complétement défaits. Laodamas, fils d'Eteoklès, tua Ægialeus, fils d'Adrastos; mais lui et son armée furent mis en déroute et poussés dans leurs murs par

---

(1) Apollod. III, 7. 1 ; Eurip. Suppl. passim ; Hérod. IX, 27 ; Platon, Menex. cap. 9; Lysias, Epitap. cap. 4 ; Isocrate, Orat. Panegyr. pag. 196, Auger.

(2) Pausan. I, 39, 2.

(3) Homère, Iliade, IV, 406. Sthenelos, compagnon de Diomêdês, et l'un des Epigones, dit à Agamemnôn : —

Ἡμεῖς τοι πατέρων μεγ' ἀμείνονες
[εὐχομεθ' εἶναι·
Ἡμεῖς καὶ Θήβης ἕδος εἴλομεν ἑπτα-
πύλοιο,
Παυρότερον λαὸν ἀγαγόνθ' ὑπὸ τεῖχος
[Ἄρειον,
Πειθόμενοι τεράεσσι θεῶν καὶ Ζηνὸς
[ἀρωγῇ·
Αὐτοὶ δὲ σφετέρῃσιν ἀτασθαλίῃσιν
[ὄλοντο.

la valeur et l'énergie d'Alkmæôn. Les Kadméens vaincus consultèrent le prophète Tirésias, qui leur apprit que les dieux s'étaient déclarés pour leurs ennemis, et qu'il n'y avait plus aucun espoir de résister avec succès. Sur cet avis, ils envoyèrent un héraut aux assaillants pour offrir de rendre la ville, tandis qu'eux-mêmes emmenaient leurs épouses et leurs enfants, et fuyaient sous le commandement de Laodamas chez les Illyriens (1); alors les Epigones entrèrent dans Thèbes, et placèrent sur le trône Thersandros, fils de Polynikès.

Adrastos, qui, dans la première expédition, avait été le seul survivant parmi tant de guerriers, ses compagnons, qui avaient succombé, se trouva alors le seul en dehors du triomphe général et de la joie universelle des vainqueurs; il avait perdu son fils Ægialeus, et la violente douleur que lui causa cet événement abrégea prématurément ses jours. Sa douce voix et son éloquence persuasive étaient proverbiales dans l'ancienne épopée (2). Il était adoré comme héros et à Argos et à Sikyôn, mais avec une solennité particulière dans cette dernière ville, où son herôon s'élevait sur l'agora publique, et où ses exploits ainsi que ses malheurs étaient célébrés périodiquement dans des tragédies lyriques. Melanippos, fils d'Astakos, le vaillant défenseur de Thèbes, qui avait tué et Tydeus et Mekistheus, était adoré avec non moins de solennité par les Thébains (3).

L'inimitié qui séparait ces deux héros rendait impossible pour tous deux un culte offert exactement au même endroit. En conséquence, il arriva pendant la période historique, peu de temps après la législation de Solôn à Athènes, que Kleisthenès, tyran de Sikyôn, désirant bannir le héros Adrastos

---

(1) Apollod. III, 7, 4. Hérod. V, 57-61. Pausan. IX, 5, 7 ; IX, 2. Diod. IV, 65-66.

Pindare représente Adrastos comme compris dans la seconde expédition contre Thèbes (Pyth. VIII, 40-58).

(2) Γλῶσσαν τ'Ἀδρήστου μειλιχόγηρυν ἔχοι (Tyrtæus, Eleg. 9, 7, Schneide-win); cf. Platon, Phædr. c. 118. « Adrasti pallentis imago » est aperçue par Enée dans les Enfers (Æneid. VI, 480).

(3) Au sujet de Melanippos, V. Pindar. Nem. X, 36. On montrait son tombeau près des portes Prœtides de Thèbes (Paus. IX, 18, 1).

et abolir les solennités religieuses célébrées en son honneur par les Sikyoniens, s'adressa d'abord à l'oracle de Delphes pour obtenir la permission d'effectuer ce bannissement directement et de force. La permission lui étant refusée, il avertit ensuite Thèbes indirectement qu'il était jaloux d'introduire dans Sikyôn leur héros Melanippos. Les Thébains y consentirent avec empressement, et il assigna au héros nouveau une place consacrée dans la portion la plus forte et la plus dominante du prytaneion sikyonien. Il fit cela (dit l'historien) « sachant qu'Adrastos partirait sur-le-champ de sa propre volonté, parce que Melanippos était la personne qu'il haïssait le plus, pour avoir tué et son gendre et son frère. » De plus, sur l'ordre de Kleisthenês, les fêtes et les sacrifices qui avaient été offerts à Adrastos furent appliqués au héros nouvellement installé, Melanippos, et les tragédies lyriques transportées du culte d'Adrastos à celui de Dionysos. Mais sa dynastie ne se prolongea pas longtemps après sa mort, et alors les Sikyoniens rétablirent leurs anciennes solennités (1).

Près de la porte Prœtide de Thèbes on voyait les tombeaux de deux combattants qui, pendant leur vie, avaient été séparés par une haine mutuelle plus forte même que celle d'Adrastos et de Melanippos, — les deux frères Eteoklês et Polynikês. Même comme héros et comme objets d'un culte, ils continuaient encore à manifester leur inimitié impérissable. Ceux

---

(1) Cette très-curieuse histoire, pleine d'enseignements, est contenue dans Hérodote, V, 67. Ἐπεὶ δὲ ὁ θεὸς τοῦτο οὐ παρεδίδου, ἀπελθὼν ὀπίσω (Kleisthenês, revenant de Delphes) ἐφρόντιζε μηχανὴν τῇ αὐτὸς ὁ Ἄδρηστος ἀπαλλάξεται. Ὡς δὲ οἱ ἐξευρῆσθαι ἐδόκεε, πέμψας ἐς Θήβας τὰς Βοιωτίας, ἔφη θέλειν ἐπαγαγέσθαι Μελάνιππον τὸν Ἀστακοῦ· οἱ δὲ Θηβαῖοι ἔδοσαν. Ἐπηγάγετο δὲ τὸν Μελάνιππον ὁ Κλεισθένης, καὶ γὰρ τοῦτο δεῖ ἀπηγήσασθαι, ὡς ἔχθιστον ἐόντα Ἀδρήστῳ· ὅς τόν τε ἀδελφεὸν Μηχιστέα ἀπεκτόνεε, καὶ τὸν γαμβρὸν Τυδέα.

Les Sikyoniens (dit Hérodote) τά τε δὴ ἄλλα ἐτίμων τὸν Ἄδρηστον, καὶ πρὸς, τὰ πάθεα αὐτοῦ τραγικοῖσι χόροισι ἐγέραιρον· τὸν μὲν Διόνυσον οὐ τιμέωντες, τὸν δὲ Ἄδρηστον.

Adrastos était adoré comme héros à Megara aussi bien qu'à Sikyôn ; les Mégariens affirmaient qu'il y était mort en revenant de Thèbes (Pausan. I, 43, 1 ; Dieuchidas, ap. Schol. ad Pindar. Nem. IX, 31). On montrait encore sa maison à Argos quand Pausanias visita la ville (II, 23, 2).

qui leur offraient des sacrifices remarquaient que la flamme et la fumée s'élevant des deux autels contigus évitaient de se mêler, et prenaient des directions complétement opposées. Les exégètes thèbains affirmèrent le fait à Pausanias; et bien qu'il n'en eût pas été témoin lui-même, comme il avait vu de ses propres yeux un miracle à peu près semblable à Pioniæ en Mysia, il n'eut pas de peine à ajouter foi à leur assertion (1).

Amphiaraos, quand il fut forcé de prendre part à la première attaque de Thèbes, contre ses prévisions et les avertissements des dieux, avait ordonné à ses fils Alkmæôn et Amphilochos non-seulement de venger sa mort sur les Thêbains, mais encore de punir la trahison de leur mère Eriphylê, meurtrière de son époux (2). Pour obéir à cet ordre, après avoir obtenu la sanction de l'oracle de Delphes, Alkmæôn tua sa mère (3); mais la redoutable Erinnys, vengeresse

---

(1) Pausan. IX, 18, 3. Τὰ ἐπ' αὐτοῖς δρώμενα οὐ θεασάμενος πιστὰ ὅμως ὑπείληφα εἶναι. Cf. Hygin. f. 68.

« Et nova fraterno veniet concordia [fumo,
Quem vetus accensâ separat ira [pyrâ » (Ovid. Ibis, 35).

Ovide copiait le conte sur Callimaque (Trist. V, 5, 38).

(2) Ἀνδροδάμαντ' Ἐριφύλην (Pindar. Nem. IX, 16). Les compositions mythiques de Stésichore comprenaient un poème appelé *Eriphylê*; il y mentionnait qu'Asklêpios avait ressuscité Kapaneus, et que pour cette raison il avait été tué par la foudre de Zeus (Stesich. Fragm. Kleine, XVIII, p. 74). Il existait jadis deux tragédies de Sophocle, *Epigoni* et *Alkmæôn* (Welcker, Griechisch. Tragoed. I, p. 269) : il reste encore un petit nombre de fragments des pièces latines d'Attius *Epigoni* et *Alphesibœa*; Ennius et Attius composèrent tous les deux ou traduisirent du grec un *Alkmæôn* en latin (Poet. Scenic. Latin. éd. Both, p. 33, 164, 198).

(3) Hygin donne la fable brièvement (Fragm. 73; V. aussi Asklepiadês, ap. Schol. Odyss. XI, 326). C'est de la même manière que, dans le cas du matricide d'Orestês, Apollon non-seulement sanctionne, mais ordonne le meurtre; mais sa protection qu'il lui accorde contre les Erinnyes vengeresses est très-lente à se montrer, elle n'est efficace qu'après qu'Orestês avait été longtemps persécuté et tourmenté par elles (V. Æschy. Eumen. 76, 197, 462).

Dans l'Alkmæôn de l'auteur tragique plus récent, Théodecte, il y avait une distinction établie : les dieux avaient décrété qu'Eriphylê devait mourir, mais non pas qu'Alkmæôn la tuerait (Aristot. Rhetor. II, 24). Astydamas défigura encore plus l'histoire dans sa tragédie, et introduisit Alkmæôn comme tuant sa mère sans le savoir et sans connaître qui elle était (Aristote, Poetic. c. 27). Le meurtre d'Eriphylê par son fils était un des παρειλημμένοι μῦθοι dont on ne pouvait s'éloigner; mais on avait recours à des interprétations et à des modifications, pour empêcher que le conte ne blessât les sentiments devenus plus humains

du parricide, lui infligea un long et terrible châtiment, le privant de sa raison, et le chassant de place en place sans qu'il pût trouver ni repos ni paix d'esprit. Il implora protection et guérison auprès du dieu de Delphes, qui lui enjoignit de dédier dans le temple, comme offrande, le précieux collier de Kadmos, ce don irrésistible qui avait dans l'origine corrompu Eriphylê (1). Il donna de plus à entendre à la malheureuse victime que, bien que toute la terre fût souillée par son crime, et fût devenue inhabitable pour lui, il y avait cependant un coin de terre qui n'était pas sous l'œil du soleil au moment où le parricide s'accomplissait, et où par conséquent Alkmæôn pourrait trouver un tranquille refuge. La promesse se réalisa à l'embouchure du fleuve Achelôos, dont le courant fangeux déposait perpétuellement de nouvelle terre et augmentait sans cesse le nombre des îles. C'est sur l'une d'elles, près d'Œniadæ, qu'Alkmæôn s'établit d'une manière permanente et en paix ; il devint le premier héros de l'Akarnania, à laquelle son fils Akarnan donna son nom (2). Le collier fut trouvé parmi les trésors de Delphes (en même temps que ce qui avait été donné par Aphroditê à Hélène) par les pillards de Phôkis qui dépouillèrent le temple du temps de Philippe de Macédoine. Les femmes de Phôkis se querellèrent au sujet de ces précieux ornements. On nous dit que le collier d'Eriphylê tomba en partage à une femme d'un caractère sombre et méchant, qui finit par donner la mort à son mari ; celui d'Hélène échut à une femme belle mais légère, qui abandonna son époux auquel elle préféra un jeune Epirote (3).

Il y avait plusieurs autres légendes touchant Alkmæôn l'insensé, soit appropriées, soit inventées par les tragiques athéniens. Il alla chez Phêgeus, roi de Psôphis en Arcadia, dont il épousa la fille Arsinoê, lui donnant comme présent nuptial le collier d'Eriphylê. Toutefois, ne pouvant y rester,

---

des spectateurs ; V. la critique que fait Aristote de l'Alkmæôn d'Euripide (Ethic. Nicom. III, 1, 8).

(1) Ephor. ap. Athenæ, VI, p. 232.
(2) Thucyd. II, 68-102.
(3) Athenæ. l. c.

par suite des persécutions incessantes de l'Erinnys vengeresse de sa mère, il chercha asile dans la demeure du roi Achelôos, dont il épousa la fille Kallirhoë, et dans le pays duquel il obtint le repos (1). Mais Kallirhoë ne voulut pas se contenter sans la possession du collier d'Eriphylè, et Alkmæôn revint le chercher à Psôphis, où Phêgeus et ses fils le tuèrent. Il avait laissé deux fils jumeaux, tout enfants, avec Kallirhoë, qui demanda à Zeus dans une fervente prière qu'ils pussent obtenir par un effet surnaturel une virilité immédiate, à l'effet de venger le meurtre de leur père. Sa prière fut exaucée, et ses fils Amphoteros et Akarnan, étant instantanément parvenus à la virilité, se rendirent en Arcadia, tuèrent les meurtriers de leur père, et enlevèrent le collier d'Eriphylè, qu'ils portèrent à Delphes (2).

Euripide s'écarta encore bien davantage de l'ancienne épopée, en faisant d'Alkmæôn l'époux de Mantô, fille de Tirésias, et le père d'Amphilochos. D'après la Thêbaïs cyclique,

---

(1) Apollod. III, 7, 5-6 ; Pausan. VIII, 24, 4. Ces deux auteurs ont conservé le récit des Akarnaniens et la vieille forme de la légende, représentant Alkmæôn comme ayant trouvé asile dans la demeure d'Achelôos, personnage ou roi, et épousé sa fille ; Thucyde ne parle pas de la *personnalité* d'Achelôos, et il dit simplement qu'Alkmæôn errant s'est établi sur certaines îles nouvelles déposées par le fleuve.

Je puis faire remarquer que c'est là adapter d'une manière singulièrement heureuse une légende à un fait topographique existant. Généralement parlant, avant qu'un tel rapport puisse être rendu plausible, la légende subit nécessairement beaucoup de transformations ; ici elle est prise exactement comme elle est, et encore s'ajuste-t-elle avec une grande précision.

Ephore racontait toute la suite des événements comme étant de l'histoire politique, les dépouillant entièrement du caractère légendaire. Alkmæôn et Diomêdês, après avoir pris Thêbes avec les autres Epigones, entreprirent ensemble une expédition en Ætôlia et en Akarnania ; ils punirent d'abord les ennemis du vieil Œneus, grand-père de Diomêdês, et installèrent ce dernier comme roi de Kalydôn ; ensuite ils conquirent l'Akarnania pour Alkmæôn. Celui-ci, bien qu'invité par Agamemnôn à le joindre au siège de Troie, n'y consentit pas (Ephor. ap. Strab. VII, p. 326 ; X, p. 462).

(2) Apollod. III, 7, 7 ; Pausan. VIII, 24, 3-4. Ses remarques sur le funeste désir que Kallirhoë eut d'obtenir le collier sont curieuses ; il les annonce en disant que, « beaucoup d'hommes, et encore plus de femmes, sont enclins à tomber dans d'absurdes désirs, » etc. Il raconte cela avec toute la *bonne foi* qui appartient aux faits positifs les mieux certifiés.

On trouve une courte allusion dans les Métamorphoses d'Ovide (IX, 412).

Mantô fut vouée au dieu de Delphes comme offrande spéciale par les Epigones victorieux ; et Amphilochos était fils d'Amphiaraos, et non d'Alkmæôn (1). Il était le héros éponyme de la ville appelée Argos d'Amphilochos, en Akarnania, sur le bord du golfe d'Ambrakia. Thucydide nous dit qu'il y vint à son retour de la guerre de Troie, peu satisfait de l'état des affaires qu'il trouva dans Argos du Péloponèse (2). Les Akarnaniens se faisaient remarquer par le grand nombre de prophètes qu'ils fournirent au reste de la Grèce ; leurs héros sortaient naturellement de la grande race prophétique des Mélampodides.

Ainsi finit la légende des deux siéges de Thêbes : le plus grand événement de l'ancienne épopée, à l'exception du siége de Troie ; la plus grande expédition guerrière, entre Grecs et Grecs, pendant l'époque de ceux qui sont appelés les Héros.

---

(1) Thêbaïd. Cycl. Reliqu. p. 70, Leutsch ; Schol. Apoll. Rhod. I, 408. Boeckh suppose avec assez de raison que les vers suivants, cités dans Athénée (VII, p. 317), sont pris de la Thêbaïs cyclique ; c'est une partie de l'avis donné par Amphiaraos à ses fils au moment de partir pour sa dernière expédition : —

Πουλύποδός μοι, τέκνον, ἔχων νόον,
[Ἀμφίλοχ' ἥρως,
Τοῖσιν ἐφαρμόζου, τῶν ἂν κατὰ δῆμον
[ἵκηαι.

Il y avait deux tragédies composées par Euripide, sous le titre d'Ἀλκμαίων, ὁ διὰ Ψωφῖδος, et Ἀλκμαίων, ὁ διὰ Κορίνθου (Dindorf, Fragm. Eurip. p. 77).

(2) Apollod. III, 7, 7 ; Thucyd. II, 68.

FIN DU PREMIER VOLUME

TABLE DES MATIÈRES

DU PREMIER VOLUME

PREMIÈRE PARTIE
GRÈCE LÉGENDAIRE

CHAPITRE I

LÉGENDES CONCERNANT LES DIEUX

	PAGES.
Commencement du monde mythique.	2
Comment les mythes doivent être racontés.	ib.
Allégorie rarement admissible.	3
Zeus, le dieu le plus important dans la conception grecque.	4
Les dieux ; comment ils sont conçus : le type humain agrandi.	ib.
Le passé des dieux approprié aux conceptions actuelles.	5
Gæa et Uranos.	6
Uranos rendu impuissant.	7
Kronos et les Titans.	ib.
Kronos trompé. — Zeus et ses frères naissent et sont sauvés.	8
Autres divinités.	ib.
Projets ambitieux de Zeus.	9
Victoire de Zeus et de ses frères sur Kronos et les Titans.	10
Typhôeus.	11
Dynastie de Zeus.	ib.
Ses descendants.	ib.
Distribution générale de la race divine.	12
Théogonie d'Hésiode. — Son autorité.	13
Points de différence entre Homère et Hésiode.	14
Zeus homérique.	15
Théogonie de Zeus développée.	ib.
Mythes hésiodiques dont la trace se retrouve en Krète et à Delphes.	18
Théogonie orphique.	19
Zeus et Phanês.	21
Zagreus.	ib.
Comparaison d'Hésiode et d'Orphée.	23
Influence des religions étrangères sur la Grèce.	25
Particulièrement par rapport au culte de Dêmêtêr et de Dionysos.	26
Purification pour homicide inconnue à Homère.	28
Rites religieux nouveaux et particuliers.	29

Propagés par des maîtres libres et promettant des bénédictions spéciales...	30
Epiménide, la Sibylle, Bakis...	31
Principaux mystères de la Grèce.	32
Rites extatiques venus d'Asie (700-500 avant J.-C.)...	33
Influence de la Thrace et de l'Égypte sur la Grèce...	35
Encouragement donné aux légendes mystiques...	36
Mélampe, le plus ancien nom connu comme maître des rites dionysiaques...	37
Secte orphique, variété des adorateurs mystiques de Dionysos.	38
Contraste entre les mystères et les hymnes homériques...	39
Hymne à Dionysos...	ib.
Changement dans la manière dont les Grecs concevaient primitivement Dionysos...	40
Délire asiatique greffé sur la joie des Dionysiaques grecques...	41
Mystères d'Eleusis...	43
Hymne homérique à Dêmêtêr...	ib.
Temple d'Eleusis construit par ordre de Dêmêtêr, pour sa résidence...	45
Dêmêtêr prescrit le rituel mystique d'Eleusis...	46
L'hymne homérique, souvenir sacré d'Eleusis...	47
Il sert à expliquer les détails du service divin...	ib.
Importance des mystères pour la ville d'Eleusis...	48
Empire exercé par la légende sur les sentiments à Eleusis...	49
Légendes différentes concernant Dêmêtêr dans d'autres lieux...	ib.
Expansion des légendes...	50
Importance de Dêmêtêr chez les Hellènes...	51
Légendes d'Apollon...	ib.
Apollon Délien...	ib.
Apollon Pythien...	53
Légende concernant la fondation de l'oracle de Delphes...	54
Elles remplissaient le but d'une explication historique...	55
Extension du culte d'Apollon...	56
Multiplicité des légendes locales concernant Apollon...	57
Fêtes et Agones...	58
État intellectuel et circonstances d'où naquirent les mythes grecs.	59
Différences peu remarquées dans les légendes...	61
Aphroditê...	ib.
Athênê...	62
Artemis...	63
Poseidôn...	64
Récits de servitude temporaire imposée à des dieux...	65
Hêrê...	66
Hêphæstos...	ib.
Hestia...	67
Hermês...	ib.
Hermês inventeur de la lyre...	ib.
Marché entre Hermês et Apollon.	68
Importance de l'hymne au point de vue de l'explication de la légende...	69
Zeus...	70
Mythes naissant des cérémonies religieuses...	71
Une petite portion de l'animal est sacrifiée...	72
Promêtheus avait joué Zeus...	ib.
Dieux, héros et hommes paraissant ensemble dans les mythes.	73

CHAPITRE II

LÉGENDES CONCERNANT LES HÉROS ET LES HOMMES

Races d'hommes telles qu'elles paraissent dans le poème d'Hésiode « les Travaux et les Jours. »	75
La race d'or...	76
La race d'argent...	ib.
La race d'airain...	ib.

	PAGES.		PAGES.
La race héroïque.............	77	première fois................	81
La race de fer...............	ib.	Changements dans l'idée de dé-	
Elles diffèrent également de la		mons......................	82
Théogonie et d'Homère.......	78	Employés comme arguments dans	
Explication de cette différence..	ib.	les attaques dirigées contre la	
Veine morale de sentiment......	79	foi païenne.................	83
Entrecoupée de la veine didactique	80	Fonctions des démons hésiodiques	ib.
« Les Travaux et les Jours » le		Sentiment personnel répandu dans	
plus ancien poëme didactique..	81	« les Travaux et les Jours. »...	84
Les démons introduits pour la		Age probable du poëme.........	85

CHAPITRE III

LÉGENDE DES IAPÉTIDES

	PAGES.		PAGES.
Iapétides dans Hésiode.........	87	L'homme malheureux, mais Zeus	
Promêtheus et Epimêtheus......	88	ne méritant pas de blâme.....	91
Manœuvres de Promêtheus et de		Malheurs causés par les femmes.	92
Zeus.......................	89	Punition de Promêtheus.......	ib.
Pandôra.....................	ib.	Le Promêtheus d'Eschyle......	ib.
Pandôra dans la Théogonie.....	90	Lieu où Promêtheus fut relé-	
Sentiment général du poëte.....	91	gué........................	94

CHAPITRE IV

LÉGENDES HÉROIQUES. — GÉNÉALOGIE D'ARGOS

	PAGES.		PAGES.
Structure et but des généalogies		roïnes appropriés aux senti-	
grecques...................	95	ments qui dominaient pendant	
Pour rattacher la communauté		la guerre contre les Perses....	102
grecque à son dieu commun..	96	Danaos et les Danaïdes.........	103
Les membres inférieurs de la gé-		Akrisios et Prœtos.............	104
néalogie, personnages histori-		Les Prœtides guéries de leur folie	
ques. — Les membres supérieurs,		par Mélampe................	ib.
personnages non historiques...	ib.	Akrisios, Danaê et Zeus........	105
La portion non-historique obte-		Perseus et les Gorgones........	106
nant des Grecs la même créance		Fondation de Mykênæ. — Com-	
et beaucoup d'estime.........	97	mencement de la dynastie Per-	
Nombre de ces généalogies. —		side........................	ib.
Elles se répandent dans toutes		Amphitryôn, Alkmênê, Sthenelos	107
les fractions de la nation grecque	ib.	Zeus et Alkmênê..............	108
Généalogie argienne. — Inachos.	98	Naissance d'Hêraklês...........	109
Phorôneus...................	ib.	Légende homérique de sa nais-	
Argos Panoptês...............	99	sance; son importance expli-	
Iô..........................	ib.	cative......................	ib.
Roman d'Iô transformé en histoire		Expulsion des Hêraklides.......	110
par les Perses et les Phéni-		Ils recouvrent le Péloponèse et	
ciens.......................	101	s'établissent à Argos, à Sparte	
Enlèvements légendaires d'hé-		et en Messênia..............	111

CHAPITRE V

DEUKALIÔN, HELLÊN ET LES FILS D'HELLÊN

	PAGES.
Deukaliôn, fils de Promêtheus. .	113
Phthiôtis : sa place permanente.	114
Déluge général. — Deukaliôn et Pyrrha sauvés..................	ib.
La Grèce entière a foi en ce déluge........................	115
Hellên et Amphiktyôn..........	116
Fils d'Hellên : Dôros, Xuthos, Æolos......................	117
Assemblée amphiktyonique.—Solennités et jeux communs....	ib.
Division de la Hellas; Æoliens, Dôriens, Ioniens..............	118
Vaste étendue de la Dôris supposée dans cette généalogie.	120
Cette forme de la légende s'accorde avec les grands établissements des Dôriens historiques....................	121
Achæos. — Dessein auquel son nom sert dans la légende.....	122
Différences généalogiques.......	123

CHAPITRE VI

LES ÆOLIDES OU FILS ET FILLES D'ÆOLOS

	PAGES.
Légendes de la Grèce, isolées dans l'origine, et par la suite mises en séries....................	126
Æolos......................	127
Ses sept fils et ses cinq filles....	ib.
SECTION I. — FILS D'ÆOLOS.	
Première ligne Æolide. — Salmôneus, Tyrô.................	128
Pelias et Nêleus...............	129
Pêrô, Bias et Mélampe.	130
Periklymenos.................	131
Nestôr et ses exploits..........	132
Les Nêlides jusqu'à Kodros......	133
Seconde ligne Æolide. — Krêtheus.....................	ib.
Admêtos et Alkêstis	134
Pêleus et l'épouse d'Akastos. ...	135
Pelias et Jasôn................	ib.
Jasôn et Mêdea................	136
Mêdea à Corinthe..............	138
Troisième ligne Æolide. — Sisyphos.	140
Généalogie corinthienne d'Eumêle.	142
Fusion de différentes légendes concernant Mêdea et Sisyphos.	142
Bellerophôn...................	143
Quatrième ligne Æolide. — Athamas......................	144
Phryxos et Hellê..............	ib.
Inô et Palæmôn. — Jeux Isthmiques.....................	145
Racine locale de la légende d'Athamas....................	146
Traces d'anciens sacrifices humains.......................	147
Athamas dans le district voisin d'Orchomenos...............	148
Eteoklês. — Fête des Charitêsia.	149
Fondation et grandeur de la ville d'Orchomenos...............	150
Ruinée par Hêraklês et les Thêbains......................	ib.
Trophônios et Agamêdês........	ib.
Askalaphos et Ialmenos.........	151
Différences dans la généalogie d'Orchomenos...............	152
Conclusions probables quant à l'Orchomenos antéhistorique. .	153

TABLE DES MATIÈRES

	PAGES.
Son opulence et son industrie anciennes.	154
Canaux d'écoulement du lac Kôpaïs	155
Ancienne amphiktyonie à Kalauria.	156
Orchomenos et Thêbes.	ib.

SECTION II. — FILLES D'ÆOLOS.

Alkyonê et Kêyx.	157
Kanakê. — Les Alôides.	158
Kalykê. —Elis et l'Ætôlia. — Généalogie Eleienne.	159
Augias.	160
Les frères Molionides.	161
Généalogie Ætolienne.	163

	PAGES.
Œneus, Meleagros, Tydeus.	163
Légende de Meleagros dans Homère.	164
Combien elle est altérée par les poëtes postérieurs à Homère.	165
Althæa et le tison ardent.	166
Grandê chasse du sanglier de Kalydôn. — Atalantê.	ib.
Restes du sanglier conservés longtemps à Tegea.	168
Atalantê vaincue à la course grâce à un stratagème.	170
Deianeira.	171
Mort d'Hêraklês.	172
Tydeus. — Vieillesse d'Œneus.	173
Désaccord dans les généalogies.	174

CHAPITRE VII

LES PÉLOPIDES

	PAGES.
Malheurs et célébrité des Pélopides.	175
Pélops éponyme du Péloponèse.	176
Transmission continue du sceptre de Pélops.	177
Attributs royaux de la famille.	178
Pélops homérique.	ib.
Lydia, Pisa, etc., additions posthomériques.	ib.
Tantalos.	179
Niobê.	180
Pélops et Œnomaos, roi de Pisa.	181
Victoire de Pélops dans la course	

	PAGES.
de chars. — Sa principauté à Pisa.	181
Atreus, Thyestês, Chrysippos.	182
Horreurs dans la famille des Pélopides.	183
Agamemnôn et Menelaos.	184
Orestês.	185
La déesse Hêrê et Mykênæ.	187
Importance légendaire de Mykênæ	188
Sa décadence coïncidant avec l'élévation d'Argos et de Sparte.	189
Agamemnôn et Orestês transférés à Sparte.	190

CHAPITRE VIII

GÉNÉALOGIES LACONIENNES ET MESSÉNIENNES

	PAGES.
Lélex — autochthone en Laconie.	191
Tyndareus et Lêda.	192
Progéniture de Lêda : 1. Kastôr, Timandra, Klytæmnestra; 2. Pollux, Hélène.	ib.
Kastôr et Pollux.	ib.

	PAGES.
Légende de Dekeleia la ville attique.	193
Idas et Lynkeus.	194
Fonctions importantes et grand pouvoir des Dioskures.	195
Généalogie messénienne.	ib.

CHAPITRE IX
GÉNÉALOGIE ARCADIENNE

	PAGES.		PAGES.
Pelasgos. — Lykaôn et ses cinquante fils. — Légende de Lykaôn : sa férocité punie par les dieux	197	Echemos tue Hyllos	201
		Hêraklides repoussés du Péloponèse	202
		Korônis	ib.
Profonde foi religieuse de Pausanias	198	Asklêpios	203
Ses vues sur le monde passé et sur le monde présent	199	Extension du culte d'Asklêpios. — Nombreuses légendes	204
		Machaôn et Podaleirios	205
Kallistô et Arkas	200	Nombreux Asklêpiades ou descendants d'Asklêpios	ib.
Azan, Apheidas, Elatos	ib.		
Aleus, Augê, Têlephos	201	Temples d'Asklêpios. — Malades qui y étaient guéris	207
Ankæos, Echemos	ib.		

CHAPITRE X
ÆAKOS ET SES DESCENDANTS. — ÆGINA, SALAMIS ET PHTHIA.

	PAGES.		PAGES.
Æakos — fils de Zeus et d'Ægina.	209	Pêleus se rend à Phthia. — Son mariage avec Thetis	213
Enfants d'Æakos : Pêleus, Telamôn, Phôkos	210	Neoptolemos	214
Prières d'Æakos : elles procurent du soulagement à la Grèce	ib.	Ajax. — Son fils Phylæos le héros éponyme d'un dême de l'Attique	215
Phôkos tué par Pêleus et par Telamôn	211	Teukros, exilé, s'établit à Cypre.	ib.
Telamôn banni se rend à Salamis	212	Diffusion de la généalogie des Æacides	216

CHAPITRE XI
LÉGENDES ET GÉNÉALOGIES ATTIQUES.

	PAGES.		PAGES.
Erechtheus — autochthone	217	Kreüsa, Oreithyia, épouse de Boreas	225
Légendes attiques — issues de sources différentes. — Chaque dême avait la sienne	219	Prières des Athéniens à Boreas.	ib.
		Son bienveillant secours dans leur danger	226
Peu mentionnées par les anciens poëtes épiques	220	Erechtheus et Eumolpos	ib.
Cécrops	221	Les trois filles d'Erechtheus se sacrifient volontairement	228
Kranaos. — Pandiôn	222	Kreüsa et Iôn	230
Filles de Pandiôn : Proknê, Philomêlê	ib.	Fils de Pandiôn : Ægeus, etc.	231
Légende de Têreus	223	Thêseus	232
Filles d'Erechtheus : Prokris	224	Son caractère légendaire épuré	233

	PAGES.		PAGES.
Plutarque. — Sa manière de traiter la matière légendaire	233	Admises universellement comme une partie du passé des Grecs.	240
Légende des Amazones	235	Amazones présentées par les historiens d'Alexandre comme existant alors	241
Son antiquité et sa prédominance	ib.		
Glorieux exploits des Amazones.	237	Conflit entre la foi et la raison dans la critique historique	242
Leur ubiquité	239		

CHAPITRE XII

LÉGENDES KRÊTOISES. — MINÔS ET SA FAMILLE.

	PAGES.		PAGES.
Minôs et Rhadamanthe, fils de Zeus	247	Minôs et Daedalos. — Fuite de ce dernier en Sicile	254
Europê	248	Minôs va pour le reprendre, mais il est tué	ib.
Pasiphaê et le Minôtaure	249		
Skylla et Nisos	ib.	Établissements demi-krêtois dans d'autres contrées, se rattachant à ce voyage de Minôs	255
Mort d'Androgeos et colère de Minôs contre Athènes	250		
Victimes athéniennes réservées au Minôtaure	ib.	Malheurs des Krêtois dans la suite, suscités par la colère de Minôs	ib.
Thêseus se dévoue. — Il tue le Minôtaure. — Ariadnê	251		
		Portrait de Minôs. — Ses différences	256
Cérémonies athéniennes commémoratives	252	Affinité entre la Krête et l'Asie Mineure	260
Famille de Minôs	253		

CHAPITRE XIII

EXPÉDITION DES ARGONAUTES

	PAGES.		PAGES.
Le vaisseau Argô dans l'Odyssée.	261	dus au loin, se rapportant au voyage	272
Dans Hésiode et dans Eumêle	262		
Jasôn et ses héroïques compagnons	263	Légendes des Argonautes en général	274
Lêmnos	264	Géographie fabuleuse — modifiée graduellement, à mesure que la science géographique réelle grandit	276
Aventures à Kyzikos, en Bithynia, etc. — Hêraklês et Hylas	ib.		
Phineus	265		
Dangers des Symplêgades	266	Transposition des localités épiques	278
Arrivée en Kolchis	267		
Conditions imposées par Æêtês	ib.	Comment et à quelle époque le voyage des Argonautes fut rattaché à la Kolchis	281
Perfidie d'Æêtês. — Fuite des Argonautes et de Mêdea avec la toison	268		
		Æêtês et Circê	283
Poursuite d'Æêtês. — Les Argonautes sauvés par Mêdea	269	Retour des Argonautes. — Versions différentes	284
Retour des Argonautes, plein de circuits et de périls	270	Foi continue ajoutée au voyage. — Base de vérité déterminée par Strabon	286
Monuments nombreux et répan-			

CHAPITRE XIV

LÉGENDES DE THÈBES. — SIÉGES DE THÈBES

	PAGES.		PAGES
Bœôtos.	289	Amphiaraos et Eriphylê.	306
Riches légendes de Thêbes.	290	Les sept chefs de l'armée contre Thêbes.	307
Amphiôn et Zêthos, fondateurs homériques de Thêbes. — Kadmos. — Deux légendes distinctes.	ib.	Défaite des Thêbains dans le combat. — Dévouement héroïque de Menœkeus.	308
Comment Thêbes fut fondée par Kadmos.	292	Combat singulier d'Eteoklês et de Polynikês, dans lequel ils périssent tous deux.	ib.
Cinq familles primitives à Thêbes, appelées Sparti	293	Les chefs argiens sont repoussés et tués — tous, excepté Adrastos; — Amphiaraos est englouti dans la terre	309
Les quatre filles de Kadmos: 1. Inô; 2. Semelê; 3. Autonoê et son fils Aktæôn; 4. Agavê et son fils Pentheus. — Il résiste au dieu Dionysos.	295	Kreôn, roi de Thêbes, défend d'enterrer Polynikês et les autres chefs argiens tombés sur le champ de bataille.	310
Sa fin misérable.	296	Dévouement et mort d'Antigonê.	311
Labdakos, Antiopê, Amphiôn et Zêthos.	297	Les Athéniens interviennent pour procurer la sépulture aux restes des chefs.	ib.
Laïos. — Œdipe. — Célébrité légendaire d'Œdipe et de sa famille.	299	Second siége de Thêbes, par Adrastos et les Epigones, ou fils des chefs tués dans le premier.	312
Le Sphinx.	300	Victoire des Epigones. — Prise de Thêbes.	313
Eteoklês et Polynikês.	302	Culte d'Adrastos à Sikyôn.	ib.
Anciens poëmes épiques sur les siéges de Thêbes.	303	Comment il est abrogé par Kleisthenês.	314
Malédiction prononcée par Œdipe maudit contre ses fils.	304	Alkmæôn.	315
Nouveautés introduites par Sophocle.	305	Son matricide et son châtiment.	316
Mort d'Œdipe. — Querelle d'Eteoklês et de Polynikês au sujet du sceptre.	ib.	Collier fatal d'Eriphylê.	ib.
Polynikês se retire à Argos. — Il reçoit l'aide d'Adrastos.	306		

FIN DE LA TABLE DU PREMIER VOLUME

1864. — Imp. Poupart-Davyl et Cⁱᵉ, rue du Bac. 30.

ERRATUM

Préface, page VI,   lire : Lélèges   au lieu de : Léléges
— — XV, —   ch. II du 2ᵉ vol. et ch. I du 3ᵉ vol. de la traduction.
— — XV, note 2,   ch. VII du 3ᵉ vol. de la trad.

Page		lire :	au lieu de :
Page	7,	Erinnyes	Erinnys
—	25, note 2,	ἐοῦσι	ξουσι.
—	37, note 1,	ἔκπληξιν ἐν	ἔκπληξεν ιν
—	76, —	αὐτὰρ	αὐτρὰ
—	82, —	chap. II	chap. III
—	100,	l'Illyrie	l'Illyris
—	110,	Phlionte	Phlios
—	140, note,	regarde	traite
—	158,	Eribœa	Eribœa
—	192,	est une figure	sont des figures
—	239,	Bœôtia	Bæôtia
—	241,	eut conquis	avait conquis
—	256, note,	ses trésors	les trésors
—	262,	semble évidemment	semblent évidemment
—	267,	timonier	timonnier
—	303,	parenté immédiate	relations immédiates

www.ingramcontent.com/pod-product-compliance
Lightning Source LLC
Chambersburg PA
CBHW060328170426
43202CB00014B/2712